중화집

원나라 때의 도사 이도순의

중화집

이도순 지음 · 김정제 옮김

中和集

한국학술정보㈜

|일러두기|

1. 이 책은 원나라 때의 도사 이도순의 『중화집』을 우리말로 옮긴 것이다. 원문은 『정통도장』을 기준으로 삼았고, 그림은 『중화도장』의 그림이 선명하여 사용하였다.

2. 가능한 직역을 원칙으로 하였고, 번역이 복잡한 단어 및 내단 술어는 주(註)를 달았으며, 또한 이해를 돕기 위하여 어휘 풀이를 첨부하였다.

3. 원문에는 단락이 없지만 긴 문장은 보기에 편하게 역자가 임의로 나누었음을 밝힌다.

차례

『중화집』 해제

1. 이도순의 생애와 사상적 배경

　이도순은 자(字)가 원소(元素), 호(號)가 청암(淸庵), 별호는 영섬자(瑩蟾子)이다. 도량(都梁: 지금의 호남성 무강현) 사람이다. 그런데 의진인(儀眞人) 또는 우이인(盱眙人)이라고도 한다. 송말 원초의 도사로서 생몰연도는 확실치 않으나, 대략 1219년부터 1296년 사이에 생존한 것으로 추정된다.[1]

---

1) 『도덕회원(道德會元)』의 서(序)에 언급하길 "至元庚寅(1290年)孟夏旦日都梁參學淸庵瑩蟾子李道純元素序" 또한 『중화집(中和集)』 서(序)에 有大德丙午(1306年)杜道堅序, 卷二에서는 "大德三年(1299年)純陽誕日書於蠻江中和庵", 「연허가(煉虛歌)」에서는 "辛卯(1291年)有全眞流之金陵中和精舍", 「사생설(死生說)」에서는 "至元壬辰(1292年)上元日淸庵瑩蟾子書於中和", 「동정설(動靜說)」에서는 "至元壬辰(1292年)上元後四日淸庵瑩蟾子書於中和精舍", 『청암영섬자어록(淸庵瑩蟾子語錄)』 서(序)에서 嘿庵於 "至元戊子(1288年)夏季大雨時行日 序를 쓰다" 이와 같이 기재된 연대들이 증면하듯이 이도순은 송말 원초의 인물이라 봄이 마땅하다.

『정통도장』에 수록된 「조정내전(組庭內傳)」, 「감수선원록(甘水仙源錄)」, 「금련정종기(金蓮正宗記)」 등의 전진도사전기(全眞道史傳記) 및 비명(碑銘), 그리고 진원(陳垣) 선생이 편찬한 『도가금석략・전진편(道家金石略・全眞篇)』을 고찰해 보아도 이도순 생전의 행적에 관한 기록은 찾을 수 없다. 또한 일반 도교사 자료에서도 이도순의 생전의 사적에 관한 기록은 많지 않으며, 단지 지방부지(府志)에서 그의 행적 일부를 찾아낼 수 있을 뿐이다.

가령 『봉양부지・인물・선석』2)에서는 그를 '우이도사(旰胎道士)'로 칭하였고 또한 '박학장재(博學長才)'하다고 기록하고 있으며, 『양주부지・석로』3)에서는 그가 한때 의진(儀眞) 장생관(長生觀)에 머물렀다는 기록이 있는데, 도를 얻어 하늘로 날아 올라갔다고 전하며, 그래서 '비선관(飛仙觀)'이라 부른다.4) 『휘주부지・인물지・선석』5)에는 원나라의 도사 조정암(趙定庵)을 기록하면서, 이도순에 대해 아래와 같이 서술한 부분이 있다.

"조정암의 이름은 도가(道可)로서 원래 요주(遼州) 사람이다. 소용대장(昭勇大將) 군영에서 군총관을 역임하고 있었는데, 감기로 폐질환을 앓고 있었다. 도를 깨우친 휘하노졸 이청암이 어느 날 저녁 안부를 묻고 보살필 것을 자청하였다. 그는 옷을 벗고 허리

---

2) 『鳳陽府志・仙釋』 卷三十三. 『中國方志叢書』에 수록. 淸康熙二十四年刊本影印. 台北. 成文出版社, 1985.

3) 『揚州府志・人物・釋老』 卷五四. "李道純,都梁人,號淸庵,又號螢蟾子,住儀眞長生觀." 『中國 方志叢書』에 수록. 淸嘉慶十五年刊本影印. 台北. 成文出版社, 1985.

4) 『揚州府志・寺觀』 卷三九. "長生觀,縣東十里, 河北, 元螢蟾子李道純居焉, 世傳其得道飛昇. 又號飛仙觀"

5) 『徽州府志・人物志・仙釋』 卷一十四. 『中國方志叢書』에 수록. 淸道光七年刊本影印. 台北. 成文出版社, 1985.

와 배를 맞대고 앉았으며, 새벽이 되자 질환이 거의 사라졌다. 도가가 이에 감동하여 청암을 스승으로 모셨는데, 동생 대명(大明)에게 자신의 관직을 맡기고, 이윽고 집을 떠나 주유하니 사람들은 그가 이전에 고위관리였음을 알아보지 못했다."[6]고 하였다.

이를 보아 알 수 있는 것은, 이도순은 도문(道門)에 들어간 후에도 군영 생활을 한 적이 있으며, 이 책에서 그를 '휘하노졸'로 기록한 점으로 미루어 볼 때, 군영 생활을 할 때는 이미 청년의 몸이 아니었던 것으로 추정된다. 이도순이 도(道)에 입문한 후 군영에 몸담은 상세한 이유에 대해서는 알 길이 없다.

이도순이 활동한 시기인 송·원대는, 내단 이론과 그 수련법이 크게 발전하고 여러 유형의 내단파들이 형성된 시기였다. 이때의 대표적인 내단가로는 장백단(張伯端, 987~1082)이 있는데, 그는 『오진편(悟眞篇)』을 저술하였고, 이 책은 금단(金丹)의 핵심을 온전히 밝혀 위백양의 『참동계』와 더불어 도가인들이 으뜸으로 존중한다. 그의 단법은 석태(石泰, 1022~1158), 설도광(薛道光, 1078~1191), 진남(陳楠, ?~1213), 백옥섬(白玉蟾, 1194~?)에게로 이어져 내단 남종파를 이룬다.

금원시기에 이르면 삼교합일(三敎合一)의 가르침 아래 왕중양(王重陽, 1112~1170)과 그의 제들인 마옥(馬鈺, 1123~1183), 유처현(劉處玄, 1147~1203), 담처단(譚處端, 1123~1185), 학대통(郝大通, 1140~1212), 왕처일(王處一, 1142~1217), 구처기(邱處機, 1148~1227), 손불이(孫不二, 1119~1182)를 으뜸으로 하는 내단

---

6) "趙定庵, 名道可, 其先遼州人, 歷官昭勇大將軍營軍總管, 感肺疾. 麾下老卒李淸庵者號得道, 一夕候安否, 因請屛去侍妾, 解衣跌坐, 腰背相倚达旦而疾瘳, 道可感動, 禮淸庵為師, 以印綬付其弟人明, 棄家遊, 人不識其嘗為達官也."

북종파[全眞道]가 형성된다. 이후에 또 진치허(陳致虛)가 남종과 북종을 융합하여 통일적인 내단 수련법을 만들기 위해 힘썼다. 이 때 유명한 인물들이 매우 많은데, 그중 장무몽(張无夢), 고상선(高象先), 유희악(劉希岳), 마자연(馬自然), 왕정양(王庭揚), 우협선생(牛頰先生), 곽제지(霍濟之), 송선생(宋先生), 왕경승(王慶升), 소정지(蕭廷芝), 옹보광(翁葆光), 하원정(夏元鼎), 이도순(李道純), 왕도연(王道淵), 목상조(牧常晁), 이각(李珏), 왕유일(王惟一), 임원(林轅), 유염(俞琰), 김월암(金月岩), 현전자(玄全子), 이붕비(李鵬飛) 등의 저술은 오늘날에도 전해진다. 또 방대한 분량의 내단 수련 유서(類書)7)들이 몇 부 나타나는데, 『운급칠첨(雲笈七籤)』, 『도추(道樞)』, 『수진십서(修眞十書)』와 같은 것들이다. 도교 내단학은 여기에 이르러 최고봉에 도달하였고, 아울러 도교 기공에서 가장 중요한 유파인 송원 내단파(남종과 북종을 포괄한)를 형성하였다. 그 저작은 400여 부에 이르며 도교 내단학의 이론과 방법을 전면적, 체계적으로 밝혔다. 이 후대로는 도교 내단학 발전에 일대 변화가 발생하고, 양생 수련은 더 이상 도교도의 전문적인 특기가 아니라 사회저변에까지 광범하게 파급되어 병을 물리치고 몸을 건강하게 하는 운동이 되었다.

이도순은 원래는 도교 남종 백옥섬(白玉蟾)의 제자인 왕금섬(王金蟾)의 문하생이었으며,8) 그의 내단 학설은 장백단을 따른다. 그

---

7) 예전에 중국에서, 경사자집의 여러 책들을 내용이나 항목별로 분류·편찬한 책을 통틀어 이르던 말. 지금의 백과사전과 비슷하다.

8) 왕지도(王志道) 著 『현교대공안(玄敎大公案)』『정통도장』 第40册, 台北, 藝文印書館, 1962. "自周漢以來, 惟尹子嗣祖位, 金闕帝君繼道統授東華帝君, 帝君傳正陽鐘離仙君, 鍾傳純陽呂仙君, 呂傳海蟾劉仙君, 劉南傳張紫陽五祖. 北傳王重陽七眞道統一脈自此分而為二. 惟淸庵李君得玉蟾白眞人弟子王金蟾眞人授受為玄門宗匠, 繼道統正傳以襲眞明亦多典

러나 전진도 북종이 원나라의 세력을 업고 강남으로 교세를 확장
하면서, 남종의 세력이 크게 위협을 받게 되자 남종 스스로 종(鍾)·려(呂)의 한 뿌리임을 내세워 전진도에 합류하게 된다. 이러
한 시세에 이도순 스스로도 자신의 종파를 '전진(全眞)'이라 칭하
였다.

『현교대공안(玄敎大公案)』 서(序)에 보면, "청암 이군은 백옥섬
진인의 제자인 왕금섬 진인의 가르침을 받았고 현문(玄門)의 종장
(宗匠)으로서, 도학의 계통을 바르게 계승하여 참밝음을 세상에 행
하는 것이 전집에 자주 보인다."[9] 하였고, 또 그의 『중화집』 권
제5에서 "백옥섬과 비밀한 뜻을 서로 맞추어 보아 같으니."[10]라
한 문장을 보더라도 이도순은 남종 자양파의 직계임이 분명하다.
그런데 이도순은 전진 북종의 사상도 계승하여 펼쳤는데, 그의 『전
진집현비요(全眞集玄秘要)』 및 『중화집·전진활법』에서 "전진도인
은 마땅히 전진의 도를 행해야 한다."고 말하고 제자들에게 가르쳤
다. 이것은 이도순이 남종의 적통계보를 잇고 있으면서, 북종의 단
법도 같이 수련하여 남북 종의 단법을 하나로 융합하였다는 것을
알 수 있다.

이도순의 사상적 배경에는 『노자』와 『주역』이 모든 경의 조상이
라 여기고, '진상(眞常)의 도' 즉 '노자의 도'를 바탕으로 하고 있
니. 그는 "사람의 성은 항상 빈니고 데이심이 낳고, 세상의 노는
흥함과 쇠함이 있으나, 신상(眞常)만이 항상 존재하여 옛날이나 지

集見行於世實庵苗人素師事之心印其要, 蓋靑出於藍而靑於藍者也."

9) 上同,

10) 『중화집(中和集)·화옹익록부(和翁익錄部)』 卷五. "密意參同白玉蟾"

금이나 변하지 않는다."라 했다. 이 '참됨이 항상 하는 도'에는 이름도 말도 없고(無名無言), 영원히 변하지 않으며(永恒不變), 텅 비어 고요하여 행함이 없고(虛靜無爲), 변동의 법칙이 있으며(變動有則), 중화에 순응하는(順應中和) 등의 다섯 가지 특성이 있다. 그러므로 이도순은 내단 수련에 '진상(眞常)의 도'를 이론적 기초로 삼는다.

그리고 『노자』와 『주역』의 사상으로 그의 내단 학설을 논술했으며, 그의 기본적인 관점은 성명쌍수(性命雙修)하는 것을 주장하면서, 수련하는 순서에 대해서는 성(性)을 닦은 뒤에 명(命)을 닦을 것을 주장한다. 이는 북종의 영향을 받은 것이라 볼 수 있다. 그리고 먼저 계(戒)·정(定)·혜(慧)를 가지고 마음을 텅 비게 한 다음 정(精)·기(氣)·신(神)을 수련하여 몸을 얻으면, 최후에 성과 명이 온전히 겸비되고 형과 신이 다 묘함에 도달한다고 하였다. 그는 특별히 '중(中)을 지킴'이 단을 수련하는 핵심임을 강조했는데, 현관일규란 사실 바로 '중(中)'인 것이다.

2. 이도순의 저술과 업적

이도순의 제자들로는 시원고(柴元皋), 조도가(趙道可), 묘선시(苗善時), 등법성(鄧法成), 장응탄(張應坦), 채지이(蔡志頤) 등이 있으며, 후인들은 그의 학설을 내단(內丹) 중파(中派)라고 부른다. 북경의 백운관에 보관된 『제진종파총박(諸眞宗派總薄)』에 보면 이 청암이 선천파(先天派)를 열었다고 기록돼 있다.

도가의 문파에서 북파, 남파, 동파, 서파의 네 문파가 가장 큰 비중을 차지한다. 그러나 중파는 교단이 형성된 바도 없고, 금단(金丹)을 수련하는 문파도 아니다. 다만 후대에 내단을 수련하는 사람들이 학설과 단법의 비슷한 것을 하나로 모아서 중파라고 이름을 붙인 것뿐이다. 실제로는 북파와 남파의 개혁자들이라 할 수 있다. 그러므로 넓게는 전진도에 속하며, 자세히 분류하자면 오류파(伍柳派), 오원파(悟元派)와 더불어 북종에 속한다 할 수 있다. 동파, 서파 및 방중가의 삼봉파(三丰派)는 남종에 속하니, 종파의 교리에 따라 분류하여서 중파로 나누어진 것이라 볼 수 있다.

중파는 청정수행을 주장하고, 유가와 불가의 이론을 도입하여 도가의 이론을 증명했다. 유가의 사상으로 도가를 해석하는 것이 주요 내용이지만 처음부터 끝까지 계속 '수중(守中)'으로 일관하고 있다.

명대의 윤진인(尹眞人)이 말하고 그 제자가 쓴 『성명규지(性命圭旨)』도 중파단법에 속한다. 청나라의 도사인 황원길이 쓴 『도덕경주석(道德経注釋)』, 『낙육당어록(樂育堂語錄)』, 『도문어요(道門語要)』 등도 또한 중파 청정단법이다. 또한 용문파 제11대 도사 민소간은 『고서은루장서』 및 『금개심등』 등을 쓰고 요가의 차크라(Cakra) 수련방법을 내단술에 받아들여 중황직투(中黃直透)의 단법을 전하였는데, 이것도 중파에 속한다.

『참동계』에는 "황중(黃中)이 통할 때 윤기가 기부(肌膚)[11]에 달한다."고 하였는데, 이 때문에 단가(丹家) 중에는 황도(黃道)를 닦

11) 기부(肌膚). 사람이나 동물(動物)의 몸을 싸고 있는 살. 또는 살가죽.

는 일파가 형성되고 수중맥(修中脈)이라고 칭하였다. 몸 앞에 있는 임맥은 적도이며 몸 뒤에 있는 독맥은 흑도이다. 중맥은 인체의 중앙정위에 있으며, 앞도 뒤도 아닌 밑은 곤토(坤土: 색은 노랑)를 중심으로 하여 중황의 기를 얻으니 황도라고 한다. 내단가는 중맥을 뚫는 방법과 밀종(티베트불교)의 중맥을 다루는 수련방법과는 우연히 일치한다고 말한다. 중맥을 통하게 하면 그 맥로상 일곱 구멍(일곱 문이라고도 한다.)이 정화되어 막힘이 없어지는데, 이것은 요가에서의 7개 차크라를 통하게 하는 공법과도 우연히 일치한다.

『황정경』에 이미 칠규(七竅), 칠문(七門)[12]인 것이 설해져 있고, 황중(黃中), 충맥(衝脈), 황도(黃道)를 설하는 것은 오래된 단경에도 보인다. 이것은 중국 고대 단가(丹家)가 예로부터 수련해 왔지만 비밀스럽게 하여 전하지 않는 것이다.

이도순의 저작 중 대부분은 도에 대해 깊고도 넓게 다루고 있지만, 비결에 대한 얘기는 적다. 그래서 수행법을 찾아 정리할 만한 것이 많지 않은 것이 사실이다. 어떻게 보면 눈뜬장님이라 보지 못한 것은 아닐는지.

그러므로 중파를 착실히 계승한 것으로 보이는 황원길과 민소간을 통해서 중파 단법을 좀 더 살펴볼 필요가 있다.

먼저 황원길은 그의 공법에서 후승전강(後昇前降)을 쓰지 않는다. 『도덕경주석』 제26장 주(注)에서 "어찌 거슬러 극복할까? 순조로운 도를 사용하여 신으로 기 가운데에 들어간다. 불로 물이 끓으면(즉 신(神)으로 원정(元精)을 이끌어 움직이게 함) 물 밑에서

---

12) 칠문(七門): ① 천문(天門): 니환, ② 지문(地門): 미려, ③ 중문(中門): 협척, ④ 전문(前門): 명당, ⑤ 후문(後門): 옥침, ⑥ 누문(樓門): 중루, ⑦ 방문(房門): 강궁인데, 실제로는 요가에서 말하는 7개의 차크라에 해당한다.

금이 생기니(원정이 나타남), 그때 현규가 열리고 참된 신호가 온
다(활자시(活子時)13)의 움직임). 이때에 이르러 참된 양이 생기고
약이 생성되니 이것이 외약(外藥)14)이 된다. 목은 금을 싣고 올라
가니(즉 신이 정을 끌고 올라감), 절절히 막고, 유유히 운행하여 니
환까지 올라간다. 그리고 참된 뜻으로 끌어내려 단전 안으로 들어
가니, 곧 곤(坤)의 배로 들어간다. 그런 후 참된 양이 움직일 때까
지 기다리면 내약(內藥)15)이 생기니, 합하여 대약이 된다. 대개 소
약(小藥: 외약)16)은 신관(腎管) 밖에서 생기며, 기가 적어서 소약이
라고 한다. 이것이 기의 뿌리 안에서 생기면 내약이라고 한다. 이
렇게 내외를 같이 수련하면 금단을 결성한다. 이것이 바로 『오진
편』에서 말한 '자금상(紫金霜)17)으로 변화한다'라 한 것이다."18)

이러한 황원길의 법은 사실 한마디로 중황직투다. 열고 닫음을
중시하지 않는 이것은 그의 단공(丹功)의 특징이다. 그리고 또 중
요하게 살펴야 할 것은 민소간의 중황직투법이다. 그는 『고서은루

---

13) 활자시(活子時): 양이 생길 때 나타나는 경상으로 성욕이 동하지 않았는데도 음경이 무의
식적으로 발기하는 때를 말한다.

14) 외약(外藥): 원정은 본래 순행하여 밖으로 새어 나가는 습관이 있는데 연단하여 이를 약의
재료로 삼는다. 그래서 외약이라 하며, 연정화기(煉精化氣)의 밑바탕이다.

15) 내약(內藥): 체내에서 연성되는 것으로서 밖으로 드러나지 않기 때문에 내약이라 하며, 연
기화신(煉氣化神)의 밑바탕으로 곧 금액을 말한다.

16) 소약(小藥): 신과 기가 교회(交會)하여 오래되면 단전에서 열기가 생겨나며 한 물건이 생기
는데 이것으로 능히 육욕과 칠정을 제어하기 때문에 비유하여 약이라 한다. 그러나 그 약기
운이 생사의 괴로움까지 치유하지 못하는 까닭에 소약이라 하는 것이다

17) 자금상(紫金霜): 내단의 다른 이름. 성(精)·신(神)·혼(魂)·백(魄)·의(意)가 합하여 변화
된 것이나.

18) "何以逆之克之? 始用順道, 以神入氣中. 迨火蒸水沸(即以神引動元精), 水底金生(元精
發現), 斯時玄竅開而真信至(活子時動), 至是爲真陽生而子藥産, 此爲外藥; 於是木載
金升(即神攝精卜升), 切切摧之, 款款運之, 上升乾鼎(泥丸), 以真意引之下入丹田. 即入
坤腹, 再候真陽火動, 爲內藥生, 合爲大藥. 蓋小藥(外藥)生在腎管外, 其氣小, 故曰小
藥; 此則生於氣根內故曰內藥. 以此內外交煉, 結爲金丹, 此即悟真篇所言化成一片紫
金霜是也."

장서』에서 중황직투의 단법을 여러 번 언급하고 있는데, 이는 북종도 아니고 남종의 공법도 아니다. 그중에 대표적인 『설천기(泄天機)』의 일단을 인용한 것으로 그의 공법의 특징이 보인다.

『설천기(泄天機)』는 이니환(李泥丸) 옹(翁)이 구두로 전해 내린 책으로, 민소간이 다시 편집했는데, 마치 민소간이 이 책을 썼고 니환(泥丸)의 이름을 빌린 것 같다. 제2단락에서 "양이 생길 때 천목을 써서 음교를 비추니, 다만 진식(眞息)을 따라 열고 닫으며, 음교에 들어간다. 들이마시는 숨에 음교가 움직이고 호흡에 따라 기복한다. 미려 앞에서 스스로 느껴지니, 신령한 규(竅)가 있음을 알린다. 아울러 규(竅) 안에서 바람이 솔솔 부는 것을 느낄 수 있는데, 마치 자석이 바늘을 끌어당기는 것과 같다. 천지의 진기가 음교에 들어가서 척추 가운데 틈새를 따라 올라가 니환에 곧장 도달한다. 삼오(三五) 동안 있다가 또다시 음교에 이르니, 뒤에 들어간 기를 흡수하고 올라갈 수 있다. 열다가 닫을 때 이미 승강이 깃들어 있다."[19]

민소간은 이것에 대해 "단가(丹家)에서 기를 다스리는 것에 원래 세 가지 길이 있으니, 적(赤)·흑(黑)·황(黃)이라고 한다. 적(赤)은 심장의 기이고, 흑(黑)은 독맥이다. 성(性)이 적셔 흘러내리면 법으로써 반드시 제어하여 상승하게 한다. 이 두 가지 길을 통해서 정기(精氣)가 나오니, 사람이 이것에 의해서 생존할 수 있다. 황(黃)은 황중(黃中)으로 적(赤)·흑(黑) 가운데 틈새의 경로를 따라 두 기를 통솔하고 열고 닫음을 주재한다. 경계가 지극히 허(虛)하고

---

19) "於陽生之際, 用天目照於陰蹻, 但隨眞息開合. 吸動陰蹻, 隨息起伏. 自覺尾閭之前, 啓有靈竅, 並覺竅內颯颯然, 如磁引針, 天地之眞氣, 入於陰蹻, 升從脊前夾縫中, 直達泥丸, 存留約至三五息, 又至陰蹻, 吸接後息所入之氣, 始聽上升, 蓋已寓升降於闔辟中也."

고요하니, 그래서 선천만 머물 수 있는바, 이것이 중황(中黃)이다."[20]
라고 하였다.

이로써 중파의 대표적인 두 인물들을 통해 이도순의 행법을 어느 정도 추측해 볼 수 있을 것 같다.

특히 황원길의 도력은 대단히 뛰어나 살아서 하늘로 날아올라 신선이 되었다고 전해진다. 또한 그는 성공(性功)에 대해 유가 사상으로 해석할 뿐만 아니라 명공(命功)에 대해도 그렇다. '중을 지킨다.'는 것은 그의 일관된 사상이다. 예를 들어서 "내 도에 대해 얘기하면 다만 중이다. 시작할 때는 유형(有形)의 중을 지키어 정을 수련하고 기로 변화하고, 마지막에는 무형(無形)의 중을 지키어 허(虛)를 수련하고 도(道)와 합친다." 또 말하길 "내 도를 수련할 때 동체(童體)로서 정(精)·기(氣)·신(神) 삼보가 훼손되지 않은 자는 중을 지키는 공부를 않아도 된다. 곧바로 하거(下車)를 운반하는 공부를 해도 된다. 정·기·신을 이미 훼손한 사람들은 중을 지키는 온양의 방법을 이용하여 정기를 쌓고 정을 회복하고 기를 취하고, 정을 고정하고 기를 양성함으로써, 아이의 몸으로 되돌아간다. 이는 수련의 기본이다. 다른 길이 없다."[21]라 하여 시종일관 중(中)을 강조하고 있다. 이것은 이도순의 중화(中和)사상을 그대로 잇고 있는 것이다.

---

20) "丹家理氣, 原有三道, 曰赤·曰黑·曰黃, 赤者心氣, 黑乃督脈, 性閏下, 法必制之使升, 此二道精氣所由出, 人物賴以生存者. 黃乃黃中, 徑路循赤黑中縫, 而統率二氣爲開闔主宰, 境則極虛而寂, 故所經駐, 只容先天, 此中黃也."

21) 昔論吾道, 始終只是一中, 始也守有形之中, 以煉精而化氣, 終而守無形之中, 以煉虛而合道. 又云: 吾道修爲, 除童體之精氣神三寶無虧者, 無須守中一著工夫, 可直從河車搬運下手外, 凡已漏體之精氣神三寶均已虧損者, 則舍守中溫養一法, 以積精累氣, 複精緊氣, 固精養氣, 期返還於童真體, 用爲修煉之本, 別無二途可循.

이도순의 공법은 삼교를 융합하고 중화(中和)를 주장한다. 중(中) 은 건(乾)과 곤(坤)이 교합하여 생긴 것이니, 십자(十)처럼 교합하 면 중이 생긴다. 건과 곤이 교합하지 않으면 중은 태극의 본체로 숨겨져 있으나, 건과 곤이 교합하면 중이 드러나서 음과 양의 작 용이 된다. 그래서 중은 천지보다 먼저 있어 천지간에 우뚝 서니 천지가 뒤에 이루어진다. 천지에는 천지의 중이 있고 사람의 몸에 는 사람의 중이 있다. 사람 몸의 중을 지키고 천지의 중을 대응하 면 사람 몸의 중을 천지의 중과 합하게 된다. 이것은 바로 천인변 화(天人變化), 천인합일(天人合一)의 사상이다.

중(中)은 선(善)에 이르는 도이고, 하나뿐인 본체이다. 경에 이르 길 "오직 정미롭고 하나같이 하여 진실로 그 중을 잡아라."[22] 하 였으니 곧 둘이 아님을 말하고 있다. 그래서 중의 도에 대해 중 (中)을 지키는 것은 바로 하나를 지키는 것이니, 중을 잡는 것은 하나를 잡는 것이라 할 수 있다. 다시 말하면 중에 이르는 것은 곧 하나에 이르는 것이다.

그래서 이도순은 '중화'의 도를 논할 때 유가의 『예기(禮記)』에 서 말한 "희노애락(喜怒哀樂)이 아직 드러나기 전을 중(中)이라고 하고, 드러나 모두 절도에 들어맞는 것을 화(和)라 한다."라 한 것 이니, 이는 곧 중화로써 도가를 해석하는 것이라 한다.

이것은 또한 내단 단공과 결합하여 양(陽)이 발생하기 전에 내련 (內煉)하는 것과, 양기가 처음 움직일 때 화후를 조절하는 것을 암 시하는 것이다. 그는 『중화집』에서 중화는 바로 현관일규를 상징 하는 것이라 말하고 있다.

---

22)『서경(書經)』"人心惟危, 道心惟微; 惟精惟一, 允執厥中."

그러므로 그는 현관에 대해서, 현관(玄關)이란 현묘함에 이르는 기관이니 오늘의 배우는 이들이 대부분 형체에 집착한다고 말하며, 양 눈썹 가운데에 있다고 하거나 배꼽에 있다고 하거나 단전에 있다고 하는 것이 다 틀린 것이라 분명히 한다. 형체에 집착하면 안 되고, 이 몸에서 벗어나서 밖으로 구해도 안 된다. 모든 단경에서 한결같이 어디에 있는지를 말하고 있지 않으니 그것은 글로 표현하기가 어렵고 말로 말하기도 어렵기 때문이다. 그래서 현관에 대해 성인들은 하나의 중(中) 자로 사람들에게 보여 줄 뿐이다. 역(易)에서 말한 적연부동(寂然不動)은 중의 본체이고, 감이수통(感而遂通)은 중의 작용인 것이다. 그러므로 영섬자(瑩蟾子)는 삼교의 한계를 타파하여 독창적으로 새로운 학설을 설립했고 후대 내단도(內丹道)의 발전에 대해 큰 영향을 미쳤다.

이도순 이론의 특색은 중화를 통하여 남북 두 종파의 성명쌍수(性命雙修)하는 공법에 대해 분명히 말하고, 성과 명의 수련에 대한 순서 문제를 온전하게 발전시켰다.[23]

또한 선진(先秦) 이래의 역학(易學)과 노학(老學)의 창조성을 명백히 논술하고, 송나라 때의 이학(理學), 불교 특히 체계화된 선불교의 돈점 이론을 이도순은 수련체계에 적극 수용하였고 '삼교합일'의 시대적 분위기 안에서 그는 "하늘에는 두 가지 도가 없고, 성인은 두 개 마음이 없니."[24]는 증자들 시시고 유씨의 불씨의 노리들 인용하여 노가의 사상을 증녕했고, 배우는 이들에게 삼교가 본시 하나라는 것을 말하고 있다.[25]

---

23) 남종은 선명후성(先命後性)을, 북종은 선성후명(先性後命)을 주장한다.
24) 『중화집』 卷三, 第四. "皇天無二道聖人不兩心"

따라서 중화로 내단 심성학설의 근본을 이루었으며, 원, 명, 청대 이어지며 삼교가 대립으로부터 합일함으로써 바뀌는 추세를 가속화했다.

이도순은 평생에 그리 많지 않은 저작을 남겼는데, 남긴 저작들은 10여 권으로서, 역점(易占)을 주 내용으로 하는 『주역상점(周易尙占)』 3권이 『보안당비급(寶顔堂秘笈)』26)에 수록되어 있으며, 그 밖에 『태상대통경주(太上大通經注)』, 『태상승현소재호명묘경(太上昇玄消災護命妙經)』, 『무상적문동고진경주(無上赤文洞古眞經注)』, 『태상노군설청정경주(太上老君說淸靜經注)』, 『전진집현비요(全眞集玄秘要)』, 『도덕회원(道德會元)』, 『중화집(中和集)』, 『삼천역수(三天易髓)』와 그의 문인이 편찬한 『청암영섬자어록(淸庵瑩蟾子語錄)』 6권 등이 모두 『정통도장(正統道藏)』 「동진부(洞眞部)」, 「동신부(洞神部)」 그리고 「태현부(太玄部)」에 수록되어 있다.

3. 종·려 단법으로 본 이도순의 내단 체계

내단을 수련하는 과정은 성(性)과 명(命)을 함께 수련하여 하늘의 도를 체현하는 과정이다. 그러므로 안으로 심성과 정(精)·기(氣)·신(神)을 수련하고 밖으로는 우주 건곤의 신령스런 이치와 천기(天機)27)에 응하는 것이다. 하늘과 사람과 사물이 하나로써 자

---

25) 『삼천역수(三天易髓)』 第十. "引儒釋之理證道使學者知三敎本一"

26) 엄일평(嚴一萍) 선집(選輯) 『백부총서집성(百部叢書集成)』(據明萬曆年間繡水沈氏尙白齋刻寶顔堂秘笈本影印) 台北, 藝文印書館, 1965年.

신의 정신과 생명을 교류하여 서로 엮어지면, 허물을 벗어버리듯 육체의 허망한 나로부터 해탈하여, 금강같이 허물어짐이 없고 천지와 같이 존재하고 우주와 같이 영원히 존재하는 참된 내가 된다는 것을 최고의 경지로 삼는다.

그러므로 이도순은 이러한 내단 수련에 있어 당말오대(唐末五代)에 완성된(주로 명(命)의 내단 이다.) 종·려[28] 내단 기법을 충실히 따르고 있다고 보인다.

이를 도식해 보면 다음과 같다.

A: 眞火 → 精(內丹) ← 眞水

↓

B:　　　　精(內丹) → 氣 → 神

실제의 내단 기법에서는 A부분이 중단전(心)과 하단전(腎)의 교

---

27) 천기(天機): 천기란 바로 움직임의 기틀을 말한다. 기틀이 움직이면 따라서 움직이고 기틀이 멈추면 따라서 멈추어 그 기틀을 따를 뿐이다. 기틀이 올라가면 따라 올라가서 서로 사이가 벌어지는 걱정이 없게 하고, 기틀이 내려가면 그 기틀을 따라 내려가서 멈추어서 정체되는 폐단을 없게 해야 한다. 또한 진퇴를 조절하는 것은 다른 데 있는 것이 아니고 사람에게 있으니 만약에 뜻을 긴장되게 사용하면 불이 마르고 뜻을 느슨하게 하면 불이 차가워지므로 뜻을 잊지도 말고 돕지도 말라고 한 것이다. 몸 안에서 일어나는 것이 너무 미세하여 느끼기도 힘든데 만약 이 법칙을 터득하지 못하면 주천에 이상이 생기게 된다. 그러므로 만고에 전하지 않는 비밀이라 한 것이다.

28) 종리권(鍾離權), 여동빈(呂洞賓). 종리권의 자(字)는 운방(雲房), 또는 성성사(正陽了) 또는 화곡자(和谷子)라 불린다. 장수로 재직하다가 세상을 버리고 종남산에 은거하였는데, 동화제군(東華帝君)으로부터 진결을 전수받아 수련하고, 장안(長安)의 술집에서 여동빈을 만나 열 번이나 시험한 뒤 도를 전했다. 달리 정양제군(正陽帝君), 또는 종리장군이라 한다. 여동빈은 당대(唐代) 협서(陝西) 하중부(河中府) 사람으로서 성은 여(呂), 이름은 암(癌), 자는 동비(洞賓)이며 후는 순양자(純陽子)라 한다. 46세에 과거를 보러 가다가 종리권을 만나 선도에 입문하여 거화산(居華山)에서 40여 년간 수도한 뒤에야 비로소 세상 사람들에게 알려졌다. 종남산에서 수도를 마친 후 유해섬(劉海蟾)과 왕중양(王重陽)을 거두어 법을 전하고 무창(武昌) 황학루(黃鶴樓)에 올라 백일승천(白日昇天)이었다고 한다.

합으로 대단히 대대적으로 된다. B부분은 A에서 생겨난 내단을 순수한 양기에서 더욱 순수한 양신으로 변용시키는, 그래서 결국에는 신체 전부를 순양으로 바꾸어 속세의 신체를 버리게 되는 과정이다.

이러한 과정을 이도순은 『청암영섬자어록』에서 아홉 과정으로 나누고 있는데, 그것은 명을 닦는 기반이 되는 과정인 명기구사(命基九事)[29]이다. 이는 참됨에 오르는 지름길로서 핵심이 여기에 모두 있다고 할 수 있다. 그 과정별 요점을 살펴보면 다음과 같다.

1) 하수지시(下手知時) 시작할 때를 알아야 한다

금단(金丹)을 수련하려면 먼저 어디서 시작해야 할지를 밝게 알아야 한다. 만약 공부의 시작을 모르면 아무리 수많은 저술들을 기웃거려도 다 소용이 없다.[30] 그러므로 단(丹)을 수련할 때 제일 중요한 것은 먼저 정로(鼎爐)를 설치해야 한다는 것이다.

이도순은 단을 수련함에 몸에서 벗어나지 않는다고 생각한다. 그래서 건(☰) 가운데의 참된 금(金)을 솥으로 하는데, 바로 마음이다. 그리고 곤(☷)의 진토(眞土)[31]를 화로로 하는바, 바로 몸이다. 곤은 땅이니, 땅은 잉태하고 기르는 만물의 어머니이다. 그러므로

---

29) 『청암영섬자어록』 『정통도장(正統道藏)』 태현부(太玄部), 卑下 卷六에 수록.

30) 『청암영섬자어록』 卷六, 第十. "欲鍊金丹先明下手處若不知下手工夫萬般扭捏千種杜撰都不濟事"

31) 진토(眞土): 오행에 있어서 흙을 상징하는 토(土)는 중앙에 있으면서 사방에 나뉘어 있는 수·화·목·금을 거느려서 조화시키고 있다. 그러한 모습을 빌려서 내단을 수련하는 과정에 참다운 세계가 나타나고 그 세계에서 산출되는 연(鉛)과 홍(汞)을 결합시키는 촉매 역할을 하는 작용을 가리키는 말이다. 진의(眞意), 진심(眞心), 황파(黃婆) 등이 모두 같은 말이다.

단(丹)을 이루는 과정 중에서 곤(坤)을 묘한 변화의 근본으로 한다. 그런 후에 손괘의 바람으로 화후 변천의 공부로 삼는다. 단을 단련하는 것은 바로 몸의 조화에 달려 있는 것이니, 이는 화후로서 주천을 운행하는 것에 있다.

또한 어디서부터 시작해야 할지를 분명히 알아야 할 뿐만 아니라 어느 때 해야 할지도 알아야 한다. 이른바 때란 하나의 양(陽)이 생기는 때이다. 오늘날 많은 사람들이 자시(子時)를 보고 일양이 생기는 때라고 하는데 사실이 아니다. 시간에 너무 집착해도 안 되고 시간이 상관없다고 생각해도 안 된다. 즉 자양진인이 "연(鉛)이 계(癸)가 생하는 것을 만나면 모름지기 급히 채취할 것이니, 금이 보름에서 멀어지면 쓸 수가 없다."32)라 하였는데, 여기서 말한 '계가 생긴다.'는 것은 바로 '하나의 양이 생긴다.'는 뜻이다. 다섯 음(陰) 아래 하나의 양이 생기는 것으로 복괘(復卦)를 상징하는데, 이른바 복(復)에서 천지의 마음을 보는 것이다. 이 양기가 발동한 순간은 바로 만물이 풍성하는 시작이다. 그래서 내단 공부에 인용하여 "양이 다시 회복하면 사대가 편안해지며, 모든 골격이 다 온전하게 된다. 이것이 바로 장생구시(長生久視)33)의 도이다."34)라 했다. 어떻게 하면 이 일양(一陽)의 때를 볼 수 있는가? 이도순은 "때를 아는 것은 이치에 통함만 못하고, 이치에 밝음은 허정(虛靜)함만 못하네. 텅 비면 곧 밝아지고, 고요하면 곧 맑아지니. 맑고

---

32) 『자양진인오진편삼가주(紫陽眞人悟眞篇三家註)』 卷一. 第二十二. "鉛遇癸生須急採金逢望遠不堪嘗"

33) 장생구시(長生久視): 눈을 사용하여 내관(內觀)하는 것을 내시(內視)라 하고 반드시 오래 계속 보고 떨어지지 않으면 명보(命寶)를 잃지 않으므로 장생할 수 있다는 것을 말함.

34) 『칭임영심자어록』 卷三. 第三. "一陽以後四人咸安百骸俱理此長生久視之道也"

밝음이 몸에 있으면, 하늘의 이치가 또렷하게 밝아지니, 하늘의 변화는 역(易)을 관찰하면 볼 수 있네."[35]라고 하였는데, 텅 비고 고요함을 지키는 공부에 전념하여 양이 되돌아오기를 기다리면 신수(腎水)에서 양의 기가 생기게 된다.

이 양으로 변환하는 첫걸음은 음의 신수(腎水)에서 양의 기(즉 영아(嬰兒))가 생기는 것에서 시작된다. 이 양기는 자연적으로 생성하는 것은 아니다. 방광에서 민화(民火)가 상승하여 기의 생성을 촉진하는 것이다. 체내의 화기(火氣)는 심의 군화(君火), 신의 신화(腎火), 방광의 민화(民火) 셋으로 이루어지지만 어느 것이나 원양(元陽)의 기를 그 근원으로 하고 있다.

『영보필법』과 『종려전도집』에서는 필배음양(匹配陰陽), 취산수화(聚散水火), 용호교구(龍虎交媾), 소련단약(燒煉丹藥)의 과정으로 설명하고 있다.

그러므로 오장의 기 순환루트를 자세히 살펴볼 필요가 있다.[36] 음이 지극하면 양이 생겨나는데, 음액(陰液)이 양혈(陽血)로 변화하면서 신장의 수가 이 양기와 함께 간기(肝氣)에 이끌려 상승하여 간장에 도달한다. 그리고 여기에 이르는 동안 신장의 수는 다하며 양의 기만이 간장에 가득 찬다. 이 양기는 다시 심장에 도달하는데, 신장의 수는 간을 거쳐 심장에 이르기까지 혈(血)로 화하여 간다. 이 혈(血)이야말로 양룡(陽龍)이라 불리는 것이다.[37]

중국의학에서는 오행의 기의 순환 순서와 오장의 위치 순서는

---

35) 『중화집』 卷一, 第九. "識時莫若通理明理莫若虛靜虛則明靜則淸淸明在躬天理昭明天之變化觀易可見"

36) 이하는 이시다 히데미 지음, 이동철 옮김, 『기(氣), 흐르는 신체』에서 인용하였다.

37) 『도추』 卷七, 「갑경편」

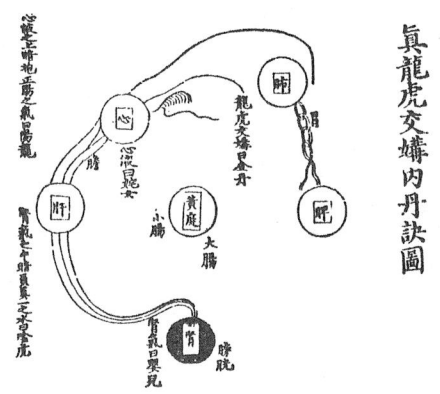

별도의 것으로 되어 있
는데, 장부와 장부와의
기액을 이동시키는 것에
서 오행의 기 순환과는
조금 다른 루트를 생각
하지 않으면 안 될 것
같다. 이 경우 장기의 위
치에서 가장 문제가 되

(진용호교구내단결도(眞龍虎交媾內丹訣圖) 『정통도장』)   는 것은 폐가 심장 위에

있다는 점이다. 양기는 심장에서 가장 성하게 되어 음액(陰液)으로
변화하여 하강하기 시작하기 때문이다. 음액은 그 본성상 상승하지
않는다. 이 문제를 해결하는 방법은 아직 음액으로 변화하지 않고
양기(양기는 본성적으로 상승한다.)인 동안에 폐로 향하여 기를 상
승시켜 버리는 것이다. 신에서 출발한 양기(腎火)와 심의 양기(君
火)가 교차하여 '폐를 훈증한다'[38]는 과정이 여기에 더해진다. 이
때 사람은 입을 진액으로 가득 채워 기관(氣管)에서 위쪽으로 기가
상승하는 것을 막지 않으면 안 된다. 훈증된 폐로부터는 폐액이(소
하거라 불리며 운반을 맡는다.) 이 두 양기를 포함하여 하강한다.
이 심에서 폐, 폐에서 심이라는 왕복 루트를 합하여 심(火)에서 폐
(金)니르 히니의 괴정이니 '생각히는 깃'이니.

폐액과 함께 하상하는 양기는 이미 극에 날한 겄이기에, 음액으
로 변화하면서 신으로 향한다. 이 음액(차녀(姹女)[39]라 불린다.)은

─────────
38) 『종려전도집』 「논수화」
39) 차녀(姹女). 옥액환단(玉液還丹)할 때 작용하는 신(神)으로서 이린 저녀로 싱징딘다.

음호(陰虎)로 변화하기 시작하여 신에 이르며, 양기는 신의 옥액으로 모습을 바꾼다.

이상의 과정에서 알 수 있듯이 양룡의 완성은 심장, 음호의 완성은 신장에 놓인다. 그런데 중국의 전통적 사고방식에서 용은 동쪽, 호랑이는 서쪽을 상징하는 동물이다. 오장에 적용시키면, 동쪽은 목(木)의 기로 간(肝), 서쪽은 금(金)의 기로 폐(肺)이므로 용은 간, 호랑이는 폐에서 생기는 것이 아니면 안 된다. 그럼에도 불구하고 여기서는 이 법칙을 깨뜨리며, 심장(남방의 화기)에서 양룡(陽龍), 신장(북방의 수기)에서 음호(陰虎)가 각각 완성된 형태로 움직이기 시작한다. 이것이 이러한 용호의 교합을 '오행을 전도한 용호의 교합'이라 일컫는 이유이다. 오행을 전도시키는 것은 사람의 삶의 시간을 역행시켜 시원(始原)에 이르기 위한 상징적 행위이다.

음호와 양룡의 교합은 심장에 도달한 신장의 기(腎火)와 심장(君火)의 훈증시점에 행해진다. 신기(腎氣) 속에 암장된 음호와 심장에 이르러 완성된 양룡이 교합하는 것이다.

2) 진연진홍(眞鉛眞汞) 참된 납과 참된 수은

시작하는 때를 이미 알았으면, 참된 연(鉛)40)과 참된 홍(汞)41)을 아는 것이 또한 중요하다. 연과 홍이란 일반적인 납이나 흑석, 주

---

40) 진연(眞鉛): 신(腎)에서 생긴 선천일기로서 움직이지 않고 무정(無情)하여 가만히 있는 상태의 것으로 이것의 내부가 밝게 빛난다는 관점에서 흑호(黑虎)라 하며 이것이 움직여 날뛰면(유정(有情)하면) 사나워서 다스리기 어려운 금(金)의 기운을 가지므로 백호(白虎)라 한다.

41) 진홍(眞汞): 심장에서 진액이 생기는 때에 그 진액 중에는 진양기가 있고 그 진양기 속에 알맹이가 있는데 그것이 진홍이다.

사, 수은이 아니고 자신의 몸 안에 원래부터 있는 두 물질이다. 참된 연(鉛)은 감(坎) 중에 한 점의 참된 양(陽)이다. 선천의 신령스러운 건괘의 양이 곤괘에 들어가서 감괘가 된다. 그 성질은 물에 속하는데, 그중의 양효가 건금으로 '물속의 금'이라고 한다. 사람의 몸으로 말하자면 신장에 기가 생길 때의 참된 정(精)이다. 또한 '몸속의 정(精)'이라고도 한다. 오행이 상생하는 것으로 말하면 금에서 물이 생기는데 반대로 금이 물속에 잠기어 숨으면 '모은자태(母隱子胎)'라 하고, 또 '금공(金公)'이라고도 한다. 감괘는 본래 태음인 곤괘의 체(體)인데 건양을 받아 소양이 되었다. 그래서 영아(嬰兒)로 비유한다. 그것이 음을 지고 양을 안은 부음포양(負陰抱陽)의 형상이다. 이를 정리하면 진연은 감괘를 표현한 것으로, 수중금(水中金), 신중정(腎中精), 모은자태(母隱子胎), 금공(金公), 영아(嬰兒) 등은 모두 이름이 다를 뿐 같은 뜻이다.

참된 홍(汞)은 이(離) 중의 진정한 음(陰)이다. 곤괘의 음이 건괘에 들어가서 이괘가 된 것이다. 그 성질은 불에 속하는 것으로 또한 사중홍(砂中汞)이라고도 한다. 사람의 몸으로 말하자면 심장 속에 액이 생길 때를 말한 것이다. 심장 속의 액은 진정한 양의 기이다. 그래서 심중기(心中氣)라고도 한다. 이괘는 본래 태양으로 건(乾)의 체(體)인데, 곤음의 한 효(爻)를 받아서 소음이 되었다. 그래서 차녀(姹女)라고 한다. 수컷 안에 암컷을 품는 '웅리회자(雄裏懷雌)'의 형상을 일컫는 것이다. 그래서 신성한 홍은 이괘로 표현한다. 사중홍(砂中汞)이나, 심중기(心中氣)나, 차녀(姹女)가 그의 다른 이름이다. 진연과 진홍은 자신의 몸속에 있는 본래의 두 물질인데,[42] 모두 단을 단련할 때 쓰는 약물이다.

3) 채약입로(採藥入爐) 약을 채취하여 화로에 넣는다

진연(眞鉛)과 진홍(眞汞)은 내단을 수련할 때 쓰는 약물인데, '약을 채취 한다.' 함은 몸속의 진연과 진홍을 채취하는 것을 가리킨다. 자양진인(紫陽眞人)은 "약이 생산되는 근원을 알아야 하니, 바로 서남(西南)이 본향이로다."[43]라 했는데, 서남쪽은 곤괘를 가리킨 것이다. 약으로 쓰는 진연은 곤괘가 건괘의 효와 합쳐서 감(坎)이 된 것이다. 그의 체(體)는 원래 곤에 속하니까 약의 본원은 곤괘에 있다고 한다. 이도순은 약의 출처를 아는 것이 신기한 일이 아니라, 약을 채취하는 시기를 아는 것이 그중의 묘한 도라 생각하였다. 그런데 약을 채취하는 소식을 글이나 말로 표현하기가 참으로 어렵다. 그래서 옛날 사람들은 시기가 되면 신(神)이 안다고 생각했다. 자양진인은 "연(鉛)은 계(癸)가 생길 때 급히 채취해야 한다."[44]고 했는데, 여기서 말한 '채취한다.'라는 것은 곧 '채취하는 것이 없는 채취함을 채취'[45]라 하는 것이니, 다만 약을 채취하는 것은 동정(動靜) 가운데를 벗어나지 않는 것일 뿐이다. 약을 채취한 후 이 약을 무위(無爲)조화로써 정로(鼎爐) 안으로 보내어 삼매진화(三昧眞火)[46]로 단련하면, 현주(玄珠)[47]가 맺어져 이루어지

---

42) 『청암영섬자어록』卷六, 第十一. "是自己身中本來二物"

43) 『오진편』卷一, 七言律詩八首之七, 第二十二. "要知産藥川源處, 只在西南是本鄕"

44) 『자양진인오진편삼가주(紫陽眞人悟眞篇三家註)』卷一, 第二十二. "鉛見癸生須急採"

45) 『중화집』卷二, 第六. "不採之採謂之探"

46) 삼매진화(三昧眞火): 심신(心腎)의 두 기운이 단전에 모이면 심화(心火)와 신화(腎火), 단전지화(丹田之火)가 생성되는데 이를 일러 삼매진화(三昧眞火)라고 한다. 일설에는 방광지화(膀胱之火)를 포함시키기도 한다. '진선비전화후법'에는 "심(心)은 군화(君火)인데 상매(上昧)이고, 신(腎)은 신화(臣火)로 중매(中昧)이며, 방광(膀胱)은 민화(民火)로 하매(下昧)라고 한다. 이 세 가지 화를 일컬어 삼매진화(三昧眞火)라고 한다."라 하였다.

는데 이와 같이하면 장생구시(長生久視)의 도가 바로 이루어진다.

오장의 기 순환루트로 보면, 교합한 두 기는 비장의 액(황파(黃婆)[48]라 불린다.)을 사이에 두고 황정으로 들어간다. 이즈음 사람은 코에서 대단히 미미하게 서서히 기를 들이마셔 이 운반을 촉진함과 아울러 배를 오므려서(늑양관(勒陽關)[49]이라고 일컫는다.) 기가 상행하지 못하도록 힘쓰지 않으면 안 된다.

4) 추연첨홍(抽鉛添汞) 연을 빼고 홍을 첨가한다

이도순은 "추첨(抽添)이란 남는 것을 빼고 부족한 것을 보충하는 것이다."[50]라고 보았으며, 또한 정을 잊고 생각이 끊어진 것을 추(抽)라 하고, 정을 단련하고 성을 기르는 것을 첨(添)이라고 했다.[51] 진연과 진홍은 내단을 단련하는 과정의 두 약물이니, 최종에는 몸과 마음이 흔들림이 없는 조건에서 신과 기를 응결하여, 내단을 결성할 수 있는 것이다. 그래서 진홍의 종자는 진연을 약물

---

47) 현주(玄珠): 형제가 없는 신과 기가 엉기어 난선에 구슬같이 맺힘으로 말미암아 이루어지고 그윽하며 오묘하고 모습이 있는 단을 가리키는 용어이다. 이 구슬이 우주의 진리를 모두 품고 있으므로 도의 결정체라는 뜻으로 현주라 부르는 것이다. 한 알의 기장쌀알만 한데 먼저는 흰색이다가 뒤에는 노란색으로 되며 붉은색이 겉과 속이 통하고 있다고 하였다. 연기화신 할 때 신과 기가 합일하면 눈앞 허공에 빛나는 구슬이 보인다.

48) 황파(黃婆): 숭배생이. 서로이 서노뇌어 심리교구하고 봉호가 상교할 때 그 사이에서 배합을 주재하는 것. 황(黃)은 중앙 토(土)의 색깔이며 파(婆)는 화(和)를 말한다. 따라서 조화하여 합하게 하는 주체를 말한다.

49) 늑양관(勒陽關): 정기가 양관을 지날 때 그대로 두면 외신으로 빠져나가 참된 근원을 날로 손상시키므로 단을 이룰 수 없다. 이러한 이유로 양기가 밖으로 새어 나오려고 할 때 몸 안쪽으로 집아 들려시 화수하는 깃을 일길어 늑양관이라 하며 또한 조약(調藥)이고도 핀다.

50) 『청암영섬자어록』 卷六, 第十二. "所謂抽添者抽有餘而補不足是也"

51) 『청암영섬자어록』 卷之八, 第十七. "忘情絶念謂之抽煉情養性謂之添"

로 쓰고 감(坎)의 양을 채취하여 이(離)의 음을 보충하여 건을 이루게 한다. 건과 곤이 교합하기 전의 본래 모습으로 되돌아가게 하니, 그래서 추연첨홍(抽鉛添汞)이라고 한다. 즉 자양진인이 "감(坎)의 가운데 실한 것을 취하여, 이궁(離宮) 가운데의 음을 보충한다. 그리하면 순양(純陽)의 금단(金丹)인 강건한 형체의 건(乾)으로 변화하니, 원양(元陽)이 잠기어 감추어지고 순음(純陰)이 뛰어오르는 것이 모두 마음에 달려 있는 것이다."[52]고 말한 것이다. 그러고 나서 마음을 비우고 신을 기르면 온갖 인연들이 한순간에 사라지고 온갖 걱정들이 모두 사라지게 되는데 이에 이르러 신과 기가 응결되는데, 이도순은 이것을 단기(丹基)라 하며, 또한 성태(聖胎)라고도 한다.

교합한 두 기(황아(黃芽)[53]라 부른다.)가 황정(黃庭) 안에 들어가 변용되어 완성된 내단이 된 것이다.

용호의 교합에 의해 생겨난 황아는 한 알의 수수 정도 크기에 불과하다. 이를 완성된 태로 길러 내기 위해서는 이 수수알 크기의 황아를 날마다 황정에 계속 보내는 일이 필요하다. 그리하여 백 일 동안 용과 호랑이가 교합한 뒤에야 황아의 양은 내단이 되기에 충분한 것이다. 여기서 비로소 소주천의 기법이 필요하게 된다.

---

52) 『오진편』卷三, 第十六. "取將坎位中心實點化離宮腹裡陰從此變成乾健體潛藏飛躍總由心"

53) 황아(黃芽): 선천일기가 처음에 생겨날 때에는 기가 싹트는 것이 지극히 약하고 가늘어서, 마치 갓 올라온 어린 새싹 같지만 무한한 생기를 함유하고 있다. 그래서 황아(黃芽)라고 한다. 대약이 처음 생겨나는 경상을 말한다.

5) 주천화후(周天火候) 화후로 주천을 한다

   뺄 것도 없고 더할 것도 없을 때 이르면 화후를 행하는 좋은 때이다. 이도순은 "화(火)는 마음이고 후(候)는 생각이다. 마음으로 생각을 단련하는 것이 화후(火候)라고 한다."[54]라 했다. 즉 내단을 수련하는 과정에서 의념 혹은 의념으로 호흡의 순서나 법도를 주관하는 것을 가리킨다. 그런데 진화(眞火)[55]는 본래 후(候)라 부를 것이 없다. 마땅히 마음을 비우고 체득해야 하는 것이다. 옛날의 성현들은 후학들을 염려하여 복(復)으로 시작하고 곤(坤)으로 끝나는 십이소식괘(十二消息卦)를 월, 일, 시에 괘효(卦爻)를 배치하여 음양의 자라고 소멸함의 변화를 내단 수련의 진화(進火), 퇴부(退符)의 법칙으로 하였다.

   이러한 화후의 법칙을 이도순은 『중화집』 권2에서 설명하고 있는데, 여기게 있는 「화후도(火候圖)」에 『삼천역수(三天易髓)』의 "유가에서 태극이라고 하고 화부를 바로 가리킨다."를 배합하여 정리하니 다음과 같이 분명해졌다.

---

54) 『청암영섬지어록』 卷六. 第十二. "火者心也候者念也以心煉念謂之火候"

55) 진화(眞火): 신장 기운데서 기가 발생하면 불(火)이 되는데 이 불이 능히 육신을 삶고 찌며 온몸이 이것에 의시어여 활통한다. 불이 물 가운데 있으면서 꺼지지 않으면 진화리 힌다.

爻 辭			月	日	時	火候	說 明
復	初九	潛龍勿用(잠긴 용이니 쓰지 마라.)	十一	初一	子	玄宮 (起火)	하나의 양이 생하니 마땅히 고요함을 지키고 항상 정성을 보존하고 마음을 바르게 안정한다.
臨	九二	見龍在田(용이 밭에 나타나다.)	十二	初三	丑	進	손풍(巽風)[56]을 두드려 진화(進火)하니 찰라 지간에 붉은 빛이 화로에 가득하다.
泰	九三	終日乾乾(날이 마치도록 굳세고 굳세게 하다.)	正	初六	寅	徐進	천지와 음양이 사귀어 연홍이 균등하다.
壯	九四	或躍在淵(혹 뛰어 연못에 있다.)	二	初八	卯	沐 (銀河)	수(水)가 화(火)를 제어하고, 금(金)이 목(木)을 극하니, 이때에 이르면 마땅히 목욕한다.
夬	九五	飛龍在天(용이 하늘에서 날다.)	三	十一	辰	遇 (玉關)	오기조원(五氣朝元)하고, 삼화취정(三花聚鼎)하니, 금이 교합하여 연홍(鉛汞)이 머문다.
乾	上九	亢龍有悔(지나친 용이니 후회가 있다.)	四	十四	巳	止	순수한 건체가 되어 육양(六陽)[57]이 갖추어지고 화(火)가 머무르니 의의(擬議)가 없다.
姤	初六	履霜堅氷(서리를 밟으면 굳은 얼음이다.)	五	十六	午	退 (崙山)	비로소 음이 생하니 망령되이 행하지 말고 잡는 데 힘쓰고 삼가하여 이룬 것을 지킨다.
遯	六二	直方大(곧고 반듯하고 크다.)	六	十八	未	退	육이(六二)를 만나면 점점 음(陰)이 물러나고, 한가운데에 양(陽)이 자리한다.
否	六三	含章可貞(빛나는 것을 머금어 곧게 하다.)	七	二十	申	徐退	흰 구름이 엉기어 황아가 생기니 힘써 사랑하고 보호하나 정을 가지지 마라.
觀	六四	括囊無咎(주머니를 매면 허물이 없다.)	八	二十三	酉	浴 (降宮)	홍(汞)이 날고 연(鉛)이 달리니 이때에 이르러 마땅히 삼가하여 지킨다.
剝	六五	黃裳元吉(누런 치마면 크게 길하다.)	九	二十六	戌	守中	뭇 음(陰)이 다하고, 단도(丹道)를 마치니, 지극한 정(精)이 엉기어 원기로 숨 쉰다.
坤	上六	龍戰于野(용이 들에서 싸우다.)	十	二十八	亥	野戰	음(陰)이 이미 감추어지니, 양(陽)이 다시 생하고 이 안에 이르면 다시 제방한다.

이도순은 홀로 있을 때에도 삼가하여 게으르지 않게 공부하는

---

56) 손풍(巽風): 호흡을 말하며 손(巽)은 동남쪽에 해당하여 동남풍이라고도 한다.
57) 육양(六陽): 자위(子位)에서 축인묘진사(丑寅卯辰巳)의 6자리를 지나 옥침(巳位)까지 올라 가는 것이므로 육양이라고 한다.

것이 중요한 계기가 된다고 여긴다. 다시 말하자면 "청정하고 텅 빈 마음이 옥과 같아, 지극히 마음을 비워 고요함을 지키기를 돈독히 하라."[58]고 하여 텅 비고 고요한 상태에서 비로소 화후의 변화하는 규칙을 이해할 수 있고, 내단을 단련하고 기르는 공부로 펼칠 수가 있는 것이다. 다만 "단도(丹道)에 괘(卦)를 쓰고, 화후(火候)에 효(爻)를 쓰지만 다 비유이니, 괘효에 집착을 해서는 안 된다."[59] 그러지 않으면 마음의 망령된 집착에 빠지게 될 것이다.

용호의 교합은 오장을 그 루트로 하나 기본적으로는 음양의 교합이며, 하늘과 땅 사이에 있는 이 세계 안의 음양 승강에 대비된다. 한편, 주천의 루트는 세 단전을 연결하는 것이며, 이 세계 밖을 순회하는 일월의 운행에 대비된다. 이것이 주천이라 불리는 이유이며, 양기가 생기기 시작하는 이때에 양룡과 음호를 나르며 흘러온 폐액(금정(金晶), 용호하거(龍虎下車), 대하거(大下車)로 불린다.)을 척주(脊柱) 속에 흐르는 독맥을 통하여 미려혈에서 상단전(즉 니환)으로 역류 시킨다. 이 역류를 『영보필법』에서는 '주후비금정(肘後飛金晶)[60]'이라 부르며, 외단의 추연(抽鉛)에 비견한다.

이 폐액의 역류는 바로 성취되지 않는다. 미려혈과 천주(天柱) 사이에 있는 열여덟 관절 모두에 폐액이 침투하고 니환에 통하기까지는 백 일이 필요하다. 그리고 이 백 일간이 동시에 황아를 늘리는 기산이니, 이 비금정은 하단전에서 상단전에 이르는 과정이

---

58) 『중화집』卷四, 第十六. "淸虛方寸瑩如玉極致沖虛守靜篤"

59) 『중화집』卷四, 第三. "丹道用卦火候用爻皆是譬喻却不可執在卦爻上"

60) 주후비금정(肘後飛金晶): 신(腎) 중에 있는 원양(元陽)의 기를 캐어 미려와 협척 그리고 니환으로 날아 오르게 하는 수련법이다. 또 연(鉛)을 뽑아낸다고도 하며 하전(下田)에서 상전(上田)으로 들어간다고도 한다.

며, 심화(心火)에 이르는 과정은 상단전에서 중단전으로의 과정이며, 심폐에서 황정으로의 과정은 중단전에서 하단전으로의 과정이다. 그러므로 전체적인 주천루트는 세 단전을 반복 왕래하는 과정인 것이다.

비금정이 외단에서 추연 즉 납의 추출에 비유되니, 이 납이란 옥액 속의 음호(陰虎)(진일(眞一)의 수(水))인 것이다. 한편 심화(心火)에서 생기는 액에는 완성된 양룡이 내재하고 있다. 이 양룡의 하강은 외단에서 첨홍(添汞)에 비유된다. 폐를 사이에 두고 하강한 액이 폐의 액을 사이에 두고 황정에 이르는 것은 약을 태우고 불을 나아가게 하는 과정이다. 이러한 과정 뒤 용호교합의 예정에 따라 삼백 일 뒤에 성태가 완성되어 금단이 된다.

6) 지영고제(持盈固濟) 가득 차면 단단히 봉한다

노자는 『도덕경』 제9장에서 "가지고서 채우는 것은 그치는 것보다 못하다. 다스리는 데에 서두르면 오래 보존할 수 없고, 금과 옥이 집을 가득 채우면 그것을 지킬 수 없다. 부유하고 귀하면서도 교만하다면 스스로 그 허물을 남기게 된다. 공로가 이루어지고 명예가 얻어지면 몸이 물러나니 하늘의 도(道)이다."[61]라 하였다. 다시 말하면 지나치게 자만하고 교만하여 재간을 드러낸다면 이미 이룬 것도 지킬 수 없다는 것이다. 오직 공을 이루어도 자처하지

---

61) "持而盈之不如其已揣而銳之不可長保金玉滿堂莫之能守富貴而驕自遺其咎功成名遂身退天之道也"

않는 사람은 재간을 거두어 감추고, 힘을 모으고 기르는 것이, 장생구시(長生久視)하는 도에 있는 것이다. 단을 단련하는 것도 마찬가지다. 행공을 할 때 정(精)을 응결하여 기(氣)로 맺고 기를 응결하여 신(神)으로 맺을 때 부드럽게 잘 지켜야만 충만해도 넘치지 않으니, 이와 같아야 비로소 다투는 일이 없을 것이다. 그 본연이 온전하여, 으뜸을 품고 하나를 지키니, 다시 다툼이 없는 곳에 돌아간다. 만약 가득 찬 것을 유지함을 알지 못하면 앞에 노력해 왔던 것들이 다 헛수고가 될 수 있다. 그래서 자양진인은 "환단(還丹)[62]을 수련하기 전에 급히 채취해야 하고, 환단 수련을 마친 다음에는 그치고 만족할 줄을 알아야 한다. 만약 가지고서 채우는 마음이 멈출 줄 모르면 하루아침에 위태롭고 욕됨을 당할 수 있다."[63]고 간곡히 말하고 있다.

7) 고제정로(固濟鼎爐) 솥과 화로를 단단히 봉한다

단약(丹藥)을 정련하는 과정에서 음양의 기가 교합하여, 화후주천의 순환이 충분하게 되어, 가득 차면 조심조심 간수해야 하되 지나치면 안 된다. 이때는 고제(固濟)하여 새 나가게 하지 말아야

---

62) 환단(還丹): 환단에는 두 종류가 있다. 하나는 옥액환단(玉液還丹)이고 다른 하나는 금액환단(金液還丹)이다. 옥액환단은 정(精)을 단련하여 기(氣)로 변환시키는 것을 말하는데 이를 동하여 장생불로를 기약할 수 있나. 금액환단은 기를 단련하여 신(神)으로 변환시키는 것을 말하는데 이를 통하여 신선의 경지에 이를 수 있다고 한다. 대개 환(還)이란 밖에서 안으로 본래 자리로 복귀하는 것을 말한다. 달리 이를 외약이라 부르는데 이미 안으로 환원되면 내약을 이룰 수 있고 내약을 연성시키면 금단을 이룬다.
63) 『자양진인오진편산가주(紫陽眞人悟眞篇三家註)』 卷四, 第二十七. "未煉還丹須急採煉了 還須知止足君也持盈未已心不免一朝 遭殆辱"

한다. 고제(固濟)라 함은 토부(土釜)64)를 단단히 봉하는 것이다.65)
토부는 중궁에 있다. 진연(眞鉛)의 성품은 달릴 수 있고 진홍(眞汞)
의 성품은 날 수 있기 때문에 만약 정로(鼎爐)를 고제하지 않고 새
게 두면 단은 결성되지 못할 것이다. 그래서 이도순은「고형(固形)」
이라는 시(詩)에서 "전진(全眞)의 묘한 이치는 행하기가 어렵지 않
으나, 오직 인연을 따르고 성색(聲色)을 좇는 것이 두렵다. 온갖
환상에 침범당하지 아니하여 정(情)이 스스로 끊어져, 한마음도 없
으니 잡념이 어찌 생기겠는가? 나와 남을 제거하면 하늘의 이치가
온전하여지니, 음양이 합하는 것을 장악하면 크게 형통할 것이다.
고사(高士)들이 수단(修丹)에 대해 말하길, 성색(聲色)에 새어 나감
이 없어야 성(性)이 원명(圓明)하다 한다."66)라고 하였다. 다시 말
하면 고제의 요점은 마음과 성품을 적정(寂定)67)하게 하고, 진식
(眞息)68)을 조섭(調燮)하여 면면히 이어지게 함에 있다. 하루 종일
간절히 살피되, 밖의 경계가 못 들어오게 하고 안의 경계를 못 나
가게 하여야 하는데, 금단 대약을 성취한 후에는 바야흐로 자유자
재할 수 있다.

---

64) 토부(土釜): 무토(戊土)인 기(氣)와 기토(己土)인 성(性)이 합일하는 단전자리.
65) 『청암영섬자어록』 卷六, 第十三. "固濟者牢封土釜者"
66) 『중화집』 卷五, 第二. "全眞妙理不難形惟恐隨緣逐色聲萬幻不侵情自絶一心無染念安
生? 屛除人我全天理把握陰陽合泰亨說與修丹高士道色聲無漏性圓明"
67) 적정(寂定): 마음을 고요히 가라앉히고 한곳에 집중하여 망상을 일으키지 않는 상태.
68) 진식(眞息): 내면세계의 움직임을 여읜 상태가 아주 깊은 경지에 이르면 저절로 깊고 길고
가늘고 고르며 느리고 부드러운 호흡 상태가 이루어져서 마치 코나 입으로는 숨을 쉬지 않
는 것과 같은 상태가 되는데, 이러한 상태에서 이루어지는 호흡을 진식이라 한다.

8) 온양(溫養) 호흡을 고요히 하여 지켜본다

마치 부인이 열 달 동안 잉태하는 것과 같으니, 다니거나, 머무르거나, 앉거나, 눕거나 간에 반드시 신중하고 조심스럽게 해야 한다. 소가 우황을 기르듯, 용이 여의주를 기르는 것과 같이 항상 그 중(中)을 지키고 신령스런 태를 잘 보호해야 한다. 내고 들이쉬는 숨기운 사이가 끊어지지 않게 작은 실수라도 있으면 안 된다. 자칫 작은 실수로 노력해 왔던 것이 다 헛수고가 될 수 있음이다. 이도순은 "진식(眞息)이 면면히 이어지는 것은 온(溫)이요, 빛을 머금어 묵묵히 하는 것이 양(養)이로다. 태아가 형성되면 온양의 노력을 더해야 하니, 때때로 항상 살펴서 껍질을 벗어 버리면 신통이 드러나는구나."[60] 하였다.

9) 조신출각(調神出殼) 신을 조절하여 껍질에서 벗어난다

이도순은 탈태(脫胎)는 몸 밖에 또 몸이 있는 것으로 비유하였는데, 신(神)을 조절하여 껍질을 벗는다는 것은, 평범한 몸에서 벗어난다는 뜻이다. 그러므로 태에서 나누어진 후에는 신을 조절하여 출입하에 더더욱 섬세하게 해야 한다. 마치 어머니가 자기 몸에서 태어난 영아를 사랑하고 돌보는 것과 마찬가지다. 시시각각 항상 모든 위험을 염려하고 방지해야 하고, 거처할 때도 항상 마음에

---

60) 『중화집』 卷六. 第十七. "眞息綿綿謂之溫含光默默謂之養胎內嬰兒就便加溫養功時時常照顧脫殼顯神通"

품어서, 움직일 때도 자주 지켜봐야 하며, 조금의 그릇됨이라도 있으면 안 된다. 잘 장성하게 되면 어머니의 보살핌에서 벗어나서 비로소 독립하듯이, 신을 조절하여 껍질에서 벗어나는 것은, 마음을 비우고 몸을 고요히 하며, 진식(眞息)을 조절하여 끊임없이 이어지게 해야 하는 것이다. 나아가서는 신(神)과 허(虛)를 모두 잊으면, 단(丹)이 정로(鼎爐)와 더불어 일시에 날아오르게 되는데, 이때서야 비로소 사물의 밖에서 즐겁게 노니는 것을 보게 된다. 텅 비어 훤히 트이고 신령스럽게 걸림 없이 통해서, 성과 명이 함께 온전하며, 형신(形神)을 묘하게 갖추었으니, 그런 후 다시 태극으로 되돌아간다. 이런 탈태의 경계가 "부처의 공(空)으로 돌아가는 이치와 차별이 없다."70) 이도순은 「출입(出入)」이라는 시(詩)에서 "곡신은 죽지 않아 현빈이라 하니, 현빈은 건곤 합벽(闔闢)71)의 기틀이다. 오고 감에 끝내 쉬지 아니하고, 밀고 밀어 거세어도 어긋남이 없다. 백두(白頭) 노자가 용을 타고 가니, 벽안(碧眼)의 아이가 호랑이 등에 앉아 돌아온다. 공(功)을 거두었음을 무엇으로 증명할 수 있느냐고 시험 삼아 물었더니 하늘과 땅에 두루 달빛이 빛나도다."72)라 하였다.

결론적으로 내단을 수련할 때 모름지기 의념의 집중이 선결 조건이 되어야 한다는 것이 중요함을 알 수 있다. 정로(鼎爐)를 설치하는 것에서부터 의념의 적정함을 통해서 정과 기를 조절하고 진연과 진홍을 응결하여 화로의 약물로 이루어지게 하는 것이다. 양

---

70) 『중화집』卷三, 第十三. "與釋氏歸空一理無差別也"

71) 합벽(闔闢): 신(神)과 기(氣)가 왕래하는 움직임.

72) 『중화집』卷五, 第二. "谷神不死爲玄牝箇是乾坤闔闢機往往來來終不息推推蕩蕩了無違白頭老子承龍去碧眼胡兒跨虎歸試問收功何所證周天帀地月光輝"

(陽)이 생길 때 의념에 의지하여 조절하면서 약물을 채취해서 화로에 들게 하여, 추연첨홍(抽鉛添汞)한다. 나아가 화후 주천함에 있어 변화지간에 가득 찬 것을 유지하고 이룬 것을 지키고 토부를 단단히 봉한다. 마지막으로 지극히 신령한 태를 온양하고 신을 조절하여 규(竅)에서 나온다. 이 참됨에 오르는 아홉 가지 일은 곧 천지로 되돌아가는 것이니, 그러면 유무(有無)를 세우지 아니하고 내외(內外)가 모두 공(空)하게 되어 태허와 더불어 한 몸이 된다. 그래서 이도순은 이 깨달은 태허의 경계를 "순일하여 잡되지 않는 것이 온전함이고, 태허와 더불어 한 몸이 됨이 참됨이다. 온갖 생각이 일치하고, 가는 길은 다르지만 돌아오는 곳은 같으니, 전진(全眞)의 이치를 깨달으면 몸과 마음이 태초와 혼합된다."[73]라 하였다.

신체에서 음사가 소진되어 양신만이 상단전에 있게 되면, 다음에는 이 신체(허물)로부터의 초출(超出)이라는 단계에 들어간다, 양신이 상단전에서 신체의 밖으로 초탈한다는 이 신체기법은 고요한 장에 있으며 깊은 명상과 내관 속에서 성취된다. 어느 사이에 신체가 공중에 있는 것처럼 느껴지며 떠도는 신기를 자신조차 제어할 수 없게 된다. 이리하여 아름다운 심상으로 가득 찬 명상 속에서 사람은 어느덧 하늘 궁전에 들어가 있게 되는 것이다.[74]

이 조딜의 기법은 비교 원성되시 않는니. 청신이 신체 내에 충분히 익숙해져서 안정되기까지는 낯 차례선 원래의 신체로 되돌아

---

73) 『청암영섬자어록』 卷六, 第十八. "純一不雜謂之全太虛同體謂之眞一致而白應同歸而殊途達得全眞理身心混太初"

74) 『녕모벌법』「초닐」

가지 않으면 안 된다. 그렇게 함으로써 임시로 이 세상에 존재하는 것도 가능하게 될 뿐만 아니라, 양신도 견고하게 되는 것이다.

　신체 밖의 양신은 영아와 같은 모습을 취한다. 이 모습은 기에 의한 어슴푸레한 형상이다.[75] 순수하고 무구한 이 형상 속에 있으면서 공중에서 본래 자신의 형해(形骸)를 내려다보면, 분뇨의 퇴적이나 마른 나무처럼 보인다고 한다. 이리하여 내단의 최종 단계에서 사람은 양기의 어슴푸레한 형상으로서의 자기를 발견한다. 물론 이 자기는 기로서 존재할 수밖에 없는 것은 아니다. 본래의 형해로 돌아가면 그 형체성의 회복에 의해, 기는 어슴푸레한 것이 없어지기 때문이다. 그대로 신체에 계속 머무르면 불사(不死)인 채로 이 세계에 오래 사는 것도 가능하다. 신체로부터 늙음의 원인인 음사가 소진되어 있기 때문이다.

　하지만 참으로 도를 찾는 사람은 물론 여기에 안주하지 않는다. 그들은 최종적인 초탈 뒤에 다시 이 세계에 돌아오고자 하지 않는다. 양기만의 어슴푸레한 형상이 되었던 그들이 향하는 것은 이 세상을 초월한 신선이 사는 세계이다.

---

75) 『도추』 卷二. 「주후심성편」

中和集 序

維楊損庵蔡君志頤，瑩蟾子李清庵之門人也，堪破凡塵，篤修
仙道，得清庵之殘膏賸馥，編次成書，題曰中和集，蓋取師之靜
室名也。大德丙午秋，謁余印可，欲壽諸梓，開悟後人。余未啓
帙，先已知群妄掃空，一眞呈露。謂如天付之而爲命，人受之而
爲性。至於先天太極自然、金丹光照太虛、不假修煉者，漏泄無
餘矣。可以窮神知變而深根寧極，可以脫胎神化而復歸無極也。
抑以見道之有物混成,儒之 中和育物，釋之 指心見性，皆同工異
曲，鹹自太極中來。是故老聖 常善救人，佛不輕於汝等，周公 豈
欺我哉。覽是集者，切忌生疑。

當塗南谷杜道堅書於錢塘玄元眞館

유양(維楊), 손암(損庵), 재군(蔡君), 시이(志頤)는 영섬사(瑩蟾子)
이청암(李淸庵)의 문인(門人)이다. 속세의 덧없음을 깨닫고 누누히 신선의 도(道)를 닦다가, 청암이 남긴 가르침들을 모아 책으로 편집하여 『중화집(中和集)』이라 이름 하였는데, 아마도 스승님의 정실(靜室) 이름을 취해 지은 것 같다. 대덕 병오년76) 가을에 나를 찾아와 스승님 가르침을 오랫동안 보존하고자 하여 출판을 인가하였으니, 후인들이 지혜가 열리어 도를 깨닫게 되었도다. 내가 서질(書帙)을 아직 열기 전에 이미 모든 허망된 것을 일소하고, 하나의 참됨만 드러나는 것을 알 수 있었다. 하늘이 주는 것은 명(命)이고 사람이 받아들이는 것은 성(性)이라 하도다. 선천의 태극이 스스로 그러하고, 금단(金丹)의 광명이 태허를 비춤에 이르니, 거짓 수련자는 아니라 남김없이 누설했도다. 신(神)을 궁구하여 변화를 알고, 자신의 본성을 깊이 간직하고 자기의 운명을 편안히 받아들이면, 가히 탈태하여 신(神)으로 변화하니 다시 무극으로 돌아갈 수 있도다. 또한 도가에서는 "사물은 혼합하여 이루어짐이 있다."라 하고, 유가에서는 "중화(中和)로 사물을 기른다." 했으며, 불가에서는 "마음을 바로 가르켜 견성을 이룬다."라 했으니, 모두 서로 갈래는 다르지만 깨달음은 같다고 볼 수 있는데, 전부 태극에서 나온 것이기 때문이다. 그래서 노자는 "항상 선함으로써 사람을 구한다." 하고, 부처는 "그대들을 가벼이 여기지 않는다." 하고, 주공(周公)은 "어찌 나를 속이겠는가?"라 했으니, 이 편집된 것을 보고 절대 의심을 내어서는 안 된다.

  당도(當塗) 남곡(南谷)에 사는 두도견(杜道堅)은 전당(錢塘) 현원 진관(玄元眞館)에서 글을 쓰다.

---

76) 元 成宗, 大德10년(1306년).

中和集 卷之一

도량 청암 영섬자 이도순 원소찬(都梁淸庵瑩蟾子李道純元素撰)
문제자 손암 보섬자 채지이편(門弟子損庵寶蟾子蔡志頤編)

현문종지(玄門宗旨)

태극도(太極圖)

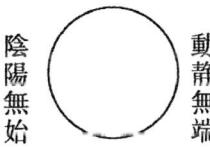 움직임과 고요함에 단초가 없고
음양이 시작이 없다.

釋曰圓覺, 道曰金丹, 儒曰太極, 所謂無極而太極者, 不可極而極之謂也。釋氏云如如不動, 了了常知, 易系云寂然不動, 感而邃通, 丹書云身心不動以後, 復有無極眞機, 言太極之妙本也。是知三教所尙者靜定也, 周子所謂主於靜者是也。蓋人心靜定未感物時, 湛然天理, 卽太極之妙也。一感於物, 便有偏倚, 卽太極之變也。苟靜定之時謹其所存, 則天理常明, 虛靈不昧, 動時自有主宰, 一切事物之來俱可應也。靜定工夫純熟, 不期然而自然至此, 無極之眞復矣, 太極之妙應明矣, 天地萬物之理悉備於我矣。

불가에서는 원각(圓覺)이라 하고, 도가에서는 금단(金丹)이라 하고, 유가에서는 태극(太極)이라 한다.

이른바 '무극(無極)이면서 태극(太極)이다'라는 것은 더 이상 지극할 수 없는 지극함을 이른다.

석가가 이르길, "진실 그대로의 모습으로 움직임이 없어서, 또렷하고 밝게 항상 안다." 하였고, 『주역 계사전』에 이르길, "고요히 움직임이 없으나 감응하면 드디어 통한다."고 했으며, 단서(丹書)에 이르길, "몸과 마음이 움직이지 않은 이후에야 다시 무극의 참된 기틀이 있게 된다." 했으니 이들은 모두 태극의 묘한 본질을 말함이다.

이로써 알 수 있으니 삼교에서 숭상하는 바는 정정(靜定)[77]이다. 주자(周子)가 소위 "고요함을 주(主)로 한다."는 것이 이것이다. 그래서 사람의 마음이 정정(靜定)하게 되어 사물에 아직 감응하지 않았을 때에는 하늘의 이치가 맑고 고요하니, 이것이 곧 태극의 묘

---

77) 정정(靜定): 몸을 안정케 하고 마음을 편안하게 함.

함이다. 한번 사물에 감응되면 바로 치우침이 있게 되니 곧 태극의 변화이다. 바라건대 정정(靜定)하게 된 때 그 존재하는 바를 신중히 하면, 하늘의 이치가 항상 밝아 마음이 맑고 영묘하여 일체의 대상을 명찰한다. 그리고 일단 움직이면 스스로 주재함이 있어서 일체 사물이 다가와도 다 응할 수가 있다. 정정(靜定)의 공부가 순수하게 익으면 일부러 그렇게 되기를 원하지 않아도 저절로 이런 경지에 이르게 되며, 무극의 참됨을 회복하게 되고, 태극의 묘함이 응당 밝아지니, 천지만물의 이치가 모두 내 안에 갖추어져 있는 것이다.

湛然[담연]: 편안하고 담담하다. 침착하고 고요한 모양.
偏倚[편의]: 기울어져 있음. 수치・위치・방향 따위가 정상적인 기준으로부터 어긋남, 또는 그 정도(程度)나 크기. 편차(偏差).
虛靈不昧[허령불매]: 마음이 맑고 영묘하여 일체의 대상을 명찰함. 진여라서 생멸변화하지 않는다. 그렇게 있다는 뜻으로 진실 그대로의 모습. 진여와 같다.

중화도(中和圖)

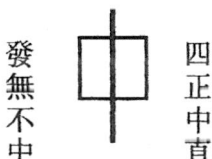
發無不中　中　四正中直

네 바름이 본질을 관통하니
드러나면 들어맞지 않음이 없다.

禮記云喜怒哀樂未發謂之中, 發而皆中節謂之和。未發, 謂靜
定中謹其所存也, 故曰中存而無體, 故謂天下之大本。發而中
節, 謂動時謹其所發也, 故曰和發無不中, 故謂天下之達道。誠
能致中和於一身, 則本然之體虛而靈、靜而覺、動而正, 故能應
天下無窮之變也。老君曰人能常清靜, 天地悉皆歸。卽子思所謂
致中和, 天地位, 萬物育, 同一意。中也、和也, 感通之妙用
也, 應變之樞機也, 周易生育流行, 一動一靜之全體也。予以所
居之舍中和二字區名, 不亦宜乎哉。

『예기(禮記)』에 이르길, 기쁨과 노함, 슬픔과 즐거움 아직 드러
나지 않음을 중(中)이라 하고, 그것이 드러나 모두 절도에 들어맞
는 것을 화(和)라 한다. 아직 드러나지 않음은 정정(靜定) 가운데
존재하는 바를 신중히 하는 것을 말하니, 그러므로 중이라 말한다.
존재하나 체(體)가 없으므로 천하의 큰 본질이라 이른다. 드러나서
절도에 맞는다는 것은 움직일 때 그 드러나는 바를 신중히 한다는
것을 이르니, 그러므로 화(和)라 하고, 드러나서 들어맞지 않는 것
이 없으므로 천하에 통용되는 도라고 이른다. 진실로 능히 자기
한 몸이 중화(中和)에 이르면, 본연의 체(體)가 텅 비어 신령하고,
고요하되 깨달음이 있으며 움직이되 반듯하니, 그러므로 천하의 무
궁한 변화에 다 응할 수가 있는 것이다. 노자가 말하길 "사람이
능히 항상 맑고 고요하면 하늘과 땅이 모두 사람에게로 돌아와 갖
추어진다."고 했다. 즉 자사(子思)가 이르는바, "중화(中和)에 이르
면 천지가 바로서고 만물이 길러진다."는 말과 같은 뜻이다. 중과
화는 감응해서 통하는 묘한 작용이고, 적절하게 반응하고 변통하는

추기(樞機)[78]이다. 『주역』에서 "낳아서 기르고 널리 퍼져 쓰이니, 한 번 움직이고, 한 번 고요하다."라 한 것이 전체(全體)이다. 내가 거처하는 집을 중화(中和) 두 글자로 편액 이름으로 삼으니, 또한 마땅하지 않은가?

達道[달도]: 동서고금을 통하여 사람이 지켜야 할 도. 도에 통달함.

應變[응변]: 임기응변(臨機應變)의 준말. 어떤 일을 당하여 적절하게 반응하고 변통하다는 뜻으로, 그때그때의 형편에 따라 알맞게 일을 처리하는 것을 비유하는 말이다.

위순도(委順圖)

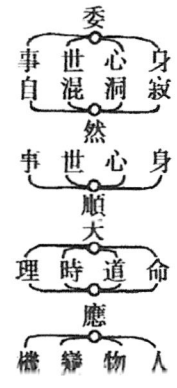

身、心、世、事, 謂之四緣。一切世人皆爲縈絆, 惟委順者能應之, 常應常靜, 何緣之有? 何謂委? 委身寂然, 委心洞然, 委世混然, 委事自然。何謂順? 順天命, 順天道, 順天時, 順天理。身順天命, 故能應人心順天道, 故能應物世順天時, 故能應變；事順天理, 故能應機。既能委, 又能順, 兼能應, 則四緣脫灑。作是見者, 常應常靜, 常淸淨矣。

---

78) 추기(樞機): 추기간요(樞機肝要)의 약어로서 사물의 긴요하고도 중요한 곳. 중추(中樞)가 되는.

몸, 마음, 세상, 일을 네 가지의 말미암음이라고 일컫고, 모든 세상 사람들은 모두 여기에 얽매여 있으니, 오직 맡겨서 따르는 것이 능히 응할 수가 있는 것이다. 항상 응하고 항상 고요하면 어찌 말미암음이 있으리오. 무엇을 위(委)라고 하는가? 몸을 고요하고 적적함에 맡기는 것이고, 마음을 텅 비어 있음에 맡기는 것이다. 세상은 혼연(混然)에 맡기는 것이고, 일은 자연에 맡기는 것이다. 무엇을 순(順)이라고 하는가? 천명(天命)에 따르는 것이고, 천도(天道)에 따르는 것이고, 천시(天時)에 따르는 것이고, 천리(天理)에 따르는 것이다. 몸은 하늘의 명에 따르므로 능히 사람에 응하고, 마음은 하늘의 도를 따르므로 능히 사물에 응하고, 세상은 하늘의 때에 따르므로 능히 변화에 응할 수 있고, 일은 하늘의 이치에 따르므로 능히 기미에 응할 수가 있다. 이미 능히 맡길 수가 있으면 또 따를 수가 있고, 겸하여 응할 수 있으니, 곧 네 가지 말미암음이 속된 것에서 벗어나 맑고 깨끗하여질 것이다. 이것을 안다면, 항상 응하고, 항상 고요하고, 항상 맑고, 항상 깨끗할 것이다.

委順[위순]: 인연에 맡겨 따름. 맡기고 순종한다.

寂然[적연]: 고요하고 적적함.

洞然[통연]: 명료하다. 명확하다. 매우 밝다. 환하다. 텅 비어 있는 모양. 물소리를 형용.

混然[혼연]: 어리석어 사려분별이 없는 무지의 상태.

脫灑[탈쇄]: 속된 것에서 벗어나 맑고 깨끗하다.

조망도(照妄圖)

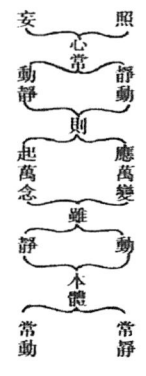

古云常滅動心，不滅照心。一切不動之心皆照心也，一切不止之心皆妄心也。照心卽道心也，妄心卽人心也。道心惟微，謂微妙而難見也。人心惟危，謂危殆而不安也。雖人心亦有道心，雖道心亦有人心，系乎動靜之間爾。惟允執厥中者，照心常存，妄心不動，危者安平，微者昭著，到此無妄之心復矣，無妄之道成矣，易曰復，其見天地之心乎。

옛사람이 이르기를, 항상 요동하는 마음을 없애고, 알아차리는 마음을 없애지 말라 하였다. 일체의 경계에 움직이지 않는 마음이 모두 알아차리는 마음이고, 일체의 경계에 그치지 않는 마음은 허망하게 분별하는 마음이다. 알아차리는 마음은 곧 도의 마음이고, 허망하게 분별하는 마음은 곧 사람의 마음이다. 도의 마음은 아주 작기 때문에 미묘하여 보기가 어렵고, 사람의 마음은 위태롭기 때문에 불안하다. 비록 사람의 마음이라도 그 안에 도의 마음이 있고, 비록 도의 마음이라도 그 안에 사람의 마음이 있으니 움직이고 고요함의 사이에 날려 있을 뿐이나. 오직 신실로 중(中)을 잡은 사람은 알아차리는 마음이 항상 있게 되고 허망하게 분별하는 마음이 요동하지 않게 되니, 위태한 것이 안정되어 평안하고, 작은 것이 환하게 드러나게 된다. 이에 이르게 되면 허망하게 분별함이 없는 마음으로 돌아오게 되니, 허망하게 분별함이 없으니 도기 이

루어지느니라. 그러므로 『역(易)』에 이르기를, "복(復)에서 천지의
마음을 볼 것이다."라 한 것이다.[79]

照心[조심]: 알아차리는 마음. 비추는 마음.
妄心[망심]: (허망)하게 분별하는 마음.
昭著[소저]: 분명하고 뚜렷함. 환하게 드러남.

태극도송(太極圖頌)

中○者, 無極而太極也。太極動而生陽, 動極而靜, 靜而生陰,
一陰一陽, 兩儀立焉。○者兩儀也, ○者陽, 動也, ○者陰, 靜
也。陰陽互交而生四象。○者, 四象動而又動曰老陽, 動極而靜
曰少陰, 靜極複動曰少陽, 靜而又靜曰老陰。四象動靜而生八
卦。乾一兌二, 老陽動靜也離三震四, 少陰動靜也艮五坎六, 少
陽動靜也兌七坤八, 老陰動靜也。陰逆陽順, 一升一降, 機緘不
已, 而生六十四卦, 萬物之道至是備矣。上○者, 氣化之始也;
下○者, 形化之母也。知氣化而不知形化, 則不能極廣大; 知形
化而不知氣化, 則不能盡精微。故作頌而證之。

○의 가운데가 무극이면서 태극이다. 태극이 움직여 양(陽)을 생
하고, 움직임이 지극하게 되면 고요하게 되어, 고요함이 음(陰)을
생하여 한번 고요하고 한번 움직이는 양의(兩儀)로 서게 된다. ○

---

79) 『역(易)』 「地雷復」 彖伝.

56

은 양의(兩儀)이니, ○이 양이면 움직이고, ○이 음이면 고요하게 된다. 이러한 음과 양이 서로 교류하여 사상(四象)을 낳는 것이다. ○은 또 사상(四象)이니, 움직이고 또 움직이니 노양(老陽)이라 하고, 움직이는 것이 지극하여 고요하게 된 것을 소음(少陰)이라고 하고, 고요한 것이 지극하여 다시 움직이는 것을 소양(小陽)이라고 하고, 고요하고 또 고요하게 된 것을 노음(老陰)이라 한다. 사상의 동정(動靜)으로 팔괘를 생하니, 건일(乾一) 태이(兌二)가 노양의 동정(動靜)이고, 이삼(離三) 진사(震四)가 소음의 동정(動靜)이다. 손오(巽五) 감육(坎六)은 소양의 동정(動靜)이고, 간칠(艮七) 곤팔(坤八)은 노음의 동정(動靜)이다.80) 음은 거스르고 양은 순응하니, 한 번 올라가고 한 번 내려와 기함(機緘)81)이 그침이 없다. 그리고 육십사괘를 생하니, 만물의 도가 이에 이르러 갖추어지게 된다. ○의 위는 기로 변화하는 처음이고, ○의 아래는 형체로 변화하는 어미가 된다. 기로 변화하는 것은 알고 형체로 변화하는 것을 모른다면 광대한 것을 다할 수가 없고, 형체로 변화하는 것은 알고 기로 변화하는 것을 모른다면 정미로운 것을 다할 수가 없다. 그러므로 시문(詩文)을 지어 밝히노라.

---

80) 도장본에는 "乾一兌二老陽動靜也離三震四少陰動靜也艮五坎六少陽動靜也兌七坤八老陰動靜也"라 했으나, 오기인 것 같아 바로잡았다.

81) 기함(機緘): 혼돈한 상태에서 아직 기미가 드러나지 않는 것. 『세심자답학자문(洗心子答學者問)』에서는 "신기(神氣)가 교구(交媾)하는 것"이라 설명하고 있다.

송이십오장(頌二十五章)

道本至虛，至虛無體。窮於無窮，始於無始。虛極化神，神變
生氣，氣聚有形，一分爲二。二則有感，感則有配。陰陽互交，
乾坤定位。動靜不已，四象相係，健順推盪，八卦茲係。運五行
而有常，定四時而成歲。沖和化醇，資始資生。在天則斡旋萬
象，在地則長養群情。

도(道)란 본래 지극히 텅 빈 것이니, 지극히 텅 빔이란 체(體)가
없음이다. 이는 다함이 없는 데서 다하는 것이고, 시작이 없는 데
서 시작하는 것이다. 텅 빔이 지극하면 신(神)으로 변화하고, 신이
변하면 기(氣)를 낳고, 기가 모이면 형체가 있게 되니, 하나를 나누
면 둘이 되는 것이니라. 둘이 되면 감응이 있고, 감응이 있으면,
짝이 있게 된다. 음양이 서로 교합하니, 건곤(乾坤)이 정해지고, 움
직임과 고요함이 그치지 않는다. 사상(四象)이 서로 계합하고, 강
건함과 유순함이 미루어 나가니, 팔괘가 이에 메이게 된다. 오행의
운행에 항상함이 있어, 사시(四時)를 정하니 한 해가 이루어진다.
천지간의 진기(眞氣)[82]가 조화되어 정순(精醇)하게 되고, 그것을
바탕으로 해서 시작되고 생겨난다. 하늘이 있은 즉 온갖 사물들을
변화하게 하고, 땅이 있은 즉 만물을 기른다.

---

82) 원문의 충화(沖和)는 천지의 진기(眞氣) 혹은 천지간의 조화된 기운을 말한다. 호흡의 장애
를 받지 않으면 충화한 호흡이 된다고 하는데, 숨 쉬지 않는 데도 숨 쉬는 것과 같게 되면
천지를 꽉 메우며 온몸을 훈증하게 되는데 이를 충화라 한다.

形形相授，物物相孕，化化生生，奚有窮盡。天下萬物生於有，有生於無，有無錯綜，隱顯相扶。原其始也，一切萬有未有不本乎氣，推其終也，一切萬物未有不變於形。是知萬物本一形氣也，形氣本一神也，神本至虛，道本至無，易在其中矣。天位乎上，地位乎下，人物居中，自融自化，氣在其中矣。

여러 형체가 서로 전해 주고, 여러 사물들이 서로 잉태를 하니, 끊임없이 변화하고 생성되어 어찌 다함이 있겠는가. 천하의 만물이 있음에서 생겨나고, 있음은 없음에서 생겨나니, 있음과 없음은 서로 뒤섞여 모이고, 숨었다 나타났다 하여 서로 돕는다. 그 시작의 근원을 보면, 일체 만물의 본질이 기(氣)가 아님이 없고, 그 끝을 미루어 보면 일체 만물은 형체가 변하지 않음이 없다. 이것은 만물이 본래 하나의 형기(形氣)임을 알 수 있으니, 형기(形氣)는 본래 하나의 신(神)인 것이다. 신(神)은 본래 지극히 허(虛)하고, 도는 본래 지극한 무(無)이니, 역(易)이 그 가운데에 있음이라. 하늘은 위에 있고 땅은 아래 있으며, 사람과 사물은 그 가운데에 있음이요, 스스로 융합하고 스스로 변화하는 것이, 기가 그 가운데에 있음이다.

天地，物之最巨。人於物之最靈。天人一也。宇宙在乎手，萬化生乎身，變在其中矣。人之極也，中天地而立命，稟虛靈以成性。立性立命，神在其中矣。命係乎氣，性係乎神。潛神於心，聚氣於身，道在其中矣。形化則有生，有生則有死。出生入死，物之常也。氣化則無生，無生故無死。不生不死，神之常也。形化體地，氣化象天。形化有感，氣化自然。明達高士，全氣全

神, 千和萬合, 自然成眞。眞中之眞, 玄之又玄, 無質生質, 是
謂胎仙。欲造斯道, 將奚所自 惟靜惟虛, 胎仙可冀。

천지는 사물 중에 가장 크고, 사람은 사물 중에 가장 신령하니,
하늘과 사람은 하나이다. 온 우주가 손바닥 안에 있고, 만 가지 변
화가 이 몸에서 생하니, 변화가 그 가운데에 있도다. 사람은 지극
한 존재라, 천지 가운데에 명(命)을 세우고, 허령(虛靈)함을 품부받
아 성(性)을 이루었다. 성(性)을 세우고 명(命)을 세우니 신(神)이
그중에 있구나. 명(命)은 기(氣)에 달려 있고, 성(性)은 신(神)에 달
려 있으니, 신은 마음에 잠기고, 기는 몸에 모이어, 도가 그중에
있도다. 형(形)이 변화하니 곧 태어남이 있고, 태어남이 있으니 죽
음이 있으며, 생사의 오고 감이 사물의 항상 함이라. 기(氣)가 변화
하면 태어남이 없고, 태어남이 없으면 죽음도 없다. 태어나지도 않
고 죽지도 않는 것이 신(神)의 항상 함인 것이다. 형(形)이 변화하
는 것은 땅을 본받고, 기(氣)가 변화하는 것은 하늘을 본받는다. 형
이 변화하는 데는 감응이 있고,[83] 기의 변화는 저절로 그러하니라.
밝게 통달한 고사(高士)[84]는 기가 온전하고, 신이 온전하여, 자연
히 참됨을 이루어 만물을 화합되게 해 준다. 참된 가운데 참되고,
현묘하고 또 현묘하며, 바탕이 없는 데서 바탕이 생기니, 이를 일
러 태선(胎仙)이라 한다. 이 도를 이루고자 하면 장차 어디로부터
할 것인가. 오직 고요하게 텅 비워야만 태선이 되는 것도 바랄 수
있으리라.

---

83) 원문의 유감(有感)은 '감정이 개입된다' 혹은 '감응이 있다'의 두 가지 의미로 해석 가능하다.
84) 고사(高士): 고결(高潔)한 선비. 뜻이 크고 세속(世俗)에 물들지 아니한 사람.

虛則無礙, 靜則無欲, 虛極靜篤, 觀化知復。動而主靜, 實以
抱虛, 二理相須, 神與道俱。道者神之主, 神者氣之主, 氣者形
之主, 形者生之主。無生則形住, 形住則氣住, 氣住則神住, 神
住則無住, 是名無住住。金液煉形, 玉符保神, 神形俱妙, 與道
合眞。命寶凝矣, 性珠明矣, 元神靈矣, 胎仙成矣, 虛無自然之
道畢矣。大哉神也, 其變化之本歟。

텅 빈 즉 걸림이 없고 고요한 즉 욕심이 없으니, 텅 빔이 지극
하고 고요함이 돈독하면 변화를 관찰하여 돌아감을 안다. 움직이되
고요함을 주인으로 하고 가득함으로써 텅 빔을 품으니, 두 이치[85]
가 서로를 필요로 하여, 신(神)은 도(道)와 더불어 갖추어진다. 도
는 신의 주인이요, 신은 기의 주인이며, 기는 형체의 주인이고 형
체는 태어남의 주인이다. 태어남이 없다면 형체가 머물고, 형체가
머물면 기가 머물며, 기가 머물면 신이 머물고, 신이 머물면 머무
름이 없다. 이를 일러 머무름이 없는 머무름이라 한다.

금액(金液)으로 형체를 단련하고, 옥부(玉符)로 신(神)을 보호하
니, 신과 형이 함께 묘하여 도와 더불어 참됨에 합한다. 명(命)의
보배가 엉기고 성(性)의 구슬이 밝아져, 원신(元神)이 신령스러우
니, 태선을 이루어 허무 자연의 도를 마치게 되도다. 위대하다 신
(神)이여, 그 변화의 근본이구나!

推盪[추탕]: 미루어 나가다.

化醇[화순]: 변화(變化)하여 성순(精醇)하게 됨.

85) 이리(二理)란 곧 음양을 말한다.

錯綜[착종]: 여러 가지가 뒤섞여 모임. (여러 사물 현상이) 뒤섞여 있음.

隱顯[은현]: 숨었다 나타났다 함. 보였다 숨었다 함. 간신히 보임. 어렴풋하게 보임.

화전밀의(畫前密意)

역상(易象) 제일(第一)

易可易非常易, 象可象非大象。常易不易, 大象無象。常易未畫以前易也, 變易旣畫以後易也。常易不易太極之體也, 可易變易造化之元也。大象動靜之始也, 可象形名之母也。歷劫寂爾者常易也, 亘古不息者變易也。至虛無體者大象也, 隨事發見者可象也。所謂常者莫窮其始莫測其終, 歷千萬世廓然而獨存者也。所謂大者外包乾坤內充宇宙, 遍河沙界湛然而圓滿者也。常易不易故能統攝天下無窮之變, 大象無象故能形容天下無窮之事。易也象也其道之原乎。

역(易)을 역(易)이라고 하는 것은 상역(常易)이 아니고, 상(象)을 상(象)이라고 하는 것은 대상(大象)이 아니다. 상역(常易)은 바뀌지 않으며, 대상(大象)은 형상이 없다. 상역은 아직 괘효(卦爻)가 만들어지기 이전의 역이요, 변역(變易)은 이미 괘효가 만들어진 이후의 역이다. 상역은 바뀌지 않으니 태극의 본체요, 가역(可易)은 변할 수 있는 역이니 조화(造化)의 근원이다.

대상(大象)은 움직임과 고요함의 처음이요, 가상(可象)은 형체와 이름의 근본이다.

역겁 이래로 고요한 것이 상역이요, 예로부터 쉬지 않는 것은 변역이다.

지극히 텅 비어 본체가 없는 것이 대상이요, 일에 따라 드러나 보이는 것은 가상이다.

이른바 상(常)이라는 것은, 그 비롯함을 궁구할 수 없고 그 끝을 헤아릴 수 없으니, 천만세가 지나도록 확연(廓然)하여 홀로 존재하는 것이다.

이른바 대(大)라는 것은 밖으로 하늘과 땅을 싸고 안으로는 우주를 가득 채우니, 항하(恒河)의 모래와 같이 수많은 세계에 두루 하여 담연하고 원만하다. 상역은 바뀌지 않으므로 능히 천하의 무궁한 변화를 통섭(統攝)하고, 대상은 형상이 없으므로 능히 천하의 무궁한 일들을 형용(形容)할 수 있다.

역(易)이여, 상(象)이여, 아마도 도(道)의 근원 이런가!

大象[대상]: 주역의 상(象)을 풀이한 말로 십익(十翼) 중의 제삼
　　　　　익(第二翼)으로 괘의 총상(總象)이므로 대상(大象)이
　　　　　라 이름.

可象[가상]: 형상화할 수 있는 것.

廓然[확연]: 넓고 텅 빈 모양.

역(易)의 의미에 대해서는 세 가지 설이 있다. 첫째, 석척설(蜥蜴說)로 역을 도마뱀을 나타내는 상형문자로 보는 것이다. 중국 고대인들은 도마뱀이 하루에 열두 번 그 빛깔을 바꾸며 역은 바로 그 변화의 의미를 지시하는 것이라고 보았다. 둘째, 일월설(日月說)로서 역을 일과 월의 복합자로 해석한다. 즉 일은 양, 월은 음이기에 역을 음양소장(陰陽消長)에 관한 책으로 파악하는 것이다. 셋째 자의설(子義說)로 역을 그 자체에 내포된 의미로 파악하는 것이다. 즉 역이라는 글자는 이간(易簡), 변역(變易), 불역(不易)의 의미가 있는데, 이간은 천지의 자연현상은 끊임없이 변하나 간단하고 평이하다는 것이며, 변역이란 천지간의 모든 상황과 사물은 항상 변하고 바뀜으로써 음과 양의 두 기운이 교섭한다는 것, 불역은 이러한 가운데에도 결코 변하지 않는 줄기가 있으니 예컨대 하늘은 높고 땅은 낮아 그 위치가 바뀌지 아니하는 질서가 있다는 것이다. 결국 자의설에서는 역을 이상 3가지 의미가 내포된 것으로 본다. 결국 역의 기본 사상은 자연법칙으로서의 천도(天道)를 상징화하고 인간이 이에 순응함을 인도(人道)로서 규정하며, 중정(中正)한 것을 길(吉)이라 하여 가장 선하다고 보는 것이다.

상변(常變) 제이(第二)

常易不變, 變易不常, 其常不變, 故能應變, 其變不常, 故能體常。始終不變易之常也, 動靜不常易之變也。獨立而不改得其常也, 周行而不殆通其變也。不知常不足以通變, 不通變不足以知常。常也變也其易之原乎。

　상역(常易)은 변하지 않고, 변역(變易)은 항상 하지 않는다.

　그 항상 함은 변하지 않기에 능히 변화에 즉시 응할 수 있고, 그 변함은 항상 하지 않기 때문에 능히 항상 함으로 본질을 삼는다.

　처음부터 끝까지 변하지 않는 것이 역(易)의 항상 함이요, 움직임이고 고요함이 항상 하지 않는 것이 역(易)의 변화인 것이로다.

　홀로 서서 바뀌지 않으니 그 항상 함을 얻음이요, 두루 행함에 위태롭지 않으니 그 변화에 통하는 것이라.

　항상 함을 알지 못하면 서로 변화하고 통하는 것에 부족하고, 변화하고 통하지 못하면 항상 함을 알기에 부족하리라.

　항상 참이어, 변함이어 아마도 역(易)의 근원이런가!

　體常[체상]: 상(常)은 변하지 않는 법칙성. 체(體)란 본질로 삼음.

체용(體用)[86] 제삼(第三)

　常者易之體, 變者易之用。古今不易易之體, 隨時變易易之用。無思無爲易之體, 有感有應易之用, 知其用則能極其體, 全其體則能利其用。聖人仰觀俯察, 遠求近取得其體也。君子進德修業作事制器因其用也。至於窮理盡性樂天知命, 修齊治平紀綱法度, 未有外乎易者也。全其易體足以知常, 利其易用足以通變。

---

86) 본체는 현상계의 배후에 있는 참된 존재로서, 브라흐만(佛心)에 속하고, 자용은 아트만(衆心)에 속하는데, 비유를 들면 본체는 달을 상징하고 작용은 달빛을 뜻한다.

항상 하는 것은 역(易)의 본체요, 변하는 것은 역(易)의 쓰임이다.

예로부터 지금까지 바뀌지 않은 것은 역의 본체요, 때에 따라 변하는 것이 역의 쓰임이다.

생각하고 행함이 없는 것이 역의 본체요, 느끼고 응함이 있는 것은 역의 쓰임이다.

그 쓰임을 알면 능히 그 본체를 지극하게 하니, 그 본체를 온전히 하고 능히 그 쓰임을 이롭게 한다. 성인은 하늘과 땅을 관찰하며 먼 것을 구하고 가까운 것을 취해 그 본체를 얻고, 군자는 덕에 따라 나아가고 업을 닦으며 일을 하고 도구를 만드는 것은 그 쓰임에 따르는 것이다.

천지만물의 이치와 본성을 궁구하여 하늘을 즐거워하고 명을 아는지라, 자신을 닦고 가정을 다스린 후 나라를 다스려 천하를 평정함에 이르니 기강을 세우고 법도를 따르는 것이 역에서 벗어난 것이 없다.

그 역의 본체가 온전하면 항상 함을 알 수 있고, 그 역의 쓰임이 이로우면 통변(通變)할 수 있다.

동정(動靜) 제사(第四)

剛柔推盪, 易之動靜, 陰陽升降, 氣之動靜, 奇偶交重, 卦之動靜。氣形消息, 物之動靜。晝夜興寢, 身之動靜。至於身之進退, 心之起滅, 世之通塞, 事之成敗, 皆一動一靜互相倚伏也。觀其動靜, 則萬事之變、萬物之情可見矣。靜時有存, 動則有察

靜時有主, 動則可斷 靜時有定, 動罔不吉。靜者, 動之基, 動
者, 靜之機。動靜不失其常, 其道光明矣。

강함과 부드러움이 미루어 나가니 역(易)의 동정(動靜)이고, 음양
의 오르내림은 기의 동정(動靜)이다. 짝수와 홀수가 거듭 교합하는
것은 괘의 동정(動靜)이고, 기와 형체의 사라지고 자람은 사물의
동정이며, 낮이면 일어나고 밤에는 잠이 드는 것은 몸이 움직이고
고요해짐이다. 몸의 나아가고 물러남, 마음의 일어나고 소멸함, 세
상의 순경과 역경, 일의 성패들을 말하면, 이 모두가 한 번 움직이
고 한 번 고요함이 서로 인연이 되어 생기고 없어지는 것이다. 그
동정(動靜)을 관찰한다면 곧 만사의 변화, 만물의 실정을 가히 알
수가 있으리라.

고요할 때는 보존되어 있다가 움직인즉 관찰할 수 있으며, 고요
할 때는 주됨이 있다가 움직일 때 판단을 할 수 있다. 고요할 때
는 정(定)함이 있어 움직임에 불길함이 없다.

고요한 것은 움직임의 기초가 되고, 움직이는 것은 고요함의 기
틀이 된다.

동정(動靜)에 그 항상 됨을 잃지 않으면, 그 도가 밝게 빛나리니.

倚伏[의복]: 길흉화복 성패가 서로 인연이 되어 맞물려 도는 것.
　　　　　화(禍)와 복(福)은 서로 인연(因緣)이 되어 생기고 없
　　　　　어짐.

굴신(屈伸) 제오(第五)

暑往寒來, 歲之屈伸, 日往月來, 氣之屈伸, 古往今來, 世之屈
伸。至於有無相生, 難易相成, 長短相形, 高下相傾, 皆屈伸之
理也。知屈伸相感之道, 則能盡天下無窮之利也。

　더위가 가고 추위가 오니 한 해의 굴신이요, 날이 가고 달이 오
니 기(氣)의 굴신이요, 과거가 가고 현재가 오니 세상의 굴신이다.
유무는 서로 만물을 생성하고 어려움과 쉬움은 사업의 성패를 좌
우하고, 길고 짧은 것은 모든 형상을 만들고, 높고 낮음은 서로 각
도에 따라 기우니, 모두 굴신의 이치이다. 굴신하고 서로 감응하는
도를 알면 능히 천하의 무궁한 이치를 다 알 수 있다.

소식(消息) 제육(第六)

息者消之始、消者息之終。息者氣之聚, 消者形之散。生育長
養謂之息, 歸根復命謂之消。元而亨, 易之息也 利而貞, 易之消
也。春而夏, 歲之息也。秋而冬, 歲之消也。嬰而壯, 身之息
也。老而終, 身之消也。無而有, 物之息也。有而無, 物之消
也。息者, 生之徒。消者, 死之徒。自二氣肇分以來, 未有消而
不息之理, 亦未有息而不消之物。通而知之者, 燭理至明者也。

　자란다는 것은 사라짐의 시작이요, 사라짐은 자라남의 끝이다.
자라남은 기(氣)의 모임이요, 사라짐은 형(形)의 흩어짐이다. 생육

(生育)하고 장양(長養)하는 것을 식(息)이라 이르고, 근원으로 돌아가 명을 회복함을 소(消)라 이른다.

원(元)과 형(亨)은 역(易)의 자라남이요, 리(利)와 정(貞)은 역(易)의 사라짐이다. 봄으로부터 여름까지는 한 해의 자람이요, 가을로부터 겨울까지는 한 해의 사라짐이다. 어린이가 장년이 되는 것은 몸의 자라남이요, 늙어서 죽음은 몸의 사라짐이다.

없다가 있는 것은 사물이 자라남이요, 있다가 없는 것은 사물이 사라짐이다.

자란다는 것은 태어남의 무리요, 사라진다는 것은 죽음의 무리이다. 음양의 두 기운이 처음 나누어진 이래로 사라지고 자라남이 아닌 이치가 없으며, 또한 자라나고 사라지지 않는 사물이 없다. 통하고 안다는 것은 이치를 꿰뚫어 보아 밝음에 이르는 데 있느니라.

신기(神機) 제칠(第七)

存乎中者, 神也。發而中者, 機也。寂然不動, 神也。感而遂通, 機也。隱顯莫測, 神也。應用無方, 機也。蘊之一身, 神也。推之萬物, 機也。吉凶先兆, 神也。變動不居, 機也。備四德自强不息者, 存乎神者也, 貫三才、應用無盡者, 運其機者也。

가운데에 있는 것은 신(神)이요, 발하여 들어맞는 것은 기(機)이다. 고요하여 움직이지 않는 것을 신(神)이라 하고, 감응하여 비로소 통하는 것을 기(機)라 한다. 숨었다 나타났다 함이 예측하기 어려운 것이 신(神)이고, 응하여 쓰임에 정해진 방위가 없는 것을 기

(機)라 한다. 한 몸에 간직된 것을 신이라 하고, 만물을 추진시키는 것을 기(機)라 한다. 길흉에 먼저 조짐이 있는 것이 신이고, 자꾸 움직거려서 머무르지 않는 것을 기(機)라 한다. 사덕(四德)[87]을 갖추어 스스로 꾸준히 노력하는 것은 신이 있는 것이고, 삼재를 꿰뚫어 응하여 쓰임에 다함이 없는 것은 그 기(機)를 운용하는 것이다.

지행(智行) 제팔(第八)

　智者, 深知其理也。行者, 力行其道也。深知其理, 不見而知。力行其道, 不爲而成。不出戶知天下, 不窺牖見天道, 深知也。自强不息, 無往不適, 力行也。知亂於未亂, 知危於未危, 知亡於未亡, 知禍於未禍, 深知也。存於身而不爲身累, 行於心而不爲心役, 行於世而不爲世移, 行於事而不爲事礙, 力行也。深知其理者, 可以變亂爲治, 變危爲安, 變亡爲存, 變禍爲福。力行其道者, 可以致身於壽域, 致心於玄境, 致世於太平, 致事於大成。非大智大行者, 其孰能及此。

　지혜라는 것은 그 이치를 깊이 아는 것이고, 행이라는 것은 그 도를 힘써 행한다는 것이다. 그 이치를 깊이 알면 보지 않고도 알게 된다. 그 도를 힘써 행함은 하지 않으면서 이룬다는 것이다. 문밖을 나서지 않고도 천하를 알고, 창밖을 내다보지 않아도 하늘의 도를 보는 이것이 깊이 아는 것이다. 스스로 노력하여 게을리하지

---

87) 사덕(四德): 『주역(周易)』에서 말하는 天道(천도)의 네 가지 덕인 元(원), 亨(형), 利(이), 貞(정) 또는 군자(君子)가 행해야 할 네 가지 덕목인 仁(인), 義(의), 禮(예), 智(지).

않고 어디를 가든 거기에 적합하지 않음이 없는 것이 역행(力行)이다. 아직 혼란하지 않는데 혼란함을 알고, 아직 위태롭지 않는 데서 위태로움을 알고, 잃음이 없는 데서 잃음을 알고, 재앙이 없는 데서 재앙을 아는 것이 깊이 아는 것이다. 몸이 있으나 몸에 끄달리지 않고, 마음을 쓰되 마음에 의해 부림을 당하지 않는다. 세상에서 행하되 세상에 변화되지 않는다. 일을 행하되 그 일에 걸리지 않는다. 이것이 역행(力行)이다. 그 이치를 깊이 안다는 것은, 가히 혼란함을 다스려 변화시키고, 위태로움을 편안함으로 변화시키고, 잃는 것을 변화시켜 있게 하고, 재앙을 복이 되게 한다. 그 도를 힘써 행한다는 것은, 가히 장수하는 곳으로 몸이 이르고, 현묘한 경지에 마음이 이르니, 세상을 태평하게 하고, 크게 이루는 일을 한다. 큰 지혜와 큰 행함이 아니라면 그 누가 능히 이에 미치겠는가?

명시(明時) 제구(第九)

通變莫若識時, 識時莫若明理, 明理莫若虛靜。虛則明, 靜則淸, 淸明在躬, 天理昭明。天之變化, 觀易可見世之時勢, 觀象可驗物之情僞, 觀形可辨。麗於形者, 不能無偶, 施於色者, 不能無辨。天將陰雨, 氣必先蒸。山將崩裂, 下必先嶞。人將利害, 貌必先變。譬如巢知風, 穴知雨, 蟄蟲應候, 葉落知秋。又如商人置雞尾於舟車之上, 以候陰晴。天當晴則尾直豎, 天將雨則尾下垂。無情之物尙爾, 而況人乎? 今人不識時變者, 燭理未明也。

통변하는 것은 때를 아는 것만 한 것이 없고, 때를 아는 것은 이치에 밝음만 한 것이 없고, 이치에 밝음은 텅 빈 고요함만 한 것이 없다. 비우면 밝아지고, 고요하면 맑아지니, 밝고 분명한 하늘의 이치가 자신에게 있어 맑고 밝도다. 하늘의 변화는 역(易)을 관찰하면 볼 수 있고, 세상의 시세(時勢)는 상(象)을 보면 증험할 수 있다. 사물의 참과 거짓은 형(形)을 보면 분별할 수 있다. 형(形)이 고운 것들은 그 짝이 없을 리가 없고, 색(色)을 칠한 것은 분별하지 못할 리가 없다.

하늘이 장차 오랫동안 궂은비를 내리려면 그 징후는 반드시 먼저 후덥지근하다. 산이 장차 붕괴되려면 아래가 반드시 먼저 갈라진다. 사람에게 장차 이로운 일 혹은 해로운 일이 있으려면 그 용모가 반드시 먼저 변하게 마련이다. 비유하면, 새가 바람을 알아서 집을 짓고, 짐승이 비를 알아서 굴을 파며, 숨은 벌레도 절기에 따라 행동하고, 떨어지는 낙엽도 가을을 아는 것과 같다. 또한 장사하는 사람이 꿩의 꼬리를 배나 수레 위에 놓고 흐림과 갬을 살피는 것과 같다. 하늘이 맑아지려 하면 그 꼬리는 똑바로 세워지고, 하늘에서 장차 비가 오려 하면 그 꼬리는 아래로 드리워진다. 감정이 없는 사물도 오히려 이와 같거늘 하물며 사람임에랴. 요즘 사람들이 때의 변화를 모르는 것은 이치를 꿰뚫어봄에 아직 밝지 못하기 때문이다.

莫若[막약]: …만 같은 것이 없음. …만 한 것이 없다.
識時[식시]: 때를 식별하는 것. 시세(時勢)의 흐름을 아는.
昭明[소명]: 사물(事物)을 분간(分揀)함이 밝고 똑똑함.

陰雨[음우]: 오랫동안 계속해 내리는 음산한 비. 궂은 비.

崩裂[붕렬]: 무너지고 갈라짐.

昭: 밝을 소/ 명백하다. 환하다. 현저하다. 표명하다. 현시하다.

정기(正己) 제십(第十)

進德修業, 莫若正己。己一正, 則無所不正。一切形名, 非正不立。一切事故, 非正不成。日用平常設施酬酢, 未有不始於己者。一切事事理理頭頭物物, 亦未有不自己出者。是故進修之要, 必以正己爲立基。正己接人, 人亦歸正。正己處事, 事亦歸正。正己應物, 物亦歸正, 惟天下之一正, 爲能通天下之萬變。是知正己者, 進修之大用也, 入聖之階梯也。

덕을 증진시키고 업을 닦는 데는 자신을 바로 세우는 것만 한 것이 없다. 내 하나를 바로 하면 바르게 되지 않는 바가 없다. 일체의 형체와 이름도 바른 것이 아니면 서지 못하고, 일체 일의 까닭도 바름이 아니면 이룰 수가 없다. 매일의 일상생활에서 계획과 실행, 타인과 교제함도 나에게서 시작되지 않는 것이 없고, 일체 모든 일들과 온갖 이치들과 가지가지 사물들 또한 나 자신에게서 나오지 않는 것이 없니.

이런 고로 수련을 신행하는 요제는 반드시 사신을 바로 세움으로써 기초를 세우게 된다. 자신을 바로 세우고 사람을 대하면 그 사람 역시 바른 것으로 돌아오고, 자신을 바로 세우고 일을 저리하면 그 일 역시 바르게 돌아온다. 자신을 바로 세우고 사물에 응하면 그 사물 역시 바른 것으로 돌아온다. 오직 천하의 으뜸인 바름은 능히 천하의 모든 변화와 통하게 해 준다. 이로써 아노니, 자신을 바로 세움은 나아가고 닦음에 큰 쓰임이며, 성스러움으로 들어가는 사다리이다.

正己[정기]: 심신(心身)을 수양하여야 자기 자신을 바로 세우는 것.
酬酢[수작]: 주객(主客)이 서로 술잔을 주고받다. 벗과 교제하다. 응대하다.

공부(工夫) 제십일(第十一)

淸心釋累, 絶慮忘情, 少私寡欲, 見素抱樸, 易道之工夫也。心淸累釋, 足以盡理。慮絶情忘, 足以盡性。私欲俱泯, 足以造道。素樸純一, 足以知天。

마음을 맑게 하여 내면의 속박을 풀고, 생각을 순수하게 하여 정을 잊고, 사사로움을 적게 하고 욕심을 적게 하며, 소박함을 보이고 질박함을 안으면 역(易)의 이치를 공부하는 것이다. 마음이 맑고 속박이 풀리면 이치(理)를 다할 수 있고, 생각이 끊어지고 정을 잊으면 성(性)을 다할 수 있게 된다. 삿된 욕심이 함께 없어지면 도(道)를 이룰 수 있고, 소박하고 순일(純一)하면 하늘을 알 수 있다.

감응(感應) 제십이(第十二)

寂然而通, 無爲而成, 不見而知, 易道之感應也。寂然而通,
無所不通。無爲而成, 無所不成。不見而知, 無所不知。動而感
通, 不足謂之通, 爲而後成, 不足謂之成, 見而後知, 不足謂之
知。此三者, 其於感應之道也遠矣。誠能爲之於未有, 感之於未
動, 見之於未萌, 三者相須而進, 無所感而不通也, 無所事而不
應也, 無所住而非利也。盡此道者, 其惟顔子乎。

지극히 고요하여 통하고,[88] 행하는 바 없이 이루고, 보지 않고도
아는 것은 모두 역(易)의 도에 감응하는 것이다. 지극히 고요하여
통하면 통하지 못하는 바가 없고, 행함이 없이 이루면 이루지 못
할 바가 없으며, 보지 않고도 알면 알지 못할 바가 없다.

한편 움직여서 느끼고 통하면 이를 통했다고 말하기에는 부족하
고, 행한 후에 이루면 이를 이루었다 말하기에는 부족하며, 또한
본 후에 알면 이를 안다고 말하기에는 부족하다. 이 셋은 그 감응
의 도(道)에 있어서는 아직 거리가 먼 것이다.

진실로 드러나기 전에 하고, 움직이기 전에 느끼고, 아직 싹이
나기 전에 본다면, 이 셋은 서로 필요로 하여 나아가게 된다. 느끼
는 바가 없으면 통하지 않고, 행하는 바가 없으면 응하지 아니하
고, 머부르는 바가 없으면 이로움이 아니다. 이 도를 다한 것은,
오직 안자(顔子)[89]뿐인가?

---

88) '적연이통(寂然而通)'의 말은 『주역(周易) 계사전(繫辭傳)』에 나오는 "역(易)은 생각도 없
고 하는 것이 없어 고요히 움직이지 않다가 느끼면 드디어 천하의 일에 두루 통한다. 천하
이 지극한 신비로움이 애 면 그 누가 여기에 참여할 수 있겠는가(易無思也, 無爲也, 寂
然不動, 感而遂通. 天下之故, 非天下之至神. 其孰能與於此)"에서 따른 말이다.

삼역(三易) 제십삼(第十三)

三易子, 一曰天易, 二曰聖易, 三曰心易。天易者, 易之理也。
聖易者, 易之象也。心易者, 易之道也。觀聖易, 貴在明象, 象明
則入聖。觀天易, 貴在窮理, 理窮則知天。觀心易, 貴在行道, 道
行則盡心。不讀聖人之易, 則不明天易, 不明天易, 則不知心易,
不知心易, 則不足以通變, 是知易者, 通變之書也。

삼역(三易)이라는 것은, 첫째가 천역(天易)이요, 둘째가 성역(聖
易)이요, 셋째가 심역(心易)이다.

천역이라는 것은 역의 이치이고, 성역이라는 것은 역의 형상이
며, 심역이라는 것은 역의 도이다.

성역을 살펴보면, 형상을 밝힘을 귀하게 여기니, 형상을 밝히면
곧 성인의 경지에 든다.

천역을 살펴보면, 이치를 궁구함을 귀하게 여기니, 이치를 궁구
한 즉 하늘을 안다.

심역을 살펴보면, 도를 행함을 귀하게 여기니, 도를 행하는 것은
곧 마음을 다하는 것이다.

---

89) 안자(顔子: 521 - ?)의 자는 자연(子淵), 이름은 회(回) 혹은 안연(顔淵)이라고도 한다. 춘
추시대 노(魯)나라 사람으로 공자의 수제자이다. 그중에도 덕행과(德行科)의 필두로 꼽히는
공자 문하 제1의 현자이다. 인(仁)을 최고의 덕목으로 본 공자는 그때 사람들을 평하여 인
자(仁者)라고 인정한 일이 없었는데, 안회에 대해서만은 "안회만은 3개월이나 인의 마음을
유지할 수 있다."라고 유일하게 인자로 인정했고, 또 "제자 중에 학문을 좋아한다고 말할
수 있는 사람은 오직 안회뿐이다."라고 했다. 평생 부귀와 권세를 쫓지 않아 매우 가난하였
으나 의(意)에 뜻을 두지 않고 도(道)를 즐겼으니 불과 32세의 젊은 나이에 요절하였다. 『사
기(史記)·중니제자열전(仲尼弟子列傳)』에는 안회가 공자보다 30세 아래라고 하며, 그가
죽었을 때 공자는 매우 슬퍼했다고 한다. 안회는 도가(道家)에서도 현인(賢人)으로 추대하
고 있으며, 삼국시대 위(魏)나라 이후 석전제(釋奠祭)에서도 공자와 함께 받들어지고 있다.

성인의 역(易)을 읽지 아니하면, 곧 천역에 밝지 못하고, 천역에 밝지 못하면, 곧 심역을 알지 못함이요. 심역을 알지 못하면, 곧 통하고 변하는 것에 부족하다. 이것은 역(易)을 알아 통변(通變)하는 책이다.

해혹(解惑) 제십사(第十四)

氣之消長, 時之升降, 運之否泰, 世之通塞, 天易也。計之吉凶, 爻之得失, 辭之險易, 象之貞晦, 聖易也。命之窮達, 身之進退, 世之成敗, 位之安危, 心易也。

深造大易, 則知時勢, 深造聖易, 則之變化, 深造心易, 則知性命。以心易會聖易, 以聖易擬天易, 以天易參心易, 一以貫之, 是名志士。

기의 소멸하고 자라남, 때의 오르고 내림, 운의 불운과 행운, 세상의 통하고 막힘은 천역(天易)이다.

계책의 길하고 흉함과, 효(爻)의 얻음과 잃음, 말의 험난하고 평이함, 상(象)의 바르게 함과 어둡게 하는 것은 성역(聖易)이다.

명(命)의 빈궁(貧窮)과 영달(榮達), 몸의 나아가고 물러남, 세상의 성패, 자리의 편안함과 위태로움은 심역(心易)이다.

천역의 깊은 경지에 도달한즉 때와 형세를 알고, 성역의 깊은 경지에 도달한즉 변화에 이르고, 심역의 깊은 경지에 도달한즉 성명(性命)을 안다. 심역으로써 성역을 깨닫고, 성역으로써 천역을 헤아리고, 천역으로써 심역을 참구하니, 이를 하나로 관통하면 이름 하여 지사(志士)라 한다.

否泰[비태]: 막힌 운수와 터진 운수 즉, 불행과 행복을 아울러
　　　　　 이르는 말.

窮達[궁달]: 빈궁(貧窮)과 영달(榮達). 깊이 궁리하여 통달(通達)함.

通塞[통색]: 통함과 막힘. 운수(運數)가 잘 풀리어 트임과 트이지
　　　　　 않음. 행(幸)과 불행(不幸).

深造[심조]: (학문의) 깊은 경지를 성취하다. 조예가 깊다.

晦: 그믐 회/ (음력)그믐. 캄캄하다. 분명하지 않다. 불길하다. 숨
　　기다. 감추다.

擬: 헤아릴 의/ 기초[입안]하다. (잠정적으로) 계획[설계]하다. …
　　하려 하다. 모방하다. 본뜨다.

석의(釋疑) 제십오(第十五)

變動有時, 安危在己。禍福得喪, 皆自己始。是故通變者, 趨
時自也。趨時者, 危亦安。通變者, 難亦治。不失其所守者, 困
亦亨。不謹其所行者, 豊亦昧。

晦其明者, 處明夷而無傷。恃其有者, 居大有而必害。至遠而
可應者, 其志同也。至近而無與者, 其意乖也。至弱而能勝者,
得其輔也。至剛而無過者, 有其道也。益之用, 凶事濟難也。睽
之見惡人免怨也。不怕其德者, 無所容。不有其躬者, 無所利。
獨立自恃者, 無功。恐懼修省者獲福。

益於人者, 人益之。利於人者, 人利之。信於人者人信之。惠
於人者, 人惠之。畏凶者, 無凶。畏咎者, 無咎。畏禍者, 福必
至。忽福者, 禍必至。予所謂安危在己, 復何疑哉。

변동은 때에 있고, 안위(安危)는 자신에게 있다. 화(禍)와 복, 잃
고 얻음도 모두 자신에게서 비롯된다. 그러므로 통하고 변하는 것
은, 때에 맞추는 것이다.[90] 때에 맞추는 것은 위태로움이 편안해지
고, 통변하는 것은 어려움이 안정되는 것이다. 그 지키는 바를 잃
지 않는다는 것은, 곤란함을 형통하게 하고, 그 행하는 바를 신중
히 하지 아니하면, 풍요로움 또한 어두워진다.

감추어서 밝혀 준다는 것은, 명이(明夷)에 처한 것이나 상함이
없다.[91] 그 가진 것을 믿는다는 것은, 가진 것을 많이 축적하면 반
드시 해가 있음이다. 지극히 멀면서도 응할 수 있는 것은, 그 뜻이
같음이다. 지극히 가까우면서도 같지 않는 것은 그 뜻이 어그러져
있음이다. 지극히 약하면서 능히 이기는 것은, 그 도움을 얻기 때
문이다.

지극히 강하면서도 실수가 없는 것은, 그 도가 있음이다. 익괘
(益卦)를 쓴다면 흉한일과 어려움을 다스릴 것이다. 규(睽)는 악인
을 만나야 비난을 면한다.[92]

그 덕을 두려워하지 않는다는 것은 용서할 바가 없고, 그 자신

---

90) 『주역 계사전(周易 繫辭傳)』(하)에서는 "變通者는 趣時者也(변통이라는 것은 때에 맞추는
    것이다.)"라고 되어 있다.
91) 『주역』 36. 지화명이(地火明夷)에서"단에 가로되 밝은 것이 땅 가운데 들어감이 명이이다
    (彖曰明入地中明夷)"라 하였다.
92) 규(睽)는 주권을 잃고 밖으로 반목하는 것으로 『주역 화택규(火澤睽)』에 "상에 이르기를
    익한 사람을 보면 허물을 피함이라(象曰見惡人以辟咎也)"고 했다.

이 갖지 아니하는 것은 이익을 추구함이 없는 것이다. 자신의 능력을 믿어 홀로 선다는 것은 공덕이 없다. 몹시 두려워하며 닦고 살피는 것은 복을 얻는 것이다.

남에게 도움을 주면 남이 돕는다. 남에게 이익을 주면 남이 이익을 준다.

남에게 신뢰를 주면 남이 신뢰한다. 남에게 은혜를 베풀면 남이 은혜를 베푼다.

흉함을 두려워하면, 흉함이 없고, 잘못을 두려워하면, 실수가 없다.

재앙을 두려워하면, 복이 반드시 이르고, 복을 소홀히 여기면, 재앙이 반드시 이른다.

이로써 편안함과 위태함이 자기에게 있음을 어찌 다시 의심할 수 있겠는가?

得喪[득상]: 득실(得失). 얻음과 잃음.

趣時[추시]: 시속(時俗)에 따름.

明夷[명이]: 밝음(明)이 상처(夷＝傷)를 입었다는 말이며, 밝은 기운이 하늘로 뻗쳐오르지 못하고 땅속으로 흩어져 버린 형상이다.

自恃[자시]: 무슨 일이 그러하려니 하고, 저 혼자 속으로 믿고 겉에 드러냄. 자기 자신의 능력이나 가치를 믿음. 자부(自負) 자신(自信).

睽: 외면할 규/ 맞지 않다. 위배되다. 눈을 부릅뜨고 주시하다.

怕: 두려워할 파/ 무서워하다. 근심하다. 염려하다. 아마 …일 것이다, …일지 모른다.

眚: 흐릴 생/ (의학)백태. 눈병의 한 가지. 재화(災禍). 재난. 잘
못. 과오. 실수.

성공(聖功) 제십육(第十六)

聖人所以爲聖者, 用易而已矣。用易所以成功者, 虛靜而已
矣。虛則無所不容, 靜則無所不察, 虛則能受物, 靜則能應事,
虛靜久久, 則靈明。虛者, 天之象也。靜者, 地之象也。自强不
息, 天之虛也。厚德載物, 地之靜也。空闊無涯, 天之虛也。方
廣無際, 地之靜也。天地之道, 惟虛惟靜。虛靜在己, 則是天地
在己也。道經云, 人能常淸靜, 天地悉皆歸。其斯之謂歟。淸則
虛也, 虛靜也者, 其神德聖功乎。

성인이 성스럽다 여기는 까닭은 역(易)을 사용할 뿐이다.

역(易)을 사용한다는 것은 이른바 공(功)을 이루는 것인데, 텅 비
고 고요할 뿐이다.

텅 비어 있은즉 허용하지 않는 바가 없고, 고요한 즉 살피지 않
는 바가 없다. 텅 비어 있은즉, 사물을 받아들일 수 있고, 고요한
즉 일에 응할 수 있음이라.

오래토록 텅 비어 고요하면 곧 밝고 신령히리니, 텅 빔은 하늘
의 모양이고, 고요한 것은 땅의 모양이나. 스스로 노력하여 쉬을리
하지 않으니, 하늘의 텅 빔이요, 후덕하여 만물을 실으니, 땅의 고
요함이다.

한도 끝도 없이 아득하기만 하니 하늘의 텅 빔이고, 넓고 멀어

서 끝이 없으니 땅의 고요함이다. 천지의 도는 오직 텅 비고 고요하여, 이 텅 비고 고요함이 나에게 있으니, 곧 하늘과 땅이 나에게 있음이니라.

도경에 이르기를, "사람이 능히 항상 맑고 고요하면, 하늘과 땅 모두 돌아와 갖추어진다."는 것은 이를 두고 말한 것이리라.

맑음은 곧 텅 빔이니, 텅 비어 고요함은, 그 신령한 덕은 성인의 공(功)이 아니겠는가.

久久[구구]: 오래오래. 오래도록. 오랫동안.

空闊[공활]: 마음에 구애됨이 없이 활달함. 광활함.

無涯[무애]: 넓고 멀어서 끝이 없음.

方廣[방광]: 넓고 큼. 미치지 않는 곳이 없음.

無際[무제]: 넓고 멀어서 끝이 없음.

中和集 卷之二

금단묘결(金丹妙訣)

금단도상설(金丹圖像說)

左四圖法象顯明至道玄玄之旨

다음의 네 그림은 지극한 도의 법상(法象)[93]을 명백하게 드러냈
는데, 그 종지가 그윽하고 현묘하다.

撑天杜地太模糊，誰爲安名號玉爐。
曾向此中經煅鍊，出無入有盡由渠。

---

93) 법상(法象): 자연에서 일어나는 일체의 현상의 총칭으로 『주역·계사전』(상)에 "이런 연고로
변화(순환의 법칙)과 형상 중에서 천지보다 더 큰 것이 없다(是故法象 莫大乎天地)."라 했다.

不無不有不當中, 外面虛無裏面空。

決烈丈夫掀到看, 元來那個本來紅。

威音那畔本來明, 昧了皆因着幻形。

若向丹中拈得出, 圓陀陀地至虛靈。

道本無爲法自然, 聖人立象假名圈。

平常日用全彰露, 打破方知象帝先。

땅에 기둥을 세워 하늘을 떠받치니 크고 모호한 것이, 누가 어찌하여 옥로(玉爐)라 이름 하였는가?

일찍이 이 중경(中經)으로 향해 부단히 단련하여, 없는 것에서 나와 있는 것으로 들어가니 그로 말미암아 다하였네.

없는 것도 아니고 있는 것도 아니고 그 가운데도 아니니, 밖으로는 텅 비고 안으로는 공(空)하여 없구나.

결열(決烈)94)한 장부가 뒤집어 보니 원래 그것은 본바탕이 붉더라.

위엄나반95)이 본래부터 밝았으나, 모두가 허깨비 같은 형체에 집착하여 그것을 모르는구나.

단(丹) 가운데에서 잡아 얻어 내니, 둥글둥글한 것이 지극히 허령(虛靈)하도다.

---

94) 결렬(決烈): 결단력 있고 장렬함.

95) 위엄나반(威音那畔)은 최초의 부처를 말하는데, 위음왕(威音王)인 것은 위엄으로 가득하므로 위라 했고 그 말씀을 들으면 누구나 조복하므로 위음이라 했으며 의도적으로 위엄을 불리는 것이 아니라 저절로 위엄이 흘러넘치므로 위음왕이라 일컬어졌다. 위음왕 부처님은 공겁(空劫: 천지창조 이전)에 처음 출현한 부처님으로 이전에는 부처님이 없었다. 그래서 우주 창조 이전, 부모에게서 태어나기 이전, 하늘과 땅이 갈라지기 이전, 최초의 뜻으로 쓰이며, 선문에서는 향상일로(向上一路: 절대의 진리에 이르는 외길)를 일컬어 위음나반(威音那畔)이라 말하는 것이다.

도는 본래 무위하여 스스로 그러함을 아니, 성인이 형상을 세워
지어진 이름으로 가두었네.

일용 평상에 모두 뚜렷이 드러나니, 깨달으면 비로소 상제보다
먼저임을 알 수 있구나.

模糊[모호]: 흐리어 똑똑하지 못함.

當中[당중]: 어떤 곳의 꼭 가운데가 되는 곳. 또는 그렇게 되게 함.

得出[득출]: …을 얻어 내다.

煆鍊[하련]: 단불에 쇠를 불림. 식기 전에 쇠를 불리듯이 몹시
　　　　　다그쳐 댐.

打破[타파]: 타파하다. 끝까지 캐고 따져 일의 진상(眞相)을 밝히다.

이도결(二圖訣)

取出☵中畫,　감괘(坎卦)[96]의 가운데 양효(陽爻)를 취하여

補☲還復乾。　이괘(離卦)[97]에 보충하면 다시 건괘(乾卦)[98]로 돌
　　　　　　　아가네.

純陽命本固,　양(陽)이 순수하면 명(命)의 본질이 견고하여

無礙性珠圓。　걸림 없는 성품이 둥근 구슬이로다.

---

96) 감괘: 팔괘의 하나. ☵와 같이 나타낸다. 물을 상징하는데, 내단학에서는 왼쪽 신(左腎) 또
는 단전을 가리킨다.

97) 이괘: 팔괘의 하나. ☲와 같이 나타낸다. 불을 상징하는데 「序卦」에, "坎이란 빠짐이다.
빠지면 반드시 붙는 바 있다. 따라서 다음에 離가 온다. 離란 붙음이다."라고 하였다.

98) 건괘: 팔괘의 하나. ☰와 같이 그리며. 태극으로부터 음과 양이 나누어지기를 세 차례 거듭
하는 과정에서 오직 양(陽)으로만 변화되어 이루어진 괘.

受觸全天理, 수촉(受觸)이 모두 하늘의 이치에 온전하면

離塵合上禪。 세속을 벗어나 최상의 선(禪)과 합하도다.

採鉛知下手, 연(鉛)을 채취하고 시작하는 것을 알면

三疊舞胎仙。 태선(胎仙)[99]이 한없이 즐거워 춤을 추는구나.

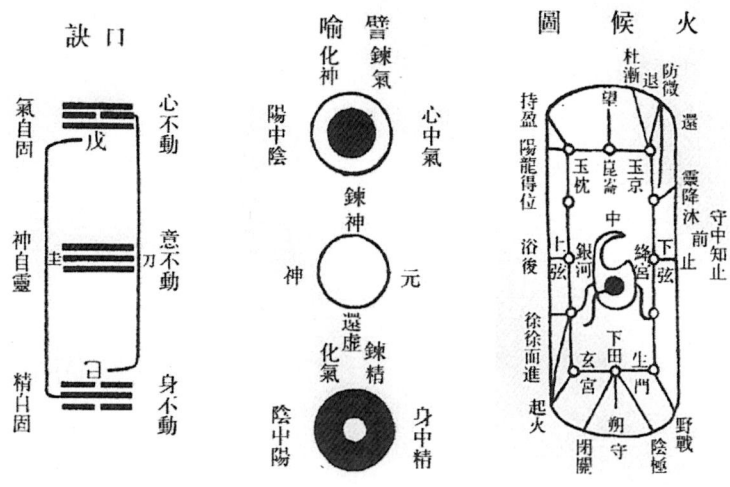

---

99) 태선(胎仙): 『선불가진수어록(仙佛家眞修語錄)』에 "변화출신(變化出神)함을 태선(胎仙)이라 하며"라 하였고, 또한 옛사람들이 학을 선조(仙鳥) 또는 태선(胎仙)이라 불렀는데, 신선이 타고 다니기에 선조이고, 암수가 서로 만나서 주시만 하여도 잉태하기 때문에 태선이라고 한다. 『상학경(相鶴經)』에 "학은 (중략) 160년이 지나면 암수가 서로 만나 정하게 주시만 해도 새끼를 잉태하며"라 하였는데, 아마 이 내용에 기인했다고 보아진다. 『황정내경경(黃庭內景經)』에 의하면, 신의(神意)와 조화를 이루고 삼층공부(三層功夫)를 하여 구환(九還)을 이루면, 몸에 날개가 돋아 비무(飛舞)할 수 있고, 탈태(脫胎)하여 신선이 된다고 한다. 태선은 내단 수련에서 성태(聖胎)를 맺은 사람을 말하고 또한 원신(元神)을 의미하기도 한다.

月	十一	十二	正	二	三	四	五	六	七	八	九	十
日	初一	初三	初六	初八	十一	十四	十六（望）	十八	二十	二十三	二十六	二十八
支	子	丑	寅	卯	辰	巳	午	未	申	酉	戌	亥
	玄宮	進	徐進	沐浴	遇	止	退		徐退	浴絳宮	守中	戰
				銀河	玉關		嵩山					
卦	復	臨	泰	壯	夬	乾	姤	遯	否	觀	剝	坤
爻	初九	九二	九三	九四	九五	上九	初六	六二	六三	六四	六五	上六

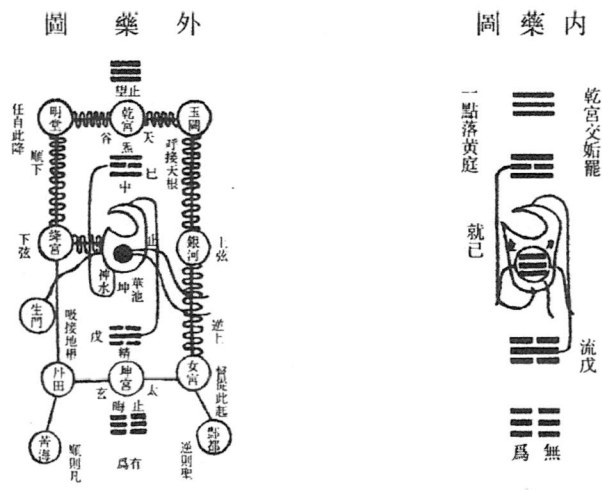

外藥圖　　　內藥圖

금단내외이약도설(金丹內外二藥圖說)

外藥可以治病，可以長生久視。

內藥可以超越，可以出有入無。

大凡學道，必先從外藥起，然後自知內藥。高上之士，夙植德本，生而知之，故不煉外藥，便煉內藥。內藥無爲無不爲，外藥有爲有以爲。

內藥無形無質而實有。外藥有體有用而實無。

外藥，色身上事。內藥，法身上事。

外藥，地仙之道。內藥，水仙之道。

二藥全天仙之道。

外藥了命，內藥了性。

二藥全形神俱妙。

외약은 가히 병을 다스리며, 장생구시(長生久視)할 수 있다.

내약은 가히 초월하며, 있는 것에서 나와 없는 것으로 들어갈 수 있다.

무릇 큰 도를 배우려면 반드시 먼저 외약을 좇아 일어난 연후에 자신의 내약을 알아야 한다. 고상(高上)의 선비는 이전에 덕의 근본이 심어져 태어나면서부터 이미 아는 것이니, 그러므로 외약을 단련하지 않고도 바로 내약을 단련할 수 있는 것이다.

내약은 행함이 없고 행하지 아니함도 없으며,

외약은 행함이 있고 인위적으로 함도 있다.[100]

내약은 형체가 없으며 본질도 없으나 실제로는 있고, 외약은 본체가 있고, 작용도 있되 실제로는 없는 것이다.

---

[100] 무위란 본래 무이위(無以爲)를 뜻한다. 무로써(無以) 함(爲)이 무위이다. 무이(無以)의 무(無)는 무심(無心)이고 허심(虛心)이다. 무심하게 하라. 그러면 무위이다. 인위(人爲)란 유이위(有以爲)이다. 유이(有以)의 유(有)는 유심(有心)이고 유욕(有欲)이리라. 둘 다 바라는 바가 있다는 말이다. 〈편하게 만나는 도덕경: 노자, 윤재근, 동학사〉

외약은 색신(色身)의 일이고, 내약은 법신(法身)의 일이다.

외약은 지선(地仙)의 도요, 내약은 수선(水仙)의 도이니,

두 약이 온전하면 천선(天仙)의 도이다.

외약은 명(命)을 완성하여 마치고,[101] 내약은 성(性)을 완성하여 마치는 것이니,[102] 두 약이 온전하면 형신(形神)이 함께 묘하게 된다.

외약(外藥)

初關(煉精化氣)先要識天癸生時急採之。

中關(煉氣化神)調和眞息，周流六虛。白太玄關逆流至天谷穴交合，然後下降黃房入中宮。乾坤交媾罷，一點落黃庭。

上關(煉神還虛)以心煉念，謂之七返。情來歸性，謂之九還。

초관(初關)은 정(精)을 단련하여 기로 변화한다] 먼저 천계가 생겨날 때를 알아서 급히 채취하는 것이 중요하다.

중관(中關)은 기를 단련하여 신으로 변화한다.] 진식(眞息)에 조화하여 상하사방에 두루 흐르나가, 태현관(太玄關)[103]으로부터 거

---

101) 요명(了命): 내단 수련 과정에 있어서 명(命)을 닦는 일을 완성해 마치는 것으로, 정(精)과 기(氣)가 완전해지는 것을 말한다.

102) 요성(了性): 내단 수련 과정에 있어서 성(性)을 닦는 일을 완성해 마치는 것을 가리키는 것으로, 무위(無爲)를 주로 하여 신을 길러서 텅 빈 상태로 변화되는 일이다.

슬러 흘러 천곡혈(天谷穴)[104]에 이르러 사귀어 합한 연후에 황방 (黃房)[105]에 내려 중궁(中宮)[106]에 들어와서 건곤이 교구를 마침에 한 점이 황정(黃庭)[107]에 떨어진다.

상관(上關)은[신을 단련하여 텅 빔으로 돌아간다.] 마음으로써 의 념을 단련하니, 이를 칠반(七返)이라 하고 정(情)이 와서 성(性)에 돌아가는 것을 구환(九還)이라 이른다.

내약(內藥)

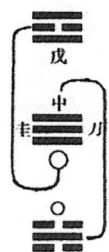

內藥乃煉神之要, 形神俱妙與道合眞。

내약은 신(神)을 단련하는 것이 중요함이요, 형(形) 과 신(神)이 함께 묘하여 도와 더불어서 참됨에 합하 여진다.

內藥, 先天一點眞陽是也。譬如乾卦☰中一畫交坤成☷坎水是 也。中一畫本是乾金, 異名水中金, 總名至精也, 至精固而復祖 炁。祖炁者, 乃先天虛無眞一之元炁, 非呼吸之炁。如乾☰中一

---

103) 태현관(太玄關): 양기가 빠져나가는 관문인 양관을 가리키나 여기서는 미려를 가리킨다.

104) 천곡혈(天谷穴): 니환궁 곧 상단전을 가리킨다.

105) 황방(黃房): 황방(黃房)은 토부(土釜)라고도 칭한다. 심장의 아래 배꼽의 위에 있으며, 둘 의 가운데에 해당하고 중단전이 있는 곳이다. 중앙은 토(土)에 속하고 토의 색은 황색이기 때문에 황방이라고 한다.

106) 중궁(中宮)은 심와(心窩)의 아래 배꼽의 위에 있으며, 중단전이 있는 곳이다. 어떤 때에는 하단전을 중궁이라고 하기도 한다.

107) 황정(黃庭): 규중(規中)이라고도 하는데 하단전을 가리킨다. 황색은 토(土)에 속하고 그곳 이 결단(結丹)의 토지(土地)이기 때문이다. 곤궁(坤宮)이라고도 한다.

畫交坤成坎了。却交坤中一陰入于乾而成離(☲), 離中一陰本是坤土, 故異名曰砂中汞是也。

내약은 선천의 한 점 참된 양(陽)이다.

비유컨대 건괘(☰) 중의 한 획이 곤과 교합하여 감(☵)을 이루니 감수(坎水)가 이것이다.

가운데 한 획은 본래 건금(乾金)으로서 다른 이름으로는 '물속의 금'이라 하니, 모두 지극한 정(精)의 이름이다. 지극한 정이 견고하여지면 조기(祖氣)로 다시 돌아온다. 조기란 것은 선천 허무의 참된 하나의 원기(元氣)이니, 호흡의 기가 아니다. 건(☰)의 가운데 획이 곤과 교합하여 감을 이룬 것과 같은 것이다. 그러나 곤 중의 하나의 음과 교합하여 건괘에 들어가면 이(☲)를 이루니, 이(離) 가운데 하나의 음은 본래 곤토(坤土)인고로 이를 다르게 이름 하여 이르길, '모래 속의 홍(汞)'이라 한 것이 이것이다.

道生一, 一生二, 二生三, 三生萬物。
虛化神, 神化炁, 炁化精, 精化形。
已上謂之順。

도에서 하나가 나오고, 하나는 둘을 낳고 둘은 셋을 낳고 셋은 만물을 낳는구나

허(虛)가 신으로 변화하고, 신은 기로 변화하고, 기는 정으로 변화하고, 정은 형으로 변화하도다.

이상을 순행이라 이른다.

萬物含三, 三歸二, 二歸一。

煉乎至精 精化炁 炁化神。

已上謂之逆。丹書謂順則成人, 逆則成丹。

만물은 셋을 머금고, 셋은 둘에 돌아가고, 둘은 하나에 돌아가네.

지극한 정을 단련하여 정이 기로 변화하고, 기가 신으로 변화하는구나.

이상을 역행이라 이른다. 단서(丹書)에 이르길, "순행하면 사람이 생겨나고, 역행하면 단이 생성된다."라고 했다.

上藥三品 精·炁·神

體則一, 用則二。何謂體? 本來三元之大事也。何謂用? 內外兩作用是也。

內藥

先天至精 虛無空炁 不壞元神

外藥

交感精 呼吸炁 思慮神

정(精)·기(氣)·신(神)은 상약삼품(上藥三品)이다.

본체는 하나이나 작용은 곧 둘이니, 무엇을 본체라 하는가? 본래 삼원(三元)[108]의 큰일이다. 무엇을 작용이라 하는가? 내외의 두 작용이 이것이니라.

내약은, 선천의 지극한 정과, 허무하고 공(空)한 기(炁)와, 무너지

---

108) 삼원(三元): 도가(道家)에서는 세 가지 으뜸으로 천원(天元), 지원(地元), 인원(人元)을 일컫는데, 여기서는 정(精)·기(氣)·신(神)을 말한다.

지 않는 원신(元神)이다.

외약은, 교감의 정이요, 호흡한 기운이요, 사려의 신(神)이다.

一. 연정화기(煉精化氣): 정을 단련하여 기로 변화한다.

초관(初關) 유위(有爲) : 취감전리(取坎塡離) 감(坎)에서 취하여
이(離)를 메운다.

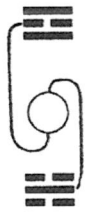

二. 연기화신(煉氣化神): 기를 단련하여 신으로 변화한다.

중관(中關) 유무교입(有無交入) : 건곤합벽(乾坤闔闢) 건곤이 연
고 닫힌다.

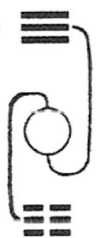

三. 연신환허(煉神還虛): 신을 단련하여 텅 빔으로 돌아간다.

상관(上關) 무위(無爲)

此三段工夫到了則一。若向這裏具隻眼，三敎之大事畢矣。其或未然，細參後事。

이 세 단계의 공부가 결국은 곧 하나이다. 만약 이 속을 향하여 바른 안목을 갖춘다면, 삼교의 큰일을 마치리라. 혹 그렇지 못하다면, 뒷일을 자세히 참구할 것이다.

一. 연정화기(煉精化氣): 정을 단련하여 기로 변화한다.

☵歸道，乃水府求玄。丹書云: 癸生須急採，望遠不堪嘗。所謂採者，不採之採謂之採也。苟實有所採，坎中一畫如何得升? 精乃先天至靈之化，因動而有身，身中之至精乃元陽也，採者，採此也。譬如☰乾乃先天至靈，始因一動交坤而成坎，卽至靈化元精之象也。

坎爲水, 坎中一畫元乾金, 假名曰: 水中金。金乃水之母, 反居水中, 故曰: 母隱子胎也。採鉛消息難形筆舌, 達者觀 雷在地中復, 先王至日閉關, 商旅不行, 后不省方之語, 思過半矣, 餘存口訣。

감괘(☵)가 도(道)로 돌아감은 마침내 수부(水府)에서 현묘함을 구한 것이니, 단서(丹書)에 이르길, "계(癸)가 생하면 급히 채취하라, 오래되면 쓸 수가 없다."라 했다.

이른바 채취한다는 것은 채취하는 것이 없는 채취를 채취한다고 말한다. 만일 실재로 채취하는 바가 있다면 감괘 중의 한 획이 어찌 오를 수 있겠는가. 정(精)이란 선천의 지극히 신령함이 변화한 것이니, 움직임으로 인히여 몸이 있고, 몸속의 지극한 정(精)이 바로 원래의 양(陽)이다. 채취한다는 것은 이 채취를 말함이다. 비유컨대 건괘(☰)는 바로 선천의 지극히 신령함이니, 처음으로 한 번 움직여 곤과 교합하여 감(坎)을 이룬다. 곧 지극히 신령함이 원래의 정(精)으로 변화한 형상이다.

감(坎)이 수(水)가 되는 것은, 감(坎) 가운데의 한 획이 건금(乾金)에 뿌리를 두고 있다. 거짓된 이름으로 이르되, '물속의 금'이라 하니 금은 수의 어미이나, 도리어 물속에 있으므로 '어미가 자식의 태속에 숨어 있다'고 말하는 것이다, 연(鉛)을 채취하는 소식은 필설로 나타내기가 어렵다. 통달한 사람이 "우뢰가 땅 가운데에 있는 것이 복(復)이니, 선왕이 이를 본받아 동짓날에 관문을 닫아 상인과 나그네를 다니지 못하게 하였으니, 후왕이 나랏일을 살피지 아니하니라."라는 말을 관하면, 이미 깨달은 바가 반(半)이 넘고, 나머지는 구전(口傳)하는 비결에 있도다.

二. 연기화신(煉氣化神): 기를 단련하여 신으로 변화한다.

☰崇釋則離宮修定。丹書云: 眞土制眞鉛, 眞鉛制眞汞, 鉛汞歸
土釜, 身心寂不動。斯言盡矣。旣得眞鉛, 則眞汞何慮乎不凝煉
炁之要, 貴乎運動, 一闔一闢、一往一來、一升一降, 無有停
息。始者用意, 後則自然。一呼一吸, 奪一年之造化。卽太上云:
玄牝之門, 是爲天地根。綿綿若存, 用之不勤。正此義也。達者
若於乾坤易之門, 與夫復☷☳ 姤☰☴之內上留意, 煉氣之要備矣。

이괘(☲)는 불가에서는 곧 "이궁(離宮)에서 정(定)[109]을 닦는다."
하여 숭상하였고, 단서에는 "참된 토가 참된 연을 만들고, 참된 연
이 참된 홍을 만들어, 연홍(鉛汞)[110]이 토부(土釜)[111]로 돌아가니,
몸과 마음이 고요하여 움직이지 않는다."고 하였으니 더 말이 필요
없다. 이미 참된 연을 얻었으니, 참된 홍이 엉기지 않음을 어찌 염
려하리오. 기를 단련하는 요점은 운동을 귀하게 여기는 것이니, 한
번 열리고 한 번 닫히며, 한 번 가고 한 번 오며, 한 번 오르고 한
번 내리는 것이 멈춤이 없다.

처음에는 뜻을 쓰나, 뒤에는 저절로 그러함에 맡기니, 일호일흡

---

109) 정(定): 마음을 오로지 하나의 대상에 쏟아부어 산란하지 않게 하는 정신작용을 뜻하며, 산(散)의 반대가 된다.
110) 연홍(鉛汞): 납과 수은을 비유한 것으로 연(鉛)은 기이고 홍(汞)은 신이다. 신과 기가 서로 혼합하여 응결된 것.
111) 토부(土釜): 무토(戊土)인 기(氣)와 기토(己土)인 성(性)이 합일하는 단전자리.

(一呼一吸)에 일 년의 조화를 빼앗는다. 그러므로 태상이 이르기를 "현빈의 문을 일컬어 천지의 근원이라고 하니, 이어지고 이어져서 있는 것 같아서 써도 힘쓰지 않는다."라 한 것이 바로 이 뜻이니라.

통달한 사람이, 만약 건곤이 역의 문이라는 것과 복괘(䷗)와 구괘(䷫) 안를 유의한다면 기를 수련하는 요점을 갖춘 것이도다.

三. 연기환허(煉神還虛): 신을 단련하여 텅 빔에 돌아간다.

☰工夫到此一個字也用不着

건괘(☰)로, 공부가 이에 이르면 한 글자도 쓸모가 없다.

삼오지남도국설(三五指南圖局說)

紫陽眞人悟眞篇詩云: 三五一都三個字, 古今明者實然稀。東三南二同成五, 北一西方四共之。戊己還從生數五, 三家相見結嬰兒。嬰兒是一含眞炁, 十月胎圓入聖基。只此五十六個字, 貫徹諸子百家丹經子書。若向這裏具隻眼, 參學事畢, 其或未然, 向注脚下商量。

자양진인의 『오진편』 시(詩)에 이르길, "삼오일(三五一) 세 글자 모두를, 예나 지금이나 밝힌 자가 실로 드문 것이라. 동쪽의 삼(三)과 남쪽의 이(二)로 함께 오(五)를 이루고, 북쪽의 일(一)과 서방이

사(四)도 같이함이라. 무(戊)와 기(己)도 스스로 생수 오(五)에 머무르니, 세 집안이 서로 보면 영아(嬰兒)112)를 맺는다. 영아는 하나의 참된 기를 머금었으니, 열 달에 태가 원만하여지면 성스러운 기반에 들어가리라." 단지 오십여섯 글자이나, 제자백가들의 단경(丹經)·자서(子書)113)들을 꿰뚫은 것이다. 만약 이속을 향하여 바른 안목을 갖춘다면 참학(參學)의 일을 마치게 되도다. 혹 그렇지 못하면, 각주를 참고 하시라.

　指南[지남]: 이끌어 가르치거나 가리킴. 남쪽을 가리킴.
　還從[환종]: 도리어, 다시.
　商量[상량]: 헤아려 잘 생각함.

【初】三五一都三個字, 三元五行一氣也. 古今明者實然希, 亘古亘今, 知者鮮矣. 東三南二同成五, 東三木也, 南二火也. 木生火, 木乃火之母, 兩姓一家, 故曰同成五也. 北一西方四共之, 北一水也. 西四金也. 金生水, 金乃水之母, 兩姓一家, 故曰共之. 戊己還從生數五者, 土之生數也. 五居中無偶, 自是一家. 所謂三家相見者, 三元五行混而爲一也. 故曰三家相見結嬰兒. 所謂嬰兒者, 亦是假名, 純一之義也. 故曰嬰兒是一含眞炁

---

112) 영아(嬰兒): 옥액환단(玉液還丹)할 때 그 단이 처음 형체를 이루는데 이것을 영아라 한다. 이것은 없는 데서 생겨난 것으로 소주천 공부가 완료되는 때에 비로소 나타나기 시작한다.

113) 자서(子書): 제자(諸子)의 글을 말함. 여기서 자(子)라고 하는 것은 옛날 동양에서는 남자에 대한 미칭(美稱)으로서 고인의 글을 빌리지 않고 자신의 창작에 의해 일가를 이루면 그 글을 '자서(子書)'라고 불렀다. 예컨대 장자(莊子), 노자(老子), 순자(筍子), 한비자(韓非子) 등과 같은 것이며 성인(聖人)의 저서는 경서(經書)라고 부른다.

也。十月胎成入聖基者，三百日胎，二八兩藥，烹之煉之，成之熟之。超凡入聖之大功也。故曰入聖基也。

【初】삼오일 세 글자 모두는 삼원 오행과 일기(一氣)이다. 예나 지금이나 밝힌 자가 실로 드물다는 것은, 예로부터 지금까지 이어지면서 아는 이가 적은 것이니라. 동쪽의 삼(三)과 남쪽의 이(二)로 함께 오(五)를 이루니, 동쪽의 삼(三)은 목(木)이고, 남쪽의 이(二)는 화(火)이다. 목은 화를 생(生)하니, 목은 화의 어미가 되어 두 성(姓)이 한 집안을 이루므로, 함께 오(五)를 이룬다고 한 것이다. 북쪽의 일(一)과 서방의 사(四)도 같이한다는 것은, 북쪽 일(一)은 수(水)이고, 서쪽의 사(四)는 금(金)이 되어 금이 수를 생하니, 금은 수의 어미가 되어 금과 수가 한 집안이므로 같이한다. 무(戊)와 기(己)도 스스로 생수(生數) 오(五)에 머무르니, 토는 생수(生數)이다. 오(五)는 가운데에 머무르며 짝이 없어 스스로 한 집안을 이룬다. 세 집안이 서로 보는 것은 삼원과 오행이 뒤섞이면 하나가 되는 것이다. 그러므로 세 집안이 서로 보면 영아를 맺는 것이다. 이른바 영아라는 것은, 역시 거짓 이름이고 순수한 하나라는 뜻이다. 그러므로 영아는 하나를 머금은 참된 기이다. 열 달에 태가 원만하여지면 성스러운 기반에 들어간다는 것은, 태가 삼백 일이 되어, 이팔(二八)의 두 약을 팽련(烹煉)[114]하여, 이어지면 이루게 되는 것이나. 이는 범속함을 넘어서 성스러움으로 들어가는 큰 공(功)이다. 그러므로 성스러운 기반이라고 한다.

---

114) 팽련(烹煉): 팽과 련으로 구분하는데 신심(身心)이 아우러질 무렵에 잡념을 단호히 잘라 버리는 것을 무련(武煉)이라 하고, 신심이 이미 아우러진 후 신기가 상하 교류한 뒤에 유화(柔和)한 상태로 마음을 지키는 것을 문팽(文烹)이라 한다.

【中】以一身言之，東三木也，我之性也。西四金也，我之情也。南二火也，我之神也。北一水也，我之精也。性乃心之主，心乃神之舍，性與神同係乎心。東三南二同成五也。精乃身之主，身者，情之係。精與情同係乎身。北一西方四共之也。戊己中土，意也。四象五行，意爲之主宰，意無偶，自是一家也。修煉之士收拾身心，意則自然，三元五行混而爲一也。丹書云：收拾身心爲採藥。正謂此也。收拾身心之要在乎虛靜，虛其心則神與性合，靜其身，則精與情寂，意大定則三元混一，此所謂三花聚，五氣朝，聖胎凝。

【中】몸으로 말하자면, 동쪽 삼(三)의 목(木)은 나의 성(性)이다. 서쪽의 사(四)는 금(金)이니, 나의 정(情)이다. 남쪽의 이(二)는 화(火)이니, 나의 신(神)이다. 북쪽의 일(一)은 수(水)이니, 나의 정(精)이다. 성(性)은 마음의 주인이고, 마음은 신(神)의 집이 되니, 성(性)은 신(神)과 더불어 마음의 같은 계열이니라. 그러므로 동쪽의 삼(三)과 남쪽의 이(二)로 함께 오(五)를 이룬다. 정(精)은 몸의 주인이 되고, 몸은 정(情)의 계열이니, 정(精)은 정(情)과 더불어 몸의 같은 계열이다. 그러므로 북쪽의 일(一)과 서방의 사(四)도 같이 하는 것이다. 무(戊)와 기(己)는 가운데의 토(土)이며 의(意)이다. 사상(四象)과 오행(五行)은 의(意)가 주재를 하니, 의(意)는 짝이 없이 스스로 한 집안을 이룬다. 수련을 하는 선비는 몸과 마음을 수습하고, 의(意)를 자연스럽게 하면, 삼원과 오행이 뒤섞이어 하나가 된다. 단서에 이르기를, "몸과 마음을 수습하는 것이 약을 채취하

는 것이다."라 한 것이 바로 이것을 말하는 것이다. 몸과 마음을 수습하는 요점은 텅 비어 고요함에 있다. 그 마음이 텅 빈즉 신(神)이 성(性)과 더불어 합하여지고, 그 몸이 고요한즉 정(精)이 정(情)과 더불어 고요하게 되며, 의(意)가 크게 안정한즉 삼원이 하나로 혼합되는 것이니, 이것이 이른바 삼화(三花)[115]가 모이고, 오기(五氣)[116]가 조회하고, 성태(聖胎)가 응결된다는 것이다.

【末】情合性謂之金木倂，精合神謂之水火交，意大定謂之五行全。丹書云: 煉精化氣爲初關，身不動也。煉氣化神爲中關，心不動也。煉神化虛爲上關，意不動也。心不動，東三南二同成五也。身不動北一西方四共之也。意不動，戊己還從生數五也，身心意合，卽三家相見結嬰兒也。作是見者，金丹之能事畢矣，神仙之大事盡矣。至於丹書種種法象，種種異名竝不外乎身心意也。雖然猶有不能直下會意者，今立異名法象圖局于後，具眼者流，試着眼看。

---

115) 삼화(三花): 정(精), 기(氣), 신(神)의 정수. 정을 녹화(土花), 기를 금화(金花), 신을 구화(九花)라 한다.

110) 오기(五氣): 목(木), 화(火), 토(土), 금(金), 수(水) 오행의 기.

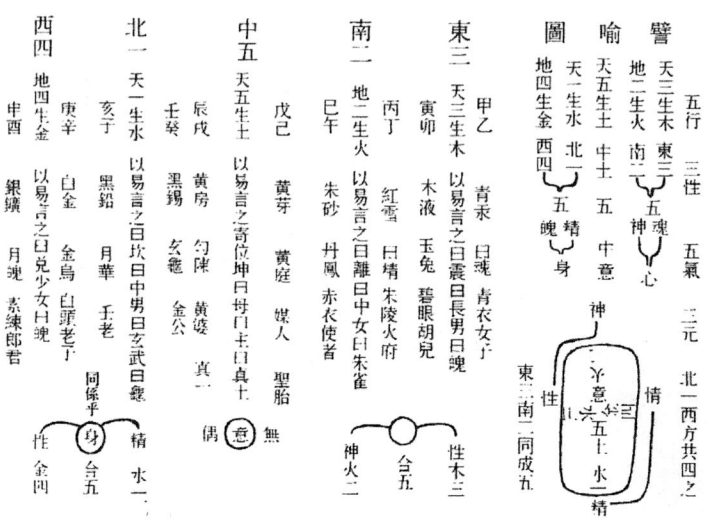

身、心、意，曰三家。精、氣、神，曰三元。精、神、魂、
魄、意，曰五氣。鉛、汞、銀、砂、土，曰五行。三家相見，曰
胎圓。三元合一，曰丹成。

大德三年，純陽誕日，書於蠻江中和庵。

【末】정(情)이 성(性)과 합하여진 것을 '금과 목이 아우른다'라
하고, 정(精)이 신(神)과 합하여진 것을 '수화가 교합한다'라 하며,
의(意)가 크게 안정된 것을 '오행이 온전하다'라 한다. 단서에 이르
기를, "정(精)을 단련하여 기로 변화하는 것은 초관(初關)이 되니,
몸이 움직이지 않는 것이다. 기를 단련하여 신으로 변화하는 것은
중관(中關)이 되어 마음이 흔들리지 않는다. 신을 단련하여 텅 빔
으로 돌아가면 상관(上關)이 되어, 의지가 흔들리지 않는다."

마음이 움직이지 않는 것은, 동쪽의 삼(三)과 남쪽의 이(二)로 함

께 오(五)를 이루는 것이고, 몸이 움직이지 않는 것은, 북쪽의 일
(一)과 서방의 사(四)가 같이하는 것이다. 의지가 움직이지 않는 것
은, 무(戊)와 기(己)가 스스로 생수(生數) 오(五)에 머무르는 것이다.
신(身)과 심(心)과 의(意)가 합하여지면 곧 세 집안이 서로 보게 되
고 영아를 맺게 된다. 이것을 알게 되면, 금단의 일을 마치고 신선
의 큰일을 다하게 되느니라. 단서의 가지가지 법상(法象)으로 말하
면, 가지가지가 이름은 다르나 모두 심·신·의에서 벗어나지 않
는다. 비록 뜻을 곧바로 이해하지 못하는 자가 있을지라도, 지금
다른 이름으로 법상을 세우는 것은 뒷날의 도국(圖局)이니, 옳고
그름을 가릴 수 있는 눈을 갖춘 무리들은 시험 삼아 잘 눈여겨볼
지어다.

신(身)·심(心)·의(意)를 삼가(三家)라 하고, 정(精)·기(氣)·신
(神)을 삼원(三元)이라 하며, 정(精)·신(神)·혼(魂)·백(魄)·의
(意)를 오기(五氣)라 한다. 연(鉛)·홍(汞)·은(銀)·사(砂)·토(土)
를 오행(五行)이라 하며, 삼가(三家)가 서로 보는 것을 '태가 원만
하다'라 하며, 삼원이 하나로 합하는 것을 '단(丹)을 이루었다' 한다.

대덕(大德) 3년, 순양(純陽)조사 탄신일, 란강(灤江) 중화암에서
글을 쓰다.

현관일규(玄關一竅)

夫玄關一竅者, 至玄至要之機關也。 非印堂·非顖門·非肚臍，非膀胱、非兩腎，非腎前臍後，非兩腎中間。上至頂門，下至脚跟，四大一身才着一處，便不是也。亦不可離了此身向外尋之，所以聖人只一中字示人。只此中字便是也。我設一喩，令爾易知，且如傀儡手足擧動，百樣趨蹌，非傀儡能動，是絲線牽動。雖是線上關捩，却是弄傀儡底人牽動。咦　還識這個弄傀儡底人麼　休更疑惑，我直說與汝等。傀儡比此一身，絲線比玄關，弄傀儡底人比主人公。一身手足擧動，非手足動是玄關使動，雖是玄關動，却是主人公使敎玄關動。若認得這個動底關捩，又奚患不成仙乎。

　무릇 현관이라고 하는 하나의 구멍은 지극히 현묘하고 지극히 중요한 기틀의 관규(關竅)이다. 인당도 아니고, 신문(顖門)[117]도 아니고, 배꼽도 아니며, 방광도 아니며, 양쪽 신장도 아니고, 신장의 앞과 배꼽의 뒤도 아니고, 양쪽 신장의 중간도 아니다. 위로는 머리의 정수리에 이르고, 아래로는 다리의 뒤꿈치에 이르는 사대일신의 어느 한 곳에 나타난다 함은 더욱 아니다. 이 몸을 떠나서 몸밖을 향하여 찾는 것 또한 안 되는 것이다. 따라서 성인은 단지 하나의 중(中) 자를 써서 사람들에게 보이는 것이니, 이 중이라는 글자가 곧 이것이다. 내가 그대들이 알기 쉽게 하나의 비유를 들 것이니, 바로 인형의 손과 발이 움직이는 것과 같으니, 갖가지 모양으로 뛰거나 달리는 것은 인형이 움직일 수 있는 것이 아니고 실 가닥의 당기고 움직임에 의한 것이다. 비록 실 가닥이 관건이나, 그러나 이것은 인형을 조종하는 사람이 당기고 움직이는 것이

---

117) 신문(顖門): 정수리의 숫 구멍.

다. 오호라! 과연 이 인형을 조종하고 있는 사람을 알겠는가? 내가 바른대로 그대들에게 말을 하리니, 더 이상 의혹을 두지 마라. 인형은 이 몸에 비유한 것이고, 실 가닥은 현관에 비유한 것이며, 인형을 조종하는 사람은 주인공에 비유한 것이다. 몸에서 손과 발이 움직이는 것은, 손과 발이 움직이는 것이 아니고 이 현관을 사용하여 움직이는 것이니, 비록 현관이 움직이게 하더라도, 결국 이것은 주인공이 현관으로 하여금 움직이게 하는 것이다. 만약 이러한 움직임의 내막과 관건을 안다면, 또한 어찌 신선을 이루지 못함을 근심하겠는가?

趨蹌[추창]: 예도(禮度)에 맞추어 제 허리를 굽히고 빨리 걸어감.

傀儡[괴뢰]: 남의 앞잡이가 되어 이용당하는 사람. 꼭두각시. (인형극의) 인형. 목우(木偶).

百樣[백양]: 갖가지 모양(模樣).

直說[직설]: 곧이곧대로 하거나 있는 그대로 말함, 또는 그런 일.

窽: 숫구멍 신 / 숫구멍, 쥐구멍.

捩: 채려(여) / 비파를 타는 기구, 태엽, 용수철 장치, 비틀다, 비틀어 돌리다.

시금석(試金石)

夫金丹者, 虛無爲體, 淸靜爲用, 無上至眞之妙道也。 世鮮知

之，人鮮行之。於是聖人用方便力，開善誘門，强立名象，著諸
丹書，接引後學。蓋欲來者，誦言明理，嘿識潛通，則行之頓超
眞境。奈何後人不窮其理，執着筌蹄，妄引百端，支離萬狀，將
至道碎破爲曲徑旁蹊，三千六百，良不得其傳故也。況今之無知
淺學，將聖人經旨妄行箋注，乖訛尤甚，安得不懼後來？雖苦志之
士亦不能辯其邪正，深可憐憫！予因是事，故作此試金石，而辯其
眞僞。俾諸學者不被眩惑，決然無疑，直超道岸。聖師曰：道法三
千六百門，人人各執一爲根，誰知些子玄微處，不在三千六百
門。予謂祖師老婆心切，故作是詩也。若復有人作如是見者，大
地皆黃金。其或未然，須當試過，於是乎書。

무릇 금단(金丹)[118]이라고 하는 것은 텅 비어 없는 것을 본체로
삼고, 맑고 고요한 것을 작용으로 하였으니 더 이상 위없는 지극
히 참되고 묘한 도이다. 세상에 그것을 아는 이가 드물어, 사람들
이 행하는 이가 적다. 성인이 방편의 힘을 써서 쉽게 열어 문으로
유도하니, 억지로 이름과 형상을 세우고 여러 단서를 저술하여 후
학을 이끌었도다. 대개 오고자 하는 자는, 이치를 밝힌 말을 외우

118) 금단(金丹): 금단이란 선도(仙道)에서 가장 중요시하는 두 가지 약인 금액(金液)과 환단
(還丹)을 합쳐서 부른 이름이다. 당, 송 이전에 외단의 용어였으나, 송, 금 이후에는 내단
을 수련 시 대주천을 하여 대약(大藥)을 채취할 때 단(丹)의 빛깔이 황금빛으로 나타나기
때문에 금단이라 하고, 그 약물을 금단으로 비유하기도 한다.
　　장백단(張伯端, 984~1082)의 『오진편(悟眞篇)』에 "선(仙)을 배우려면 반드시 천선(天
仙)을 배워야 하는데, 오직 금단만이 가장 적절한 것이다."라고 하고, 『오진외편(悟眞外
篇)』「금단사백자병서(金丹四白字并序)」에, "칠반구환 금액대단(七返九還 金液大丹)이
라고 할 때, 7은 화(火)이고, 9는 곧 금(金)의 수(數)이니, 화로써 금을 단련하여 반본환원
(反本還元)하는 것을 金丹이라 한다."라고 한 것으로 논한 바는 모두 내단을 가리키는
것으로서, 외단의 로정(爐鼎) 단사(丹砂) 연홍(鉛汞)의 이름을 차용하여, 포원수일(抱一守
中), 연원양소(煉元養素), 수심양성(修心養性), 연정기신(煉精氣神)을 상술한 것이다. 또
금은 정(情)의 뜻이 있고 단은 심(心)의 뜻이 있는데, 그 본체를 도(道)라 하고 그 현상을
단(丹)이라 이름 하기 때문에 금단을 대도(大道)로 비유하기도 한다.

고, 은밀히 통함을 묵묵히 알아 실행하면 홀연히 참된 경계를 넘을 것이다. 어찌 후인들이 그 이치를 궁구하지 않고, 전제(筌蹄)[119]에만 집착하여, 함부로 온갖 방법으로 이끄는구나. 그리하여 갖가지 모양으로 갈가리 찢어져, 장차 지극한 도는 산산이 쪼개져 샛길이 삼천육백은 되니, 참으로 그 전함을 얻지 못하는 이유이다. 하물며 지금은 배움이 얕아 미련하고 어리석은 이들이, 성인들의 경전 요지를 멋대로 주석을 행하여 어긋나고 잘못됨이 매우 심하니, 어찌 뒤에 오는 이들이 잘못되지 않겠는가? 설사 고지(苦志)의 선비라도 또한 그 옳고 그름을 분별할 수 없으니, 심히 불쌍하고 가엾게 여겨지도다! 그러므로 내가 시금석(試金石)[120]을 지어 그 참되고 거짓됨을 분별하리니, 여러 배우는 자들로 하여금 현혹되지 않게 하고, 절대로 의심이 없게 하여, 곧바로 도의 언덕을 넘게 하리라. 성사(聖師)께서 가로되, "도의 법에는 삼천육백 가지 문이 있으나 사람마다 각기 하나가 근본이 되리니, 누가 현묘하고 미세한 곳이 삼천육백 가지에는 있지 않다는 것을 조금이라도 알겠는가." 라 하였으니, 내가 조사의 간절한 노파심에 이 시를 지었노라. 만약 어떤 사람이 이와 같이 안다면, 대지가 모두 황금이로다. 혹 그러지 못하면, 모름지기 이 글에 따라 직접 겪어보는 것이 마땅하다.

百端[백단]: 온갖 일의 실마리. 여러 가지 방법(方法).

支離[지리]: 살가리 찢어짐.

---

119) 전제(筌蹄): 고기를 잡는 통발과 토끼를 잡는 올가미란 뜻으로, 목적을 위한 방편을 이르는 말.

120) 시금석(試金石): 금은을 갈아보아 진가(眞假)를 알아내는 데 쓰는 검고 치밀한 돌, 바꾸어 가치나 실력을 알아보는 기회나 시물.

碎破[쇄파]: 부수어 깨뜨림. 산산이 부수다.

曲徑[곡경]: 꼬불꼬불한 길.

箋注[전주]: 전주(箋註). 본문의 뜻을 설명한 주석(註釋), 주해(註解).

老婆心切[노파심절]: 남을 위하여 지나치게 걱정함.

구품(九品) 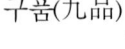   점법삼승(漸法三乘)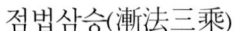

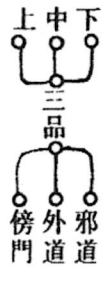   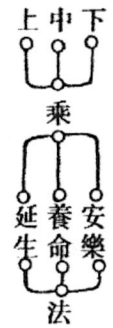

최상일승무상지진지묘(最上一乘無上至眞之妙)

방문구품(傍門九品)

하삼품(下三品)

御女房中, 三峯采戰, 食乳對爐, 女人爲鼎, 天癸爲藥, 産門
爲生身處, 精血爲大丹頭。鑄雌雄劍, 立陰陽爐, 謂女子爲純
陽, 指月經爲至寶, 採而餌之, 爲一月一還, 用九女爲九鼎, 爲

九年九返，令童男童女交合而採初精，取陰中黍米爲玄珠，至於
美金花，弄金槍，七十二家，强兵戰勝，多入少出，九淺一深，
如此邪謬，謂之泥水丹法，三百餘條，此大亂之道也。乃下品之
下邪道也。

　여자를 다루는 방중술인 삼봉채전의 술법에서는 여인의 젖을 먹
는 것을 화로로 삼고, 여인을 솥으로 삼으며, 천계[121]가 약물이 되
고, 생식기를 몸을 낳는 곳으로 하며, 정(精)과 혈이 대단두(大丹
頭)[122]가 된다. 자웅의 검[123]을 만들어서, 음양의 화로를 세운다.
여자를 순양(純陽)이라 하며, 월경을 가리켜 지극한 보배라 하여
채취하여 마시고, 한 달이 일환(一還)이라 한다. 아홉 여인을 구정
(九鼎)으로 삼고, 구 년(九年)을 구반(九返)이라 한다. 어린 남녀를
교합하게 해 그 처음의 정액을 채취하고, 음핵 속의 서미(黍米)를
취하여 현주라 한다. 금화(金花)[124]를 찬미하고 금창(金槍)[125]을 가
지고 노는 것으로 말하면, 칠십이가(七十二家)의 강병전승(强兵戰
勝)하는 접법(接法)으로 기를 많이 흡입하고 적게 배출하며, 아홉
번은 얕게 한 번은 깊게 삽입한다 하니, 이와 같이 삿되고 사리에
맞지 않는 것을 일컬어 니수단법(泥水丹法)이라 부른다. 이러한 지

---

121) 천계(天癸): 16세 남자에게서 나오는 정액, 14세 여자의 월경.

122) 단두(丹頭): 단두는 외단에서 이야기하는 신단을 만들기 위하여 사용하는 약물을 말한다.
　　　마치 두부를 만들기 위하여 사용하는 간수와도 같은데, 내단에서는 전신의 음질(陰質)을
　　　청양지기(淸陽之炁)로 바꿀 수 있는 물질을 말한다. '취허편. 금단시결'에서는 "단두(丹
　　　頭)는 단지 선천의 기운이다. 단련하여 황아를 만들면 옥영(玉英)이 피어난다."고 하였다.

123) 자웅검(雌雄劍): 웅검은 무화로써 용을 굴복시키고 자검은 문화로써 미친 범을 굴복시킨다.

124) 금화(金花): 금(金)은 선천의 기를 말하니, 화(火)는 선천의 신(神)을 말한다. 금과 화가 합
　　　하면 대약이 된다. 여기서는 여자의 성기를 말한다.

125) 금창(金槍): 남자의 생식기.

저분한 단법이 삼백여 가지가 있으니, 이것은 매우 음란한 도이다.
즉 하품 가운데 하법(下法)인 삿된 도이다.

又有八十四家接法, 三十六般探陰。用胞衣爲紫河車, 煉小便
爲秋石, 食自己精爲還元, 捏尾閭爲閉關, 夫婦交合使精不過,
爲無漏。探女經爲紅圓子, 或以五金八石修煉爲丸, 令婦人服之
十月後産肉塊爲至藥, 探而服之。如此謬術, 不欲盡擧, 約有三
百餘條。乃下品之中外道也。

또 팔십사 가(八十四家)의 교접법과 서른여섯 가지의 음기를 채
취하는 법이 있다. 태반을 자하거(紫河車)126)로 삼고, 소변을 정련
하여 추석(秋石)127)이라 하며, 자기의 정액을 먹는 것을 환원(還元)
이라 하고, 미려를 누르는 것을 폐관이라 한다. 부부가 교합하면서
사정하지 않는 것을 무루(無漏)라 한다. 여인의 월경을 채취하고서
는 홍원자(眞種)라 하며, 혹 오금팔석(五金八石)128)을 단련하여 환
을 만들어 부인에게 먹게 하여 열 달 후에 낳은 고기 덩어리를 가
리켜 지극한 약이라 하며 이를 채취하여 먹는다. 이와 같이 그릇
된 술수들은 일일이 다 거론할 수가 없으니, 대략 삼백여 가지가
된다. 이것이 하품의 중법(中法)으로 외도(外道)들이다.

---

126) 자하거(紫河車): 선천기를 담는 수레. 하거(河車)는 자오(子午) 임 독맥의 운전을 말한다.

127) 추석(秋石): 신(神)을 단전으로 끌어내리는 성약(聖藥).

128) 오금팔석(五金八石): 황금(黃金), 백은(白銀), 적동(赤銅), 청연(靑鉛), 흑철(黑鐵)을 오금
(五金)이라 하며, 주사(朱砂), 웅황(雄黃), 공청(空靑), 유황(硫黃), 운모(雲母), 융염(戎鹽),
초석(硝石), 자황(雌黃)을 팔석이라 한다.

又有諸品丹竈爐火, 燒爇五金八石, 勾庚乾汞, 點茅燒艮, 撥灰弄火, 至於靈砂外藥, 三遜五假, 金石草木服餌之法, 四百餘條, 乃下品之上外道也。

右下三品共一千餘條, 貪淫嗜利者, 行之。

또 여러 품의 약을 달여 선약을 만드는 일이 있으니, 오금팔석을 태우고, 경방(庚方)에서 건홍(乾汞)을 뽑아내고, 띠 풀을 태워 간방(艮方)에 점을 찍고, 재를 뒤집어 불을 피우고, 영사(靈砂) 외약으로 말하면, 삼손오가(三遜五假)와 금석초목(金石草木)의 약을 먹는 법 등이 사백여 가지가 있으니, 이것들은 하품의 상법(上法)으로서 이 역시 외도이다.

하삼품은 모두 천여 가지가 되니 지나치게 음란함을 탐하고 이익을 즐기는 자들이 그것을 행하는 것이다.

弄火[롱화]: 불을 피우다. 불장난하다. 정을 통하다.

丹竈[단조]: 선약(仙藥)을 만드는 일.

爐火[로화]: 장생불사(長生不死)의 약을 달임.

遜: 겸손할 손 / (제왕의 자리를) 양위하다. 겸허히다. 공손히다.

燒: 불사를 소 / 태우다. 불사르다. 가열하다. 끓이다. (밥을) 짓다. (벽돌 따위를) 굽다.

爇: 불사를 설/ 불사르다. 사르다. 불타다.

중삼품(中三品)

休粮辟穀, 忍寒食穢, 服餌椒術, 曬背臥冰, 日持一齋, 或清齋, 或食物多爲奇特, 或飮酒不醉爲驗, 或減食爲抽添, 或不食五味, 而食三白, 或不食煙火食, 或飮酒食肉, 不藉身命, 自謂無爲。或翻滄到海, 種種捏怪, 乃中品之下也。吞霞服氣, 採日月精華, 吞星曜之光, 服五方之氣, 或採水火之氣, 或存思注想, 遨遊九州爲運用, 或想身中二氣化爲男女, 象人間夫婦交採之狀, 爲合和。一切存想, 種種虛妄等法, 乃中品之中也。傳授三歸五戒, 看誦修習傳信, 法取報應行考, 赴取歸程。歸空十信, 三際九接, 瞻星禮斗, 或持不語, 或打勤勞, 持守外功。已上有爲, 乃中品之上。漸次近道也。

有三品一千餘條, 行之不怠, 漸入佳境, 勝別留心。

일상적인 음식을 끊고 벽곡을 하거나, 추위를 참고 거친 음식을 먹으며, 산초와 이출을 먹고, 등을 햇볕에 쬐면서 얼음에 엎드리거나, 날마다 한 끼만 먹고, 혹은 생식만 하고, 혹은 이상하고 특이한 음식만 먹고, 혹은 술을 마셔도 취하지 않는 것을 징험으로 하고, 혹 적게 먹는 것을 추첨(抽添)[129]하는 것이라 여기고, 혹은 다섯 가지의 맛(五味)이 있는 것을 먹지 않거나, 세 가지의 흰 것(三白)[130]만을 먹고, 혹 불에 익힌 음식을 먹지 않거나, 술과 고기를

---

129) 추첨(抽添): 추연첨홍(抽鉛添汞)으로 감괘(坎卦) 중의 양을 취하고 이괘(離卦) 중의 음을 취하여 서로 보태는 것으로, 몸을 움직이지 않아 기가 안정되는 것이 추(抽)이며, 마음이 움직이지 않아 신(神)이 안정되는 것은 첨(添)이다.

130) 삼백(三白): 흰밥과 무와 백비탕(맹물을 끓인 것)을 말함.

마구 먹으면서 신명(身命)을 아끼지 않는 것을 스스로 행함이 없는
(無爲) 것이라 말하며, 혹은 바닷물 속에서 엎치락뒤치락하는 등
여러 가지로 괴이한 것을 꾸며 대니, 이것은 중품의 하법(下法)이
된다.

노을 기운을 삼키며, 해와 달의 정화를 채취하고, 별빛의 기운을
삼키고, 오방의 기운을 먹고, 혹 물과 불의 기를 채취하거나, 혹
존사(存思)에 몰두하면 구주(九州)131)를 노닐게 된다는 것으로 운
용(運用)132)이라 여기고, 혹 몸 가운데의 두 기(음기와 양기)를 남
자와 여자로 변화하는 것으로 상상하여, 사람의 부부간에 교합을
취하는 상태를 상상하여 화합133)이라 여긴다. 이러한 일체의 것은
상상뿐인 것으로 종류마다 헛되고 망령된 것이므로, 중품의 중법
(中法)이 된다.

삼귀의 오계를 전수하거나 수습전신(修習傳信)134)을 읽고 외우
며, 인과응보의 법을 취하여 믿고 따르며, 운명론을 받아들이며,
공(空)한 열 가지 믿음(十信)135)에 귀의하거나, 삼제구접(三際九
接)136)하며, 별을 살펴 북두칠성에 예(禮)를 행하고, 혹 말을 하지
않는 수행을 행하고, 혹 힘든 노동을 행하고, 외공을 지켜 간직하

131) 구주(九州): 전설 가운데 중국의 고대 행정구역이다. 고대의 단가에서는 구주와 인체 장부
와 서로 대응시키는데 기주(冀州)는 신장으로, 연주(兗州)는 방광으로, 청주(靑州)는 간으
로, 서주(徐州)는 담으로 양주(楊州)는 심장으로, 형주(荊州)는 소장으로, 양주(梁州)는 폐
로, 옹주(雍州)는 대장으로, 예주(豫州)는 비장에 해당한다.

132) 운용(運用): 주천을 운행하는 것.

133) 음기와 양기를 합일시켜 금단을 만드는 것.

134) 수신하는 법을 적어 놓은 유교 경전.

135) 십신(十信): 보살이 수행하는 계위 52위 중 저음의 10위로 무저님의 교법을 믿어 의심이
없는 지위이다(信心, 念心, 精進心, 慧心, 定心, 不退心, 護法心, 迴向心, 戒心, 願心)

136) 일 년을 세 등분하고 각각의 득징힌 심 일씩을 히늘에 제시를 지내고 착한 일에 힘쓰는 것.

니, 이상은 행함이 있는 것이며 중품의 상법(上法)으로, 점차 도에 가까워진다. 이상 중 삼품에는 천여 가지가 있는데, 그것을 부지런히 수행하면, 차츰 훌륭한 경지에 들어가게 되는바, 특별히 마음에 새겨둘 일이다.

曬: 쬘 쇄/ (볕에)쬐다. 말리다. (볕이)나다.

翻滄到海[번창도해]: 바닷물 속에서 엎치락뒤치락하다.

瞻星禮斗[첨성례두]: 북두칠성을 섬기는 것.

상삼품(上三品)

定觀鑒形，存思吐納、摩撫 消息、八段錦、六字氣、視頂門、守臍帶、吞津液，攪神水或千口水爲活，或指舌爲赤龍，或擦身令熱爲火候，或一呵九摩求長生，或煉稠唾爲眞種子，或守丹田，或兜外腎，至於煮海觀鼻以津精涎沫爲藥，乃上品之下也。

거울에 비친 제 모습을 바로보아 관하거나, 존사(存思),[137] 토납(吐納)[138]하며, 손으로 두루 어루만져서 소식(消息)[139]을 얻거나,

---

137) 존사(存思): 존상(存想)이라고 하며, 조화된 그림이나 경치를 상상하여 고요한 상태로 들어가거나 혹은 병을 치료하는 것을 말함. 수도공부의 요체로서, 신물(神物)을 보존하고 생각함이 한 길로 일관되어 벗어나지 않음을 의미한다.

138) 토납(吐納): 도가의 내공수련술의 하나. 도를 배우고자 하는 사람은, 옛것은 토해 내고 새로운 것은 들이쉬는 호흡법을 수련하고 익혀서, 뱃속의 악하고 탁한 기를 입을 통해 밖으로 내뱉도록 해야 한다. 코로 신선한 기를 흡입하는 것을 일러 토고납신(吐故納新)이라 하는데, 이 토납술은 가히 병을 떨쳐 내고 수명을 연장시킬 수 있는 방법이다.

139) 소식(消息): 소(消)란 사라져 없어짐이고 식(息)이란 자라나는 것을 말한다. 소식은 천지만물의 부단히 사라져 없어지고 발생하는 과정을 가리킨다. 『주역·풍괘(豐卦)』「단사(象辭)」에, "해가 하늘 한가운데 오면 기울어지고, 달이 차면 이지러진다. 천지도 차고 비어

팔단금을 행하고, 육자기(六字氣)[140]를 하며, 정문을 지켜보거나, 배꼽을 지켜보는 것, 진액을 삼키는 것, 신수(神水)[141]를 취하며, 혹 천구수(千口水)로 살린다 하고, 혀를 가르쳐 적룡이라고 하는 것, 혹 몸을 마찰하여 열이 나게 하여 화후라고 여기는 것, 혹 한 번 내쉬는 숨에 아홉 번 마찰하여서 장생을 구하거나, 혹 단련하여 생겨난 침(唾)을 진종자(眞種子)[142]라고 하거나, 혹 단전을 지켜 본다거나, 혹 음경을 덮어 감싸는 것, 심지어 코끝을 관조하면서 하단전을 끓인다 하고, 침과 거품을 약으로 여기는데, 이것은 상품 가운데 하법(下法)이다.

定觀[정관]: 바로 보아 관하는 것.

摩撫[마무]: 손으로 두루 어루만짐.

鑑: 거울 감/ 거울. 큰 동이. 큰 띠에 장식으로 매단 거울. 견식

때와 함께 자라고 사라진다."라고 하였고, 『장자·추수』에, "한 해를 잡을 수 없고, 시간을 멈추게 할 수 없으며 소식영허(消息盈虛)는 끝나자 곧 시작이구나."라고 했는데, 서진(西晉)의 곽상이, "변화하며 날로 새로워지니 일찍이 옛것을 고수한 적이 없다."라고 해석하였다. 『장자·도척(盜蹠)』에는 "사방을 향하여 보니 시간과 함께 모든 것이 소식하구나."라고 하였으니, 사방의 변화를 향해 보면 시간의 추이에 따라 혹은 감(減)하고 혹은 증(增)하는 변화를 하는 것이다.

140) 육자기결(六字氣訣): 도인법(導引法)에서 숨을 내쉬는 형태를 6가지로 구분한 것. 『동의보감(東醫寶鑑)』「내경편(內景篇)」제1권에서 "육자기결(六字氣訣)은 허(噓) 하고 숨 쉬면 간기(肝氣)를 기르고, 아(呵) 하고 숨 쉬면 심기(心氣)를, 호(呼) 하고 숨 쉬면 비기(脾氣)를, 희(呬) 하고 숨 쉬면 폐기(肺氣)를, 취(吹) 하고 숨 쉬면 신기(腎氣)를, 희(嘻) 하고 숨 쉬면 삼초기(三焦氣)를 기른다. 그 법은 입으로 내뱉고 코로 들이쉬는데 병을 없애고 수명을 늘인다(六字氣訣. 噓肝氣. 呵心氣. 呼脾氣. 呬肺氣. 吹腎氣. 嘻三焦氣. 其法以口吐鼻取. 能去病延壽)."라고 하였다.

141) 신수(神水): 영천(靈泉)이라고도 하는데, 내단 에서는 선천의 원정을 비유해서 말하며 선천의 일기(一氣)가 변화해서 된 것이다. 이 액체 속에는 선천일기(先天一氣)의 작용이 함유되어 있기 때문에 신수(神水)라고 하는데 내단 수련에 진정으로 필요한 약물이다.

142) 진종자(眞種子): 후천의 솥 속에 들어 있는 진기(眞氣)인데 이것을 얻으면 몸이 가벼워지고 모든 경맥이 조화되고 모든 병이 없어지며 오래 살 수 있다. 이두순은 천지가 나누어지기 전에 인 짐의 신령한 밝음이라 하였다.

(見識). 안식(眼識). 보다. 자세히 보다(살피다). 관찰하다. 심사하다. 감정하다. 생각하다.

撫: 어루만질 무/ 위로하다. 위문하다. 돌보다. 보호하다. 쓰다듬다. 어루만지다.

閉息行氣、屈伸導引、摩腰腎、守印堂、運雙睛、搖夾脊、守臍輪，或以雙睛爲日月，或以眉間爲玄關，或叩齒爲天門，或想元神從頂門出入，或夢遊仙境，或默朝上帝，或以昏沉爲入定，或數息爲火候，或想心腎黑白二氣相交爲旣濟。乃上品之中也。

폐식하여 기를 움직이거나, 굽혔다 폈다 하는 도인법을 하거나, 허리와 신장을 문지르는 것, 인당을 지키는 것, 두 눈동자를 돌리는 것, 협척을 흔드는 것, 배꼽을 지키는 것, 혹 두 눈동자를 해와 달이라고 하는 것, 혹 양미간을 현관이라고 하는 것, 혹 이를 부딪치는 것을 천문(天門)이라고 하는 것, 혹 상상하여 원신을 정문으로 출입시킨다거나, 혹 꿈속에서 선경을 유람하는 것, 혹 묵묵히 옥황상제를 알현하는 것, 혹 혼침에 빠져서는 입정했다 여기는 것, 혹 숨 쉬는 수를 세는 것을 화후라고 하는 것, 혹 심과 신의 흑백의 두 기운이 서로 교류한다는 것을 상상하여 기제라고 하는 것 등은 바로 상품의 중법(中法)이다.

般精運氣、三火歸臍、調和五藏、十六觀法、固守丹田、服中黃氣、三田還返、補腦還精、雙提金井、夾脊雙關、握固內視，種種般運，乃上品之上也。右三品一千餘條，中士行之亦可却病。

116

정을 돌리고 기를 운행하며, 삼화(三火)를 배꼽으로 돌아가게 하고, 오장을 조화시키며, 십육관법을 행하고, 단전을 굳게 지키며, 중황에 기를 복식하는 것, 세 단전을 반환하여 환정보뇌하며, 또 금정과 협척 쌍관에서 같이 기를 모으고, 악고(握固)[143] 내시(內視) 하는 등등의 운기의 법은 바로 상품 가운데의 상법(上法)이다.

상삼품에는 일천여 가지가 있는데, 중근기의 사람들이 행할 수 있으며, 또한 병을 물리칠 수가 있다.

점법삼승(漸法三乘)

下乘者, 以身心爲鼎爐, 精氣爲藥物, 心腎爲水火, 五臟爲五行, 肝肺爲龍虎, 精爲眞種子。以年月日時行火候, 嚥津灌漑爲沐浴, 耳目爲三要, 腎前臍後爲玄關, 五行混合爲丹成。此乃安樂之法, 其中作用百餘條, 若能忘情亦可養命。與上三品稍同作用處別。

하승단법에서는 몸과 마음으로 정로를 삼고, 정(精)과 기로 약물로 삼고, 심장과 신장을 수화로 삼고, 오장을 오행으로 삼고, 간장

---

143) 악고(握固): 도교의 양생 수련 중에 도인·안마하는 일종의 방법. 그 기원은 노자 『도덕경』 55장의 "뼈가 약하고 힘줄이 부드러우면서도 잡는 것이 세니[握固]"에서 나왔는데, 당 현종이 註하기를, "어린아이는 뼈가 약하고 힘줄이 부드러우면서도 주먹 쥐는 것이 굳세다."라고 하였다. 『운급칠첨』 권32에는, "바르게 누워 눈을 감고서 쥐는 것을 굳세게 하며[握固], 기를 닫고서 숨을 쉬지 않고, 마음속으로 헤아리기를 200까지 하고는, 이에 입으로 기를 토하여 내놓는다."라고 하고, 또 이르기를, "魂門을 얽매고, 魄戸를 통제함을 이룸 하여 악고라 하는데, 후백과 더불어 문호를 편안히 함이다. 이것은 정을 굳세게 하고 눈을 밝게 하며, 나이를 그대로 머물게 하고 백을 돌이키는 방법이니, 만약 능히 종일토록 이것을 잡을 수 있으면, 사기와 배독이 들어갈 수 없다."라고 하였는데, 註에 "악고하는 법은 엄지손가락을 4개의 작은 손가락 아래에 굽히는 것이다."라고 하였다.

과 폐장을 용호로 삼고, 정(精)을 진종자로 삼는다. 년, 월, 일, 시에 화후를 행하고, 침을 삼켜 관개(灌漑)[144]하는 것을 목욕으로 삼고, 귀와 눈과 입을 삼요로 삼고, 신장 앞 배꼽 뒤를 현관이라 하여, 오행을 여기서 혼합하여 단을 이루니 이것이 안락법이며 그 작용이 백여 가지가 있는데 만약 정(情)을 잊을 수 있다면 역시 명(命)을 기를 수 있는 것이다. 상삼품과 거의 비슷하지만, 그 작용처는 조금씩 다르다.

　中乘者, 乾坤爲鼎器, 坎離爲水火, 烏兎爲藥物, 精神魂魄意爲五行, 身心爲龍虎, 氣爲眞種子。一年寒暑爲火候, 法水漑灌爲沐浴, 內境不出, 外境不入爲固濟, 太淵絳宮精房爲三要, 泥丸爲玄關, 精神混合爲丹成。此中乘養命之法。其中作用數十條, 與下乘大同小異, 若行不怠亦可長生久視。

　중승단법에서는 건곤으로 솥(鼎器)을 삼고, 감리로 수화를 삼고, 오토(烏兎)[145]를 약물로 삼고, 정(精) · 신(神) · 혼(魂) · 백(魄) · 의(意)를 오행으로 삼고, 몸과 마음을 용호로 삼고, 기를 진종자로 삼는다. 일 년 중의 추위와 더위를 화후로 삼고, 법수(法水)로 관개(灌漑)함을 목욕이라 하고, 안의 경계를 나가지 않게 하고 밖의 경계를 들어오지 않게 하는 것을 고제로 삼고, 태연(太淵: 하단전),

---

144) 관개(灌漑): 성(性)은 머리꼭대기에 거처를 두고 있으면서 항상 요동하고 있다. 오직 신수(腎水)로만 이를 안정시킬 수 있는데 신수는 아래에 있어서 올라갈 수 없게 되어 있으므로 반드시 연정화기시켜 신수를 상승하면 상승의 극한에서 기는 비가 되어 아래로 성을 끌고 내려온다. 이를 관개라고 한다. 단약을 태워서 기화시켜 상승하면 성의 화염이 아래로 내려온다. 그러므로 "황하수(黃河水)를 역류시켜라."라고 했다.

145) 오토(烏兎): 오(烏)는 태양속의 음기이며, 토(兎)는 달 속의 양기이다. 양 중 음과 음 중 양을 합일하여 변화시키면 능히 후천혼백의 영(靈)을 제복(制伏)할 수 있다.

강궁(絳宮: 중단전),146) 정방(精房: 고환)을 삼요로 삼으며, 니환을 현관으로 삼아서, 정과 신이 혼합하면 단을 이루니 이같이 중승의 명(命)을 기르는 법은 그 작용하는 것이 수십 가지가 있으며 하승단법과 대동소이한데 만약 부지런히 행한다면 역시 장생구시할 수 있는 것이다.

上乘者, 以天地爲鼎爐, 日月爲水火, 陰陽爲化機, 鉛汞銀砂土爲五行, 性情爲龍虎, 念爲眞種子, 以心鍊念爲火候, 息念爲養火, 含光爲固濟, 降伏內魔爲野戰, 身心意爲三要, 天心爲玄關, 情來歸性爲丹成, 和氣薰蒸爲沐浴, 乃上乘延生之道. 其中與中乘相似, 作用處不同, 亦有十餘條, 上士行之, 始終如一, 可證仙道.

상승단법에서는 천지를 정로로 삼고, 일월을 수화로 삼고, 음양을 변화의 기틀로 삼고, 연(鉛)·홍(汞)·은(銀)·사(砂)·토(土)를 오행으로 삼고, 성정(性情)을 용호라 하며, 생각(念)을 진종자로 삼는다. 마음으로 마음을 단련하는 것을 화후라 하며, 생각을 쉼으로써 화(火)를 기르고, 빛을 머금어 있는 것을 고제로 삼고, 안의 미군를 항복시키는 것을 야전(野戰)147)이라 하고, 신(身)·심(心)·의(意)를 삼요로 삼는다. 천심(天心)148)을 현관이라 하고, 정(情)이 성

---

146) 강궁(絳宮): 강궁은 심장의 부위에 속하며 심장이 아래에 있는 하나의 구멍으로 심(心)과 신(腎)의 두 기운이 여기로 서로 통한다. 여기서 용호가 교회하면 수하기제가 된다.

147) 야전(野戰): 약물이 발생할 때 불로써 삶고 달구어서 약물이 미처 날뛰지 않게 하는 것. 혹은 내마(內魔)를 항복시키려면 진의를 사용해서 쫓아낸다.

148) 천심(天心): 내단 수련에 있어서는 무의식적으로 몸속의 모든 변화를 거느려 다스리고 있는 마음 또는 그 마음이 있는 곳 또는 그 마음이 작용할 수 있도록 되어 있는 얼개를 가리키는 말이나. 곧 언규(玄竅)를 가리키는 말로 천강(天罡), 두파(斗柄)등과 같은 말이다.

(性)으로 돌아가게 되면 단을 이룬다고 한다. 기를 조화롭게 훈증하는 것을 목욕으로 삼으니 이는 상승의 생명을 연장하는 도이다. 이 가운데는 중승의 양명(養命)법과 서로 유사한 것이 있으나 작용처가 다르다. 역시 이 법에도 십여 가지가 있으니 상근기의 사람이 처음부터 끝까지 한결같이 수행한다면 신선의 도를 증험할 수 있다.

최상일승(最上一乘)

夫最上一乘無上至眞之妙道也。以太虛爲鼎, 太極爲爐, 淸靜爲丹基, 無爲爲丹母。性命爲鉛汞, 定慧爲水火, 窒慾懲忿爲水火交, 性情合一爲金木倂。洗心滌慮爲沐浴, 存誠定意爲固濟, 戒定慧爲三要, 中爲玄關, 明心爲應驗, 見性爲凝結, 三元混一爲聖胎, 性命打成一片爲丹成, 身外有身爲脫胎, 打破虛空爲了當。此最上一乘之道, 至士可以行之。功滿德隆, 直超圓頓, 形神俱妙, 與道合眞。

무릇 최상의 일승은 위없는 참됨에 이르는 묘한 도이다. 태허를 솥으로 삼고, 태극을 화로로 삼으며, 청정을 단(丹)의 기반으로 삼고, 무위를 단의 근원으로 삼는다. 성명(性命)을 연홍(鉛汞)으로 삼고, 정혜(定慧)를 수화로 삼으며, 욕심을 막고 분함을 참는 것을 수화가 교합하는 것(水火交)이라 하며, 성(性)과 정(情)을 합일하는 것을 금목이 아우르는 것으로 삼는다. 마음을 씻고 근심을 말끔히 털어 내는 것을 목욕이라 하며, 정성스러움을 간직하고 뜻을 안정시키는 것을 고제로 삼고, 계·정·혜를 삼요(三要)로 삼으며, 중(中)을 현관으로 삼고, 마음을 밝힘을 응험(應驗)이라 하고, 성품을 보는 것을 응결이라 하며, 삼원이 하나로 혼합됨을 성태(聖胎)라 하고, 성명(性命)을 하나로 이룸으로써 단을 이룬다 하며, 몸 밖에 몸이 있는 것을 탈태로 삼고, 허공을 타파하는 것을 료당(了當)[149]으로 삼는다.

이 최상일승의 도는 근기가 수승한 사람이라야 행할 수 있다. 공덕이 원만하고 깊고 두터워지면 곧바로 원돈(圓頓)[150]해져서 형신(形神)이 다 묘하여[151] 도와 더불어 참됨에 합해진다.

149) 요당(了當): 지극히 텅 빈 상태. 태허(太虛)와 하나가 된 상태.

150) 원돈(圓頓): 모든 것을 빠짐없이 원만하게 갖추어 곧바로 깨달음에 이름.

151) 형신구묘(形神俱妙): 처음에는 바람으로 불을 일으키고 외형을 달구는 것을 정(靜)이라 하고 이어서 불로 기(氣)에 한하게 하여 그 내형을 달구는 것을 허(虛)라 하는데 이 내외가 허정해지면 오로지 신(神)만 남는데 이를 형신구묘라 한다.

中和集 卷之三

문답어록(問答語錄)

潔庵瓊蟾子程安道問三教一貫之道

결암(潔庵)의 경섬자(瓊蟾子) 정안도(程安道)가 삼교의 일관된 도에 대해 묻다.

瑩蟾子宴坐蟾窟, 是夜寒光清氣, 眞潔可挑

엉섬사가 섬굴(蟾窟)에서 고요히 신징에 드니, 그날 밤 달빛도 차가우나 맑은 기운은 참으로 깨끗하여 손으로 잡을 듯 했다.

門人瓊蟾子, 猛思生死事大, 神仙不可不敬慕, 功行不可不專

修。稽首拜問曰: 弟子嘗聞, 自古上聖高眞, 歷代仙師, 皆因修眞而成道, 必以鉛汞爲金丹之根蒂, 不知鉛汞是何物。

　제자 경섬자(瓊蟾子)가 생사의 큰일에 대해 골똘히 생각했고, 신선을 존경하지 않는 것은 옳지 않으며, 공행도 오로지 그 일만을 닦지 않으면 안 된다고 생각했다. 경섬자(瓊蟾子)가 머리를 숙여 절을 올리면서 물었다. "제가 알기로는 옛날 성인이나 역대의 선사들을 막론하고 다 진리를 닦아 도를 이룸에 반드시 연홍(鉛汞)이 금단(金丹)의 근본이라 하니 여기서 말하는 연과 홍은 어떤 것인지요?"

　師曰: 夫鉛汞者, 天地之始, 萬物之母, 金丹之本也。非凡鉛、黑錫、水銀、朱砂。奈何謬者不知眞玄, 私意揣度, 惑壞後學, 徒費歲時, 耽擱一生, 深可憐憫。若不遇眞師點化, 皆妄爲矣。紫陽眞人曰: 饒君聰慧過顏閔, 不遇眞師莫强猜, 正謂此也。我今爲汝指出: 眞鉛、眞汞、身心 是也。聖師云: 身心兩個字, 是藥也是火也。又云: 要知産藥川源處, 只在西南是本鄉。西南者, 坤也。坤屬身, 身中之精, 乃陰中之陽也。如乾中一爻入坤而成坎, 外陰內陽, 外柔內剛, 外坤內乾, 坎水之中有乾金, 故强名曰: 水中金也。夫汞者, 心中之氣也, 陽中之陰也。如坤中一爻入乾而成離, 外陽內陰, 外剛內柔, 外乾內坤。離火之中有坤土, 故强名曰砂中汞也。精氣感合之妙, 故强名立象以鉛汞喩之, 使學者知有體用耳。以此推之, 無出身心兩字。身心合一之後, 鉛汞皆無也。

스승이 이르길, 연홍이란 천지의 시작이고 세상 만물의 근원이며 금단(金丹)의 근본이니라. 보통의 납, 검은 주석, 수은, 주사를 말한 것이 아니다. 문제는 아둔한 사람들이 이 진실을 몰라서 자기 나름대로 추측하고 심지어 뒤에 공부하는 사람들에게 나쁜 영향을 미치는구나. 그러다가 세월만 낭비하고 일생을 허비하니, 참으로 불쌍한 사람들이다. 만약 참된 스승의 가르침을 못 받으면 아무리 노력해도 다 헛수고인 것이다. 자양진인(紫陽眞人)이 가로되, "그대가 안민(顔閔)보다 똑똑하고 지혜롭다고 해도 진정한 스승을 못 만났으면 마음대로 뜻을 추측하지 마라."라고 말씀 하신 것도 바로 이런 뜻이다. 오늘 내가 너희들을 위해 가리켜 주리니, 진정한 연과 진정한 홍은 바로 몸과 마음을 가리키는 것이다. 성인(聖師)은 말씀하시길, "몸과 마음이 약이며 화(火)이다."라고 하셨다. 또한 "약을 만드는 근원처를 알아야 하는데 서남(西南)이 바로 본향(本鄕)이다."라고 하셨다. 여기서 서남이 가리킨 것은 곤(坤)이다. 곤은 몸에 속하고 몸속의 정(精)이 음 중의 양이다. 만약 건(乾)의 한 효(爻)가 곤에 들어가서 감(坎)이 되면 겉으로는 음이고 안으로는 양이다. 겉으로는 부드러우며 안으로는 강하고, 겉으로는 곤이고 안으로는 건인 것이다. 감수(坎水) 중에 건금(乾金)이 있으니 억지로 '수중금(水中金)'이라 이름 하였다. 여기서 홍(汞)이 빈 마음속의 씨이고 양(陽) 중의 음(陰)이라고 볼 수 있다. 만약 곤의 한 효가 건에 들어가서 이(離)가 되면 겉으로는 양이고 안으로는 음이다. 겉으로는 강하고 안으로는 부드러우니, 겉으로는 건이고 안으로는 곤인 것이다. 이화(離火) 중에 곤토(坤土)가 있으니 억지로 '사중홍(砂中汞)'이라고 이름 하였다 정과 기가 감응하여 합친 묘함을 억지로 표현하여 '연(鉛)'과 '홍(汞)'으로 비유한 것이라, 배우는 이들이 체용(體用)을 알 수 있게 할 뿐이다. 이로써 추측할 수 있는 것은 다 몸과 마음 두 글자를 벗어나지 않는다는 것이다. 몸과 마음이 하나가 되면 연과 홍도 없는 것이니라.

耽擱[탐각]: 묵다. 머무르다. 끌다. 지연하다. 지체시키다. 시간을 허비하다.

點化[점화]: 도가(道家)의 말로 종래(從來)의 사물을 고치어 새롭게 하는 일. 전인(前人)의 시문(詩文)의 격식(格式)을 취하여 따로 더 새로운 방법을 끌어내는 일.

指出[지출]: 지적하다. 가리키다.

猜: 의심할 시/ 추측해서 풀다. 추측하다. 알아맞히다. 의심하다.

問: 如何是抽添。

추첨이란 무엇입니까?

曰: 身不動, 氣定, 謂之抽。心不動, 神定, 謂之添。身心不動, 神凝氣結, 謂之還元。所以取坎中之
陽, 補離中之陰而成乾, 謂之抽鉛添汞也。

이르길, 몸이 움직이지 않아 기(氣)가 안정된 것을 추(抽)라고 하고, 마음이 움직이지 않아 신(神)이 안정된 것이 첨(添)이라고 한다. 몸과 마음이 움직이지 않아 신과 기가 응결(凝結)되면 환원(還元)이라고 하느니라. 그래서 감(坎) 중의 양(陽)을 이용하여 이(離)

중의 음(陰)을 보충하면 건(乾)이 될 것이니, 이것을 추연첨홍(抽鉛
添汞)이라고 하는 것이다.

問: 如何是烹煉。

팽련이란 무엇입니까?

曰身心欲合未合之際, 若有毫相擾, 便以剛決之心敵之, 爲武
煉也。身心旣合, 精氣旣交之後, 以柔和之心守之, 爲文烹也。
此理無他, 只是降伏身心, 便是烹鉛煉汞也。忘情養性, 虛心養
神, 萬緣頓息, 百慮俱澄, 身心不動, 神凝氣結, 是謂丹基, 喩
曰聖胎也。以上異名, 只是以性攝情而已。性寂情冥, 照見本
來, 抱本還虛, 歸根復命, 謂之丹成也, 喩曰脫胎。

이르길, 몸과 마음이 합하고자 하지만 아직 합하지 않았을 때,
털끝만큼이라도 교란됨이 있다면 즉시 강결한 마음으로 대적하게
되니 곧 무련(武煉)이 된다. 몸과 마음이 이미 합치되고 정과 기가
이미 교류한 다음에는, 부드럽고 온화한 마음으로 지키게 되니 이
것이 곧 문팽(文烹)이 된다. 이 이치는 다른 것이 없느니라. 단지
몸과 마음을 항복시키면 곧 팽련(烹鉛) 연홍(煉汞)하게 되는 것이
다. 정(情)을 잊고 성(性)을 기르며, 마음을 텅 비워 신(神)을 기르
면, 온갖 잡다한 인연들이 한순간에 사라지고 온갖 근심들이 모두
없어진다. 그리하여 몸과 마음이 흔들리지 않고 신과 기가 응결하
는데, 이것을 일러 단의 기초라 하고 비유하여 성태(聖胎)라 하는
것이다. 이상의 일들은 이름은 다르지만 이는 다만 성(性)으로 정

(情)을 섭생할 따름이다. 성이 고요해지고 정이 그윽해지면, 본래 면목을 환히 비추어 보고 근본을 끌어안고 허(虛)로 돌아가며 근본으로 돌아가 명(命)을 회복하는 것이다. 이것을 '단을 이루었다'라고 하는데, 비유하여 탈태(脫胎)라 하는 것이다.

問: 諸丹經云: 用工之妙, 要在玄關。不知玄關正在何處。

여러 단경에서 이르기를, 공부를 하는 묘함은 현관에 있다고 하는데 여기서 말한 현관이 어디에 있는지 잘 모르겠습니다.

曰玄關者, 至玄至妙之機關也, 寧有定位?   着在身上卽不是, 離了此身向外尋求亦不是。泥於身, 則着於形, 泥於外, 則着於物。夫玄關者, 只於四大五行不着處是也。餘今設一譬喩, 令汝易於曉會。且如傀儡, 手足擧動, 百般舞蹈, 在乎線上關梘, 實由主人使之。傀儡比得人之四大一身, 線比得玄關, 抽牽底主人比得本來眞性。傀儡無線則不能動, 人無玄關亦不能運動。汝但於二六時中, 行住坐臥, 着工夫向內求之, 語默視聽是個什麽 若身心靜定, 方寸湛然, 眞機妙應處, 自然見之也。

이르길, 현관이란 지극히 현묘하고 오묘한 기틀의 관규(關竅)이니, 어찌 정해진 위치가 있겠는가? 몸에서 찾아도 안 되고 몸을 벗어나 밖에서 구해도 안 된다. 몸에 있다고 고집하면 형체에 집착하고, 몸 밖에 있다고 고집하면 사물에 집착하는 것이다. 대저, 현관이란 사대[152]오행(四大五行)에 정해진 곳이 있지 않다. 그대들이

---

152) 사대(四大): 흙(地), 물(水), 불(火), 바람(風)의 네 가지 원소를 일컫는다. 사람의 몸이 이

알기 쉽게 비유를 들어 말하면, 인형이 손과 발을 자유자재하게 움직이고 여러 가지 춤을 출 수 있는 원인은 선이 기관에 달려 있어, 사실은 주인이 선을 통제한 것이다. 여기서 인형으로 사람의 몸을 비유하고 선으로 현관을 비유하고 인형의 선을 통제하는 주인으로 본래의 진성(眞性)을 비유한 것이니, 인형은 선이 없으면 움직일 수 없고 사람도 마찬가지로 현관이 없으면 운동할 수 없는 것이다. 그대가 하루 종일, 다니거나, 머물거나, 앉거나, 누울 때, 말하고, 침묵하고, 보고, 듣고, 하는 이것이 무엇인가 하여 안으로 깊이 참구하는 공부를 하면, 몸과 마음이 고요하고 안정되어, 마음 깊이 진정한 기틀이 묘하게 응하는 곳이 저절로 보일 것이다.

易系云: 寂然不動, 卽玄關之體也, 感而遂通, 卽玄關之用也。自見得玄關, 一得永得, 藥物火候, 三元八卦, 皆在其中矣。時人若以有形着落處爲玄關者, 縱勤功苦志, 事終不成。欲直指出來, 恐汝信不及, 亦不得用, 須是自見始得。譬如儒家先天之學, 亦要默而識之。孟子云: 浩然之氣, 塞乎天地之間, 曰難言也, 且難言之妙, 非玄關乎? 且如釋氏不立文字, 教外別傳, 使人神領意會, 謂之不傳之妙。能知此理者, 則能一徹萬融也。

『주역・계사전』에 이르길, "적연하여 움직이지 않는 것이 바로 현관의 본체이고 감응하여 통한 것이 현관의 작용이다. 현관을 얻어 보면 그 하나를 얻음이 영원한 얻음이니 약물, 화후, 삼원팔괘(三元八卦)가 다 그 가운데에 있느니라. 만약 배우는 사람들이 현

내 기지로 성립되었디 히어 신체를 말힌디.

관이 눈으로 보이는 데에 있다고 생각하면 아무리 열심히 노력해도 진정한 도리를 얻지 못할 것이다. 직접 현관이 어디에 있는지를 알려 줘도 그 사람의 믿음이 그 수준에 못 닿으면 아무 소용이 없으리니, 그래서 스스로 현관이 어디에 있는지를 깨달아야 도리를 얻을 수 있는 것이다."라고 했다. 예를 들면, 유가의 선천 학설 또한 아는 바를 묵묵히 하느니라. 맹자(孟子)가 이르길, "호연지기가 천지간을 가득 채우니, 말하기가 어렵다."라고 했는데, 여기서 말하기가 어려운 신묘함이 바로 현관이 아닌가? 부처가 문자를 세우지 않고 가르침 밖에 별도로 전한 것이나, 사람이 스스로 깨닫게 하는 것이 전해 주지 않은 묘함이다. 이 도리를 알 수 있다면 모든 것을 융합하여 하나로 뚫을 수 있을 것이다.

或謂崇釋與修道, 可以斷生死, 出輪回。學儒可盡人倫, 不能了生死, 豈非三敎異同乎。

듣기로는 불가의 도를 숭상하여 닦으면 생사를 끊어 윤회에서 벗어날 수 있다 했고, 유가의 도리를 배우면 인륜은 다할 수 있지만 생사를 알 수 없다는데 그럼 세 종교가 다른 것입니까?

日達理者奚患生死耶, 且如窮理盡性以至於命, 原始返終知周萬物, 則知生死之說。所以性命之學, 實儒家正傳。窮得理徹, 了然自知, 豈可不能斷生死輪回乎。

이르길, 이치를 통달한 자가 어찌 생사를 걱정하겠는가? 바로 이치를 궁구하여 성을 다하면 명(命)에 이르는 것과 같다. 사물의 시작과 끝을 잘 따져 보면, 널리 만물의 상태를 알 수 있으니, 곧 생사의 문제를 해결할 수 있게 되느니라. 이른바 성명(性命)의 학설은 사실 유가가 바르게 전함이다. 이치를 철저하게 꿰뚫으면 분명히 스스로 알게 되는 것인데, 어찌 생사윤회를 끊을 수 없겠는가?

且如羲皇初畫易之時, 體天設教, 以道化人, 未嘗有三教之分, 故曰皇天無二道, 聖人無兩心。當來初畫一者, 象太極也。有一便有二, 象兩儀也。一者陽也, 一者陰也, 一陰一陽之謂道。仰則觀於天, 上畫一畫以象天, 俯則察於地, 下畫一畫以象地, 中畫一畫以象人, 故三畫以成乾圖, 象三才也。兩乾斷而成坤圖, 象六合也。故曰立天之道, 曰陰與陽, 立地之道, 曰柔與剛, 立人之道, 曰仁與義。兼三才而兩之, 故六畫而成坤。以一身言之, 立天之道, 曰陰與陽, 心之神氣也。立地之道, 曰柔與剛, 身之形體也。立人之道, 曰仁與義, 意之情性也。心、身、意象乾三才也。神氣、性情、形體, 象坤之六合也。易曰: 遠取諸物, 近取諸身。此之謂也。

또한 복희씨가 처음 역(易)을 만들 때 하늘을 본체로 기르침을 세웠고 도(道)로써 사람을 교화시켰으니 삼교가 나누어 있지 않았다. 그러므로 "하늘에는 두 가지 도가 없고 성인은 두 마음이 없다."고 했다. 다음에 곧 올 세상에 처음으로 하나를 그리니 태극을 상징한다. 하나가 있어 둘이 있게 되니 양의(倆儀)를 상징한다. 하나는 양이고 하나는 음이니, 하나의 음과 하나의 양을 도(道)라고 한다. 우러러 하늘을 관찰하여 위로 한 획을 그려 하늘을 상징하고, 아래를 굽어 땅을 관찰하여 아래에 한 획을 그려 땅을 상징했다. 가운데에 또 한 획을 그리고 사람을 상징했으니 이 세 획을 합쳐서 건(乾)의 괘가 되어 삼재(三才)를 상징했다. 건이 양쪽으로 끊어져 곤괘(坤卦)가 되니 육합(六合)을 상징한다. 그러므로 "하늘의 도를 세움에는 음과 양이고 땅의 도를 세우기에 부드러움과 강함이고 사람의 도를 세우기에 인(仁)과 의(儀)이다."고 했다. 삼재(三才)가 두 번 겸하니 곧 여섯 획으로 곤이 되는 것이다. 사람의 몸으로 말하면 하늘의 도를 세우는 음과 양이라는 것이 마치 마음의 신기(神氣)와 같고, 땅의 도를 세우는 부드러움과 강함이라는 것이 마치 몸의 형체와 같다. 또한 사람의 도를 세우는 인과 의라는 것은 마치 뜻(意)의 성정(性情)과 같다. 마음, 몸, 뜻이 하늘의 삼재(三才)를 상징하고 신기(神氣), 성정(性情), 형체(形體)가 곤의 육합(六合)을 상징한다. 『역』에서 "멀리로는 사물에서 취하고 가까이로는 몸에서 취했다."[153]라 한 것이 바로 이것이다.

問系辭云: 六畫而成卦。先生云: 六畫而成坤者, 何也。

『주역・계사전』에서 "여섯 획(六畫)이 괘를 이룬다."라고 하였는데, 스승님은 여섯 획(六畫)이 곤(坤)이 된다는 게 어떤 것인지요?

曰汝未知之, 若謂六畫而成卦者, 文王重卦也。文王未重卦之前, 豈可謂無三才六合乎? 先賢云: 立天之道曰陰與陽, 天之乾坤也。立地之道曰柔與剛, 地之乾坤也。立人之道曰仁與義, 人之

---

153) 『주역・계사전』(下) 복희씨가 가까운 것으로는 몸의 머리나 배, 다리 등으로부터 형상을 취하고, 먼 것으로는 金이나 玉, 직물, 솥 등으로부터 형상을 취하여 팔괘를 만들었다.

乾坤也。以此推之，乾坤兩卦，三才六合備矣，又豈以重卦言之哉? 所謂六畫而成卦者，重卦之後，名爲後天也。

이르길, 그대가 아직 모르는구나, "여섯 획이 괘를 이룬다."라 한 것은 문왕(文王)의 중괘(重卦)이다. 문왕(文王)의 중괘가 나오기 전에는 어찌 삼재(三才)와 육합(六合)이 없다고 말할 수 있는가? 선현이 이르길, "하늘의 도를 세우는 것에는 음과 양이라." 하니 하늘은 건곤이다. 또"땅의 도를 세우기에 부드러움과 강함이라." 하니 땅의 건곤이다. 그리고 "사람의 도를 세움에 인(仁)과 의(義)이다." 하니 사람의 건곤이다. 이렇게 추측해 보면 건과 곤 이 두 괘에 삼재와 육합이 다 포함돼 있는데 어떻게 중괘만 말할 수 있겠는가? 이른바 "여섯 획이 괘를 이룬다."라는 것은 중괘 이후의 일이고 또한 후천(後天)이라 할 수 있다.

問: 若謂未重卦之前，三才六合備矣。而系辭云: 以制器者，尙其象。未必因器而設象，因象而制器乎。

만약 아직 중괘 이전에 삼재(三才)와 육합(六合)이 이미 갖추고 있다 하면 『주역·계사전』에서 "그릇을 만듦으로써 그릇의 모습을 알게 된다."라고 했는데, 여기서 그릇이 만들어진 후에 그 모습을 보게 된 것입니까? 아니면 어떤 모습이 존재하기 때문에 그릇을 만든 것입니까?

因象而制器。

이르길, 어떤 모습이 있어야 그릇을 만드는 것이다.

問: 三皇以下, 聖人制器, 皆以重卦言之。若謂因象制器, 文王
未重易之前, 豈有重卦之名乎。

삼황 이후로 성인들은 그릇을 만들 때 다 중괘를 말한바, 만약
어떤 모습이 있어야 그릇을 만든다고 하면 문왕(文王)이 역(易)을
겹치기 전에 어찌 중괘란 이름이 있었습니까?

曰非也。前賢云: 須信畫前元有易。所以文王未重卦之前, 六十
四卦俱備。

이르길, 아니다. 과거 성현이 이르길, "괘효가 있기 전에도 역
(易)은 원래 있었다는 사실을 믿어야 한다."고 했다. 그래서 문왕
(文王)의 중괘 전에 육십사괘를 이미 갖추고 있었다.

問: 卦若不重, 六十四卦從何而得。

괘를 겹치지 않았으면 육십사괘가 어디서 나왔습니까?

曰變卦所生也。一卦變八卦, 八卦變六十四卦。且如乾卦三
爻, 上兩爻少陽, 下一爻老陽, 支出巽卦來, 陽變爲陰, 乾之
巽, 天風姤也。擧此一卦, 諸卦皆然。

이르길, 변괘(變卦)에서 나왔느니라. 한 괘가 여덟 괘로 변하고

여덟 괘가 육십사괘로 변한다. 예를 들어서 말하자면 건괘의 세 효(爻)는, 위의 두 효가 소양(少陽)이고 아래 한 효가 노양(老陽)이다. 이것으로 손괘(巽卦)가 나오는데, 양이 변하여 음으로 되고 건괘와 손괘가 거듭되어 하늘 아래에 바람이 있는 것으로 구괘(姤卦)가 된 것이다. 이 한 괘를 예를 들었으나 모든 괘가 다 그러하다.

卦氣[괘기]: 육십사괘(六十四卦)를 기후(氣候)에 벼른 것. 문왕(文王)이 역(易)을 서(序)하여 감(坎)・리(離)・진(震)・태(兌)를 사시괘(四時卦)로 하고, 복(復)으로부터 건(乾)에 이르고, 구(姤)로부터 곤(坤)에 이르는 12괘를 열두 달 소식괘(消息卦)로 했음. 한(漢)나라 유학자(儒學者) 경방(京房) 능은 나머지 48괘를 열누 달에 별러 매월의 사괘(四卦)와 소식괘(消息卦) 한 괘를 합쳐 오괘(五卦), 합계 삼십효(三十爻)를 한 달의 날수에 배당(配當)하고, 다시 매월의 오괘를 군신(君臣)들의 위계(位階)에 별렀음. 또한 술수가(術數家)에서 쓰는 말로, 팔괘를 사용하여 낙서(洛書)의 수에 별러 기우(奇偶)로써 음양을 벼른 것을 말한다.

消息卦[소식괘]: 역(易)에 복(復)・임(臨)・태(泰)・대장(大壯)・쾌(夬)・건(乾)・구(姤)・돈(遯)・부(否)・관(觀)・박(剝)・곤(坤)의 십이괘를 열두 달의 음양(陰陽)의 소식이 자꾸만 돌고 도는 기(機)로 한 것.

問: 卦不重而有六十四卦, 文王如何又重之.

괘를 겹치기 전에 이미 육십사괘가 있었다면 문왕(文王)이 왜 또 중첩했을까요?

曰卦不重而變六十四卦，乃羲皇心法，道統正傳，誘萬世之下學者同入聖門。重卦而生六十四卦者，乃文王、周孔，立民極，正人倫，使世人趨吉避凶，立萬世君臣父子之綱耳。故性命之學，不敢輕明於言，亦不忍隱斯道。孔子微露於系辭，濂溪發明於太極，通書也。蓋欲來者熟咀之而自得之，此學不泯其傳矣。

이르길, 괘를 겹치지 않아도 육십사괘로 변한 것이 복희씨의 심법이고 도가의 정통을 바르게 전해 내린 것이다. 세상에서 근기가 낮은 배우는 이들을 다함께 성스러운 문으로 들게 하려고 한 것이다. 중괘의 육십사괘를 생기게 한 이가 문왕(文王), 주공(周孔)이니, 백성들이 지켜야 할 법을 만들고 인륜을 바르게 하고, 세상 사람들로 하여금 흉함을 피하고 길함을 얻게 하며, 만세토록 군신(君臣), 부자(父子)의 규범을 만든 것이다. 그래서 성명(性命)의 학설을 감히 가볍게 말하기도 어렵고 또한 차마 이 도리를 숨기지도 못하는 것이다. 공자가 이 도리를 『주역·계사전』에서 조금 드러냈고, 렴계(濂溪)가 『태극(太極)』과 『통서(通書)』에서 밝게 드러내었다. 공부하고자 하는 사람들은 이 책들을 다 깊이 음미해 보면 스스로 깨달을 수 있을 것이니, 이러한 학문은 그 전함이 끊어져서는 안 될 것이니라.

熟: 익을 숙.
咀: 씹을 저/ 음미하다.
泯: 멸할 민/ 소멸하다. 상실하다. 없어지다.
趨: 추창할 추/ 빨리 가다. 어떤 방향으로 향해 가다. 쏠리다. 향하다. 거위나 뱀이 목을 내밀어 사람을 물다.

不忍[부인]: (마음속에) 참을 수 없다. 차마 …하지 못하다.

問: 一陰一陽之謂道. 如何說.

하나의 음과 하나의 양의 도를 일컬을 때 어떻게 말해야 됩니까?

曰陰陽者, 乾坤也. 乾坤出於太極, 太極判而兩儀立焉. 兩儀, 天地也. 不言天地, 而言乾坤者, 貴其用, 不貴其體也.

이르길, 음양이란 건곤이다. 건곤은 태극으로부터 나왔고 태극이 나누이져 양의(兩儀)가 생겼다. 양의란 천지를 가리키는 것이다. 천지를 말하지 않고 건곤만 말한다면 작용만 잘 알고 그 본체에 대해서는 잘 모르는 것이다.

或曰乾陽也, 坤陰也. 如何又云: 天地.

건양과 곤음이 어떻게 천지라 말할 수 있습니까?

曰天地卽乾坤也, 乾坤卽陰陽也, 陰陽一太極也, 太極本無極也. 以太極言之, 則曰天地; 以易言之, 則曰乾坤; 以道言之, 則曰陰陽. 若以人身言之, 天地形體也, 乾坤, 性情也, 陰陽, 神氣也. 以法象言之, 天龍地虎也, 乾馬坤牛也, 陽烏陰兔也. 以金丹言之, 天鼎地爐也, 乾金坤土也, 陰汞陽鉛也. 散而言之, 種種異名; 合而言之, 一陰一陽也. 修仙之人, 煉鉛汞而成丹者, 卽身心合而還其本初, 陰陽合而復歸太極也.

이르길, 천지는 곧 건곤이고 건곤이 곧 음양이며, 음양은 하나의 태극이고 태극은 본래 무극이다. 태극으로 말하면 천지이고, 역(易)으로 말하면 건곤이며, 도(道)로 말하면 음양이라고 하느니라. 만약 사람 몸으로 말하자면 천지는 형체이고, 건곤은 성정(性情)이며, 음양은 신기(神氣)이다. 또한 법상(法象)으로 볼 때 하늘은 용, 땅은 호랑이요, 건은 말이고, 곤은 소이며, 양은 까마귀이고, 음은 토끼라고도 한다. 그리고 금단으로 말하자면, 하늘은 솥(鼎)이고, 땅은 화로(爐)이며, 건은 금(金)이고, 곤은 토(土)이며, 음은 수은(汞)이고, 양은 납(鉛)이다. 그러므로 나눠서 말하면 각각 이름이 다르지만 합쳐서 말하면 바로 하나의 음과 하나의 양이다. 선도를 닦는 사람이 납과 수은을 제련하여 단을 만드는 것은, 몸과 마음을 합하여 그 근원으로 돌아가고, 음과 양을 합하여 태극으로 다시 돌아가고자 하는 것이니라.

問: 三五一, 是何也.

삼오일(三五一)이란 어떤 것입니까?

曰三元、五行也。東三南二, 是一個五;　北一西四, 是兩個五;　中土, 是三個五, 是謂三五也。以人身言之, 性三神二是一個五, 情四精一是兩個五, 意五是三個五也。三五合一, 則歸太極。身心意合一, 則成聖胎也。紫陽眞人云: 三五一都三個字, 三元五行一氣是也, 古今明者實然稀, 世鮮知之。東三南二同成五東三性也, 南二神也, 北一西方四共之北一精也, 西四情也。戊

己還從生數五土數五, 意也, 三家相見結嬰兒三家者, 身心意
也。 嬰兒者, 三五合一而成用也。 嬰兒是一含眞氣嬰兒是眞一之
異名, 十月胎圓入聖基工夫十月, 脫出凡胎, 超凡入聖也。 以此
求之, 金丹之道, 實入聖之基也。

이르길, 삼원(三元)과 오행(五行)이다. 동쪽의 삼(三)과 남쪽 이
(二), 이것이 하나의 오(五)가 되고, 북쪽의 일(一)과 서쪽 사(四)가
둘의 오(五)가 되고, 중토(中土)는 셋의 오(五)가 되어서 삼오(三五)
라고 한다. 사람의 몸으로 말하자면, 성(性)이 삼(三)이고 신(神)이
이(二)이니 하나의 오(五)이고 정(情)이 사(四)이고 정(精)이 일(一)
이니 둘의 오(五)이고 의(意)가 오(五)이니 셋의 오(五)이다. 이 셋
오(五)를 하나로 합히면 비로 태극으로 돌아가는 것이니, 몸과 마
음과 뜻을 합치면 곧 성태(聖胎)를 이루는 것이다. 자양진인(紫陽
眞人)이 이르길, "삼오일(三五一)의 세 글자는 삼원, 오행, 일기(一
氣)를 가리킨 것이니, 고금을 통해 밝힌 이들이 실제로 드물어 세
상에 아는 이들이 적다. 동쪽의 삼(三)과, 남쪽의 이(二)로 함께 오
(五)를 이루니, 동쪽의 삼(三)은 성(性)이고 남쪽의 이(二)는 신(神)
이다. 북쪽의 일(一)과 서방의 사(四)도 깊이힘이다. 북쪽의 일( )
이 정(精)이고 서쪽의 사(四)는 정(情)이다. 무(戊)와 기(己)는 스스
로 생수(生數) 오(五)에 머무르니 토(土)가 되고, 수(數) 오(五)는 의
(意)이니, 세 집안이 서로 보아 영아(嬰兒)를 맺는다. 세 집안이란
심(心)·신(身)·의(意)를 기리킨 것이다. 영아는 삼오(三五)가 하나
로 합하게 되면 작용이 이루어진다. 영아는 하나의 참된 기를 머
금었으니, 참된 하나의 다른 이름이다. 열 달이 되어 태가 원만해

지면 성스러운 기반에 들어가리니, 열 달을 공부해야 범부의 태를 벗고 범부를 초월하여 성스러움에 들어간다."라고 했다. 이러한 근거를 살펴보더라도 금단의 도가 진실로 성인이 되는 기반인 것이다.

問系辭云: 天地設位, 易行乎中。 如何。

『주역·계사전』에서 "하늘과 땅이 제자리를 잡고, 역(易)이 그 가운데에 행한다."란 것은 어떠한 것입니까?

曰天地設位, 人生於中, 是謂三才。 故人與物, 生生而不息。所以不言人與物而言易者。 聖人言乾坤, 易之門。 隨時變易, 以從道也。 如金丹以乾坤爲鼎器者, 天地設位也, 以陰陽爲化機者, 卽易行乎中也。 元始採藥, 無窮行火候之不息也。

이르길, 하늘과 땅이 제자리에 있어 사람이 천지간에 있는 것이 삼재(三才)라고 한다. 그래서 사람과 사물은 끊임없이 생겨나 쉬지 않는 것이다. 이른바 사람과 사물을 말하지 않고 역(易)으로 대신 말했다는 것은, 성인이 말한 "건곤은 역(易)의 문이다. 때에 따라 변화하는 역은 도에 속한다."라고 한 것이 연유이다. 만약 건곤으로 금단의 정기(鼎器)로 삼으면 하늘과 땅이 자리를 잡고, 음양으로 변화의 기틀을 삼으면, 곧 역이 그 가운데에서 행하는 것이라. 본연의 약을 채취하고 화후(火候)를 쉬지 않고 행함에 다함이 없어야 할 것이다.

問闢戶謂之乾, 闔戶謂之坤, 一闔一闢謂之變。如何。

문을 여는 것을 건이라 하고, 문을 닫는 것을 곤이라 하며, 한 번 열고 한 번 닫는 것을 변(變)이라 하니, 이것은 어떠한 것인지요?

曰一闔一闢者, 一動一靜也。乾陽、坤陰, 如門戶之闔闢, 卽乾坤易之門也。且如陰陽, 互動互靜, 機緘不已, 元亨利貞, 定四時成歲。變者, 變易也。至道與神氣, 混混淪淪, 周乎三才萬物, 闔闢無窮, 致廣大而盡精微矣。以一身言之, 呼吸是矣。呼則接天根, 是謂之闢。吸則接地根, 是謂之闔。一呼一吸, 化生金液, 是謂之變。闔闢、呼吸, 卽玄牝之門, 天地之根矣。所謂呼吸者, 非口鼻呼吸, 乃眞息闔闢也。

이르길, 한 번 열고 한 번 닫는 것은, 한 번 움직이고 한 번 고요함이다. 건양(乾陽)과 곤음(坤陰)은 마치 문을 열고 닫는 것과 같으니, 이를테면 건곤은 역(易)의 문인 것이다. 바로 음과 양은 서로 움직이고 서로 고요하여 기함(機緘)[154]이 그치지 않으니, 원형리정 (元亨利貞)[155]의 사시(四時)를 정하고 한 해를 이룬다. 변(變)이라 하는 것은, 역(易)의 변화이다. 지극한 도가 신기(神氣)와 더불어 혼혼륜륜(混混淪淪)[156]하여 천지인과 만물에 두루 미치니, 열고 닫

---

154) 기함(機緘): 혼돈한 상태에서 아직 기미가 드러나지 않은 것. 『세심자답학자문(洗心子答學者問)』에서는 "신기(神氣)가 교구(交媾)하는 것"이라 설명하고 있다.

155) 원형이정(元亨利貞): 천도(天道)의 4가지 덕(德). 원(元)은 봄이니 만물의 시초로 인(仁)이 되고, 형(亨)은 여름이니 만물이 자라 예(禮)가 되고, 이는 가을이니 만물이 이루어 의가 되고, 정(貞)은 겨울이니 만물을 거두어 지(智)가 됨.

156) 혼혼륜륜(混混淪淪): 하늘과 땅이 개벽되기 이전으로 모든 사물의 구별이 확실하지 않은 상태.

음이 무궁하여 광대한 것에서 미세한 것까지 모두 미치는 것이다. 몸으로 말하면 호흡을 말하는 것이니, 숨을 내쉬면 하늘의 근본과 연결되어 이를 벽(闢)이라 하고, 숨을 들이마시면 땅의 근본과 연결되어 이를 합(闔)이라고 한다. 한 번 내쉬고 한 번 마시는 호흡으로 금액(金液)을 생성하니 이를 변(變)이라고 하는 것이다. 합벽(闔闢)[157]하는 호흡은 곧 현빈(玄牝)의 문이고 천지의 근본이니라. 이른바 호흡이란 입과 코로 호흡하는 것이 아니라 진식(眞息)의 합벽(闔闢)을 말한 것이다.

問乾道成男, 坤道成女, 如何。

건도가 남자가 되고, 곤도가 여자가 되는 것은 어떠한 것입니까?

曰乾父也, 坤母也。乾初爻交坤而成震, 震初索而得男, 是謂長男。坤初爻交乾而成巽, 巽初索而得女, 是謂長女。乾中爻交坤而成坎, 坎再索而得男, 是謂中男。坤中爻交乾而成離, 離再索而得女, 是謂中女。乾三爻交坤而成艮, 艮三索而得男, 是謂少男。坤三爻交乾而成兌, 兌三索而得女, 是謂少女。乾生三男, 坤生三女, 乾坤共生六子, 是謂八卦。以身言之, 初受胎時, 稟父母精華而成此身。精華者, 丹經喻曰天壬地癸也。初交合時, 天壬先至, 地癸隨至, 癸裏壬則成男子。地癸先至, 天壬隨至, 壬裏癸則成女子。壬癸偶然齊至, 則成雙胎。壬先至, 癸遲至, 癸先至, 壬遲至, 俱不成胎也。故曰乾道成男, 坤道成

---

157) 합벽(闔闢): 신(神)과 기(氣)가 왕래하는 움직임.

女。夫天壬地癸者，乃天地元精、元氣也，亦丹經所云　坎戊離己，異名鉛汞也。

　節之於外，則成人。益之於內，則成丹。世人不知生男生女，實由命分，中間不由人力。若不斷絕淫欲，自爲修養，直待精華耗竭，早至夭亡，大可惜也，又豈知寡欲而得男女貴而壽，多欲而得男女濁而夭。

　이르길, 건은 아버지이고 곤은 어머니이다. 건의 초효(初爻)가 곤과 교합하여 진(震)이 되고 진은 처음 아들을 낳았으니, 이를 장남이라고 한다. 곤의 초효(初爻)가 건과 교합하여 손(巽)이 되고 손이 처음 딸을 낳았으니, 장녀라고 한다. 건의 중효가 곤과 교합하여 감(坎)이 되고 감이 다시 아들을 낳아서 중남이라고 한다. 곤의 중효가 건과 교합하여 이(離)가 되고 이가 다시 딸을 낳아 중녀라고 한다. 건의 셋째 효가 곤과 교합하여 간(艮)이 되고 간도 아들을 낳았으니 소남(少男)이라고 한다. 곤의 셋째 효가 건과 교합하여 태(兌)가 되고 태도 딸을 낳아 소녀(少女)라고 한다. 건은 아들을 세 명 낳았고 곤도 딸을 세 명 낳았다. 건과 곤이 여섯 명의 자식을 낳았으니 이를 팔괘라고 한다. 몸으로 말하자면 처음 태아를 가지게 될 때는 부모의 정화(精華)를 받아서 이 몸을 형성한 것이다. 정화(精華)란 단경에서 비유하길, '천임(天壬)', '지계(地癸)'라고 했다. 처음 교합할 때 만약 천임이 먼저 오고 지계가 뒤따라오면 계(癸)가 임(壬) 안에 있어 남자를 낳고, 지계가 먼저 오고 천임이 뒤따라오면 임(壬)이 계(癸) 안에 있어 여자를 낳으며, 임과 계가 우연히 같이 올 경우 쌍둥이를 낳는 것이다. 임이 먼저 오고

계가 늦게 오거나 계가 먼저 오고, 임이 늦게 오면 다 태아를 형성할 수 없다. 그래서 건도(乾道)로 남자를 형성할 수 있고, 곤도(坤道)로 여자를 형성할 수 있다고 한다. 여기서 말한 천임(天壬), 지계(地癸)라는 것은 천지의 원정(元精), 원기(元氣)이다. 단경에서 말한 '감무(坎戊)', '이기(離己)'라는 것이 바로 이를 말함이고, 또한 연(鉛)과 홍(汞)이라고도 부른다. 밖에 있으면 사람이 되고 안에 있으면 단(丹)이 되는 것이다. 세상 사람들은 남자나 여자를 낳는 것이 사실 천명으로 결정되는 것이라 사람 의지대로 안 된다는 사실을 모른다. 만약 음욕을 끊지 않고 수행한다면 정화가 고갈되어 일찍 죽을 것이다. 참으로 애석한 일이로다! 음욕을 절제하면 남녀가 귀하고 장수하게 되고, 절제하지 못하면 남녀가 어리석고 요절하게 된다는 이치를 어찌 알겠습니까?

問形而上者謂之道, 形而下者謂之器。如何。

형이상(形而上)은 도(道)라고 하고 형이하(形而下)는 기(器)라고 하는데, 이것은 어떠한 것입니까?

曰形而上者, 無形質; 形而下者, 有體用。無形質者, 系乎性, 汞也。有體用者, 系乎命, 鉛也。總而言之, 無出身心也。

이르길, 형이상(形而上)은 형질(形質)이 없고, 형이하(形而下)는 체용(體用)이 있다. 형질이 없다는 것은 성(性)에 달려 있고 홍(汞)이다. 채용이 있다는 것은 명(命)에 달려 있고 연(鉛)이다. 아무튼 다 심(心)과 신(身)을 벗어나지 않는다.

問聖人以易洗心退藏於密。密是何也。

성인은 『역』으로써 "마음을 씻고 은밀히 몸을 숨겨 세상에 나타나지 않는다."라 했으니, 여기서 말한 은밀히 숨긴다는 것은 어떠한 것인지요?

曰誠之至也。易理致廣大而盡精微, 聖人玩昧其理, 洗心滌慮, 藏於極誠矣。

이르길, 정성스러움이 지극함을 이르는 것이다. 『역』의 이치는 "광대함을 이루면서 정미함을 다한다." 하니, 성인들은 그 이치를 숨기길 좋아하여 마음의 걱정을 씻어 지극한 정성에 숨긴 것이다.

退藏[퇴장]: 몸을 숨겨 세상에 나타나지 않다.
玩: 희롱할 완/ 놀다. 놀이하다. 장난하다. (부당한 방법 또는 수단 등을) 쓰다. 부리다. 피우다. 업신여기다. 깔보다. 얕보다. 경시하다. 구경하다. 감상하다. 완상하다.
昧: 어두울 매/ (사리에)어둡다. 어리석다. 속이다. 숨다. 숨기다. 어두컴컴하다. 경솔하다.

問書云: 人心惟危, 道心惟微, 惟精惟一, 允執厥中。不知中如何執。

『서경(書經)』에 이르길, "사람의 마음이 위태롭고, 도의 마음은 미미하니, 오직 정미롭고 하나같이 하여, 진실로 그 중(中)을 잡아야 할 것이다."라고 했는데. 중(中)을 어떻게 잡아야 할지 잘 모르 겠습니다.

曰執者, 一定之辭。中者, 正之中也。道心微而難見, 人心危 而不安。雖至人亦有人心, 雖下愚亦有道心。苟能心常正得中, 所以微妙而難見也。若心稍偏而不中, 所以危殆而不安也。學仙 之人, 擇一而守之不易, 常執其中, 自然危者安而微者著矣。金 丹用中爲玄關者, 亦是這個道理。

이르길, 집(執)이란 일정하다는 말이고, 중(中)이란 올바름의 가 운데이다. 도의 마음이 작아서 보기가 어렵고 사람의 마음이 위태 해서 편안하지 않는 것이다. 지인(至人)도 보통 사람의 마음을 가 지고 있고, 어리석은 사람들도 도의 마음을 가지고 있지만, 만일 그대의 마음이 항상 바른 가운데에 있다면 중을 얻은 것인데, 이 른바 미묘하여 보기 어려운 것이다. 만약 마음이 조금이라도 한쪽 으로 기울면 중이 아니니, 이른바 위태하고 편안하지 않는 것이다. 선도를 배우는 사람이 하나를 선택하여 끝까지 지키는 것이 쉬운 일이 아니나, 항상 그 중을 잡고 있으면 자연히 위태로운 것이 편 안해지고 작은 것도 커질 것이다. 금단에서 '중(中)'으로 현관을 비 유한 것도 이러한 도리다.

問上天之載, 無聲無臭。如何。

"하늘의 이치는 소리도 없고 냄새도 없다"[158]라는 것은 어떠한

---

158) 『시경(詩經)』에 "덕은 가볍기가 마치 털과 같다. 털은 오히려 짝이 있지만, 하늘의 이치는

뜻인지요?

日誠之昭著，雖無聲可聞，無臭可知，天道亦不可掩。如道經
云: 大量玄玄，亦是眞之至也。

이르길, 정성스러움이 뚜렷하면 비록 소리가 없어도 듣고, 냄새
가 없어도 아는 것이니, 하늘의 도는 덮어 감추지 못한다. 도경에
이르길, "현묘하고 심오하여 크기가 한량없다."라 한 것은 참됨에
이르는 것과 같은 것이다.

問不識不知，順帝之則，如何。

"느끼지도 못하고 알지도 못하면서 임금의 법에 따르고 있다."
는 것은 무슨 뜻입니까?

참고 격양가(擊壤歌)

악부(樂府)의 잡요가사(雜謠歌辭) 중의 하나. '땅을 치며 노래한
다'는 뜻이며 요(堯)나라 때 태평세월을 구가(謳歌)한 노래로 <제
왕세기(帝王世紀)>에 전한다.

격양이란 원래 나무를 깎아 만든 양(壤)이라는 악기를 친다는 뜻
과, 땅[壤]을 치다는 뜻이 있다.

요임금이 천하를 다스린 지 50년이 되었을 때, 과연 천하가 잘
다스려지고 백성들이 즐거운 생활을 하고 있는지 직접 확인하고자

소리도 냄새도 없어서 지극한 것이다(德輶如毛，毛猶有倫，上天之載，無聲無臭，至矣)."
라 하였다.

평민 차림으로 거리에 나섰다. 넓고 번화한 네거리에 이르렀을 때 아이들이 노래 부르며 놀고 있어 그 노랫소리를 유심히 들었다.

"우리 백성들을 살게 하는 것은(立我烝民), 그대의 지극함 아닌 것이 없다(莫匪爾極), 느끼지도 못하고 알지도 못하면서(不識不知), 임금의 법에 따르고 있다(順帝之則)."

그 뜻은 임금님이 인간의 본성에 따라 백성을 도리에 맞게 인도하기 때문에 백성들은 법이니 정치니 하는 것을 염두에 두거나 배워 알거나 하지 않아도 자연 임금님의 가르침에 따르게 된다는 것으로, 이 노래를 강구가무(康衢歌舞)라고도 한다.

임금은 다시 발길을 옮겼다. 한 노인이 길가에 두 다리를 쭉 뻗고 앉아 한 손으로는 배를 두들기고 또 한 손으로는 땅바닥을 치며 장단에 맞추어 노래를 부르고 있었다.

"해가 뜨면 일하고(日出而作), 해가 지면 쉬고(日入而息), 우물 파서 마시고(鑿井而飮), 밭을 갈아 먹으니(耕田而食), 임금의 덕이 내게 무슨 소용이 있으랴(帝力於我何有哉)."

이는 정치의 고마움을 알게 하는 정치보다는 그것을 전혀 느끼지 못하게 하는 정치가 진실로 위대한 정치라는 것을 뜻하는 것으로, 이 노래를 격양가라 한다. 이 노래를 들은 요임금은 크게 만족하여 "과시 태평세월이로고" 하였다 한다.

그 후 '격양가(擊壤歌)'란 말은 풍년이 들어 오곡이 풍성하고 민심이 후한 태평시대를 비유하는 말로 쓰이고 있다.

曰聖人生而知之, 默而順之天理, 所謂不思而得, 不勉而中, 得無爲自然之道也. 此則中庸所謂誠而明也, 若謂明而誠, 正是聖人之教耳。學道之人夙有根器，一直了性，自然了命也，此生而知之也。根器淺薄者，不能一直了性，自教而入，從有至無，自粗達妙，所以先了命而後了性也，此學而知之也。

성인들은 태어날 때부터 묵묵히 하늘의 이치에 순응하는 것을 알고 있다. "생각하지 않아도 얻어지고 노력하지 않아도 들어맞는다."[159]라 한 것은 함이 없는 자연의 도를 얻을 수 있다는 뜻이다. 이것은 바로 『중용』에서 "성실해서 명백하다."와 같은 뜻이다. 만약 "명백해서 성실하다."라고 하면 바른 성인들의 가르침이다. 도를 배우는 사람이 만약 근기가 수승하다면 곧바로 성품(性)에 대해 요달하고, 자연히 명(命)에 대해도 요달할 수 있으니, 이것이 태어나면서 안다는 것이다. 근기가 부족한 사람은 성품에 대해 곧바로 이해하지 못하고, 스스로의 배움을 통해서 들어간다. 이런 사람은 있는 것으로부터 없는 데에 이르는데, 조잡한 데서 미묘함에 도달하기까지 먼저 명(命)에 대해 요달한 다음에 성(性)을 요달하게 된다. 이런 경우를 배움을 통해서 아는 것이라 한다.

耳: 귀 이/ ～일 뿐(따름)이다.
一直[일직]: 곧바로. 똑바로. 계속해서 줄곧.

問夫子飯蔬食飲水，曲肱而枕之，樂亦在其中矣。夫子樂在何處。

부자(夫子)[160]가 "나물 먹고 물 마시고 팔을 베고 누웠어도 즐거

---

159) 『중용』 20장.
100) 부자(夫子): 공자(孔子)의 높임말.

움이 또한 그 가운데 있다."[161]라고 했는데, 부자의 즐거움이 어디에 있는지요?

日夫子所樂者天, 所知者命, 故樂天知命而不憂。雖匡人所逼, 猶且弦歌自娛, 於易得不遠復, 以修身, 復見天地之心, 窮理盡性以至於命, 此金丹之妙也。

이르길, 부자(夫子)의 즐거움은 하늘이고 아는 것은 명(命)이다. 그래서 우주와 합일되어 생명의 가치를 알아 근심이 없다. 비록 광인(匡人)이 핍박하는 바이나, 오히려 스스로 노래하면서 즐거워했다. 『역(易)』에서 "머지않아 돌아옴은 이로써 몸을 닦음이라." 하고, 또 "복(復)에서 천지의 마음을 볼 지니라." 하였으며, 그리고 "이치를 궁구하고 성(性)을 다하면 명(命)에 이르게 된다."라 한 것은 다 금단(金丹)의 묘함을 말한 것이다.

問顏子簞瓢之樂, 何如。

안자의 밥그릇의 쾌락은 어떠한 것입니까?

簞瓢[단표]: 도시락과 표주박. 단사표음(簞食瓢飮)의 준말.

日顏子得夫子樂天知命, 不憂之理, 故不改其樂也。所以如

150

愚, 心齋坐忘, 黜聰明, 去智慮, 庶乎屢空, 亦金丹之妙也。

이르길, 안자(顏子)는 부자(夫子)의 하늘의 명을 알아 즐거워하고, 근심하지 않는 도리를 얻었으니, 그러므로 그 즐거움도 바뀌지 않는 것이다. 이른바 어리석은 듯이 보이는 것으로, 마음을 비우고 깨끗이 하여 온갖 것을 잊고 만물과 일체가 되며, 총명함도 없애고, 슬기로운 생각도 없애고, 오직 텅 비게 하는 것이 금단의 묘함이다.

心齋坐忘[심재좌망]: 중국의 고대 사상가인 장자(莊子)가 제창한 수양법으로, 심신(心身) 일체(一體)의 경지에서 마음의 일체 더러움을 씻고 온갖 것을 잊음으로써 히(虛)의 상태에서 도(道)아 일체가 되는 일이다.

智慮[지려]: 슬기로운 생각.

庶乎[서호]: 거의 …(할 것이다). 대체로 …(할 것이다). 오직 … 만이.

黜: 물리칠 출/ 파면하다. 면직(免職)하다. 쫓아내다. 제거하다. 없애다.

問曾子被破褐而頌, 聲滿天地, 天子不得而臣, 諸侯不得而友, 是如何。

증자가 낡고 거친 베옷으로 살아가니 칭송이 천지에 가득하였는데, 천자가 그를 신하로 삼을 수 없고, 제후도 그를 친구로 삼을 수 없으니, 이찌힌 언유입니까?

曰曾子一唯之妙, 口耳俱忘, 所以修身、齊家、治國、平天
下, 得一貫之道。

이르길, 증자는 한결같이 오직 묘함으로 입과 귀를 완전히 잊은
것이다. 그래서 몸을 닦고, 집안을 다스리고, 나라를 다스려 천하
를 평정하는 일관된 도를 얻은 것이다.

問子路問死, 夫子答曰: 未知生, 焉知死? 是如何。

자로가 죽음에 대해 묻는데 부자(夫子)가 "태어남도 모른데 어떻
게 죽음에 대해 알 수 있겠느냐?"라고 대답했는데 이는 어찌한 것
입니까?

曰生死, 乃晝夜之常。知有晝, 則知有夜。易云: 原始返終, 則
知死生之說。丹書云: 父母未生以前, 是金丹之基。釋云: 未有此
身, 性在何處? 以此求之, 三教入處, 只要原其始, 自知其終。溯
其源, 而知其源。人能窮究此身, 其所從來, 生死自然都知也。
汝曾看太極圖否? 太極未判之前, 是甚麼? 若窮得透, 則知此身之
前, 原始可以要終也。

이르길, 삶과 죽음은 밤낮으로 항상 하는 일이다. 낮이 있으면
당연히 밤이 있듯이 생사도 그렇다. 『역』에 이르길, "처음을 미루
어 살피고 끝을 돌이켜 보면, 죽고 사는 원리를 알 수 있다."라 하
고, 단서에 이르길, "부모로부터 태어나기 이전이 금단의 기반이
다."라고 했다. 석가는 이르길, "이 몸 있기 이전에 본래 성품은
어디에 있는가?"라 했는데, 이로써 알 수 있는 것은 삼교가 들어가

는 곳이, 사물의 원래 시작을 잘 알게 되면 스스로 그의 종결을 알 수 있다는 것이다. 사물의 근원을 거슬러 올라가면 원천을 알 게 되는 것이니, 사람이 이 몸에 대해 궁구하면 내가 어디로부터 왔는지, 그리고 생사의 문제도 자연히 모두 알 수 있다. 그대는 혹 시 태극도를 본 적이 있는가? 태극이 나누어지기 전의 이것이 무 엇인가? 만약 이것을 끝까지 밝혀 뚫으면 이 몸이 태어나기 이전 을 알 수 있고 처음을 미루어서 종결도 알 수 있는 것이다.

問太極未判, 其形若雞子, 雞子之外, 是甚麼。

태극이 아직 나누어지기 전에 그 형태가 계란과 같은데 계란 밖 의 이깃은 무엇인기요?

曰太虛也。凡人受氣之時, 形體未分, 亦如雞子。旣生之後, 立性立命, 一身之外, 皆太虛也。

이르길, 태허(太虛)이다. 보통 사람은 기(氣)를 받을 때에는(잉태 할 때) 형체가 분별되지 않고 계란과 같은데 태어난 후에 성과 명 을 가지게 되니, 몸 이외에는 다 태허(太虛)이다.

問人在母腹中時, 還有性否。

사람은 어머니 태중에 있을 때도 성(性)이 있습니까?

曰腹中穢汚, 靈性豈存得住。

이르길, 배안이 불결해서 신령한 성품이 어찌 머물 수 있겠는가?

又問懷胎五七個月, 其胎忽動, 莫非性乎。

임신을 하고 5개월이나 7개월이 지나면 태아가 움직이기도 하는데 혹시 그것은 성(性)이 아닌지요?

曰非性也, 一氣而已。人在腹中時, 隨母呼吸, 一離母胎, 立性立命, 便自有天地。且如蛇斬作兩段, 前尙走, 尾尙活。又有人煮蟹卽熟, 遺下生脚尙動, 豈性也? 汝究此理, 則知氣動也, 非性也。

이르길, 성이 아니고 하나의 기(氣)일 뿐이다. 사람은 어머니의 태중에 있을 때 어머니를 따라 호흡을 하고, 어머니 태에서 벗어난 후에 성과 명을 가지게 되니, 곧 스스로의 천지가 있게 된다. 마치 뱀을 두 토막으로 자르면 앞부분은 아직 달아나고, 꼬리 부분 또한 살아 있는 것과 같다. 또 어떤 사람은 게를 삶아 다 익혔는데 남은 다리가 살아서 아직 움직였다. 이것을 어찌 성(性)으로 볼 수 있는가? 그대는 이 이치를 연구해 보면 곧 성이 아니고 기의 움직임이라는 것을 알 수 있을 것이다.

煮: 끓일 자/ 삶다. 익히다. 끓이다.
蟹: 게 해.
遺下[유하]: 뒤에 남기다.

154

問語云: 吾道一以貫之。如何。

『논어』에 이르길, "나의 도는 하나로 모든 것을 꿰뚫고 있다."[162] 라 한 것은 어떠한 것입니까?

曰聖人言, 身中一天理, 可以貫通三才、三教, 萬事無不備 矣。如釋: 無我、無人、無衆生、無壽者, 道教 了一, 萬事畢, 皆一貫也。

이르길, 성인이 말씀하시길, 몸에 하늘의 이치를 하나로 할 수 있으면 가히 삼재(三才)와 삼교(三教)를 관통할 수 있고, 모든 일을 나 갖추지 아니함이 없다. 석가의 "무아(無我), 무인(無人), 무중생(無衆生), 무수자(無壽者)"라 한 것이나, 도교의 "하나를 요달하면 모든 일을 마치게 된다."라는 게 다 일관된 것이다.

問世尊拈花示衆, 獨伽葉微笑, 世尊云吾有正法眼藏, 涅槃妙心, 吩咐摩訶伽葉。不知微笑者何事.

세존(世尊)께서 꽃을 들어 대중들에게 보였을 때 가섭(伽葉)만 홀로 미소를 지었는데, 세존이 "나에게 정법안장(正法眼藏)이 있어 열반의 묘한 마음을 마하가섭(摩訶伽葉)에게 부촉했다." 하신 것에서 미소를 지은 것이 어떠한 것인지 알지 못하겠습니다.

曰世尊拈花示衆, 衆皆不見佛心, 獨伽葉見佛心之妙, 所以微

---

162) 『논어』 세4편 이인(裏仁) − 15징 "子曰. 參乎! 吾道一以貫之."

笑。故世尊以心外之妙, 吩咐與伽葉也。

이르길, 세존께서 꽃을 들어 대중들에게 보였는데, 대중들이 모두 부처의 마음을 보지 못한 것이다. 가섭만이 홀로 불심의 묘함을 보았기 때문에 웃은 것이다. 그래서 세존이 마음 밖의 묘함을 가섭에게 부촉한 것이다.

問達摩西來, 不立文字, 直指人心, 見性成佛。如何是見性。

달마(達摩)가 서쪽에서 와서 문자를 세우지 않고, 사람의 마음을 바로 가리켜 성품을 보아 부처를 이룬다 하니, 어떠한 것이 견성(見性)입니까?

曰達摩以眞空妙理, 直指人心。見性者, 使人轉物情空, 自然見性也。豈在乎筆舌傳之哉。

이르길, 달마가 참된 공(空)의 묘한 이치로 사람의 마음을 바로 가리킨 것이다. 견성(見性)이란 사람으로 하여금 감정을 텅 비워 내가 주인이 되어 외물(外物)의 부림을 받지 않는다면, 자연히 성품을 볼 수 있는 것이다. 어찌 글이나 말로 전할 수 있겠는가?

問儒有先天易, 釋有般若經, 道有靈寶經, 莫非文字乎。

유교에서는 선천의 『역(易)』이 있고, 불교에서는 『반야경(般若經)』이 있고 도교에서도 『영보경(靈寶經)』이 있는데 이들이 문자가 아닌지요?

曰非也，皆聖人以無言，而形於有言，顯眞常之道也。釋敎一大藏敎典及諸家語錄因果。儒敎九經三傳、諸子百家。道敎洞玄諸品經典及諸丹書，是入道之徑路，超昇的梯階。若至極處，一個字也使不着。汝問余數事，亦只是過河之筏。向上一着，當於言句之外求之。或築着、磕着，悟得透，得復歸於太極，圓明覺照、虛徹靈通、性命雙全、形神俱妙、虛空同體、仙佛齊肩，亦不爲難。

이르길, 아니다. 모든 성인들이 말이 없는 것이나 말씀을 나타내니, 참되고 항상 하는 도를 드러낸 것이다. 불교의 대장경(大藏經) 및 여러 문파의 어록이 다 이런 것이다. 유교의 구경삼전(九經三傳), 제자백가, 도교의 통현제품경전(洞玄諸品經典) 및 여러 단서(丹書)들이 도에 들어가는 지름길이고 초월의 세계로 오르는 계단이다. 만약 지극한 곳에 이르면 한 글자도 집착할 필요가 없다. 그대가 나에게 이것저것 묻는 것도 단지 강을 건너기 위한 뗏목일 뿐이다. 향상일착(向上一着) 하려면 마땅히 문구 이외에서 도리를 구해야 한다. 혹 댓돌 맞듯 맷돌 맞듯 철저히 깨달아야 태극으로 돌아가니, 뚜렷이 밝아 깨달아 비추면 비어 있음을 꿰뚫이 신묘하게 통하고, 성과 명이 함께 온전하여 형신(形神)이 다 묘하고, 허공과 한 몸이 되면 신선과 부처가 어깨를 나란히 함이 어렵지 않을 것이다.

問先生云: 三敎一理，極荷開發。但釋氏涅槃，道家脫胎，似有不同處。

선생님께서 이르시길, "삼교가 하나의 이치로, 함께 개발해야 한다."라 하셨습니다. 그러나 불가에서는 열반이라 하고, 도가에서는 탈태라 하는데 다른 점이 무엇인가요?

曰涅槃與脫胎, 只是一個道理。脫胎者, 脫去凡胎也, 豈非涅槃乎 如道家煉精化氣, 煉氣化神, 煉神還虛, 卽抱本歸虛, 與釋氏歸空一理, 無差別也。

이르길, 열반과 탈태는 하나의 도리이다. 탈태란 평범한 몸에서 벗어난다는 것이니, 이것이 바로 열반 아닌가? 도가에서 정을 단련하여 기로 변화하고, 기를 단련하여 신으로 변화하며, 신을 수련하여 허로 돌아가는 것은 곧 본질을 품고 허로 돌아가는 것이고, 불가에서 공(空)으로 돌아가는 것은 하나의 이치로 다름이 없다.

又問脫胎後, 還有造化麼。

탈태한 후에도 조화가 있습니까?

曰有造化在。聖人云: 身外有身未爲奇特, 虛空粉碎方露全眞。所以脫胎之後, 正要脚踏實地, 直待與虛空同體, 方爲了當。且如佛云眞空, 儒曰無爲, 道曰自然, 皆抱本還元, 與太虛同體也。執着之徒, 疇克知此一貫之道哉。

이르길, 조화가 있다. 성인이 이르길 "몸 외에 또 몸이 있는 것이 기이하고 특별한 것이 아니고, 허공(虛空)이 분쇄돼야 온전한 참됨이 드러난다."라고 했다. 이른바 탈태한 후에 실제 땅을 밟을 때가 중요하고 허공(虛空)과 한 몸이 될 때를 기다려야 비로소 료당(了當)163)에 이를 수 있다. 불가에서 말한 '진공(眞空)'이나 유가에서 말한 '무위(無爲)'나 도가에서 말한 '자연(自然)'은 다 본질을 품고 근원으로 돌아가고 태허(太虛)와 한 몸이 되는 과정을 말한 것이다. 집착한 사람들은 누가 능히 이 일관(一貫)의 도를 알겠는가.

奇特[기특]: 기특하다. 기이하고 특별하다.

直待[직대]: (어떤 시간·단계 등에 이르기까지) 줄곧[내내] 기다리다.

脚踏實地[각답실지]: 발로 실제 땅을 밟고 산다는 것인데 (일을 처리하는 것이) 차분하고 실답다. 착실(着實)하다. 성실(誠實)하다는 뜻이다.

疇: 두둑 주/ 밭두둑. 밭. 종류. 짝. 동류. 부류. 동배. 누구. 종전. 과거. 접때.

克: 이길 극/ …할 수 있다. 능히 …하다. 잘하다. 능하게 하다. 극복하다. 억제하다. 이기다. 승전하다. 점령하다. 소화하다. (기한을) 정하다. (성격·궁합 따위가) 상극하다.

潔庵曰: 先生精造金丹之妙道, 融通三敎之玄機, 隨問隨答, 極玄極妙, 豈敢自秘. 當刊諸梓, 與同志之士相與開發, 隋珠趙璧, 自有識者。

---

163) 료당(了當). 지극히 텅 빈 상태. 태허(太虛)와 하나 된 상태.

결암이 이르길, 선생님은 정(精)을 만드는 금단의 묘한 도와, 삼교의 현기(玄機)에 대해서도 융통하시니, 무엇을 물어도 그 대답이 지극히 현묘하십니다. 어찌 혼자만이 감추려 하십니까? 마땅히 판각하여 모두 간행한다면 여러 뜻을 같이하는 이들이 서로 개발한다면 진주를 알아볼 사람들이 당연히 있으리라 여겨집니다.

조정암문답(趙定庵問答)

師曰: 前代祖師, 高眞上聖, 有無上至眞之道, 留傳在世度人, 汝還知否。

스승님: 윗대의 조사나 훌륭한 성인들이 위없는 참된 도를 이 세상에 전해 사람을 제도했는데 그대는 알고 있는가?

定庵曰: 弟子初進玄門, 至愚至蠢, 蒙師收錄, 千載之幸也。無上正眞之道, 誠未知之, 望師開發。

정암: 제자가 현문에 처음 들어와 지극히 어리석으나 스승님께서 저를 받아주시고 깨우쳐 주시니 참으로 귀한 행운을 얻었습니다. 솔직히 위없는 바르고 참된 도에 대해서는 잘 모르겠습니다. 바라옵건대 스승님께서 깨우쳐 주셨으면 합니다.

師曰無上正眞之道者, 無上可上、玄之又玄、無象可象、不然而然、至極至妙之謂也, 聖人强名曰: 道。自古上仙, 皆由此處了達, 未有不由是而修證者。聖師口口, 歷代心心相傳, 所授金丹之旨, 乃無上正眞之妙道也。

스승님: 무상정진지도(無上正眞之道)란 더 이상의 위없는 것이고, 현묘하고 또 현묘하며, 형상이 있으나 형상이 없는 것이고, 그러하나 그러하지 않으니 더 이상 무엇으로 비유할 수도 없는 묘함의 극치라 할 수 있다. 성인들은 억지로 '도(道)'라는 이름을 붙였다. 옛날부터 지금까지 신선들은 다 이곳을 통해서 요달하는 것이니 이 과정을 안 밟은 사람이 없다. 성인들이 마음과 마음으로 전해 내려온 금단의 비결이 바로 위없이 바르고 참된 묘한 도이다.

定庵曰: 無上正眞之妙, 喩爲金丹, 其理云何。

정암: 무상정진의 묘함을 금단으로 비유한 원인이 무엇이라 할 수 있습니까?

師曰: 金者堅也, 丹者圓也, 釋氏喩之爲圓覺, 儒家喩之爲太極, 初非別物, 只是本來一靈而已。本來眞性, 永劫不壞, 如金之堅, 如丹之圓, 愈煉愈明。釋氏曰○, 此者眞如也, 儒曰○, 此者太極也, 吾道曰○, 此乃金丹也, 體同名異。

스승님: 금은 견고하고 단은 둥글어서 불가에서는 금단을 '원각(圓覺)'으로 비유하고 유가에서 '태극(太極)'으로 비유한다. 이것은 특별한 물건이 아니고 본래 하나이 신령스러움이다. 본래이 참된

성품은 영겁토록 없어지지 않고, 금처럼 강하고 단처럼 둥글어서 수련하면 할수록 환해진다. 불가에서 ○을 진여라고 했고 유가에서는 ○을 태극이라고 했고 나의 도는 ○을 금단이라고 했는데 사실 본체는 같은데 단지 이름이 다를 뿐이다.

易曰: 易有太極, 是生兩儀。太極者, 虛無自然之謂也。兩儀者, 一陰一陽也。陰陽, 天地也。人生於天地之間, 是謂三才, 三才之道, 一身備矣。太極者, 元神也。兩儀者, 身心也。以丹言之, 太極者, 丹之母也; 兩儀者, 眞鉛、眞汞也。所謂鉛汞者, 非水銀、朱砂、硫黃、黑錫、草木之類, 亦非精津、涕唾、心腎、氣血, 乃身中元神, 身中元氣。身不動, 精氣凝結, 喩之曰丹。所謂丹者, 身也。○者, 眞性也。丹中取出○者, 謂之丹成。所謂丹者, 非假外而造作, 由所生之本而成正眞也, 世鮮知之。

『역(易)』에 이르길, "역에 태극이 있어 태극으로 양의(兩儀)가 생긴다."라고 했다. 태극이란 허무의 자연을 가리킨 것이다. 양의란 음과 양을 말하는 것이다. 음양은 하늘과 땅을 가리키는 것이다. 사람이 천지간에 태어나고 이것을 삼재(三才)라고 하니, 삼재의 도리를 온몸에 갖추고 있다. 태극은 원신(元神)이고, 양의는 몸과 마음이다. 단으로 말하자면 태극은 단의 근본(母)이니, 양의는 진정한 연(鉛)과 진정한 홍(汞)이다. 여기서 말한 연과 홍은 그냥 수은, 주사, 유황, 흑석, 풀이나 나무 같은 것을 얘기한 것이 아니고 또한 정액, 눈물, 심신(心腎), 기혈(氣血)을 얘기한 것도 아니다. 몸 안의 원신(元神), 즉 몸의 원기(元氣)를 얘기하는 것이다. 몸을 고요히 하여 정기를 응결하는 것을 '단(丹)'으로 비유한다. 이른바 단이란 몸이다. ○이란 참된 성품이다. 단 가운데서 ○을 취해 내는 것을 단을 이루었다고 한다. 단이란 무엇으로 만든 것이 아니라 원래의 본성으로 바르고 참됨을 이룬 결과이니, 세상에서 잘 아는 사람이 드물다.

今之修丹之士, 多不得其正傳, 皆是向外尋求, 隨邪背正, 所以學者多而成者少也。或煉五金八石、或煉三遜五假、或煉雲霞外氣、或煉日月精華、或採星曜之光、或想空中丸塊而成丹、或想丹田有物而爲丹、或肘後飛金精、或眉間存想、或還精補腦、或運氣歸臍, 乃至服穢吞精、納新吐故、八段錦、六字氣、搖夾脊、絞轆轤、閉尾閭、守臍蒂、採天癸、煅秋石、屈伸導引、拂摩消息、默朝上帝、舌拄上齶、三田還返、閉息行氣、三火聚於膀胱、五行攢於苦海, 如斯小法, 何啻千門。縱勤功採取, 終不能成其大事。經云: 正法難遇, 多迷眞道, 多入邪宗。此之謂也。夫至眞之要, 至簡至易, 難遇易成。若遇至人點化, 無不成就。

지금 단을 수련하는 사람들 중에 대부분은 바른 가르침을 얻지 못하여 모두 밖으로 단을 구한다. 그래서 정도를 등지고 사도를 따르게 되어, 이른바 배우는 사람은 많지만 이룬 사람은 별로 없는 것이나. 어떤 사람은 오금필식(五金八石)을 단련하고 어떤 사람은 삼손오가(三遜五假)를 단련하고 어떤 사람은 운하외기(雲霞外氣)를 단련하고 어떤 사람은 일월정화(日月精華)를 단련하고 어떤 사람은 별들의 빛을 채취하려고 노력하고 어떤 사람은 텅 빈 가운데에 둥근 덩어리를 상상하여 단을 이루었다 하고, 어떤 사람은 단전에 물질이 있다고 상상하여 단이 된다고 생각한다. 어떤 사람은 등으로 정(精)을 돌려 정수리에 넣고, 어떤 사람은 미간을 존상하고, 어떤 사람은 정을 돌려 뇌에 채우고, 어떤 사람은 기를 운행하여 배꼽으로 모으고, 심지어 어떤 사람은 정을 삼킨다고 거친 것을 먹고, 새로운 것을 흡수하고 옛것을 뱉어 내며, 팔단금(八段錦), 육자기(六字氣)를 행하고, 협척을 흔들고, 녹로관을 비틀고, 미려를 닫고, 배꼽을 지키고, 천계를 채취하고, 추석을 제련하고, 굽혔다 폈다 하며 도인하고, 두루 어루만져 자라고 소멸하게 하고, 묵묵히 상제를 조알하고, 상악에 혀를 대고, 세 단전으로 환반(還返)하며, 폐식(閉息)하고 기를 운행한다, 삼화(三火)[164]를 방광에 모으고, 고해(苦海)에 오행을 모으고, 이런 작은 법들이 어찌 천문파뿐이겠는가. 이대로 아무리 열심히 하더라도 끝내는 이룰 수 없을 것이다. 경에 이르길, "바른 도는 만나기 어려우니, 사람들은 미혹하여 진정한 도를 알지 못하고, 삿된 가르침에 들어가게 된다."라 함이 바로 이런 뜻이다. 진정한 도의 요점은 지극히 간단하고 쉬운 것이다. 이것을 얻기는 어렵지만 이루기는 쉬운 것이다. 만약 지인(至人)을 만나 진정한 가르침을 받게 된다면 성취하지 못할 리가 없다.

轆轤[녹로]: 고패. 오지 그릇 따위를 만들 때, 바로 돌리며 모형과 균형 등을 잡는 데 쓰는 물레. 녹로대(轆轤臺).

---

164) 삼화(三火): 현규 안에 군화(君火)와 현규 주위에 있는 상화(相火), 온몸에 퍼져 있는 민화(民火).

우산이나 양산대 위에 장치하여 살을 한곳에 모아서
폈다 닫았다 하는 데에 쓰이는 물건.

何啻[하시]: 어찌 …뿐이랴. 오직 …만은 아니다.

絞: 목 맬 교/ 비틀다. 꼬다. 뒤엉키다. 얽히다. 비틀어 짜다. 죄
어 짜다. 목매어 죽이다. (도르래로) 감다. 감아올리다. 급하
다. 절박하다. 긴급하다.

蒂: 꼭지 체/ 과일의 꼭지. 근본. 가시. (심중에) 맺힌 감정. 꽁한
감정. 응어리. 원한.

攢: 모을 찬/ 모으다. (기계 따위를) 조립하다. 꼭 쥐다. 종용하다.

啻: 뿐 시/ 다만. 단지. 뿐.

定庵曰: 弟子夙生慶幸, 得遇老師, 辛沾法乳。金丹之要, 望賜
點化。

정암: 제자가 전생의 큰 복인 듯 스승님을 만나게 돼서 진정한
법을 받게 되었습니다. 바라옵건대, 금단의 요점에 대해 가르침을
베풀어 주셨으면 합니다.

師曰汝今諦聽, 但爲汝談。夫煉金丹者, 全在奪天地造化, 以
乾坤爲鼎器, 日月爲水火, 陰陽爲化機, 烏兎爲藥物。伏天罡之
斡運, 斗柄之推遷, 採藥有時, 運符有則, 進火退符, 體一年之
節候。抽鉛添汞, 象一月之虧盈。攢簇五行, 合和四象, 追二氣
歸黃道, 會三性於元宮, 返本還元, 歸根復命, 功圓神備, 凡蛻
爲仙, 謂之丹成也。

스승님: 그대는 잘 들어라. 너를 위해 말하니, 금단을 수련하는 것은 천지조화를 잘 이용하기에 달려 있다. 건곤을 정기(鼎器)로 쓰고 일월을 수화(水火)로 쓰고 음양을 변화의 기틀로 쓰고 까마귀와 토끼를 약물로 쓴다. 북두성의 회전 운행은 두병(斗柄)[165]의 변화에 의거하고 약물을 채취하는 것도 때가 있으며, 운행(運符)에도 규칙이 있으니, 양기를 올리고 음기를 내리는 일은 일 년의 절후를 체(體)로 한다. 연을 빼고 홍을 첨가하는 것이 마치 달이 차고 이지러지는 것과 같다. 오행이 한곳에 모이고 사상(四象)이 화합하면 두 기(氣)를 좇아 황도(黃道)로 돌아가느니라. 삼성(三性)이 원궁(元宮)에 모이면 본원으로 돌아가니, 근본으로 돌아가 명(命)을 회복하는 것이다. 공(功)이 원만하여 신(神)이 갖추어지니, 범부의 몸에서 벗어나 신선이 되고, 이를 일러 단을 이루었다고 하느니라.

天罡[천강]: 북두성(北斗星).

斡運[알운]: 회전 운행하다.

攢簇[찬족]: 한곳에 모이다. 모여서 무리를 이루다.

定庵曰: 天地造化, 誠恐難奪。

정암: 천지조화는 실로 얻기가 어려운 것 같습니다.

師曰: 無出一身, 奚難之有? 天地, 形體也; 水火, 精氣也; 陰

---

165) 斗柄(두병): 북두칠성을 국자 모양으로 보았을 때 그 자루가 되는 자리에 있는 옥형(玉衡), 개양(開陽), 요광(搖光)의 세 개의 별. 단경에서 주천 운행시의 진의(眞意)를 말하고 있다.

陽, 身心也; 烏冤, 性情也。所以形體爲鼎爐, 精氣爲水火, 情性
爲化機, 身心爲藥材。聖人恐學者無以取則, 遂以天地喩之。人
身與天地造化, 無有不同處, 身心兩個字, 是藥也是火。所以天
魂、地魄、乾馬、坤牛、陽鉛、陰汞、坎男、離女、日烏、月
冤, 無出身心兩字也。

스승님: 다 몸 안에 있는데 무슨 어려움이 있겠느냐. 천지는 형
체이고 수화(水火)는 정기(精氣)다. 음양은 신심(身心)이고 까마귀
와 토끼는 성정(性情)이다. 이른바 형체는 정로(鼎爐)이고 정기는
수화(水火)이다. 성정(性情)이 변화의 기틀이고 신심(身心)이 약재
(藥材)이다. 성인들이 배우는 이들이 혹시 어디서 찾아야 될지 모
를까 뵈 천지로 비유를 한 것이다. 사람 몸과 천지의 조화에 다른
데가 없기 때문이다. 신(身)과 심(心)은 약(藥)도 되고 화(火)도 된
다. 이른바 하늘은 혼(魂), 땅은 백(魄), 건(乾)은 말, 곤(坤)은 소,
양(陽)은 연(鉛), 음(陰)은 홍(汞), 감(坎)은 남자, 이(離)는 여자, 태
양은 까마귀, 달은 토끼로서 다 신(身)과 심(心)에서 벗어남이 없다.

天罡幹運者, 天心也。丹書云: 人心若與天心合, 顚倒陰陽只片
時。又云: 以心觀道, 道卽心也。以道觀心, 心卽道也。斗柄推遷
者, 玄關也。夫玄關者, 至玄至妙之機關也。今之學者, 多泥於
形體, 或云眉間、或云臍輪、或云兩腎中間、或云臍後腎前、或
云膀胱、或云丹田、或云首有九宮, 中爲玄關, 或指産門爲生身
處, 或指口鼻爲玄牝, 皆非也。但着在形體上, 都不是, 亦不可
離此一身向外尋求。諸丹經皆不言正在何處者, 何也? 難形筆舌,

亦說不得, 故曰玄關。所以聖人只書一中字示人, 此中字玄關明矣。

북두성의 회전운행이란 천심(天心)을 가리킨 것이다. 단서에서 "사람의 마음이 만약 하늘의 마음과 합쳐지면 잠시 음과 양이 뒤바뀐다."라고 했다. 또한 "마음으로 도를 보면 도가 바로 마음이란 것을 알 수 있고, 도로 마음을 보면 마음이 바로 도란 것도 알 수 있다."라고 했다.

두병을 움직인다는 것은, 현관을 가리킨 것이다. 현관이란 지극히 현묘한 기틀의 관규이다. 오늘날 배우는 사람들은 대부분이 형체에 빠져, 혹은 두 눈썹 사이라거나, 혹은 배꼽이라거나, 혹은 두 신장의 가운데라거나 혹은 배꼽 뒤 신장 앞에 있다거나 혹은 방광이라거나, 혹은 단전이라 하고, 혹은 머리에 구궁(九宮)이 있는데 그 가운데를 현관이라고 한다. 또 몸이 태어나는 곳인 산문(産門)을 가리키기도 하고, 혹은 입과 코를 현빈이라고 한다. 이러한 것은 모두 아니다. 형체에 있다고 집착하거나 더욱이 몸 밖에서 찾아서도 안 된다. 여러 단경에서도 모두 정확히 어느 곳이라고 말하지 않는다. 어째서인가? 글이나 말로는 설명하기 어렵기 때문에 단지 현관이라 말하는 것이다. 따라서 성인은 단지 '중(中)' 자를 써서 사람들에게 보이는 것이니 이 중 자가 바로 현관인 것이 분명하다.

片時[편시]: 잠시(暫時).
顚倒[전도]: 뒤바뀌다. 상반되다. 전도하다. 착란(錯亂)하다. 뒤섞여서 어수선하다.

所謂中者, 非中外之中、亦非四維上下之中、不是在中之中。釋云不思善, 不思惡, 正恁麼時, 那個是自己本來面目? 此禪家之中也。儒曰喜怒哀樂未發, 謂之中。此儒家之中也。道曰念頭不起處, 謂之中。此道家之中也。此乃三敎所用之中也。易曰寂然不動, 中之體也。感而遂通, 中之用也。老子曰致虛極, 守靜篤, 萬物並作, 吾以觀其復。易云復其見天地之心。且復卦, 一陽生於五陰之下。陰者靜也, 陽者動也, 靜極生動, 只這動處便是玄關也。汝但於二六時中, 擧心動念處著工夫, 玄關自然見也。見得玄關, 藥物火候, 運用抽添, 乃至脫胎神化, 並不出此一竅。

이른바 중(中)이란 중 밖의 중이 아니고, 사유와 상하의 가운데도 이니고, 중의 기운데에 있는 것도 아니다. 석가가 이르길, "선을 생각하지도 않고 악을 생각하지도 않는 바로 이때가 자신의 본래 면목이다."라고 하였는데 이것은 선가(禪家)의 '중'이다. 유가에서 이르길, "희로애락이 아직 드러나지 않은 것을 중이라 한다."고 하였는데, 이것은 유가의 중이다. 도가에서 이르길, "머릿속의 생각이 일어나지 않는 곳을 중이라 한다."고 하였는데 이것은 도가의 '중'이나. 이것이 삼교에서 밀하는 '중'의 의미이다. 『역』에서는 "고요하여 움직임이 없는 것이 중의 본체이고 감응해서 통하게 되는 것이 중의 작용이다."라고 말한다. 노자(老子)는 "허에 이르기를 지극하게 하고 고요함을 지키기를 돈독하게 하라. 만물이 무성하게 일어나는 데서 나는 그 돌아감을 본다."라고 했다. 『역』에서 "복(復)은 천지의 마음을 보인 것이다."라 하였는데, 복괘는 다섯 개의 음(陰) 아래에서 하나의 양(陽)이 생겨나는 것이니, 음은 고요함이요, 양은 움직임이다. 고요함이 극에 이르면 움직임이 생하는데 이 움직이는 곳이 바로 '현관'이다. 그대가 하루 종일 내내 마음의 거동과 생각이 움직이는 곳에 집중하여 공부하면 저절로 현관을 볼 수 있을 것이다. 현관을 보게 되면 약물을 채취하여 화후를 운용하고, 연(鉛)을 빼서 홍(汞)을 더하는 일과 신(神)이 변화하여 탈태(脫胎)하는 것이 결코 이 일규(一竅)에서 벗어나는 것이 아니다.

念頭[염두]: 머릿속의 생각. 마음속.
寂然不動[적연부동]: 아주 조용하여 움직이지 아니함.
感而遂通[감이수통]: 점괘에 신(神)이 감응(感應)되어 모든 일이 통하게 됨.

採藥者, 採身中眞鉛、眞汞也。藥生有時, 非冬至、非月生、非子時。祖師云: 煉丹不用尋冬至, 身中自有一陽生。又云: 鉛遇癸生須急採, 金逢望遠不堪嘗。以此求之, 身中癸生一陽時也, 便可下手採之, 二氣交合之後, 要識持盈, 不可太過, 望遠不堪嘗也。

약을 채취한다는 것은 몸 가운데의 진정한 연과 홍을 채취하는 것이다. 약이 생기는 것도 때가 있는데, 동지도 아니고 달이 생기는 때도 아니고 자시도 아니다. 조사께서 이르길, "단을 수련하는데 동지를 찾을 필요가 없고, 몸 안에 하나의 양(陽)이 생기는 때로부터 비롯한다."라 하였고, 또 이르길, "연(鉛)이 계(癸)가 생하는 때를 만나면 급히 채취해야 한다. 금이 보름에서 멀어지면 쓸 수가 없다."라고 했다. 이것으로 구할 수 있는 것은, 몸 안의 계(癸)는 하나의 양이 생하는 때이니, 바로 채취해도 된다는 것이다. 음양의 두 기가 교합한 후에는 잘 지키는 것이 중요하다. 너무 지나쳐 보름에서 멀어지면 쓸 수가 없어진다.

進火退符, 無以取則, 遂以一年節候、寒暑往來以爲火符之則。又以一月盈虧, 以明抽添之旨。且如冬至一陽生, 復卦十二月二陽, 臨卦正月三陽, 泰卦二月四陽, 大壯卦三月五陽, 夬卦四月純陽, 乾卦。陽極陰生, 五月一陰, 姤卦六月二陰, 遁卦七月三陰, 否卦八月四陰, 觀卦九月五陰, 剝卦十月純陰, 坤卦。陰極陽生, 周而復始, 此火符進退之機。奈何學者執文泥象, 以冬至日下手進火, 夏至退符, 二八月沐浴, 尤不知其要也。聖人見學者錯用心志, 又以一年節候, 促在一月之內, 以朔望象冬夏至, 以兩弦比二八月, 以兩日半准一月, 以三十日准一年, 世人又着在月上。又以一月盈虧, 促在一日, 以子午體朔望, 以卯酉體二弦, 學者又着在日上。近代眞師云一刻之工夫, 自有一年之節候。

진화 퇴부에 대한 규칙을 파악하지 못했다면, 곧 차고 더운 기운이 왕래하는 일 년의 절후를 화부(火符)의 규칙으로 생각하면 된다. 또 한 달이 차고 이지러지는 것으로 추첨(抽添)의 요지를 밝혔으니, 예를 들어서 동지에 하나의 양(一陽)이 생하니 복괘이고, 십이월의 이양(二陽)은 임괘(臨卦)이며, 정월의 삼양(三陽)은 태괘(泰卦)이다. 또 이월의 사양(四陽)은 대장괘(大壯卦)이고, 삼월의 오양

(五陽)은 쾌괘(夬卦)이며, 사월의 순양(純陽)은 건괘(乾卦)이다. 양이 지극하면 음이 생기니, 그래서 오월의 일음(一陰)은 구괘(姤卦)이며, 유월의 이음(二陰)은 둔괘(遯卦)고, 칠월의 삼음(三陰)은 비괘(否卦)이다. 또한 팔월의 사음(四陰)은 관괘(觀卦)이고, 구월의 오음(五陰)은 박괘(剝卦)이며, 시월의 순음(純陰)은 곤괘(坤卦)이다. 그리고 음이 지극하면 양이 생기니, 이렇게 복(復)을 시작으로 순환하는 이것이 바로 화부(火符)의 나아가고 물러나는 기틀이다. 배우는 이들이 문자에 집착하고 형상에 빠져 동짓날에 진화(進火)하고 하지에 퇴부(退符)하며, 이월이나 팔월에 목욕하는데 사실은 다 그 요점을 몰라서 그런 것이다. 성인들이 배우는 이들이 심지(心志)를 잘못 쓰는 것을 보고 일 년의 절후를 한 달 안에 있게 하였는데, 음력 초하루와 보름을 동지와 하지로 상징하고 양현(兩弦)을 이월과 팔월로 비유하며, 한 달을 이틀 반에 준하고 일 년을 삼십 일에 준했다. 그래서 세상 사람들이 또 한 달로 줄인 방식에 집착해서 또한 한 달의 차고 이지러지는 것을 하루 안에 형상하고, 자오(子午)로 음력 초하루와 보름을 형상하고, 묘유(卯酉)로 이현(二弦)을 표현했다. 그래서 배우는 이들이 또 이번에는 하루에 집착했다. 근대의 진정한 스승들은 "일각(一刻)의 공부에도 일 년의 절후를 포함한다."고 했다.

又曰: 父母未生以前, 烏有年、月、日、時。此聖人誘喩, 初學勿錯用心。奈何執着之徒, 不窮其理, 執文泥象, 徒爾勞心。余今直指與汝, 身中癸生, 便是一陽也。陽升陰降, 便是三陽也。陰陽分是四陽, 體二月, 如上弦, 比卯時, 宜沐浴, 然後進火, 陰陽交，神氣合，六陽也。陰陽相交，神氣混融之後，要識持盈，不知止足，前功俱廢。故曰金逢望遠不堪嘗。然後退符，象一陰。乃至陰陽分，象三陰。陰陽伏位，宜沐浴，象八月，比下弦，如酉時也。然後退至六陰，陰極陽生，頃刻之間一周天也。汝但依而行之，久久工夫，漸凝漸結，無質生質，結成聖胎，謂之丹成也。

　또 이르길, "부모로부터 태어나기 전에 년, 월, 일, 시가 어찌 있으랴." 하였는데, 이것은 성인들이 비유하여 가르친 것으로, 처음 배울 때 잘못 이해할 수 있으니 조심해야 한다. 그런데 집착하는 사람들이 그 이치를 잘 이해하지 못하여 문자와 형상에 빠져 마음만 수고롭게 하는구나. 오늘 내가 그대에게 바로 가리키니, 몸에 생긴 계(癸)가 바로 일양(一陽)이다. 양이 오르고 음이 내리는 것이 바로 삼양(三陽)이다. 음과 양이 나누어지니 이것이 사양(四陽)이다. 이월의 형체는 상현(上弦)과 같고, 묘시(卯時)에 비교되니 마땅히 목욕으로 간주함이 옳고, 그런 후 진화(進火)하여 음과 양이 교류하고 신과 기가 합하니 이것이 바로 육양(六陽)이다. 음과 양이 교류하고 신과 기가 섞이어 융합한 후에 잘 지켜 유지함이 중요하다. 충족되어 그칠 줄 모르면 앞에 해 왔던 노력이 다 헛될지도 모른다. 그래서 "금이 보름에서 멀어지면 쓸 수 없어진다."라는 말이 바로 이런 뜻이다. 그런 다음에 퇴부(退符)함이 일음(一陰)이다. 음과 양이 나누어지면 삼음(三陰)이다. 음과 양이 자리를 잡으면 마땅히 목욕하고, 팔월의 상징은 하현(下弦)으로 비유하니 유시(酉時)와 같다. 그런 다음에 물러나 육음(六陰)166)에 이르고 음이 지

---

166) 육음(六陰): 오위(午位)에서 미신유술해(未申酉戌亥)의 6자리를 지나 기해(亥位)까지 내려가는 것이므로 육음이라고 한다.

극하면 양이 생기어 잠깐 사이에 일주천(一周天)을 한다. 그대가 이대로 행하여 오랫동안 공부하면 점점 응결되어 바탕이 없는 데서 바탕이 생겨나 성태(聖胎)가 결성되면 단을 이루었다 하는 것이다.

烏有[오유]: 어찌 있으랴. 사물(事物)이 아무것도 없이 됨.
誘: 꾈 유/ 이끌다. 가르치다. 유도하다. 꾀다. 유인하다.
喩: 깨우칠 유/ 설명하다. 알리다. 고지하다. 이해하다. 깨닫다. 비유하다.

定庵曰: 下手工夫, 周天運用, 已蒙開發。種種異名, 不能盡知, 望師指示。

정암: 공부의 시작과 주천의 운용은 이미 개발하였으나, 여러 가지 다른 이름을 다 알 수가 없으니 바라옵건대 스승님께서 가리켜 주십시오.

師曰異名者, 只是譬喩, 無出身心兩字。下工之際, 凝耳韻、含眼光、緘舌氣、調鼻息、四大不動, 使精神魂魄意各安其位, 謂之五氣朝元; 運入中宮, 謂之攢簇五行。心不動, 龍吟。身不動, 虎嘯。身心不動, 謂之降龍伏虎。龍吟, 則氣固; 虎嘯, 則精固, 握固靈根也。以精氣喩之龜蛇, 以身心喩之龍虎, 龜蛇打成一片, 謂之合和四象。以性攝情, 爲之金木並, 以精禦氣, 謂之水火交。木於火同源, 兩性一家, 東三南二同成五也; 水與金同源, 兩性一家, 北一西方四共之也; 土居中宮, 屬意, 自己五

數，戊己還從生數五。心身意打成一片，三家相見結嬰兒，總謂
之三五混融也。煉精化氣，煉氣化神，煉神還虛，謂之三花聚
鼎，又謂之三關。

　스승님: 이름이 다르다는 것은 단지 비유일 뿐이니, 다 심신(心
身) 이 두 글자에 벗어나지 않는다. 공부를 시작할 때는 귀로는 소
리를 응결하고, 눈으로 빛을 머금고, 혀로는 기를 봉하고, 코로 호
흡을 조절하여 몸을 움직이지 말아야 한다. 정(精)·신(神)·혼
(魂)·백(魄)·의(意)가 각자의 자리에서 편안하니 이것을 '오기조
원(五氣朝元)'이라 하고, 중궁(中宮)으로 들게 되니, '오행이 한곳
에 모인다.'고 한다. 마음이 고요하면 용이 울고, 몸이 움직이지 않
으면 호랑이가 포효한다. 몸과 마음이 모두 고요해지면 '용과 초랑
이가 항복하였다'고 한다. 용이 울면 기가 견고해지고 호랑이가 포
효하면 정(精)이 견고해지니 그래서 신령한 근본을 움켜쥐는 것이
다. 정기(精氣)를 거북과 뱀으로 비유하고, 심신(心身)을 용호(龍虎)
로 비유하여 거북과 뱀이 하나로 뭉치면 '사상(四象)이 화합한다'
고 한다. 성(性)으로 정(情)을 섭생하는 것을 '금목을 아우른다'고
하고, 징으로 기를 다스리는 깃을 '수화가 교류한다'고 한다. 목
(木)은 화(火)와 근원이 같아 두 성질이지만 하나의 집안이니 동쪽
의 삼(三)과 남쪽의 이(二)로 함께 오(五)를 이룬다. 수(水)도 금(金)
과 더불어 근원이 같아 두 성질이 같은 집안이니, 북쪽의 일(一)과
서방의 사(四)도 같이함이라. 토(土)는 중궁(中宮)에 있어 의(意)에
속하여 스스로 오(五)를 이루니, 무(戊)와 기(己)도 스스로 생수 오
(五)에 머무른다. 신(身), 심(心), 의(意)가 하나로 뭉치면 삼가(三家)

가 서로 보아 영아를 맺으니, 이것을 한마디로 이르면 '삼오가 혼융한다'고 한다. 정을 단련하여 기로 변화되고, 기를 단련하여 신으로 변화되고, 신을 단련하여 허로 돌아가는 것을 삼화취정(三花聚鼎)이라고 하고, 또 삼관(三關)이라고도 한다.

虎嘯[호소]: 호랑이가 길게 포효하다.

打成一片[타성일편]: 한 덩어리가 되다. 한데 뭉치다.

禦: 부릴 어, 막을 어/ 부리다. 몰다. 통괄하다. 관리하다. 다스리다. 모시다. 항거하다. 막다.

今之學人, 多指尾閭、夾脊、玉枕爲三關者, 只是功法, 非至要也。擧心動念處爲玄牝, 今人指口鼻者, 非也。身心意爲三要, 心中之性, 謂之砂中汞 身中之氣, 謂之水中金。金本生水, 乃水之母, 金反居水中, 故曰母隱子胎。外境勿令入, 內境勿令出, 謂之固濟。寂然不動, 謂之養火; 虛無自然, 謂之運用; 存誠篤志, 謂之守城; 降伏內魔, 謂之野戰。眞汞, 謂之姹女; 眞鉛, 謂之嬰兒; 眞意, 謂之黃婆; 性情, 謂之夫婦。澄心定意, 性寂神靈, 二物成團, 三元輻輳, 謂之成胎。愛護靈根, 謂之溫養。所謂溫養者, 如龍養珠、如雞覆子, 謹謹護持, 勿令差失, 毫發有差, 前功俱廢也。陽神出殼, 謂之脫胎。歸根復命, 還其本初, 謂之超脫。打破虛空, 謂之了當也。

지금 배우는 사람들 대부분은 미려, 협척, 옥침을 가리켜 '삼관(三關)'이라고 하는데 이것은 단지 수련의 공법이고 지극한 요점은 아니다. 마음과 생각이 움직이는 곳이 현빈(玄牝)인데, 오늘의 사람들이 입과 코를 가리켜 현빈(玄牝)이라고 하는 것은 틀린 것이다. 심(心)·신(身)·의(意)가 삼요(三要)이고, 마음속의 성(性)은 '모래 속의 홍(汞)'이라 하며, 몸속의 기(氣)는 '물속의 금'이라고 한다. 금은 본시 수(水)를 생하니 수(水)의 어미라고 봐야 한다. 그런데 반대로 금이 수(水) 가운데에 있으니 '어미가 자식의 태중에 숨었다'고 한다. 밖의 경계를 들지 못하게 하고 안의 경계를 나가지 못하게 하니 고제(固濟)라고 한다. 매우 고요하여 움직임이 없는 것을 양화(養火)라 하고, 허무하여 스스로 그러함을 운용(運用)이라고 한다. 뜻을 돈독히 하여 정성스럽게 지키니 수성(守城)이라고 하고, 안으로 일어나는 마음의 번뇌들을 굴복시키는 것을 야전(野戰)이라고 한다. 진정한 홍(汞)은 '차녀(姹女)'라고 하고 진정한 연(鉛)은 '영아(嬰兒)'라고 한다. 진의(眞意)는 황파(黃婆)라고 하며, 성정(性情)은 부부(夫婦)라고 한다. 마음을 맑게 하고 뜻을 안정하면 성(性)이 고요하여 신(神)이 신령하고, 이물(二物)이 덩어리를 이루어 삼원(三元)이 한곳으로 집중되면 '태를 이루었다'고 말한다. 신령스런 뿌리를 정성스럽게 보호하는 것을 온양(溫養)이라고 하는데, 이른바 온양한다는 것은 마치 용이 여의주를 기르고 닭이 알을 품듯이 아주 신중하게 보호하는 것이다. 작은 실수라도 있으면 안 될 것이니, 털끝만 한 실수가 앞서의 노력을 다 헛되게 할 수 있다. 양신(陽神)이 껍질에서 벗어나는 것이 발태라 하고, 근원으로 돌아가 명(命)을 회복하여 처음의 본래로 돌아가는 것을 초탈(超脫)이라고 한다. 허공(虛空)을 타파하는 것은 요당(了當)이라고 한다

澄心[징심]: 마음을 맑게 하다. 맑은 마음.

輻湊[폭주]: 폭주병진(輻輳幷臻)의 준말. 두 눈의 주시선이 눈앞
의 한 점으로 집중하는 일.

定庵曰: 金丹成時, 還可見否。

정암: 금단이 이루어질 때 과연 볼 수가 있는지요?

答曰: 可見。

답하길, 볼 수 있다.

曰有形否。

묻기를, 형태가 있습니까?

曰無形。

답하길, 형태가 없다.

問曰旣無形, 如何可見。

묻기를, 형태가 없는데 어떻게 볼 수 있습니까?

答曰金丹只是强名, 豈有形乎?　所謂可見者, 不可以眼見。釋
曰於不見中親見, 親見中不見。道經云視之不見, 聽之不聞。斯
謂之道。視之不見, 未嘗不見聽之不聞, 未嘗不聞。所謂可見、

可聞，非耳目所及也，心見意聞而已。譬如大風起，入山撼木，入水揚波，豈得謂之無。觀之不見，搏之不得，豈得謂之有。金丹之體，亦復如是。所以煉丹之初，有無互用，動靜相須，乃至成功，諸緣頓息，萬法皆空，動靜俱忘，有無俱遣，始得玄珠成象，太一歸眞也。

　답하길, 금단은 단지 억지로 이름을 붙였을 뿐이니, 어찌 형태가 있겠는가? 이른바 볼 수 있다는 것도 눈으로 보는 게 아니다. 석가는 "보이지 않는 가운데서 친히 보고, 친히 보는 가운데서 보이지 않는다."라 했고, 도경에서 "보나 보이지 않고 들으나 들리지 않는다."라 했는데 이것이 도이다. 보아도 보이지 않는 것을 진짜 보이지 않는다고 말할 수 없고, 들어도 들리지 않는 것이 진짜 안 들린다고 말할 수 없다. 여기서 보고 들을 수 있다는 것은 귀와 눈으로 하는 것이 아니고 마음으로 보고 의지로 듣는 것이다. 예를 들어 큰바람이 일어나, 산에 들어가면 나무가 흔들리고 물에 들어가면 파도를 일으키는 것과 같으니, 어찌 '없다'고 말할 수 있겠는가? 봐도 보이지 않고, 얻으나 얻은 것이 없는 것도 마찬가지이니 어찌 '있다'고 말할 수 있겠는가? 금단의 제재도 이와 같다. 그래서 단을 수련하는 초기에는 유무(有無)가 서로 작용하고, 동정(動靜)이 서로 쓰이는 것이니, 더 나아가 공을 이루면 모든 인연이 홀연히 쉬어지고 모든 법이 텅 비어, 동과 정을 다 잊고 유와 무도 다 비리게 되면, 비로소 현주(玄珠)가 형상을 이루니, 천지만물의 근원인 참됨으로 돌아가는 것이다.

未嘗[미상]: 일찍이 …한 적이 없다. 지금까지[아직] …못 하다. …이라고 말할 수 없다.

不得[부득]: (…해서는) 안 된다. 할 수가 없다.

撼: 흔들 감/ 뒤흔들다. 요동하다.

博: 넓을 박/ 많다. 풍부하다. 넓다. 광대하다. 식견이 넓다. 크다. 얻다. 취득하다.

頓: 조아릴 돈/ 잠시 멈추다. 좀 쉬다. 붓을 힘주어 종이에 대고 잠시 움직이지 않다. 땅에 닿도록 조아리다. (발을)구르다. 처리하다. 안치하다. 즉시. 돌연히. 홀연히. 피로[피곤]해지다.

遺: 보낼 견/ 파견하다. 보내다. 풀다. 덜다. 달래다. 쫓아 버리다. 고르다. 운용하다.

性命雙全, 形神俱妙, 出有入無, 逍遙雲際, 果證金仙也。所以經典、丹書, 種種異名, 接引學人, 從粗達妙, 漸入佳境, 及至見性悟空, 其事却不在紙上。譬若過河之舟, 濟渡斯民, 既登彼岸, 舟船無用矣。前賢云: 得兔忘蹄, 得魚忘筌。此之謂也。且餘今語此授汝, 却不可執在言上, 但只細嚼熟玩其味, 窮究本源。苟或一言之下, 心地開通, 直入無爲之境, 是不難也。更有向上機關, 未易輕述, 當於言外求之。

성과 명이 함께 온전하고, 형과 신도 다 묘하여, 유를 초월하여 무로 들어가 구름 위를 노니니 참으로 금선(金仙)이 되었음을 증명하는구나. 이른바 경전이나 단서에 종류마다 이름을 달리하여 배우는 이들을 이끄나, 엉성함으로부터 현묘함에 이르기까지 차근차근

좋은 경계에 들게 하고, 더 나아가 성품을 보아서 공(空)의 도리를 깨닫게 하는 것이, 책에서는 그런 지경을 표현하지 못한다. 예를 들어서 말하자면 강을 건널 때 쓰는 배와 마찬가지다. 배가 사람들을 태우고 강을 건너나 건넌 후에는 배가 쓸모없게 된다. 옛날 성인이 "토끼를 얻으면 올무를 잊고, 물고기를 얻으면 통발을 잊는다."라 한 것이 바로 이런 뜻이다. 내가 오늘 이렇게 그대에게 일러 줬지만 그러나 내 말에 집착해서는 안 된다. 말속에 포함돼 있는 뜻을 생각하면서 본래의 근원을 끝까지 참구해야 한다. 혹 한마디 말끝에 홀연히 마음을 깨닫게 되고, 바로 무위(無爲)의 경계에 이르는 것도 결코 힘든 일은 아니다. 더욱 향상하는 기틀의 관문도 있지만 아직 가볍게 논술할 수는 없으니, 마땅히 언어 밖의 도리를 구해야 하느니라.

금단혹문(金丹或問)

予觀丹經子書, 後人箋注, 取用不一。或着形體、或泥文墨、或以清靜爲苦空、或以汞鉛爲有象, 所見不同, 後人豈得不惑, 殊不知至道則一, 豈有二哉。又近來丹書所集, 多是傍門, 如解十返九還、寅子數坤申之類, 不亦謬乎? 予今將丹書中精要, 集成或問三十六則, 以破後人之惑, 達者味之。

내가 단경이나 자서(子書)를 살펴보면 뒷사람들의 주해가 다양하여 가져다 쓴 것이 하나가 아니다. 어떤 사람은 형체에 중심을 두

고 어떤 사람은 시문(詩文)이나 서화(書畵)에 빠지고, 어떤 이가 청
정함을 괴롭고 허무한 것으로 여기고, 어떤 이는 홍연(汞鉛)이 형
상이 있다고 하여, 서로의 견해가 다르니 뒤의 사람들이 어찌 의
혹하지 않을 수가 있겠는가? 진정한 도는 하나인데 어찌 두 개가
있을 리 있겠는가? 그리고 요즘 단서를 쓴 사람들은 대부분이 정
통이 아닌 자들이다. 예를 들어서 '칠반구환(七返九還)'을 인(寅)과
자(子)를 곤(坤)과 신(申)이라 헤아리는 부류니 어찌 그릇되지 아니
한가? 그래서 내가 오늘 단서 중의 중요한 부분을 서른여섯 가지
의문을 집성하여 후인들의 의혹을 풀어 주려 하니 통달한 자는 음
미할지어다.

箋注[전주]: 전주(箋註). 본문의 뜻을 설명한 주석(註釋), 주해(註解).
取用[취용]: 가져다 씀.
文墨[문묵]: 시문(詩文)을 짓거나 서화(書畵)를 그리는 일.
苦空[고공]: 괴롭고 허무(虛無)한 것.

或問何謂九還。

어찌 구환이라 합니까?

曰九乃金之成數, 還者, 還元之義, 則是以性攝情而已。情屬
金, 情來歸性, 故曰九還。丹書云: 金來歸性初, 乃得稱還丹。此
之謂也。若以子數至申, 爲九還者, 非也。

이르길, 구(九)는 금(金)의 성수(成數)이고 환은 원래로 돌아온다는 뜻이다. 곧 성(性)으로 정(情)을 섭생하는 것이다. 정(情)은 금(金)에 속하는 것이니 정이 성으로 돌아온 것이 구환(九還)이라고 한다. 단서에 이르길, "금이 처음의 성(性)으로 돌아온 것이 환단(還丹)이라고 한다."라고 한 것이 바로 이 뜻이다. 만약 자(子)로부터 신(申)까지 헤아려서 구환(九還)이라고 하면 틀린 것이다.

或問何謂七返。

어찌 칠반(七返)이라 합니까?

曰七乃火之成數, 返者, 返本之義, 則是煉神還虛而已。神屬火, 煉神返虛, 故曰七返。或以寅至申爲七返, 非也。悟眞篇云: 休將寅子數坤申, 只要五行繩準。正謂此也。

이르길, 칠(七)은 화(火)의 성수(成數)이고 반(返)은 본래로 되돌아가는 뜻이다. 신(神)을 단련하여 허(虛)로 되돌아가는 뜻이다. 신(神)은 화(火)에 속하고 신을 수련하여 허(虛)로 돌아가는 것이 '칠반(七返)'이라고 한다. 혹, 인(寅)으로부터 신(申)까지를 칠반이라고 하는 것은 틀린 것이다. 『오진편』에서 "인(寅) 자(子)로부터 곤신(坤申)까지 헤아리지 말고 오행(五行)을 표준으로 해야 한다."라는 말이 바른 뜻이다.

或問何謂三關。

이찌히여 삼관이라 합니까?

日三元之機關也。煉精化氣，爲初關煉氣化神，爲中關煉神還虛，爲上關。或指尾閭、夾脊、玉枕爲三關者，只是工法，非至要也。登眞之要，在乎三關，豈有定位？存乎口訣。

이르길, 삼원의 기틀인 관문이다. 정을 수련하여 기로 변화하는 것이 초관(初關)이고 기를 수련하여 신으로 변화하는 것이 중관(中關)이며 신을 수련하여 허로 변화하는 것이 상관(上關)이다. 어떤 사람이 미려, 협척, 옥침을 가리켜 삼관이라고 하는 것은 단지 수련하는 방법일 뿐이고 지극히 중요한 것은 아니다. 참됨에 오르는 요긴함이 삼관에 달려 있으니 어찌 정한 위치가 있겠는가? 단지 구결에 있을 뿐이도다.

或問何謂玄關。

현관이란 무엇입니까?

日至玄至妙之機關也。初無定位。今人多指臍輪、或指頂門、或指印堂、或指兩腎中間、或指腎前臍後，已上皆是傍門。丹書云：玄關一竅，不在四維上下，不在內外偏傍，亦不在當中，四大五行不着處是也。

이르길, 지극히 현묘한 기틀인 관규(關竅)이니, 처음에는 정해진 위치가 없다. 지금의 사람들이 배꼽이나 정문(頂門)이나 인당이나 양 신장의 가운데나 신장의 앞과 배꼽 뒤를 가리켜 현관인 줄 아는데 사실은 이러한 것들이 다 방문(傍門)이다. 단서에 이르길, "현관일규(玄關一竅)는 동서남북상하에 있지 않고 내외편방(內外

偏傍)에도 있지 않고 가운데에 있지도 않고 사대오행(四大五行)에
집착하는 곳이 아니다."란 것이 이것이다.

或問何謂三宮。

어떤 것을 삼궁이라 합니까?

曰三元所居之宮也。神居乾宮, 氣居中宮, 精居坤宮。今人指
三田者非也。

이르길, 삼원(三元)이 머무는 궁이다. 신(神)이 건궁(乾宮)에 있고
기(氣)가 중궁(中宮)에 있고 정(精)이 곤궁(坤宮)에 있디. 오늘의 시
람들은 삼전(三田)이라고 하는데 맞지 않는 것이다.

或問何謂三要。

어떠한 것을 삼요(三要)라 합니까?

曰歸根之竅, 復命之關, 虛無之谷, 是謂三要。或指口鼻爲三
要者非也。

이르길, 근본으로 돌아가는 구멍과, 명(命)을 회복하는 관문과,
허무의 골짜기가 삼요(三要)라고 한다. 어떤 이가 입과 코를 가리
키면시 삼요라고 하니 틀린 것이다.

或問何謂玄牝。

현빈이란 무엇입니까?

曰谷神不死, 是謂玄牝。或指口鼻者, 非也。紫陽眞人云: 念
頭起處爲玄牝。斯言是也。予謂念頭起處, 乃生死之根, 豈非玄
牝乎? 雖然亦是工法, 最上一乘, 在乎口訣。

이르길, 곡신은 죽지 않으니, 이것을 일컬어 현빈이라고 한다.
입과 코를 가리키면서 현빈이라고 하는 것은 틀린 것이다. 자양진
인이 이르길, "생각이 일어나는 곳이 바로 현빈이다."라 함이 바로
이런 뜻이다. 내가 생각건대, 생각이 일어나는 곳이 생사의 근원이
니 어찌 현빈이 아니겠는가? 물론 이것도 역시 수련하는 방법이긴
하나, 최상의 일승(一乘)은 구결에 있도다.

或問何謂眞種子。

진종자란 무엇입니까?

曰天地未判之先, 一點靈明是也。或謂人從一氣而生, 以氣爲
眞種子。或謂因念而有, 此身以念爲眞種子。或謂稟二五之精而
有, 此身以精爲眞種子。此三說是似而非。釋云無量劫來生死
本, 癡人喚作本來眞。此之謂也。

이르길, 천지가 나누어지기 전에 한 점의 신령한 밝음이다. 어떤
이는 사람이 기로 태어나니 이 기가 진종자라고 한다. 어떤 이는

생각 때문에 몸이 생겨서 생각을 진종자로 본다. 어떤 이는 이오
(二五)의 정(精)이 합쳐져 정(精)으로써 이 몸이 생겨나니 정을 진
종자로 본다. 이 세 가지 설이 맞는 것 같으나 사실은 아니다. 석
가가 이르길, "끝없는 세월 동안 나고 죽음이 근본이 되었건만, 어
리석은 이는 사람에게 본래 생사가 있다고 한다."167)라 한 것이 바
로 이런 뜻이다.

或問何謂鼎爐。

정로(鼎爐)란 무엇입니까?

曰身心爲鼎爐。丹書云:　先把乾坤爲鼎器，次搏烏兔藥來烹。
乾心也，坤身也。今人外面安爐立鼎者謬矣。

이르길, 심신(心身)이 바로 정로(鼎爐)이다. 단서에 이르길, "먼
저 건곤을 정기(鼎器)로 삼고, 다음으로 까마귀와 토끼(日月)를 약
으로 하여 삶는다." 건은 마음이고, 곤은 몸이다. 오늘의 사람들이
밖에서 솥과 화로를 설치한다는 것은 틀린 것이다.

或問何謂藥物。

약물이란 무엇입니까?

曰眞鉛、眞汞，爲藥物。只是本來二物是也。

이르길, 진연과 진홍이 약물이다. 이것이 본래의 두 물질이다.

或問何謂內藥? 何謂外藥?

어떤 것을 내약과 외약이라 합니까?

曰煉精、煉氣、煉神, 其體則一, 其用有二。交感之精, 呼吸
之氣, 思慮之神, 皆外藥也。先天至精, 虛無空氣, 不壞元神,
此內藥也。丹書云: 內外兩般作用。正謂此也。

이르길, 정을 단련하거나, 기를 단련하거나, 신을 단련하는 것은
그 본체는 하나이나, 작용이 둘이다. 교감의 정(精), 호흡의 기(氣),
사려의 신(神)이 모두 외약(外藥)이고, 선천의 지극한 정(精)이나
허무의 공기(空氣)나, 무너짐이 없는 원신(元神)은 다 내약(內藥)이
다. 단서에서 "내외의 두 가지의 작용이다."라는 게 바로 이것을
말함이다.

或問敲竹喚龜吞玉芝, 如何說。

대나무를 두드려 거북을 불러내 옥지(玉芝)를 삼킨다는 게 무슨
뜻입니까?

曰敲竹者, 息氣也。喚龜者, 攝精也。煉精化氣, 以氣攝精,
精氣混融, 結成玉芝, 採而吞之, 保命也。

이르길, 대나무를 두드린다는 것[168]은 기(氣)로서 호흡하는 것이

다. 거북이169)를 불러내는 것은 정(精)을 섭생하는 것이다. 정을 단련하여 기로 변화하고, 기로써 정을 섭생하고, 정과 기가 혼융하여 옥지(玉芝)170)가 맺어진다. 그것을 채취하여 삼키면 명(命)을 보호할 수 있다.

或問鼓琴招鳳飮刀圭，如何說。

북과 거문고로 봉황을 부르고 도규를 마신다 함은 무슨 뜻인가요?

曰鼓琴者，虛心也。招鳳者，養神也。虛心養神，心明神化，二土成圭，採而飮之，性圓明也。

이르길, 북과 거문고란 마음을 텅 비우는 것이고, 봉황171)을 부른다는 것은 신(神)을 기르는 것이다. 마음을 텅 비우고 신을 기르면 마음이 밝아져 신으로 변화하니, 두 개의 토(土)172)가 합쳐져 규(圭)가 되고 그것을 채취하여 마시면 본성이 뚜렷이 밝아진다.

---

168) 고죽(敲竹): 대나무속과 같이 사람의 마음을 텅 비워 기를 왕래시키는 것을 말한다. 마치 대나무 통을 두드려 거북을 불러 모으는 것과 같은 이치로 호흡을 통하여 양기를 이끌어 내는 것을 의미한다.

169) 북방의 현무(玄武)의 상징으로 진수(眞水)의 연(鉛)에 속한다.

170) 옥지(玉芝): 신선이 사는 곳에 난다고 하는 영초(靈草). 여기서는 진화(眞火)의 홍(汞)을 말한다.

171) 남방의 주작(朱雀)의 형상이다. 진화(眞火)의 홍(汞)을 말한다.

172) 도규(刀圭): 도규란 단어가 처음 사용되던 곳은 외단에서였는데 이것으로 약물을 먹어야 할 양을 표시하였으며 또 양이 작음을 친귀한 것으로 비유하기도 하였다. 이후 내단의 봉어로 바뀌면서 수화(水火)의 두 기가 중궁(中宮)에서 모이는 것을 말하게 되었다. 중궁(中宮)은 비(脾)로 토(土)에 속하는데 진수(眞水)가 여기에 모이면 기토(己土)가 되고, 진화(眞火)가 여기에 모이면 무토(戊土)가 된다. 이와 같이 음양의 두 토 기운이 합하여지는 것을 '규(圭)'라고 하였다. 수화(水火)의 두 기가 서로 합쳐진 후에는 선천의 기가 생기는데, 생길 때에 그 양이 비록 적으나 지극히 정미(精微)롭고 지극히 묘(妙)하여서 효력이 비할 데기 없다. 전신의 음질(陰質)을 변화시켜 탈태환골(脫胎煥骨)하게 된다.

或問如何是五氣朝元。

오기조원이란 무엇입니까?

曰身不動精固, 水朝元心不動氣固, 火朝元性寂則魂藏, 木朝元情忘則魄伏, 金朝元四大安和, 則意定, 土朝元, 此之謂五氣朝元也。

몸이 움직이지 않아 정(精)이 견고하면 수조원(水朝元)이라고 하고, 마음이 움직임이 없어 기(氣)가 견고하면 화조원(火朝元)이라 한다. 성(性)이 고요하고 혼(魂)이 감추어지면 목조원(木朝元)이고, 정(情)을 잊고 백(魄)이 조복되면 금조원(金朝元)이며, 사대가 편안하고 조화로우며 뜻이 안정하면 토조원(土朝元)이다. 이것이 바로 오기조원(五氣朝元)이다.

或問何謂黃婆。

황파란 무엇을 말함입니까?

曰黃者中之色。婆者母之稱。萬物生於土, 土乃萬物之母, 故曰黃婆。人之胎意是也。或謂脾神爲黃婆者非也。

이르길, 황(黃)이란 중(中)의 색깔이고, 파(婆)란 어미를 가리킨다. 만물이 다 토(土)에서 태어나고 토가 만물의 어미이다. 그래서 '황파(黃婆)'라고 한다. 사람의 태(胎)로서 뜻(意)이 이것이다. 어떤 이는 비신(脾神)을 황파라 하나 그것은 아니다.

或問何謂金公。

금공이란 무엇입니까?

曰以理言之，乾中之陽入坤成坎，坎爲水，金乃水之父，故曰金公。以法象言之，金邊着公字，鉛也。

이르길, 이치로 말하자면, 건 가운데의 양이 곤에 들어가서 감(坎)이 되니 감은 수(水)다. 금은 수의 아비이니 금공(金公)이라고 한다. 법상(法象)으로 말하면, 금에다 공(公) 자를 붙인 것이니 연(鉛)이다.

或問坎爲太陰，如何喩嬰兒。

감은 태음에 속하는데 어찌 영아로 비유합니까?

曰坎本坤之體，故曰太陰。因受乾陽而成坎，爲少陽，故喩之爲嬰兒，謂負陰抱陽也。

이르길, 감(坎)은 본래 곤(坤)의 형제이다. 그래서 태음(太陰)이라고 한다. 건양(乾陽)을 받아서 감(坎)이 되고 소양(少陽)이 되니, 그래서 영아(嬰兒)로 비유하는 것이다. 또 "음(陰)을 지고 양(陽)을 안았다."라고도 한다.

或問離爲太陽，却如何喩爲姹女。

이(離)는 태양인데 어찌 차녀로 비유합니까?

曰離本乾之體，故曰太陽。因受坤陰而成離，爲少陰，故喩之爲姹女，謂雄裹懷雌也。

이르길, 이가 본래 건의 형체여서 태양이라고 한다. 곤음(坤陰)을 받아서 이를 이루어 소음(少陰)이 되었으니, 그래서 차녀(姹女)로 비유하고, '수컷 안에 암컷을 품었다'고 이르는 것이다.

或問何謂眞金。

어떤 것을 참된 금이라 합니까?

曰金乃元神也，歷劫不壞，愈煉愈明，故曰眞金。

이르길, 금(金)이란 원신(元神)이다. 오랜 세월이 지나도록 무너지지 않고 정련할수록 밝아지니, 참된 금이라 한다.

或問如何是子母。

자모(子母)가 무엇입니까?

曰水中金也。金爲水之母，金藏水中，故母隱子胎也。則是神乃身之母，神藏於身，喩爲母隱子胎。

이르길, 물속의 금이다. 금은 수의 어미인데 금이 물속에 감추어졌으니, '어미가 자식의 태에 숨었다'고 한다. 이것은 곧 신은 몸의 어미인데 신이 몸에 감추어졌으니, 비유하여 '모은자태(母隱子胎)'라 한 것이다.

或問何謂賓主。

어떤 것을 손님과 주인이라 합니까?

曰性是一身之主，以身爲客，今借此身養此性，故讓身爲主。
丹書云: 饒他爲主我爲賓。此之謂也。

이르길, 성(性)은 몸의 주인이고 몸은 손님인데, 예로부터 오늘날
까지 이 몸으로써 성을 기르니, 몸에 주인 자리를 양보해 준 것이
다. 단서에서 "그가 주인이 되고 내가 손님이 된다."는 게 바로 이
를 말하는 것이다.

或問何謂先天一氣。

선천일기는 무엇입니까?

曰天地未判之先，一靈而已，身中一點眞陽是也。以其先乎覆
載，故名先天。

이르길, 하늘과 땅이 나누어지기 선의 하나의 신령함이니, 몸속
의 한 점 참된 양이다. 천지보다 먼저 존재하고 있으니 선천이라
고 한다.

或問何謂水火。

수화란 무엇입니까?

曰天以日月爲水火，易以坎離爲水火，禪以定慧爲水火，聖人以明潤爲水火，醫道以心腎爲水火，丹道以精氣爲水火。我今分明指出，自己一身之中，上而炎者皆爲火，下而潤炎者皆爲水。種種異名，無非譬喻，使學者自得之也。

이르길, 하늘은 해와 달로서 수화(水火)로 삼고, 『역』에서는 감(坎)과 이(離)를 수화(水火)로 한다. 선가(禪家)에서는 정혜(定慧)를 수화(水火)로 하고, 성인은 명윤(明潤)으로 수화를 삼고 의도(醫道)에서는 심신(心腎)으로 수화를 삼고, 단도(丹道)에서는 정기(精氣)로 수화를 삼는다. 오늘 내가 분명하게 가리키리니, 자기의 몸속에서 위로 오르고 뜨거운 것들은 다 화(火)이고, 아래로 내리고 축축한 것들이 다 수(水)이다. 여러 가지 다른 이름들이 비유 아님이 없으니, 배우는 자로 하여금 스스로 깨닫게 한 것이다.

覆載[복재]: 천지.
明潤[명윤]: 환하게 나는 윤기(潤氣).
潤: 윤택할 윤/ 매끈매끈하고 윤이 나다. 축이다. 축축하게 하다.
    습기 차다.

或問如何是火中有水。

불 가운데 물이 있다는 것이 무엇입니까?

曰從來神水出高原。以理言之，水不能自潤，須仗火蒸而成潤；以法象言之，火旺在午，水受氣在午，以此求之，火中有水明矣。若以一身言之，則是氣中之液也。

이르길, 종래로 신수(神水)란 항상 고원에서 나온다. 이치로 말하자면 물이 스스로 윤택해질 수 없으니 모름지기 불로 데워야 윤택함을 이룰 수 있다. 법상(法象)으로 말하면 불이 정오 때 제일 왕성하고 물이 기를 받음도 정오이다. 이로서 미루어보면 불 안에 물이 있다는 게 확실한 것이다. 몸으로 말하면 기 중의 액체를 말하는 것이다.

或問如何水中有火。

물 가운데 불이 있다는 것은 어떠한 짓입니까?

日以理言之，日從海出。以法象言之，水旺在子，火受胎在子。以一身言之，則是精中之氣也。

이르길, 이치로 말하자면, 태양이 바다에서 뜨는 것과 같다. 법상으로 말하자면, 물이 왕성함은 자시에 있고, 불이 수태함도 자시에 있다 몸으로 말하자면, 정(精) 가운데의 기를 말하는 것이다.

或問如何是既濟。

기제(既濟)란 무엇입니까?

日水升火降，日既濟。易日山下有澤，損，君子以懲忿窒欲。此既濟之方。懲忿則火降，窒欲則水升。

이르길, 물이 오르고 불이 내리는 것을 기제(既濟)라고 한다. 『역』에서 "산 밑에 못이 있는 것이 손(損)이니, 군자가 이를 본받아서 분노를 다스리고 욕심을 억제하느니라."라고 했다. 이것이 기제의 방법이다. 분노를 다스리면, 곧 화가 내리고 욕심을 억제하면 물이 오른다.

或問如何是未濟。

미제(未濟)란 무엇입니까?

曰不能懲忿則火上炎, 不能窒欲則水下濕。無明火熾, 苦海波翻, 水火不交, 謂之未濟。

이르길, 분노를 다스릴 수 없으면 화가 올라 뜨겁고, 욕심을 억제할 수 없으면 물이 내려 습하다. 어리석음의 불길이 치성하고, 고해의 파도가 뒤집혀, 물과 불이 교류하지 않는 것을 미제라고 한다.

或問如何是金木並。

금목이 아우른다는 것이 무엇입니까?

曰情來歸性, 謂之交並。情屬金, 性屬木。

이르길, 정(情)이 성(性)으로 돌아오는 것을 '사귀어 아우른다'고 한다. 정(精)은 금(金)에 속하고 성(性)은 목(木)에 속한다.

或問如何是間隔。

간격(間隔)이란 무엇입니까?

曰情逐物，性隨念，情性相違，謂之間隔。

이르길, 정(情)은 사물을 좇고, 성(性)은 생각을 따른다. 정과 성이 서로 어긋나면 간격(間隔)이라고 한다.

或問如何是清濁。

청탁(清濁)이란 무엇을 말하는 것입니까?

曰心不動，水歸源，故清。心動，水隨流，故濁。

이르길, 마음이 움직이지 않으면, 물이 근원으로 돌아가 청(清)이고, 마음이 움직이면 물도 따라 흐르니 탁(濁)이다.

或問何謂二八。

이팔이란 무엇입니까?

曰 ·斤之數也。半斤鉛，八兩汞，非眞有斤兩，只要二物平勻，故口二八。丹書云：前弦之後後弦前，藥物平平火力全。比喻陰陽平也。亦如二八月，晝夜停勻也。

이르길, 한 근(斤)의 수(數)이다. 연(鉛)이 반 근이고, 홍(汞)이 여

넓 냥이다. 그런데 진짜 근량(斤兩)이 있는 게 아니고 두 물질이 균등함을 말함이니, 그래서 이팔(二八)이라고 한다. 단서에 이르길, "상현 앞의 뒤와 상현 뒤의 앞이 약물이 평평하여 불의 힘이 온전하다."라고 했다. 이는 음과 양이 균등한 것을 비유한다. 마치 이월과 팔월에 밤과 낮의 길이가 똑같은 것과 같다.

停勻[정균]: 평균[균형]이 잡히다. 고르다. 균정(均整)하다.

或問如何是沐浴。

목욕이란 어떠한 것입니까?

曰洗心滌慮, 謂之沐浴。

이르길, 마음을 씻고 생각을 털어 내는 것이 목욕(沐浴)[173]이라고 한다.

或問如何是丹成。

단을 이룬다 함은 어떠한 것입니까?

曰身心合一, 神氣混融, 情性成片, 謂之丹成, 喩爲聖胎。仙

---

173) 목욕(沐浴): 기(氣) 곧 빛을 임독맥을 따라 돌리는 일을 하는 과정에서 잠시 뜻(意)으로 기(氣) 곧 빛을 이끄는 일을 멈추고 저절로 일어나는 대로 맡겨 두는 방법이다. 이러한 방법을 써야 할 경우가 따로 정해져 있다. 사람에 따라서 침이 많이 고여서 목구멍으로 넘어가기도 하고, 상단전으로부터 물 같은 것이 흘러내리기도 하고, 온화한 기(氣)가 목욕탕에 들어간 듯하기도 하고, 마음과 생각을 깨끗이 씻어 내리기도 한다.

師云: 本來眞性是金丹，四假爲爐煉作團。是也。

　이르길, 몸과 마음이 하나로 합치고, 신(神)과 기(氣)가 혼융하고, 정(情)과 성(性)이 한 덩어리를 이루게 되면 단을 이루었다고 한다. 또한 비유하여 성태(聖胎)라고도 한다. 선사(仙師)가 이르길, "본래의 참된 성품이 금단이니, 사가(四假)[174]를 화로로 단련하여 둥근 덩어리를 만든다."는 바로 이런 뜻이다.

　或問何謂養火。

　어떤 것을 화(火)를 기른다고 합니까?

　曰絶念，爲養火。

　이르길, 생각을 끊는 것이 화를 기르는 것이다.

　或問如何是脫胎。

　탈태란 무엇입니까?

　曰身外有身，爲脫胎。

　이르길, 몸 이외에 또 몸이 있는 것이 탈태(脫胎)이다.

　或問如何是了當。

---

174) 사가(四假): 삼론현의(三論玄義)에 일체의 모든 법은 다 가(假)이다. 여기에 네 개의 문이 있다고 하였다. ① 인연가(因緣假), ② 수연가(隨緣假), ③ 대연가(對緣假), ④ 취연가(就緣假).

요당(了當)은 무엇을 말하는 것입니까?

曰與太虛同體。謂之了當。物外造化，未易輕述，在人自得之也。

이르길, 태허(太虛)[175]와 한 몸으로 되는 게 요당(了當)이라고 한다. 사물 밖의 조화여서 가볍게 논술하기가 쉽지 않으니 스스로 깨달아야 한다.

전진활법(全眞活法)

수제문인(授諸門人) 여러 문인들에게 전수하다.

全眞道人，當行全眞之道。所謂全眞者，全其本眞也。全精、全氣、全神，方謂之全眞。才有欠缺，便不全也才有點汙，便不眞也。全精可以保身，欲全其精，先要身安定，安定則無欲，故精全也。全氣可以養心，欲全眞氣，先要心淸靜，淸靜則無念，故氣全也。全神可以返虛，欲全其神，先要意誠，意誠則身心合，而返虛也。是故精氣神爲三元藥物，身心意爲三元至要。

---

175) 태허(太虛): 북송대의 성리학자인 장재(張載, 1020~77)가 우주만물의 근원이 되는 일기(一氣)를 가리킨 개념. 장재는 만물의 생성과 소멸을 기(氣)의 모임과 흩어짐에 의해 설명했다. 기가 모이면 만물이 생기며, 만물이 사라지면 기가 흩어진다. 기가 흩어진 상태를 허(虛)라고 하며, 근원적인 허의 상태를 태허라 한다. 따라서 태허라는 것은 기가 흩어져 있는 우주 만물의 근원적 모습을 가리키는 것이다.

여러 문인(門人)들께

전진도인은 마땅히 전진(全眞)의 도(道)를 행해야 할 것이니라. 이른바 전진이란 본래의 참된 성품을 온전히 하는 것이다. 정을 온전히 하고, 기를 온전히 하고, 신을 온전히 하는 것, 이것을 전진이라고 할 수 있다. 조금이라도 부족함이 있으면 곧 온전함이 아니고, 조금이라도 오점이 있으면 참됨이라고 할 수 없도다.

정이 온전하면 신체를 보호할 수 있으니, 그 정을 온전히 하고자 하면 먼저 몸을 안정시켜야 한다. 몸이 안정되면 곧 욕망이 없어지니, 그러므로 정이 온전해진다.

기가 온전하면 마음을 기를 수 있으니, 참된 기를 온전히 하고자 하면 먼저 마음을 청정하게 해야 한다. 마음이 청정하게 되면 일체의 감정이나 생각이 없어져 기가 온전해진다.

신이 온전하면 가히 텅 빔으로 돌아가느니, 신(神)이 온전하고자 한다면 먼저 뜻이 정성스러워야 한다. 뜻이 정성스러우면 몸과 마음이 합일되어 허(虛)로 돌아간다. 그러므로 정(精)·기(氣)·신(神)은 삼원의 약물이 되고, 신(身)·심(心)·의(意)는 삼원의 가장 중요한 것이다.

欠缺[흠결]: 부족(하다). 결핍(되다). 결점(이 있다). 결함(이 있다).
點汚[점오]: 오점을 남기다. 더럽히다.
至要[지요]: 가장 중요하다. 반드시[아무쪼록] …해 주십시오.

學神仙法不必多爲, 但煉精氣神三寶爲丹頭, 三寶會於中宮, 金丹成矣。豈不易知? 豈爲難行? 難行難知者, 爲邪妄眩惑爾。

煉精之要在乎身，身不動則虎嘯風生，玄龜潛伏，而元精凝矣。
煉氣之要在乎心，心不動則龍吟雲起，朱雀斂翼，而元氣息矣。
煉神之要在乎意，意不動則二物交，三元混一，而聖胎成矣。

신선법을 배우려면 뭘 많이 해야 할 필요 없으니, 정·기·신의 삼보를 수련하여 단두(丹頭)[176]로 삼는 것이니라. 이 세 가지 보물이 중궁으로 모이면 금단을 이룰 것이니라. 이해하기가 어려운가? 행하기가 힘든가? 이해하기 어렵고 행하기 힘든 자는 삿된 망상이 그대를 현혹하고 있기 때문이니라.

정을 단련하는 데 요점은 몸에 있다. 몸이 부동하면 범이 포효하여 바람을 낳고, 현묘한 거북이가 잠복(潛伏)하여 원정(元精)이 응결되느니라.

기를 단련하는 요점은 마음에 있다. 마음이 부동하면 용이 울어 구름이 일어나고, 주작이 날개를 모으고 원기(元氣)로 숨을 쉬도다.

신을 단련하는 요점은 뜻(意)에 있다. 뜻(意)이 부동하면, 정(精)과 기(氣)가 교구(交媾)하여 삼원(三元)이 하나로 혼합되어 성태(聖胎)를 이루느니라.

乾坤、鼎器、坎離、藥物、八卦、三元、五行、四象，幷不出身心意三字。全眞至極處，無出身心兩字。離了身心，便是外道。雖然，亦不可著在身心上，才着在身心，又被身心所累，須要卽此用，離此用。予所謂身心者，非幻身肉心也，乃不可見之

---

176) 단두(丹頭): 단두는 외단에서 이야기하는 신단을 만들기 위하여 사용하는 약물을 말한다. 마치 두부를 만들기 위하여 사용하는 간수와도 같은데, 내단에서는 전신의 음질(陰質)을 청양지기(淸陽之炁)로 바꿀 수 있는 물질을 말한다. '취허편, 금단시결'에서는 "단두(丹頭)는 단지 선천의 기운이다. 단련하여 황아를 만들면 옥영(玉英)이 피어난다."고 하였다.

身心也。且道，如何是不可見之身心？雲從山上月向波心。身者，歷劫以來清靜身，無中之妙有也。心者，象帝之先靈妙本，有中之眞無也。無中有象坎圖，有中無象離圖。祖師云: 取將坎位中心實，點化離宮腹內陰。自此變成乾健體，潛藏飛躍盡由心。予謂身心兩字，是全眞致極處，復何疑哉。

건곤(乾坤)·정기(鼎器)·감리(坎離)·약물(藥物)·팔괘(八卦)·삼원(三元)·오행(五行)·사상(四象)은 다 신(身)·심(心)·의(意)이 세 글자 안에 있다. 전진의 지극한 곳은 신(身)·심(心) 이 두 글자를 벗어나지 않는다. 신과 심을 벗어났다면 바로 외도(外道)다. 물론 신과 심에 집착하는 것도 옳지 않다. 비록 신과 심에 있지만, 오히려 신과 심에 묶이는 바가 되어서 안 된다. 필요할 때 쓰고 아니면 벗어나야 한다. 내가 여기서 말하는 신과 심은 헛된 몸의 육체와 마음을 말한 것이 아니고 보이지 않는 신(身)과 심(心)을 말한 것이다. 그러면 일러 보라. 어떠한 것이 보이지 않는 신심(身心)인가? 구름이 산을 오르니, 달이 물결의 한가운데로 향하도다.

몸이란 역겁(歷劫) 이래로 청정한 몸이니, 아무것도 없는 가운데 묘함이 있는 것이다.

마음이란 본래 영묘(靈妙)하여 상제보다 먼저이니, 있는 가운데 참으로 없는 것이다. 없는 가운데 있는 것이 감(坎)의 형상이고, 있는 가운데 없는 것이 이(離)의 형상이다.

조사가 이르길, "감(坎)의 중심 자리에서 실함을 취하여 이궁(離宮)의 뱃속에 있는 음(陰)을 변화하니, 이로부터 순양의 금단인 강건한 형체의 건(乾)으로 변하게 되어 원양(元陽)이 잠기어 숨거나 순음(純陰)이 뛰어오르는 것이 다 마음에 달려 있도다."라고 했다. 내가 생각하건대, 심과 신 이 두 글자가 전진의 지극한 곳에 이르는 것이니, 다시 무엇을 의심하겠는가?

點化[점화]: 점화하다. 도교에서 말하는 신선이 법술(法術)을 사용하여 사물을 변화시키다. 교화하다.

變成[변성]: 변하여 다르게 됨.

偏枯[편고]: 반신불수(半身不遂). (발전·분배 따위가) 불균형하다. 불공평하다.

煉丹之要, 只是性命兩字。離了性命, 便是旁門, 各執一邊, 謂之偏枯。祖師云: 神是性兮氣是命, 卽此義也。煉氣在保身, 煉神在保心。身不動, 則虎嘯; 心不動, 則龍吟。虎嘯, 則鉛投汞; 龍吟, 則汞投鉛。鉛汞者, 卽坎離之異名也。坎中之陽, 卽身中之至精也、離中之陰, 卽心中之元氣也。煉精化氣, 所以先保其身煉氣化神, 所以先保其心。身定則形固, 形固則了命, 心定則神全, 神全則了性。身心合, 性命全, 形神妙, 謂之丹成也。精化氣, 氣化神, 未爲奇特。夫何故猶有煉神之妙, 未易輕言。

단을 수련하는 요점이 단지 성과 명 이 두 글자에 있느니라. 성명에 벗어났다면 바로 방문(傍門)이고, 성과 명의 한쪽으로만 집착한다면 반신불수라 하리라.

조사가 이르되 "신(神)은 성(性)이고 기(氣)는 명(命)이다."라 한 것이 이 뜻이다.

기를 단련하기 위해서는 몸을 보호하는 데 있고, 신을 단련하기 위해서는 마음을 보호하는 데 있다. 몸이 움직이지 않으면 호랑이가 포효하고, 마음이 움직이지 않으면 용이 운다. 호랑이가 포효하면 연(鉛)이 홍(汞)에 들어가고 용이 울면 홍(汞)이 연(鉛)에 들어간다. 여기서 말하는 연과 홍은 감(坎)과 이(離)의 다른 이름이다. 감 가운데의 양(陽)은 몸속의 지극한 정(精)이고 이 가운데의 음(陰)은 마음속의 원기(元氣)다. 정을 단련하여 기로 변화함은 이른바 몸을 먼저 보호함이고. 기를 단련하여 신으로 변화함은 이른바 그 마음을 먼저 보호함이다. 몸이 안정되면 형체가 견고하고 형체가 견고하면 명(命)을 완결한다. 마음이 안정하면 신이 온전하고 신이 온전하면 성(性)을 완결한다. 몸과 마음을 합치고 성과 명이 온전하고 형과 신이 묘한 지경에 이르면 단을 이루었다고 한다. 정이 기로 변화하고 기가 신으로 변화하는 것이 특별히 신기한 것이 아니다. 어찌 그러한가 하면, 신(神)을 수련하는 묘함이 있으니, 가볍게 말하기가 쉽지 않도다.

予前所言，金丹之大藥，若向這裏具只眼，方信大事不在紙上。其或未然，須知下手處，旣知下手處，便從下手處做將去。自煉精始，精住則然後煉氣，氣定則然後煉神，神凝則然後返虛，虛之又虛，道德乃俱。煉精在知時。所謂時者，非時候之時也。若着在時上，便个是。若謂無時，如何下手？畢竟作麼生？咦古人言時至神知，祖師云：鉛見癸生須急採，斯言盡矣。煉氣在調燮。所謂調燮者，調和眞息、燮理眞元也。老子云：玄牝之門，是謂天地根。綿綿若存，用之不勤。其調燮之要乎。

내가 앞에서도 금단의 대약을 말했듯이, 만약 이속을 향하여 바른 안목을 갖춘다면, 비로소 큰일이 책 속에 있지 않다는 것을 믿을 수 있으리라. 혹 그렇지 못하면, 모름지기 시작하는 곳을 알아야 하고, 이미 시작하는 곳을 알았다면 바로 시작하는 곳을 따라가야 한다. 정을 단련하는 것에서 비롯하여 정이 머무르면 기를 단련하고 기가 안정되면 신을 단련하며, 신이 응결하면 허(虛)로 돌아간다. 비고 또 텅 비어지면 도와 덕이 이에 갖추어진다.

정을 수련함은 때를 아는 데 있는데, 이른바 때란 사계절의 때가 아니다. 그러나 때에 너무 집착하는 것도 안 되는 것이나, 만약 때가 없다고 한다면 어떻게 시작할 것인가? 필경에는 어떻게 할 것인가? 옛사람들은 "때에 이르면 신(神)이 안다."라고 했고, 조사들은 "연(鉛)이 계(癸)가 생하는 것을 만나면 모름지기 급히 채취할 것이니"라고 했으니 이것으로 할 말을 다 한 것이다.

기를 단련함은 조절해서 알맞게 함에 있다. 이른바 조섭(調燮)이란 진식(眞息)을 조화하고 참된 근원을 잘 다스리는 것이다. 노자가 이르길, "현빈의 문을 일컬어 천지의 근원이라고 한다. 이어지고 이어져서 있는 것 같아서 써도 힘쓰지 않는다."라고 했으니, 이것이 바로 조절해서 알맞게 하는 요점이다.

燮理[섭리]: 섭리하다. 잘 다스리다. 음양(陰陽)을 고르게 다스림.
調燮[조섭]: 조리(調理) 조화(調和)와 같은 말로 조절해서 알맞게 한다는 뜻.

今人指口鼻爲玄牝之門, 非也。玄牝者, 天地闔闢之機也。易系云闔戶謂之坤，闢戶之謂乾，一闔一闢之謂變。一闔一闢，卽一動一靜。老子所謂用之不勤之義也。丹書云呼則接天根，吸則接地根。呼則龍吟雲起，吸則虎嘯風生。予謂呼則接天根，吸則接地根，卽闔戶之謂坤，闢戶之謂乾也。呼則龍吟雲起，吸則虎嘯風生，卽一闔一闢之謂變，亦用之不勤之義也。指口鼻爲玄牝，不亦謬乎? 此所謂呼吸者，眞息往來無窮也。

지금의 사람들은 입과 코를 가리켜 현빈(玄牝)의 문이라고 하는데 그것은 틀린 것이다. 현빈이란, 천지가 열리고 닫히는 기틀이다. 『주역·계사전』에서 "문을 닫는 것을 곤(坤)이라 하고, 문을 여는 것을 건(乾)이라 하며, 한 번 닫고 한 번 여는 것을 변(變)이라 이른다." 하였으니, 여기서 한 번 닫고 한 번 여는 것은 즉 움직임과 고요함을 말하는 것이다. 노자가 말한 "써도 힘쓰지 않는다."의 뜻이다.

단서에 이르길, "숨을 내쉴 때는 하늘의 근본과 연결하고 숨을 들이마실 때는 땅의 근본과 연결한다. 숨을 내쉬면 용이 울어 구름이 일어나고, 숨을 들이마실 때 호랑이가 포효하고 바람이 생긴다." 내가 생각건대, "숨을 내쉴 때 하늘의 뿌리와 연결하고 숨을 들이마실 때 땅의 뿌리와 연결한다."는 것은 바로 "문을 닫는 것을 곤(坤)이라 하고, 문을 여는 것을 건(乾)이라 한다."이며, 숨을 내쉬면 용이 울어 구름이 일어나고, 숨을 들이마실 때 호랑이가 포효하고 바람이 분다."는 것은 곧 "한 번 닫고 한 번 여는 것을 변(變)이라 한다."는 것과 "써도 힘쓰지 않는다."의 뜻이다. 입과 코를 가리켜 현빈(玄牝)이라고 하는 것이 역시 틀린 것이 아닌가? 이른바 호흡이란 진식(眞息)의 끝없는 왕래를 일컫는 것이다.

구결(口訣)

外陰陽往來, 則外藥也。內坎離輻輳, 乃內藥也。外有作用,
內則自然。精氣神之用有二, 其體則一。以外藥言之, 交合之精
先要不漏, 呼吸之氣更要細細至於無息, 思慮之神貴在安靜。以
內藥言之, 煉精, 煉元精, 抽坎中之元陽也。元精固, 則交合之
精自不泄。煉氣, 煉元氣, 補離中之元陰也, 元氣住, 則呼吸之
氣自不出入。煉神, 煉元神也, 坎離合體成乾也。元神凝, 則思
慮之神泰定。其上更有煉虛一着, 非易輕言, 貴在默會心通可
也。勉旃勉旃。

외부의 음과 양의 왕래가 외약(外藥)이다. 내부의 감과 이의 왕
래가 내약(內藥)이다. 외부에서 작용이 있으면 내부에서도 저절로
그러하다. 정·기·신의 작용이 둘이 있으나, 그 본체는 하나뿐이
다. 외약으로 말하면 교합의 정(精)이 새지 않게 하는 것이 선결요
점이고, 호흡의 기(氣) 또한 미세하고 미세하여 숨이 없는 것에 이
르러야 하는 것이 중요하며, 사려의 신(神)도 편안하고 고요함을
중히 여긴다.

내약으로 말하면 정(精)을 단련함은 원정(元精)을 단련함이니, 감
(坎) 중의 원양(元陽)을 뽑아야 하는 것이다. 원정(元精)이 견고하
면 교합의 정(精)도 당연히 새 나가지 않는다. 기를 단련함은 원기
(元氣)를 단련함이고, 이(離) 가운데의 원음(元陰)을 보충하는 것이
다. 원기가 머무르게 되면 호흡의 기는 스스로 출입하지 않는다.
신(神)을 단련함은 원신(元神)을 단련함이고 감과 이가 합체하여

건(乾)을 이루는 것이다. 원신이 응결되면 사려의 신도 크게 안정된다. 물론 이것보다 더 높은 허를 수련하는 방법도 있으나 가볍게 말하는 것이 쉽지 않으니, 중요한 것은 묵묵히 마음을 통달하여 깨닫는 것이다. 서로 힘쓰고 힘쓸지어다.

中和集 卷之四

논(論)

성명론(性命論)

　夫性者，先天至神，一靈之謂也。命者，先天至精，一氣之謂也。精神，性命之根也。性之造化系乎心，命之造化系乎身。見解知識出於心也，思慮念想心役性也。舉動應酬出於身也，語默視聽身累命也。命有身累，則有生有死；性受心役，則有往有來。是知身心兩字，精神之舍也，精神乃性命之本也。性無命不立，命無性不存，其名雖二，其理一也。

성이란 선천의 지극한 신으로 본래의 신령함을 말하며, 명이란 선천의 지극한 정(精)으로 만물의 원기(元氣)를 말한다. 정신(精神)은 성명의 뿌리이니, 성의 조화는 마음에 달렸고 명의 조화는 몸에 달렸다. 견해와 지식은 마음으로부터 나오는데 사고하고 생각하는 것은 성(性)이 마음을 부리는 것이다. 움직이고 응수(應酬)하는 것은 몸에서 나오니, 말하고 침묵하고 보고 듣는 작용은 명(命)이 몸을 사용하는 것이다. 명이 몸을 사용하면 삶과 죽음이 있고, 성이 마음을 부리면 오고 감이 있다. 이로써 몸과 마음은 정(精)과 신(神)의 거처이고, 정과 신은 성명의 근본임을 알 수 있다. 성은 명이 없으면 서지 못하고 명은 성이 없으면 존재하지 못하니, 이름은 비록 둘이지만 이치는 하나인 것이다.

一氣[일기]: 일기. 만물의 원기(元氣). 단숨에. 한숨에. 단번에.
應酬[응수]: 대립되는 의견 따위로 맞서서 주고받음. 상대편의 말을 되받아 반박함.
擧動[거동]: 일에 나서서 움직이는 태도.

嗟乎今之學徒, 淄流道子, 以性命分爲二, 各執一邊, 互相是非, 殊不知孤陰寡陽皆不能成全大事。修命者, 不明其性, 寧逃劫運見性者, 不知其命, 末後何歸? 仙師云: 煉金丹, 不達性, 此是修行第一病。只修眞性不修丹, 萬劫陰靈難入聖。誠哉言歟。

오호라! 지금의 배우는 이들은 치하(淄河)의 흐르는 물에 선을 긋듯이, 성과 명을 둘로 나누고 그중 한쪽에 집착하여 서로 시비하니, 홑음 홑양으로는 모두 큰일을 온전히 이룰 수 없다는 사실을 알지 못하는구나. 명을 닦는 자가 성(性)을 밝히지 못하면 어찌 큰 액운을 피할 수 있겠는가? 견성하려는 자가 명(命)을 알지 못하면 결국에는 어디로 돌아가겠는가? 선사(仙師)가 말하길, "금단을 수련하면서 성을 이루지 못하는 것이 수행의 첫 번째 병이다. 또 단지 진성(眞性)만 닦고 단(丹)을 닦지 않으면 만겁토록 음령(陰靈)에 머물 뿐 성스러움에 들기 어렵다."라고 했는데, 참으로 진실된 말씀이다!

道子[도자]: 선. 줄. 금.
不達[부달]: 통달하지 못하다. 이루지 못하다.
劫運[겁운]: 큰 액운. 액(厄)이 낀 운수.

高上之士, 性命兼達, 先持戒定慧而虛其心, 後煉精氣神而保其身, 身安泰則命基永固, 心虛澄則性本圓明, 性圓明則無來無去, 命永固則無死無生, 至於混成圓頓、直入無爲、性命雙全、形神俱妙也。雖然, 卻不可謂性命本二, 亦不可做一件說, 本一而用則二也。苟或執着偏枯, 各立一門而入者, 是不明性命者也。不明性命, 則支離爲二矣。性命旣不相守, 又焉能登眞躡境者哉。

근기가 수승한 수행자는 성과 명을 겸하여 통달하니, 먼저 계(戒)・정(定)・혜(慧)를 지켜서 그 마음을 텅 비우고, 그런 후 정(精)・기(氣)・신(神)을 단련하여 몸을 보전한다. 몸이 안정되면 명(命)의 기반이 오래토록 견고하고, 마음이 텅 비고 맑으면 성의 근본은 뚜렷이 밝아진다. 성이 뚜렷이 밝으면 오고감이 없고, 명이 오래토록 견고하면 생사가 없다. 그리하여 원돈(圓頓)이 혼성(混成)하는 데 이르면, 곧장 무위로 들어가고, 성과 명이 모두 온전하면, 형과 신이 모두 묘하게 될 것이다. 물론 성과 명이 원래 둘이라고 보면 안 되지만 하나로 봐도 안 된다. 단지 본질은 하나이나 둘로 쓰인다. 혹은 성과 명 한곳에 집착하여 각각 일문을 세워 드는 자는, 성명에 대해 잘 몰라서 그렇다. 성명(性命)에 대해 밝지 못하니 성과 명을 나눈 것이다. 성과 명을 같이 수련하지 아니하면 어떻게 참된 경지에 오를 수 있겠는가?

兼達[겸달]: 어느 것에나 숙달(熟達)함.
混成[혼성]: 섞여서 이루어짐, 또는 섞어서 만듦.
圓頓[원돈]: 원만하며 신속하게 성불하는 법이라는 뜻.
蹋: 밟을 섭/ 밟다. 이르다. 연속하다. 오르다. 뒤쫓다. 따르다. 신을 신다. 빠르다.

괘상론(卦象論)

海瓊眞人云上品丹法無卦爻. 諸丹書皆用卦爻者何也? 此聖人設敎而顯道也. 古云大道無言, 無言不顯其道. 卽此義也. 所謂卦者, 掛也, 如掛物於空懸示人, 猶天垂象見吉凶, 使人易見也. 象也者, 像此者也爻也者, 效此者也. 卦有三爻, 象三才, 卽我之三元也. 畫卦六爻, 象六虛, 卽我之六合也.

丹書用卦用爻者，蓋欲學者法象安爐，依爻進火，易爲取則也。海瓊眞人謂無卦爻者，警拔後人不可泥於爻象，卽此用而離此用也。

해경진인(海瓊眞人)은 "상품의 단법은 괘효가 없다."라고 했다. 그런데 여러 단서에 다 괘효를 쓰는 것은 어찌된 것인가? 이것은 성인이 가르침을 베풀어 도를 나타내고자 한 것이다. 옛사람들이 이르길, "큰 도는 지극함에 말로는 어찌 표현할 수가 없으니, 말로 표현할 수 없다고 그 도가 드러나지 않는가."라는 것이 바로 이 뜻이다.

괘(卦)란 걸어 놓았다는 것인데, 걸어 놓았다는 것은 물건이 허공에 매달린 것과 같이 남에게 보인다. 마치 하늘에 드리운 형상으로 길흉을 보는 것과 같으니, 사람들로 하여금 쉽게 보게 하는 것이다.

상(象)이란 형상과 마찬가지고, 효(爻)도 본받는 것과 마찬가지다. 괘에는 세 개의 효(爻)가 있고, 상(象)에는 세 개의 근본(才)이 있다. 즉 나의 삼원(三元)이다. 괘의 그림에는 효(爻)가 여섯 개 있고 상(象)에는 여섯 개의 허(虛)가 있다. 곧 나의 육합(六合)이다.

단서에 괘와 효를 사용한 것은 아마도 배우고자 하는 이들에게 화토를 안치하는 법상(法象)과, 효(爻)에 의거해 진화(進火)의 규칙을 쉽게 얻을 수 있게 한 것이다. 해경신인(海瓊眞人)의 "괘효가 없다(無卦爻)."라고 한 것은 뒷사람들에게 효상에 빠지면 안 된다고 경계시키려 한 것이니, 곧 이것을 사용하나 이것에서 벗어나라 한 것이다.

掛: 걸 괘/ 걸다. 전화를 끊다(걸다). 걸어 올리다. 마음에 걸리다. 신청하다. 내버려두다.

垂: 늘어질 수/ 늘어뜨리다. 드리우다. 베풀어 주다. 후세에 전하다. 가까워지다. 가. 가장자리.

示人[시인]: 남에게 보이다(보여 주다).

譬如此身未生之前, 如如不動, 卽太極未分之時。因有此身, 立性立命, 卽太極生兩儀也。有形體, 便有性情, 卽兩儀生四象也。至於精、神、魂、魄、意、氣、身、心悉皆具足, 卽四象生八卦也。先賢云崇釋則離宮修定, 歸道乃水府求玄。謂修煉性命之要也。離宮修定者, 持戒定慧使諸塵不染, 萬有一空, 卽去離中之陰也; 水府求玄者, 煉精氣神使三花聚鼎, 五氣朝元, 而存坎中之陽也。特達之士, 二理總持、負陰抱陽、虛心實腹, 卽取坎中之陽, 而補離中之陰, 再成乾體也。紫陽眞人云取將坎位中心實, 點化離宮腹裏陰。自此變成乾健體, 潛藏飛躍盡由心。正謂此也。

비유컨대 이 몸이 아직 태어나기 이전에는 한결같아 움직이지 않으니, 곧 태극이 아직 나누어지지 않은 때다. 이 몸이 있으므로 성(性)과 명(命)이 세워지니, 곧 태극에 양의(兩儀)가 생김이다. 형체가 있으므로 성정(性情)이 있으니, 곧 음양으로 사상(四象)이 생긴다. 정(精)·신(神)·혼(魂)·백(魄)·의(意)·기(氣)·신(身)·심(心)이 다 갖추어 구족하면 사상(四象)으로 팔괘(八卦)가 생긴다. 선현(先賢)이 이르길, "불가에서는 이궁(離宮)의 정(定)을 닦은 것이고, 도가에서는 수부(水府)에서 현(玄)을 구하는 것이다."라고 했다. 이것이 바로 성명을 닦는 요점을 말한 것이다. 이궁의 정(定)을 닦음은 계(戒)·정(定)·혜(慧)를 지켜 모든 사물들이 다 공(空)함을 알아 모든 번뇌에 물들지 않는 것이니, 곧 이(離) 가운데의 음(陰)을 제거하는 것이다. 수부(水府)에서 현을 구한다는 것은 정(精)·기(氣)·신(神)을 수련하여 삼화취정(三花聚鼎)에 이르고 오기조원(五氣朝元)하니, 감(坎) 중의 양(陽)을 보존하는 것이다. 이 도리를 잘 아는 사람은 항상 이 두 가지 이치를 잘 지키고, 음을 지고 양을 품어서(負陰抱陽), 마음을 비우고 복부를 충실(虛心實腹)하게 한다. 곧 감(坎)의 양(陽)을 취하여 이(離)의 음을 보충시킴으로써 다시 건체(乾體)가 되는 것이다. 자양진인(紫陽眞人)이 이르길, "감(坎)의 중심 자리에서 실함을 취하여 이궁(離宮)의 뱃속에 있는 음(陰)을 변화하니, 이로부터 순양의 금단인 강건한 형체의 건(乾)으로 변하게 되어 원양(元陽)이 잠기어 숨거나 순음(純陰)이 뛰어오르는 것이 다 마음에 달렸다."라고 한 것이 바로 이 뜻이다.

譬如[비여]: 예를 들다. 만일. 만약. 가령.

如如不動[여여부동]: 마음이 주변상황에 자극받지 않고 항상 늘 원만하고 자유로운 것. 한결같아서 움직이지 않는다.

行火候用卦爻者, 乾坤二卦健順相因, 往來推蕩, 定四時成歲, 四德運化無有窮也。行火, 進退、抽添、加減, 則而象之, 簇一年於一月, 簇一月於一日, 簇一日於一時, 簇一時於一刻, 簇一刻於一息。大白元會運世, 細至一息之微, 皆有一周之運。

達此理者, 進火退符之要得矣。

화후를 행함에 괘효(卦爻)를 쓰는 것은, 건곤(乾坤)의 두 괘가
서로 원인이 되어 따르며, 오고 가고 밀고 당김이 능하여, 사시(四
時)가 정해지고 한 해가 이루어지니, 사덕(四德)의 돌아가는 변화
(運化)가 끝이 없기 때문이다. 행화(行火),[177] 진퇴(進退), 추첨(抽
添), 가감(加減)은 규칙을 상징하니, 일 년을 한 달로 축소하고, 한
달을 하루로 축소하고, 하루를 한 시간으로 축소하고, 한 시간을
일각으로 축소하고, 일각을 일식으로 축소한다. 크게는 원회운세
(元會運世)[178]부터 작게는 일식(一息)의 미세한 것까지 다 한 바퀴
의 운행이 있다. 이 도리에 통달하면 바로 진화퇴부(進火退符)의
요점을 얻음이니라.

雖然, 丹道用卦, 火候用爻, 皆是譬喻, 却不可執在卦爻上。
當知過河須用筏, 到岸不須船, 得魚忘筌, 得兔忘蹄可也。紫陽
眞人云: 此中得意休求象, 若究群爻謾役情。又云不刻時中分子午,
無爻卦內定乾坤。皆謂此也。予謂生而知之者, 不求自得, 不勉
而中, 又豈在誘喻? 故上品丹法不用卦爻也。中下之士不能直下
了達, 須從漸入, 故諸丹書皆以卦爻爲法則也。達者昧之, 而自
得之矣。

---

177) 행화(行火): 주천의 불(火)을 보내는 일.

178) 소옹(邵雍, 1011~1077)의 황극경세서(皇極經世書)에서 밝힌 천지운행의 원리로, 천지
자연의 변화모습은 봄, 여름, 가을, 겨울이며 이는 곧 생(生), 장(長), 염(斂), 장(藏)의 순
환원리이다. 선생은 여기에 원회운세(元會運世)의 순환원리로써 하늘과 땅이 순환하여 운
행하는 이치를 밝혔다.

그러므로 단도(丹道)에 괘를 쓰고, 화후(火候)에 효를 쓰지만 다 비유이니, 괘효에 집착을 해서는 안 된다. 마땅히 알 것이니, "물을 건널 때는 뗏목이 필요하지만 강가에 이르면 뗏목은 더 이상 필요 없다."거나 "고기를 잡고는 통발을 잊고, 토끼를 잡았으면 올무를 잊는다."라 하는 것이다. 자양진인(紫陽眞人)은 "이 가운데의 뜻을 얻었으면 상(象)을 구하지 말 것이니, 그런데 만일 뭇 효들을 추구해 본다면 뜻을 감추어 버릴 뿐이다."라고 했다. 또 이르길, "정해진 것이 없는 시간 중에 자오(子午)를 나누고, 괘효가 없는데 건곤(乾坤)을 정한다."라고 했다. 모두 이를 이름이다. 내가 생각건대, 태어나면서부터 아는 사람은 구하지 않아도 얻을 수 있고, 힘쓰지 않아도 그중의 도리를 알게 되니 비유 같은 것이 무슨 필요가 있겠는가? 그러므로 상품 단법(丹法)에서는 괘효를 쓰지 않는다. 근기가 중하의 사람들은 그런 뜻을 곧바로 요달하지 못하니, 모름지기 점차로 들어가야 한다. 그래서 여러 단서에 보면 다 괘효(卦爻)를 법칙으로 하는 것이다. 통달한 사람은 잘 음미할 지니 스스로 터득할 것이니라.

설(說)

死生說

太上云; 人之輕死, 以其求生之厚, 是以輕死。又曰夫惟無以生爲者, 是賢於貴生。是謂求生了不可得, 安得有死耶。有生卽有死, 無死便無生, 故知性命之大事, 生死爲重焉。欲知其死, 必先知其生。知其生, 則自然知死也。子路問死, 子曰未知生, 焉知死, 大哉聖人之言也。易系所謂原始要終, 故知死生之說。其斯之謂歟。

태상(太上)께서 이르길, "사람들이 죽음을 가볍게 여김은 그 삶을 구함이 두텁기 때문이니, 이런 까닭에 죽음을 가볍게 여기는 것이다."라고 했다. 또 "대저 오로지 살고자 하지 않는 자가 삶을 귀하게 여기는 자보다 어질다."라고 했다.[179] 이것은 삶을 구한다면 얻을 수 없다고 하는 것이니 어찌 죽음이 있겠는가?

생이 있으면 곧 죽음이 있고, 죽음이 없으면 생도 없다. 그러므로 알라, 성명(性命)의 큰일은 삶과 죽음이 가장 중요한 것이니라. 죽음에 대해 알고자 한다면 먼저 삶에 대해 잘 알아야 될 것이니, 삶에 대해 잘 알면 자연히 죽음에 대해도 잘 알 수 있는 것이다. 그러므로 자로(子路)가 죽음에 대해 묻는데 공자가 "삶에 대해서도 잘 모르는데 어떻게 죽음에 대해 알 수 있겠는가?"라고 한 것이다. 크도다. 성인의 말씀이!

『주역·계사전』에서 "사물의 시작과 끝을 잘 따져 보면, 곧 생사의 문제를 해결할 수 있게 된다."라고 한 것은 바로 이런 뜻이 아닌가?

予謂學道底人, 欲要其終, 先原其始。欲明末後, 究竟只今。

---

179) 『도덕경(道德經)』 민지기(民之飢)장 제칠십오.

220

只今脫灑，末後脫灑，只今自由，末後自由。亘古亘今，曆代聖師脫胎神化，應變無窮者，良由從前淘汰得淨潔，末後所以輕舉。若復有人於平常一一境界，覰得破，打得徹，不爲物眩，不被緣牽，則末後一一境界眩他不得，一一情緣牽他不住。

내가 도를 배우는 사람들에게 이르니, 그 결과를 알고자 하면 먼저 그 시작의 근원을 보면 안다. 최후에 밝고자 하면 지금이 최상이다. 지금 속됨이 없어 깨끗하면 최후에도 속됨 없이 깨끗하고. 지금 자유로워야 최후에도 자유로울 수 있는 것이다. 예로부터 지금까지 역대 성사들은 탈태하여 신(神)으로 변화하고, 변화에 응함이 끝이 없는 것은, 진실로 이전의 쓸데없는 것을 가려서 버림으로 말미암아 정결함을 얻었기에, 최후에 이른바 가벼운 것이다.

만약 어떤 사람이 있어 일상의 낱낱의 경계를 살펴서 밝히고 꿰뚫으면, 또한 사물에 미혹되지 않고, 인연에 이끌리지 않으면, 곧 최후에도 낱낱의 경계에 현혹되는 것이 없고, 낱낱의 정과 인연에 이끌려 살지 않을 것이다.

淘汰[노태]: 물에 넣고 일어서 쓸데없는 것을 가려시 버림.
究竟[구경]: 최상. 궁극에 도달함. 최고의 경지. 사리(事理)의 마지막. 필경.
從前[종선]: 이전(以前). 이제까지.
脫灑[탈쇄]: 세속의 기풍(氣風)을 벗어나서 말쑥하고 깨끗함. 산뜻하고 속됨이 없다. 소탈하다.
末後[말후]: 최후. 최후의 시기. 최후의 단계. 결국. 마지막으로.

드디어. 급기야.

覷: 엿볼 처/ 보다. 살피다. 엿보다.

眩: 아찔할 현/ 눈이 흐릿하다[침침하다]. 미혹되다. 현혹되다. 정
　　신이 빠지다.

我見今時打坐底人, 才合眼, 一切妄幻魔境都在目前, 旣入魔
境, 與那陰魔打成一片, 不自知覺, 間有覺者, 亦不能排遣, 卻
如個有氣底死人, 六根具足不能施爲, 被他擾亂擺撥不下。只今
旣不得自由, 生死岸頭怎生得自由去也。若是個決烈漢, 合眼時
與開眼時則一同, 於一一妄幻境界都無染着, 去來無礙, 得大自
在。只今旣脫灑, 末後奚患其不脫灑耶。

　요새 좌선하는 사람들을 보니, 눈감자마자 일체의 망상과 환상
의 마군 경계가 다 눈앞에 있구나. 이미 마의 지경에 빠지면 음마
(陰魔)와 한 덩어리가 되어 스스로 알아서 깨닫지 못한다. 가끔 깨
닫는 사람도 있긴 하나 완전히 빠져나오지 못하니, 마치 기(氣)는
있으나 죽은 사람과 같고 육근(六根)은 갖추어 족하나 행위는 할
수 없으니, 그런 혼란스러움에서 벗어나지 못한다. 지금 자유를 얻
지 못하면 생사의 물가에서 어떻게 자유를 얻을 수 있겠는가? 만
약 결렬(決烈)한 장부가 눈 감을 때나 뜰 때 한결같고, 낱낱의 허
깨비 같고 허망한 경계에 모두 집착하지 않고, 오고 감에 걸림이
없다면, 이것이 바로 큰 자재로움을 얻은 것이라고 볼 수 있다. 지
금에 속됨이 없고 깨끗하면 최후에 어떤 근심이나 속됨이 있겠는가?

施爲[시위]: 어떤 일을 베풀어 이룸. 발휘하다. 보이다. 부리다. 행위. 소행.

排遣[배견]: 기분 전환을 하다. 스스로 위로하다. (일을) 해치우다. (문제를) 해결하다.

擾亂[요란]: 어지럽히다. 혼란하게 하다. 교란하다. 방해하다.

擺撥[파발]: 벗어나다. 방치하다. 잠시 손을 떼다. 처치하다. 배치하다. 지배하다.

怎生[즘생]: 어떤. 어떻게 하면.

岸頭[안두]: 물가.

染着[염착]: 번뇌(煩惱)로 인하여 일에 집착함.

清庵道人不惜兩片皮, 爲損庵輩饒舌。只如今做底工夫便是末後大事, 只今是因, 末後是果。只今一切念慮都屬陰趣, 一切幻緣都屬魔境, 若於平常間打並得潔淨, 末後不被他惑亂。念慮當以理遣, 幻緣當以志斷。念慮絶則陰消, 幻緣空則魔滅, 陽所以生也, 積習久久, 陰盡陽純, 是謂仙也。或念增緣起, 縱意隨順, 則陰長魔盛, 陽所以消也, 積習久久, 陽盡陰純, 死矣。大修行人, 分陰未盡則不仙。一切常人, 分陽未盡則不死。作是見者, 玄門高士。

청암도인께서 말을 아끼시 않고, 손암에게 자세히 말해 주었도다. 지금 기초를 질 쌓는 것은 향후를 위해서 중요한 일이니, 지금은 원인이고 향후는 결과이기 때문이다. 지금의 일체 염려는 다 음취(陰趣)에 속하고, 모든 환상과 인연은 다 마의 경계이다. 만약 일상에서 잘 정돈하여 정결함을 얻으면, 최후에는 이런 것들 때문에 미혹되고 어지럽지 않을 것이다. 염려는 마땅히 이치로써 떨쳐 버려야 되고, 환상과 인연 같은 것은 마땅히 의지로 끊어야 한다. 염려를 없애면 곧 음(陰)이 없어지고, 환상과 인연이 비어져야 곧 마도 소멸하여 양(陽)이 생겨난다. 이렇게 오래 쌓여 훈습되면 음(陰)이 다하여 양(陽)이 순수해지니 이를 신선이라 한다. 혹 염려가 더하여 인연이 일어나며, 뜻을 방임하여 함부로 하면 곧 음(陰)이 생기고 마(魔)가 치성하여 양(陽)이 소멸하게 되리니, 오래 쌓여 훈습되면 양(陽)은 다하고 음(陰)이 순수해지면 죽게 될 것이다. 크게 수행한 사람들이 아무리 수련을 잘했더라도 음이 다 없어지기 전에는 신선이 될 수 없고 모든 평범한 사람들도 마찬가지로 양(陽)이 다 없어지기 전에는 죽지 않는다. 이런 도리를 잘 아는 사람들이면 현문(玄門)의 고사(高士)라 할 수 있으리라.

打並[타병]: 쓸어 치우다. 씻어 없애다. 정돈하다. 정리하다. 모으다.
饒舌[요설]: 쓸데없이 말을 많이 함. 말을 잘하는.

諸法眷等立決定志, 存不疑心, 直下打並, 敎赤灑灑, 空蕩蕩, 勿令秋毫纖塵染着, 便是清靜法身也。汝若不着一切相, 則一切相亦不着汝; 汝若不染一切法, 則一切法亦不染汝; 汝若不見一切物, 則一切物亦不見汝; 汝若不知一切事, 則一切事亦不知汝; 汝若不聞一切聲, 則一切聲亦不聞汝; 汝若不緣一切覺, 則一切覺亦不緣汝, 至於五蘊六識, 亦復如是。六塵不入, 六根清靜，五蘊皆空，五眼圓明。到這裏六根互用，遍身是眼，群陰消盡，遍體純陽，性命雙全，形神俱妙，與道合眞也。更有甚死生可超？　更有甚只今末後也？　無因也無果，和無也無，得大輕快，得大自在。咦無生法忍之妙，至是盡矣。

至元壬辰 上元日 淸庵 瑩蟾子 書於中和庵 贈蔡損庵輩

모든 법문의 권속들이 결정지(決定志)[180]를 세움에 있어 의심치 아니하여서, 곧장 정돈하니, 가르침 역시 분명하게 이어진다. 텅 비어 털끝 같은 미세한 티끌에도 물들지 않을 수 있다면 이게 바로 청정한 법신(法身)이다. 그대가 만일 일체의 상(相)에 집착하지 않으면, 곧 일체의 상도 그대를 집착케 하지 않을 것이다. 그대가 만약 일제 법에 물들지 않는다면, 곧 일체 법 또한 그대를 물들게 하지 않을 것이다.

그대가 일체의 사물을 보지 않는다면, 일체의 사물 역시 그대를 보지 않을 것이다. 그대가 일체의 일을 알지 아니하면, 일체의 일 역시 그대를 알게 하지 않을 것이다. 그대가 일체의 소리를 듣지 않으면, 일체의 소리 역시 그대를 들리게 하지 않을 것이다. 그대가 일체의 감각에 말미암지 않으면, 일체의 감각 역시 그대를 말미암게 하지 않을 것이다. 오온육식(五蘊六識)이 또한 이와 같다. 육진(六塵)에 들지 않으면 육근(六根)이 청정하고, 오온(五蘊)이 모두 공(空)하여 오안(五眼)이 뚜렷이 밝도다. 여기에 이르면 육근이 서로 작용하여 이 눈이 온몸에 두루 하여 음(陰)의 무리들이 다 소멸하고, 온몸에 양(陽)이 순수해지며, 성과 명이 함께 온전하여 형

---

180) 결정지(決定志): 심지가 확정(確定)되어 움직이지 않음. 사무친 의지.

(形)과 신(神)이 모두 신묘하니, 도와 더불어 참됨에 합해진다. 또한 참으로 생사를 초월하니 지금이나 향후가 어디 있겠는가? 원인이 없으면 결과도 없어, 무(無)는 조화하여도 무(無)일 뿐이니, 크게 경쾌하고 대자재함을 얻었도다. 아! 무생법인(無生法忍)[181]의 묘함을 이에 이르러 다하는구나.

지원(至元) 임진(壬辰)년 상원(上元)일에 청암 영섬자가 중화암에서 채손암에게 주다.

法眷[법권]: 같은 법문(法門)에서 수행하는 동문.

灑灑[쇄쇄]: 많은 모양(주로 문장을 가리킴). 계속 이어지되 분명한 모양.

蕩蕩[탕탕]: 광대한 모양. 평탄한 모양. (물·바람 등이) 출렁이고 나부끼는 모양.

秋毫[추호]: 가을철에 털갈이를 하여 새로 돋아나는 짐승의 가는 털. 극히 적음.

纖塵[섬진]: 몹시 자디잔 티끌[먼지].

空蕩蕩[공탕탕]: 텅 비다. 황량하다. 허전하다.

遍體[편체]: 온몸. 전신(全身). 온몸에 두루 퍼짐. 또는 그런 몸.

동정설(動靜說)

太上云: 致虛極, 守靜篤, 萬物並作, 吾以觀其復。 此言靜極而

---

181) 무생법인(無生法忍): 나지도 없어지지도 않는 진정한 진리의 세계를 깨달아 거기에 안주하여 움직이지 않는 지위.

動也。夫物芸芸，各復歸其根，歸根曰靜，是謂復命。此言動極
而復靜也。又云復命曰常。此言靜一動，動一靜，道之常也。苟
以動爲動，靜爲靜，物之常也。先賢云靜而動，動而靜，神也。
動無靜，靜無動，物也。其斯之謂歟是知保身心之要，無出乎動
靜也。

　태상이 이르길, "지극한 텅 빔에 이르고 고요함을 지키기를 돈
독하게 하면, 만물이 함께 자라는데 나는 이로써 그 돌아감을 본
다."[182]라고 했다. 이 말은 고요함이 지극하면 움직임이 온다는 뜻
이다. "대저 만물은 무성하지만 모두가 결국에는 각기 그 뿌리로
돌아갈 뿐이다. 뿌리로 돌아가는 것을 고요함이라고 하니, 이것을
일컬어 명으로 돌아간다고 한다."라고 했다. 이 말은 움직임이 지
극하면 고요함이 온다는 뜻이다. 또한 "명으로 돌아감을 도의 항상
그러함이라 한다."라고도 했다. 이 말은 고요함 속에 하나의 움직
임이 있고 움직임 속에 하나의 고요함이 있는 것이 도의 영원함이
라는 것이다. 만일 움직임을 움직임으로만 보고, 고요함을 고요함
으로만 본다면 이것은 사물의 영원함이다. 선현이 이르길, "고요함
속에서 움직임을 보고 움직임 속에서 고요함을 본다면 신신이고,
움직임 속에 고요함이 없고 고요함 속에 움직임이 없다면 사물이
다."라고 한 것이, 바로 이런 뜻이다. 몸과 마음을 지키는 요점은
농정(動靜)보다 더 나은 것이 없다는 걸 알아야 한다.

　學道底人收拾身心，致虛之極，守靜之篤，則能觀復。易曰：復

---

182) 『도덕경』 致虛極章 第十六.

其見天地之心乎！夫復之爲卦，自坤而復，自靜而動也，五陰至靜，一陽動於下，是謂復也，非靜極而動乎？　觀復則知化，知化則不化，不化則復歸其根也。歸根曰靜，是謂復命，非動而復靜乎。

　도를 배우는 사람이 몸과 마음을 잘 수습한 후에 텅 빔에 이르기를 지극히 하고, 고요함을 지키기를 돈독하게 하면 곧 돌아감을 볼 수 있다. 『역』에 이르길, "복(復)에서 천지의 마음을 볼 지니라."라고 했다. 대저 복(復)의 괘(卦)는 곤(坤)으로부터 돌아오는 것으로, 고요함에서 움직임이 일어나는 것이다. 오음(五陰)이 지극히 고요해지면 하나의 양(陽)이 아래에서 움직이니 이를 일컬어 복(復)이라고 한다. 고요함이 지극하게 되면 곧 움직임이 있다는 말이 아닌가? 돌아감을 본다는 것은 곧 변화를 아는 것이고, 변화를 알면 곧 변화하지 아니함도 알게 된다. 변화하지 아니함은 곧 뿌리로 다시 돌아감이다. "뿌리로 돌아감을 고요함이라 하고, 이것을 일컬어 명으로 돌아간다 한다."라고 했다. 이 말은 움직임에서 다시 고요함으로 돌아간다는 것이 아닌가?

　易系云：闔戶之謂坤，闢戶之謂乾，一闔一闢之謂變，往來不窮之謂通，一闔一闢，一動一靜也。往來不窮，動靜不已也。互動互靜，機緘不已，運化生成，是謂之變。推而行之，應變無窮，是謂之通。太上云：谷神不死，是謂玄牝。此言虛靈不昧，則動靜之機不可掩也。又云：玄牝之門，是謂天地根。卽乾陽坤陰，一闔一闢而成變化也。又云綿綿若存，用之不勤。卽往來不窮之謂通也。

『주역·계사전』에서 "문을 닫는 것(闔戶)을 곤(坤)이라고 하고 문을 여는 것(闢戶)을 건(乾)이라고 한다. 한 번 닫고 한 번 여는 것을 변(變)이라 이르고, 가고 오는 데 궁하지 아니한 것을 통(通)이라 한다." '한 번 닫고 한 번 여는 것'은 하나의 움직임과 하나의 고요함이다. '가고 오는 데 궁하지 아니한 것'은 동정(動靜)이 그치지 않는다는 것이다.

동과 정이 서로 작용하고 기함(機緘)이 그치지 않아, 운행의 변화가 생성하는 것이니, 이를 일러 변(變)이라 한다. 미루어 행하게 하며, 변화에 응함이 무궁함을 통(通)이라고 한다.

태상이 이르길, "곡신은 죽지 않으니 이를 일컬어 현빈이라 한다."라고 했다. 이 말은 허령(虛靈)[183]하고 어둡지 않아서 동(動)과 정(靜)의 기틀을 숨기지 못한다는 뜻이다. 또한 "현빈의 문을 일컬어 천지의 근원이라고 한다."라 했는데, 이 말의 뜻은 건양(乾陽)과 곤음(坤陰)이 한 번 닫고 한 번 여는 것으로 변화가 생긴다는 것이다. 또한 "이어지고 또 이어져 있는 것 같으니 써도 힘쓰지 않는다."라고 했으니, 곧 가고 오는 데 막히지 아니한 것을 통(通)이라 한다는 것이다.

天根闔闢, 猶人之呼吸也。呼則接天根, 是謂闢也。吸則接地根, 是謂闔也。呼則龍吟雲起, 吸則虎嘯風生, 是謂變也。風雲際會, 龍虎相交, 動靜相凷, 顯微無間, 是謂通也。予所謂呼吸者, 非口鼻也, 眞息綿綿, 往來不息之謂也。苟泥於口鼻而爲玄

---

183) 허령(虛靈): 마음이 텅 비어 형체가 없으나 그 기능은 맑고 환하여 거울이 물건을 비추는 것과 같음을 이름.

牝，又焉能盡天地鼓舞之神哉？知天地變動，神之所爲者，是名上士。達是理者，則知乾道健而不息，即我之心動而無爲、工夫不息也。坤道厚德載物，即我之身靜而應物、用之無盡也。心法天故淸，身法地故靜，常淸常靜，則天地闔闢之機我之所維也。經云淸者濁之源，動者靜之基。人能常淸淨，天地悉皆歸。正謂此也。

　하늘의 근본이 닫히고 열리는 것은 마치 사람의 호흡과 같다. 숨을 내쉴 때 하늘의 근본과 연결되니 이를 벽(闢)이라고 하고, 숨을 들이마실 때 땅의 근본과 연결되니 이를 합(闔)라고 한다. 숨을 내쉴 때 용이 울어 구름이 일고, 숨을 들이마실 때 호랑이가 포효하여 바람이 생기는 것이니 이를 변(變)이라 한다. 바람과 구름이 모이고, 용과 호랑이가 서로 교구하고, 동(動)과 정(靜)이 서로 원인이 되어 교차하면서, 드러남과 은미함에 간격이 없는 것을 통(通)이라고 한다. 내가 호흡이라 한 것은 입과 코를 이용해서 하는 호흡을 얘기한 것이 아니고, 진식(眞息)이 끊임없이 이어져, 오고 감이 쉬지 아니하는 것을 말한 것이다. 만일 입과 코가 현빈이라고 집착한다면 어찌 천지를 다 고무(鼓舞)시켜도 신령스러울 수 있겠는가? 천지의 변동이나 신(神)의 행하는 바를 아는 사람을 이름하여 상사(上士)라 한다. 이런 이치에 통달하면, 건도(乾道)가 강건하여 쉼 없음을 알 것이니, 곧 나의 마음이 움직이나 행함이 없어, 공부가 쉬지 않는 것이다. 그리고 곤도(坤道)는 후덕하여 사물을 실으니, 곧 나의 몸이 고요하나 사물에 응하여, 써도 다함이 없다. 마음은 하늘을 본받아서 고로 청정하고, 몸은 땅을 본받아서 고로 고요하다, 곧 천지의 닫고 열리는 기틀이 나에게 있다. 경에 이르길, "맑은 것은 탁함의 근원이고 움직임은 고요함의 근본이다. 사람이 항상 청정하고 고요할 수 있으면 천지가 모두 돌아와 갖추어지느니라."라 한 것이 바로 이런 뜻이다.

際會[제회]: 제회하다. 만나다. (좋은)기회. 시기. 때. 모이다. 회합하다.

風雲際會[풍운제회]: 재능이 있는 사람이 때를 만나다. 뜻이 맞는 임금과 신하가 만나다.

顯微[현미]: 미소(微小)한 사물을 드러내어 밝힘.

鼓舞[고무]: 북을 쳐 춤을 추게 함. 격려하여 기세를 돋움, 부추겨 용기가 생기게 함.

經閑庵輩叩予保身心之要，予以動靜告之。蓋欲使其收拾身心，效天法地之功用也。夫保身在調燮，保心在撿攝。調燮貴乎動，撿攝貴乎靜。一動象天，一靜象地，身心俱靜，天地合也。至靜之極，則自然眞機妙應，非常之動也。只這動之機關，是天心也。天心旣昇，玄關透也，玄關旣透，藥物在此矣，鼎爐在此矣，火候在此矣，三元八卦、四象五行、種種運用，悉具其中矣。工夫至此，身心混合，動靜相須，天地闔闢之機盡在我也。至於心歸虛寂，身入無爲，動靜俱忘，精凝氣化也。到這裏，情自然化氣，氣自然化神，神自然化虛，與太虛混而爲一，是謂返本還元也。咦長生久視之道，至是盡矣。

至元壬辰上元 後四日 淸庵瑩蟾子 書於中和精舍 贈經閑庵輩。

경한암이 나에게 몸과 마음을 보양하는 요점을 물었는데, 나는 동(動)과 정(靜)의 중요함을 알려 줬다. 대개 몸과 마음을 수습하고자 하면 하늘의 법(法)을 본받고 땅의 공(功)을 사용해야 한다. 무릇 몸을 보양하는 것은 조섭(調攝)184)에 있고, 마음을 보양하는 것은 검섭(撿攝)185)에 있다. 조섭은 움직임을 중시하고 검섭은 고요함을 중시한다. 움직이는 것은 하늘을 닮고, 고요한 것은 땅을 닮았으니, 몸과 마음이 모두 고요하면 천지와 하나가 된다. 지극한 고요함에 이르면 자연히 참된 기틀이 묘하게 응하니 항상 하는 움직임이 아니다. 이때 움직임을 일으키는 기틀의 관문은 천심(天心)이다. 천심을 이미 보게 되면 현관을 통하게 된 것이니, 현관이 이미 통해지면 약물(藥物), 정로(鼎爐), 화후(花候)가 이것으로 있게 된다. 그리고 삼원팔괘(三元八卦), 사상오행(四象五行)의 가지가지 운용이 모두 그 가운데 구비되어 있다. 공부가 이에 이르면 몸과 마음이 혼합되고 동과 정이 상수(相須)186)되어, 천지의 닫고 여는 기틀이 다 나에게 있다. 마음이 텅 비어 고요함에 이르고 몸도 무위(無爲)에 들게 되어, 동(動)과 정(靜)을 다 잊으면 정(精)이 응결되어 기로 변화한다. 이런 지경에 이르면 정(精)은 저절로 기(氣)로 변화하고, 기도 자연히 신(神)으로 변화하고, 신도 자연히 허(虛)로 변화하여 태허(太虛)와 더불어 혼연일체가 되니, 이를 일컬어 '본원으로 돌아간다.'고 한다.

아! 장생구시(長生久視)의 도가 여기에 이르러 다하였구나.

---

184) 조섭(調攝): 조리(調理), 조화(調和)와 같은 말로 조절해서 알맞게 한다(권3 '금단혹문' 참조).
185) 검섭(撿攝): 살펴서 굳게 유지한다(역자 주).
186) 상수(相須): 효능이 유사한 약물을 배합했을 때 협동작용을 일으켜 원래의 효능을 증가시키는 것.

지원임진상원 이후의 넷째 날에 청암 영섬자가 중화정사에서 경
한암에게 주다.

가(歌)

원도가(原道歌) 증야운(贈野雲) 야운에게 주다

玄流若也透玄關, 躡景登眞果不難。只是星兒孔竅子, 迷人如
隔萬重山。

世間縱有金丹客, 太半泥文並著物。雖然苦志敎門中, 却似癡
貓守空窟。

현묘함이 흘러 만약 현관을 뚫으면 지극히 빠르게 참됨에 도달
하는 게 어렵지 않도다. 그러나 작은 구멍이니, 미혹한 사람은 만
첩청산이 막힘과 같구나.

설령 세간에 금단객이 있다 하나 대부분이 문자와 사물에만 집
착하는구나. 비록 문중의 가르침에 뜻을 두었으나 마치 어리석은
고양이가 빈 굴을 지키고 있듯 하도다.

或將金石爲丹母, 或云口鼻爲玄牝, 或云心腎爲坎離, 或云精
血爲奇偶。

勞形苦體費精神, 妙本支離道不伸。直待靈源都喪盡, 尙猶執

着不回身。

혹 금석(金石)을 단의 근본이라 여기고, 혹 입과 코를 가리켜 현빈이라 여기며, 혹 심장과 신장을 보고 감리(坎離)라고 하거나, 혹 정혈(精血)을 보고 기우(奇偶)라고 하는구나.

몸을 수고롭게 하고 정신을 소비하지만 본질과 가지가 묘하게 분리되어 도가 펴지지 않도다.

줄곧 기다리나 신령한 원천을 모두 잃어버리고, 여전히 집착에서 몸을 돌리지 않는구나.

直待[직대]: (어떤 시간·단계 등에 이르기까지) 줄곧[내내] 기다리다.

奇偶[기우]: 기수와 우수. 홀수와 짝수. 음양을 말한다.

喪盡[상진]: 완전히 잃어버리다.

尚猶[상유]: 오히려. 여전히. 아직도. 의연히.

人人自有長生藥, 道法法人人不肯。浮華亂目孰回光, 薄霧牽情誰返照。

我觀潁川野雲翁, 奇哉道釋俱貫通。玉鎖金枷齊解脫, 急流勇退慕玄風。

사람마다 스스로 장생약[187)]을 가지고 있고, 법마다 도이나 사람들이 현명하지 못하구나. 겉만 화려하여 눈이 어지러우니 누가 빛을 돌리겠는가? 옅은 안개 속에 정(情)을 이끄니 누가 반조(返照)

---

187) 장생약(長生藥): 정(精) · 기(氣) · 신(神)을 가리킨다.

하겠는가?

내가 영천(穎川) 야운(野雲) 늙은이를 보니, 기이하도다. 도가와 불가에 모두 관통했네.

옥으로 꼰 밧줄(玉鎖)과 금사슬(金枷)을 모두 벗어 버리고, 한창 전성기일 때 결단성 있게 물러나 현학의 풍류(玄風)를 사모하는구나.

不肖[불초]: 불초하다. 품행이 나쁘다. 아버지를 닮지 않다. 현명
 하지 않다. 못나다.
浮華[부화]: 실속 없이 겉만 화려하다. 겉치레뿐이다.
急流勇退[급류용퇴]: 한창 전성기일 때 결단성 있게 (관직 따위
 에서) 물러나다.

我今得見知音友, 故把天機都泄漏。坎水中間一點金, 急須取
向離中轄。

一句道心話與賢, 從今不必亂鑽研。九夏但觀龍取水, 明明天
意露眞詮。

내가 오늘 설친한 벗을 만나니, 천기(天機)를 다 누실하는구나. 감수(坎水) 가운데 한 점 금(金)을 급히 채취하여 이(離) 안에 모아야 할 것이다.

한마디로 도의 마음을 성현의 말씀으로 했으니, 향후 어지럽게 탐구할 필요가 없다. 기나긴 여름에 디만 용이 물을 취하는 것을 관찰하니, 하늘의 뜻이 분명하여 참된 깨달음이 드러나도다.

知音[지음]: 음률에 정통하다. 지기(知己). 작품을 깊이 이해하고

정확히 평가하는 사람.

亂鑽[난찬]: 까닭 없이 도망쳐[숨어] 다니다.

鑽硏[찬연]: 깊이 연구하다. 연찬하다. 탐구하다.

會得此機知採藥, 地雷震處鼓橐籥。霎時雲雨大滂沱, 萬氣鹹
臻眞快樂。

水中取得玉蟾蜍, 送入懸胎鼎內儲。進火退符功力到, 無中生
有結玄珠。

이런 기틀을 이해하면 약을 채취하는 것도 알 것이니, 땅 아래 우
레가 진동하는 곳에[188] 풀무로 바람을 일으키네. 순식간에 구름이
일어 큰 비가 내리고, 모든 기가 전부 이르니 참으로 쾌락하도다.

물속에서 섬여(蟾蜍)[189]를 얻으니, 태가 걸려 있는 솥 안에 들여
저장한다. 진화(進火) 퇴부(退符)의 공력(功力)이 이르니, 무(無)에
서 유(有)가 생겨나 현주(玄珠)가 맺어지는구나.

會得[회득]: 회득하다. 이해하다. 알다. …할 수 있다.

橐籥[탁약]: 풀무. 고대의 방사(方士)들이 단을 만들때 바람을 일
          으키려고 쓰던 공구이다. 풀무의 바람삼자 안에 있
          는 바람을 움직이는 장치로서 인체의 호흡도 같은
          원리로 움직인다고 한다.

---

188) 지뢰복괘(地雷復卦). 복(復)은 아래에서 돌아와 회복하는 괘다. 괘상은 위가 땅이고 아래
    가 우뢰로 양이 회복되고 있다. 산지박으로 모조리 깎이고 나면 다시 양이 돌아와 아래로
    부터 회복되는 까닭에 박괘(剝卦) 다음이 복괘(復卦)다.
189) 섬여(蟾蜍): 두꺼비로 달의 정(精)에 해당한다. 예(羿)가 불사약을 서왕모에게 청하니 항
    아(姮娥)가 그것을 훔쳐 달로 달아나 변하여 섬여 곧 두꺼비가 되었다고 한다.

懸胎[현태]: 태는 도가에서 인신(人身)에 깃들이는 체기근원(體
          氣根源)을 말함. 현태는 그 태가 걸려 있다는 뜻.

鼓: 북 고/ 북. (악기를) 타다. 치다. 두드리다. (풀무 따위로) 부
   채질하다. (바람을) 일으키다.

鹹: 소금기 함/ 전부. 모두. 짜다. 소금기가 있다.

臻: 이를 진/ 이르다. 미치다. 도달하다.

獲得玄珠未是妙, 調神溫養猶深奧。鉛要走而汞要飛, 水怕寒
兮火怕燥。
　火周須要識持盈, 靜定三元大寶成。迸破頂門神蛻也, 與君同
步謁三清。

　현주를 얻었다고 아직 묘함이 아니니, 신(神)을 조절하여 온양(溫
養)함을 더욱 심오하게 해야 하네. 연(鉛)은 달리려 하고 홍(汞)은
날려고 하니, 물이 차가워짐을 걱정하고, 불이 건조해짐을 걱정하
는구나.
　불이 두루 하면 반드시 유지함을 알아야 하니, 고요히 안정되면
삼원(三元)의 큰 보물이 완성뇌네. 정문(頂門)을 열고 신(神)이 허
물을 벗으니, 그대들과 같이 삼청을 알현하도다.

持盈[지영]: 성취된 일을 유시하다. 현상을 유지하다.

怕: 두려워할 파/ 무시워하다. 두려워하디. 근심히다. 염려하다.
   걱정이 되다.

迸: 솟아나올 병/ 내뿜다. 분출하다. 솟아오르다. 뒤다. 짜개다.

터지다. 갈라지다.

蛻: 허물 세(태)/ (뱀·매미 따위가) 허물(을 벗다). 탈피(하다). (새
가) 털갈이(를 하다).

연허가(煉虛歌) 병인(幷引)

道本至虛, 虛無生氣, 一氣判而兩儀立焉。淸而上者曰天, 濁
而下者曰地。天圓而動, 北辰不移, 主動者也。地方而靜, 東注
不竭, 主靜者也。北辰, 天地之心。東注, 天地之氣。以虛養
心, 心所以靜; 以虛養氣, 氣所以運。

도는 본래 지극히 텅 비어, 허무에서 기(氣)가 생하고, 하나의 기
가 나뉘어 음양을 세우도다. 맑고 위에 있는 것은 하늘이라 하고
탁하여 아래에 있는 것을 땅이라 하네. 하늘은 둥글고 움직이나
북극성은 이동하지 않으니, 그래서 주됨이 움직임이다. 땅은 네모
지고 고요하여 동으로 흐름에 다함이 없으니, 그래서 주됨이 고요
함이다. 여기서 북극성은 천지의 마음이고 동주(東注)는 천지의 기
다. 허(虛)로 마음을 기르니 마음이 고요하고, 허로 기(氣)를 기르
니 기가 그래서 운행하는 바이다.

人心安靜如北辰之不移, 神至虛靈, 作是見者, 天道在己。氣
常運動, 如東注之不竭, 形固常存, 作是見者, 地道在己。天地
之道在己, 則形神俱妙, 陰陽不可得而推遷, 超出造化之外也。
是知虛者, 大道之體, 天地之始, 動靜自此出, 陰陽由此運, 萬

物自此生，是故虛者天下之大本也。

　사람 마음이 편안하고 고요하여 북극성이 이동하지 않음과 같으니, 신(神)이 지극히 허령(虛靈)함을 보게 되면 하늘의 도는 나에게 있도다. 기(氣)가 항상 운동함이 동쪽으로 흐름에 다하지 않음과 같고, 형체가 견고하여 항상 존재함을 보게 되면 땅의 도리가 나에게 있도다. 하늘과 땅의 도가 나에게 있으니, 곧 형신(形神)이 다 묘해지고 음양이란 변화될 수 없기에, 조화 밖으로 초월할 수는 없는 것이다. 허(虛)를 알면 대도의 체(體)와 천지의 시작과 동정(動靜)은 이로부터 나오고, 음양은 이것에 연유하여 운행되며, 만물은 이로부터 생성된다. 이런고로 허는 천하의 근본이다.

　推遷[추천]: 추이(推移)하다. 변천[변화]하다.
　超出[초출]: (수량, 정도, 한도를) 넘다. 초과하다.

　古杭王高士，以竹名齋，蓋有取於此也。處事以直、處世以順、處心以柔、處身以靜，竹之節操也。動則忘情、靜則忘念、應機忘我、應變忘物，竹之中虛也。立決定志、存不疑心、內外圓通、始終不易，竹之歲寒也。廣參至士、遍訪明師、接待雲水、混同三敎，竹之叢林也。兼之見素抱樸、少私寡欲、調息運誠、觀化知復，非天下之致虛，其孰能與於此 以竹名齋，宜矣。

　옛날 항왕(杭王)의 고사(高士)가 대나무로 재명(齋名)을 지었는데, 그 원인을 어기서 찾을 수 있구나. 일을 처리함에 곤고 세상을 대할 때 순리로 하며, 마음을 쓸 때 부드러우며, 몸을 쓸 때는 고

요한 것이 마치 대나무의 절조와 같도다. 움직이면 정(情)을 잊고
고요하면 생각을 잊고, 기틀에 응할 때는 자신을 잊고 변화에 응
할 때는 사물을 잊는 것이 대나무 가운데의 텅 빔과 같네. 사무친
의지를 세우고, 존재를 의심치 않으며, 안과 밖이 원통(圓通)하고,
시작과 끝이 바뀌지 않는 것이 마치 대나무가 엄동설한을 견디는
것과 같도다. 지사(至士)와 함께 참선을 하고, 명사(明師)를 두루
방문하며 운수납자를 접대하니, 삼교가 혼동(混同)함이 마치 대나
무 숲과 같도다. 겸하여 소박함을 보이고 질박함을 안으며, 사사로
움과 욕심을 적게 하고, 숨을 조절하여 성실히 운행하며, 변화를
관찰하여 돌아옴을 아니, 천하의 텅 빈 상태에 이른 것이 아니면
누가 능히 이에 참여하리오. 그래서 대나무로 재명(齋名)함이 마땅
하구나.

　　高士[고사]: 고결(高潔)한 선비. 뜻이 크고 세속에 물들지 아니한
　　　　　　　사람.
　　抱樸[포박]: 소박(素樸)을 품다. 명예나 사욕이 없이 자기의 본분
　　　　　　　을 지키다.
　　廣參[광참]: 선종(禪宗)에서 한 산중의 대중이 모두 참당하거나
　　　　　　　참선하는 일.

　　辛卯歲, 有全眞羽流, 之金陵中和精舍, 嘗談盛德, 予深重
之, 自後三領雲翰. 觀其言辭, 有致虛安靜之志, 於是乎橫空飛
劍, 而訪先生, 是乃己亥重陽日也. 觀其行, 察其言, 足見其深
造玄理者也. 於是乎以珏蟾扁子名. 珏之爲字, 二玉相並, 俾之

虛實相通, 爲全形神之大方也。虛爲實體, 實爲虛用, 虛實相
通, 去來無礙。玉又取其潔白之義, 虛室生白, 神宇泰定, 自然
天光發露, 普照無私也。工夫至此, 仙佛聖人之能事畢矣。辭已
旣, 故作是篇以記之。

신묘(辛卯)년에 전진(全眞) 우류(羽流)가 금릉 중화정사에 와서
훌륭한 품덕에 대해 얘기를 나누었다. 내가 그를 아주 중시하고
그 뒤로 세 번이나 서한을 받았다. 그 말들을 관찰해 보면, 텅 빈
상태에 이르고 안정(安靜)된 뜻이 있었다. 이에 있어서 칼을 휘둘
러 허공을 가르듯 하여, 선생을 찾았을 때는 기해(己亥)년 중양절
(重陽日)이었다. 그의 행동이나 말들을 살펴보면 현리(玄理)에 대
해 깊은 연구를 했다는 것을 충분히 알 수 있다. 그래서 편액 이
름을 '각섬(珏蟾)'으로 지었다. '각(珏)' 자는 구슬 옥(玉) 자 두 개
가 서로 아우른 것이다. 허(虛)와 실(實)이 서로 통하게 하고, 형체
와 정신이 온전하여 거침이 없다. 허는 실의 본체이고 실은 허의
작용이니, 허와 실이 서로 통하여 오고 감에 걸림이 없다. 또한 옥
의 결백한 뜻을 취하여, 허실생백(虛室生白)[190]하고, 기색과 풍채
가 크게 안정하니, 하늘의 광채가 자연히 빌로(發露)하여 사사로움
이 없이 널리 비춘다. 공부가 이에 이르면 신선과 부처와 성인의
일을 마칠 수 있는 것이다. 말을 이미 다 했으나 일부러 이 글을
기록하였다.

盛德[성덕]: 훌륭한 품덕. 훌륭한 품덕의 인물. 사시(四時) 왕성

---

190) 허실생백(虛室生白): 방을 비우면 빛이 그 틈새로 들어와 환하다는 뜻으로, 무념무상이
     성시에 이르면 서칠로 진리에 도달할 수 있음을 비유해 이르는 말.

한 기운.

深重[심중]: (재난, 타격, 피해, 위기, 고민 따위가) 매우 심하다.
대단하다. 혹심하다.

雲翰[운한]: 운한. 귀함(貴函). 보내 주신 글월. (상대방의 편지를
높여 부르는 말).

足見[족견]: 볼 수 있다. 충분히 알 수 있다. = (可見).

深造[심조]: 깊이 연구하다(파고들다). 깊은 연구(조예).

大方[대방]: 식자(識者). 대가(大家). 전문가. 대지. 토지. 인색하
지 않다. 거침없다. 자연스럽다. 대범하다. 고상하다.
우아하다. 점잖다.

神宇[신우]: 기색과 풍채.

扁: 납작할 편, 거룻배 편/ 평평하다. 납작하다. 깔보다. 편액(扁
額). 편제(扁題). 현판(懸板).

가왈(歌曰)

爲仙爲佛與爲儒, 三敎單傳一個虛。亘古亘今超越者, 悉由虛
裏做工夫。

學仙虛靜爲丹旨, 學佛潛虛禪已矣。扣予學聖事如何, 虛中無
我明天理。

道體虛空妙莫窮, 乾坤虛運氣圓融。陰陽造化虛推蕩, 人若潛
虛盡變通。

신선이 되고 부처가 되고 선비가 됨에 있어 삼교는 단지 '허(虛)' 하나만 전했네. 옛날이나 지금이나 초월하는 자는 모두 '허'로 말미암아 공부하였으니, 선도를 공부하는 사람은 허정(虛靜)으로 연단(煉丹)의 요지로 삼았고, 불도를 공부하는 사람은 '허'에 잠기어 선(禪)수행을 했을 뿐이네. 내게 성인의 공부를 어떻게 하느냐고 묻는다면, '허' 가운데 무아(無我)를 체현함으로써 하늘의 이치를 밝히라고 답할 것이네. 도의 본체는 허공같이 묘하여 궁구할 수 없고, 건곤은 '허'의 상태에서 기를 운행해 융합시키며, 음양의 조화는 '허'한 가운데서 밀고 당기니, 사람이 만약 '허'에 잠길 수 있으면 모든 변화에 통하게 될 것이네.

還丹妙在虛無谷, 下手致虛守靜篤。虛極又虛元氣凝, 靜之又靜陽來復。

虛心實腹道之基, 不昧虛靈採藥時, 虛己應機眞日用, 太虛同體丈夫兒。

採鉛虛靜無爲作, 進火以虛爲槖籥。抽添加減總由虛, 粉碎虛空成大覺。

환단의 묘함은 허무의 골짜기에 있으니, 허에 이르고 고요함을 지키기를 돈독히 하는 데서 시작하네. 지극히 허하고 또 허하면 원기가 옹결하고, 고요하고 또 고요하면 양이 다시 온다네.

마음을 허하게 하고 배를 채우는 것이 도의 기반이며, 허령(虛靈)하여 어둡지 않을 때 약물을 채취하는구나. 자기를 비우고 날마다 참된 기틀에 응하니, 태허와 한 몸이 된 장부라네.

진연의 채취도 허정하고 무위한 가운데 이루어지고, 진화(進火)는 허(虛)로 풀무를 삼는구나. 추첨(抽添)의 가감(加減)도 모두 허(虛)로 말미암으니, 허공을 분쇄하면 큰 깨달음 이루리라.

究竟道沖而用之, 解紛剉銳要兼持。和光混俗忘人我, 象帝之先只自知。

無畫以前焉有卦, 乾乾非上坤非下, 中間一點至虛靈, 八面玲瓏無縫礴。

四邊固密剔渾淪, 個是中虛玄牝門, 若向不虛虛內用, 自然闔闢應乾坤。

필경 도의 가운데에는 쓰임이 있으니, 맺힌 것을 풀고 나아감을 꺾는 것을 겸해야 한다. 드러나는 빛을 감추고 세속과 함께하여 나와 남을 잊으니, 상제 이전의 일을 저절로 알게 되도다. 획(畫)이 없는 이전에 어찌 괘가 있었겠는가? 건(乾)은 위에 있는 것이 아니고 곤(坤)의 아래에 있는 것도 아니며, 중간에 한 점 지극히 허령함이네.

팔면(八面)이 영롱하여 흠집이 없으며, 사방이 견고하고 치밀한 가운데 혼륜의 세계를 드러내니, 이 가운데의 허(虛)가 현빈의 문일세. 만약 이전에 허(虛)하지 않았어도 허(虛)를 안으로 사용하면, 저절로 열리고 닫힘이 건곤에 응하게 되네.

究竟[구경]: 궁극(窮極). 사리(事理)의 마지막. 필경. 결국. 어쨌든. 요컨대.

解紛[해분]: 분쟁을 해결하다.

和光混俗[화광혼속]: 빛을 감추고 세속에 섞이다. 자신의 지덕 (智德)과 재기(才氣)를 감추고 속세와 어울리다. 화 광(和光)은 빛을 늦추는 일이고, 동진(同塵)은 속세 의 티끌에 같이한다는 뜻으로, 자기의 지혜를 자랑 함 없이 오히려 그 지혜를 부드럽게 하여 속세의 티 끌에 동화(同化)함을 말함. = (和光同塵)

罅縫[하봉]: 갈라진 틈. 틈새. = (縫隙)

渾淪[혼륜]: 혼돈(混沌)한 모양(천지개벽 초에 우주 만물이 판연 (判然)하지 아니한 모양). 분명하지 않다[모호하다]. 혼돈하다. 자연스럽다. 질박하다.

固密[고밀]: 견고하고 치밀하다.

剔: 뼈 바를 척/ (뼈에서 살을) 발라내다. 쑤시다. 후비다. 골라내 다. 제거하다. 돋우다.

剉: 꺾일 좌/ 삐다. 접질리다. 꺾다. 누르다.

玄牝門開功則極, 神從此出從此入, 出出入入復還虛, 平地一 聲春霹靂。

霹靂震時天地開, 虛中迸出一輪來, 圓陀陀地光明大, 無欠無 餘照竹齋。

竹齋主人大奇特, 細把將來應時物, 虛裏安神虛裏行, 發言闡 露虛消息。

虛至無虛絶白非, 潛虛大地悉皆歸, 虛心直節靑靑竹, 個是煉 虛第一機。

공부가 지극하여 현빈의 문이 열리면, 신은 이를 통해 출입한다네. 끊임없이 나고 들면 다시 허로 돌아가니, 평지에 갑자기 천둥소리 진동하는구나. 천둥소리 진동할 때 천지가 열리고, 허한 가운데 둥근 달이 돌아오도다. 둥글둥글 구르는 큰 빛이, 많지도 적지도 않게 대나무 오두막을 비추네. 죽재(竹齋) 주인이 크게 기이하고 특별하게 여겨, 다가오는 사물 하나하나에 적절히 응하는구나. 허한 가운데 신이 머물고 또 떠나가니, 말을 함에 '허(虛)'의 소식이 드러나도다. 텅 빔이 지극하여 더 이상 허함이 없는데 이르자, 온갖 잘못이 끊어지고 허에 잠기어 천지가 모두 돌아오는구나. 푸르고 푸른 대나무의 곧은 마디처럼 마음을 비우고 곧게 하는 것, 이것이 허를 수련하는 제일의 기틀이라네.

霹靂[벽력]: 벽력. 벼락. 격렬한 뇌명(雷鳴). 갑작스러운 사건. 뜻
　　　　밖의 변사(變死).
平地一聲雷[평지일성뢰]: 갑자기 이름이 나다. 단번에 유명해지
　　　　다. 갑자기 큰 변화가 일어나다.
圓陀陀[원타타]: 진리는 둥글고 둥글도다! 둥글둥글 구르고.

파혹가(破惑歌)

堪嗟世上金丹客, 萬別千差殊不一。執象泥文胡作爲, 摘葉尋
枝徒費力。

採日精, 吸月華, 含光服氣及呑霞。斂身俯仰爲多事, 轉睛捏

目起空花。

煉稠唾，咽津液，指捏尾閭並夾脊。注想存思觀鼻端，翻滄到
海食便溺。

아! 세상의 금단객들이 천차만별로 달라 하나같지 않네. 형상에
집착하고 문자에 빠져 헛수고만 하고 잎과 가지만 찾느라 힘만 낭
비하는구나.

해의 정기를 채취하고 달의 정화를 흡수하며, 빛을 머금고 기를
먹고 노을을 삼킨다. 행동거지를 엄격히 하여 많은 일을 하고, 눈
알을 돌리고 눈을 합쳐 망상을 일으킨다. 침을 걸쭉하게 정련하여
진액을 삼키고, 미려와 협척을 누르고, 코끝을 보며 생각을 모아
존사(存思)하고, 바닷물 속에서 엎치락뒤치락하고, 대소변을 먹기도
하는구나.

斂身[렴신]: 태도를 바로잡다. 엄숙히 하다. 정색하다.

空花[공화]: 헛되이 쓰다. 망상(妄想). 공상.

注想[주상]: 생각을 모으다.

稠: 빽빽할 조/ 길쭉하다. 길다. (농도가) 짙다. 조밀하다. 촘촘히디.

唾: 침 타/ 침. 타액(唾液). 침 뱉다. (욕을) 내뱉다. 멸시하다. 경
　　시하다.

咽: 목구멍 인, 심킬 연/ 인두(咽頭). 넘기다. 삼기다. (말을) 기두
　　다. 거두어들이다. 삼키다.

守寂淡，落頑空，兀兀騰騰做奔功。更有按摩並數息，總與金

丹理不同。

八段錦，六字氣，閉穀休糧事何濟。執着三峰學採陰，九淺一深爲進退。

擾腰兜腎守生門，屈伸導引弄精魂。對爐食乳强兵法，個樣家風不足論。

의미 없이 고요함만 지키면 완공(頑空)에 떨어지니, 열심히 수련하나 분주하기만 하구나. 더욱이 안마와 수식(數息)을 하나 대체로 금단의 도리와 다르다네. 팔단금(八段錦), 육자기(六字氣), 곡기를 끊는 일로 어찌 해결할 수 있겠는가? 삼봉(三峰)의 음을 채취하는 법에 집착하여, 구천일심(九淺一深)으로 나아가고 물러나는 것으로 삼는구나. 허리를 흔들고 신장을 감싸며 생문을 지키고, 굽히고 펴는 도인(導引)법으로 정혼(精魂)을 희롱하네. 강병법(强兵法)의 젖을 먹는 것으로 화로(爐)로 하니, 이 같은 모양의 가풍들은 논할 가치가 없도다.

兀兀[올올]: 마음을 한곳에 쏟아 전념하는 모양. 열심히 애쓰는 모양. 높이 솟은 모양.

騰騰[등등]: (김 따위의 기체가) 자욱이 피어오르다. (기세가) 등등하다. (열기가) 후끈후끈 하다. 술에 취한 모양. 몽롱한 모양. 새가 날아오르는 모양.

奔功[분공]: 출세를 위해 뛰어다니다.

更有縮龜並閉息，熊伸鳥引虛勞役。摩腰居士腹中溫，行氣先生面上赤。

擎天鼓, 抱昆侖, 叩齒集神視頂門。虛響認爲雄虎嘯, 肚鳴道
是牝龍吟。

燒丹田, 調煮海, 晝夜不眠苦打睚。單衣赤脚受煎熬, 前生欠
少饑寒債。

또한 거북이가 몸을 웅크리며 숨을 닫고, 곰이 몸을 펴고, 새가
날개를 펴는 것은 헛된 노역이다. 마요(摩腰)거사의 배안이 따뜻하
고 행기(行氣) 선생의 얼굴이 벌겋구나.

곤륜을 안고 천고를 두드리며, 고치집신(叩齒集神)하여 정문(頂
門)을 보도다.

빈 울림을 듣고 수범이 포효히는 소리라 여기고, 배안에서 나는
소리를 암컷용이 운다고 생각하네. 단전을 가열하여 기해를 적절히
끓이고, 밤낮 자지 않아 지독히 눈초리를 치는구나. 단벌 옷에 맨
발로 다니며 생활에 곤란을 겪으니, 전생의 춥고 배고픈 빚을 덜
갚았구나.

苦打[고타]: 시독하게 지나[배리다].

煎熬[전오]: 바싹 졸이다. 달이다. 안타까워하다. 마음을 졸이다.
          애타다. 고민하다. 시달리다. 쪼들리다. 생활상 곤란
          을 겪다. 제련하다. 달여서 제조하다.

欠少[흠소]: 모자라다. 부족히다. 결핍하다.

赤脚[적각]: 맨발을 벗다. 맨발이 되다. 맨발.

睚: 눈초리 애/ 눈꼬리. 눈초리.

常持不語謾徒然, 默朝上帝怎升遷。呵手提囊眞九伯, 摩娑小
便更狂顚。

弄金槍, 提金井, 美貌婦人爲藥鼎。探她精血喚眞鉛, 喪失元
和猶不省。

有等葛藤口頭禪, 鬪脣合舌逞能言。指空話空乾打閧, 豎拳豎
指不知原。

항상 함부로 말을 하지 않음을 지키는 것도 헛된 것이니, 묵묵
히 상제를 배알하지만 어떻게 승천(升遷)할 수 있겠는가? 아! 손으
로 음낭을 쥐고 참된 구백(九伯)이라 하고 소변을 어루만지니 더욱
미친 짓이구나.

금창(金槍)을 쥐고 금정(金井)을 희롱하고, 아름다운 부인을 약
과 솥으로 삼는다네. 그녀의 정혈(精血)을 채취하고 진정한 연(鉛)
이라고 하니, 원래의 화목함을 잃어도 알지 못하도다.

구두선(口頭禪)으로 입을 놀려 말을 뽐내니 갈등만 야기하는구
나. 공(空)을 가리키고, 떠들며 싸우지만 주먹이나 손가락을 세워도
근원이 뭔지를 모르도다.

九伯[구백]: 구주의 장관(長官). 곧 천하의 제후(諸侯)들.

徒然[도연]: 공연히. 쓸데없이. 헛되이. 소용없다. 쓸데없다. 헛되
다. 단지. 다만.

升遷[승천]: 영전하다. 높은 지위로 오르다.

摩娑[마사]: 손으로 주물러 어루만짐. 또는 손으로 문지름. = 안
마(按摩)

瘋癲[풍전]: 정신병. 정신 이상. 미치다. 실성하다.

逞能[영능]: 기능, 재능 따위를 드러내 보이다.

打哄[타홍]: 조롱하다. 야유하다. 장난치다.

逞: 왕성할 령/ 뽐내다. 과시하다. 우쭐대다. 마음먹은 대로 이루
　　다. 달성하다. 내버려 두다.

鬨: 무기를 가지고 싸우는 소리 홍.

提話頭，并觀法，捷辯機峰喧雪雪。拈槌竪拂接門徒，瞬目揚
眉爲打發。

參公案，爲單提，眞個高僧必不然。理路多通爲智慧，明心見
性待驢年。

道儒僧，休執着，返照回光自忖度。忽然摸着鼻孔尖，始信從
前都是錯。

화두를 들고 관법을 하나, 논쟁의 기회가 오면 민첩하여 산봉우
리에 천둥번개 치듯 시끄럽다.

방망이를 잡고 불자(拂子)191)를 세워 문도(門徒)를 접하고, 눈을
삼빡이며 눈썹을 추켜세우며 도움을 주는구나.

공안을 참구함에 단제(單提)192)를 하는 것이, 참으로 개개의 고
승이 반드시 그러한 것은 아니다.

이치의 길이 많이 통함을 지혜로 삼으니, 명심견성은 여년(驢

---

191) 불자(拂子): 불도(佛道)를 닦을 때 마음의 티끌이나 번뇌를 털어 내는 표식으로 짐승의
　　꼬리털 또는 삼 따위를 묶어서 자루에 맨 것. 불진(拂塵)이라고도 한다.
192) 단제(單提): 한 번 척하고 내걸다. 부처의 가르친을 완전히 상속하는 것. 선종에서 아무런
　　수난 방변을 쓰지 않고, 바로 본분의 침끗을 들어 보임.

年)193)을 기다린다.

도가나 유가나 불가에 대해 집착하지 말고, 회광반조(回光返照)하여 스스로 깨달아야 하리니. 홀연히 콧구멍 끝을 더듬다가 비로소 이전의 믿음이 다 틀렸다는 것을 아는구나.

捷辯[첩변]: 첩질변(捷疾辯)의 준말. 막히는 데 없이 능숙하게 가르침을 설하는 불보살의 말솜씨.

拈槌竪拂[념퇴수불]: 방망이를 잡고 불자(拂子)를 세움(조사들이 법을 드날리는 표현).

瞬目[순목]: 눈을 깜박이다.

揚眉[양미]: 눈썹을 치켜뜨다.

理路[이로]: (사상이나 문장의) 조리. 이치. 이치의 길.

忖度[촌도]: 헤아리다. 추측하다. 미루어 생각하다.

喧: 떠들썩할 훤/ 시끄럽다. 떠들썩하다. 시끌시끌하다.

霅: 비올 삽. 번개 칠 잡. 빛날 합.

槌: 망치 추/ 채. 방망이. 두드리다. 치다.

學仙輩絶談論, 受氣之初窮本根。有相有求俱莫立, 無形無象更休親。

心非火腎非水, 凡精不可雲天癸。黃婆元不在乎脾, 玄牝亦休言口鼻。

卯非冤酉非雞, 子非坎兮午非離。一陽不在初三四, 持盈何執

---

193) 여년(驢年): 여년마월(驢年馬月)로 간지(幹支)에 없는 나귀의 해 말의 달을 말하는데, 절대 있을 수 없는 일, 근거 없는 일을 비유함이다.

月圓時。

肝非龍肺非虎，精華焉得爲丹母。五行元只一陰陽，四象不離
二玄牝。

探藥川源未易知，汞產東方鉛產西。離位日魂爲姹女，坎宮月
魄是嬰兒。

爲無爲學不學，緣覺聲聞都倚閣。我今一句全露機，身心是火
也是藥。

身心定玄敎通，精氣神虛自混融。三百日胎神脫蛻，翻身抌碎
太虛空。

서도를 배우는 이들은 담론을 끊어야 하니, 기(氣)를 받은 최초
의 근본에 대해 궁구할 것이라. 모습이 있고 구함이 있음을 다 세
우지 말아야 하며, 형체가 없고 상징이 없음을 더욱 친근하면 안
되느니라. 심장이 불이 아니고 신장이 물이 아니니, 무릇 정액을
보고 천계(天癸)라고 하면 옳지 않다네. 황파(黃婆)가 원래 비장에
있지 않으며, 현빈(玄牝)을 또한 구비(口鼻)라 말하지 말지라. 묘
(卯)가 토끼가 아니고 유(酉)도 닭이 아니며, 자(子) 또한 감(坎)이
아니고 오(午)노 이(離)가 아니니라. 하나의 양이 초심일이니 시 일
에 있는 것이 아니니, 이룬 것을 유지하는 데 달이 둥글게 되는
때를 어찌 고집하는가. 간(肝)은 용이 아니고, 폐(肺)도 호랑이가
아닌 섯이니, 정화(精華)가 어떻게 단모(丹母)가 될 수 있겠는기?
오행이 다 음양 안에 있고 시상(四象)도 현빈(玄牝) 두 자에서 벗
어나지 않도다.

약을 채취하는 원천은 쉽게 알지 못하니, 홍(汞)이 동쪽에서 나고

연(鉛)은 서쪽에서 난다네. 이(離)의 자리에 있는 해의 혼(魂)이 차녀(姹女)이고, 감궁(坎宮)에 있는 달의 백(魄)이 영아(嬰兒)라네.

행하되 행함이 없고, 배우되 배움이 없는데, 연각(緣覺)과 성문(聲聞)이 모두 한쪽에 치우쳐 있구나. 내가 오늘 한 문장으로 모든 기틀을 다 드러내리니, 심신(心身)이 화(火)도 되고 약(藥)도 되는 것이니라. 심신이 안정하고 현묘한 가르침에 통하면 정(精)·기(氣)·신(神)이 텅 비어 스스로 혼융(混融)하고, 삼백 일이면 태에서 신(神)이 허물을 벗어, 몸을 뒤집어서 태허공(太虛空)을 부수는구나.

翻身[번신]: 몸을 돌리다. 엎치락뒤치락하다. 해방되다.
拶: 닥칠 찰, 손가락 죌 찰/ 핍박하다. (꽉 눌러) 죄다.
碎: 부술 쇄/ 부서지다. 깨지다. 부수다. 자질구레하다. 온전치 못하다. 말이 많다. 수다스럽다.
倚: 기댈 의/ (몸을) 기대다. 의지하다. 의뢰하다. 빌붙다. 편향되다. 치우치다. 기울어지다.
閣: 다락집 각/ 신상을 모셔 놓은 건물. 누각. 중지하다. 보류하다. 방치하다. 시렁. 측문.

현리가(玄理歌) 이수(二首)

至道雖然無處所，也憑師匠傳規矩。屯蒙取象配朝昏，復姤假名稱子午。

進火無中煉大丹，安爐定裏求眞土。身心意定共三家，鉛汞銀砂同一祖。

加減依時有後先，守城在我分賓主。南山赤子跨青龍，北海金公騎白虎。

兩般藥物皆混融，一對龜蛇自吞吐。直超實際歸大乘，頓悟圓通非小補。

지극한 도는 비록 처한 바가 없지만, 전하는 규칙은 스승에 의지해야 한다네.

둔(屯)괘와 몽(蒙)괘의 상징을 취하여 아침과 저녁에 배합하고, 복(復)괘와 구(姤)괘를 거짓 이름 하여 자오(子午)라고 하도다.

진화(進火)로 없는 가운데서 대단(大丹)을 단련하고 화로를 설치하여 정(定)한 속에서 진토(眞土)를 구한다. 심(心)·신(身)·의(意) 삼가(三家)가 함께 안정되니 연(鉛)·홍(汞)·은(銀)·사(砂)가 같은 조상이구나.

더하거나 빼는 것은 때에 의하여 선후(先後)가 있고, 수성(守城)함은 자신에 달려 있어 손님과 주인을 구별한다네. 남산(南山)의 적자(赤子)가 청룡을 타고, 북해(北海)의 금공(金公)이 백호를 타도다.

두 가지의 약물을 모두 융합하니 한 쌍의 거북이와 뱀이 스스로 삼키고 뱉는구나. 곧바로 실제(實際)를 초탈하여 대승으로 돌아가니 문득 깨달은 것이 작은 이익이 아니도다.

規矩[규구]: 규율. 표준. 법칙. (행위가) 단정하다. 성실하다.

小補[소보]: 작은 보탬(이익).

憑: 기댈 빙/ (몸을 …에) 기대다. 의지하다. 의거하다.

密會眞機本自然，可憐小法胡撐拄。口靈舌辯自誇能，氣大心高誰敢睹。

未會潛心入窈冥，何勞立志棲圜堵。初機自是不求師，老倒無成甘受苦。

積功累行滿三千，返照回光窮二五。起火東方虎嘯風，滌塵西極龍行雨。

驅雷掣電役天罡，輔正除邪任玄武。姹女纏離紫極宮，金公已到朱陵府。

爐中大藥一丸成，室內胎仙三疊舞。四象五行都合和，九還七返功周普。

참된 기틀의 밀회(密會)는 본시 스스로 그러하니, 가련하다 무엇 때문에 작은 법에 의지할까. 입으로 영리하게 변론하고 스스로 재능을 자랑하는데, 기세가 도도하니 누가 감히 볼 수 있겠는가. 마음을 몰입하여 깊숙하고 컴컴한 속을 들어가 본 적이 없으니, 어찌 수고로이 뜻을 세워 좁은 집에 머무는가. 처음 기미가 있을 때 스승을 구하지 않으면, 고행을 감수하나 늙음에 이르러도 이룸이 없구나.

끊임없는 공행(功行)을 쌓아 삼천세계에 가득 채우고, 회광반조(回光返照)하여 이오(二五)를 궁구하니, 동방에 호랑이가 포효하여 바람이 일어나 불을 일으키고, 서쪽 끝에서 용이 비를 내려 속세의 티끌을 깨끗이 씻는구나.

북두성을 부려 천둥과 번개를 제압하고, 바른 것을 돕고 삿됨을 제거하는 일을 현무에 맡긴다. 차녀(姹女)가 자극궁(紫極宮)을 떠나니, 금공(金公)이 이미 주릉부(朱陵府)에 도착했구나.

화로에서 대약(大藥)이 하나의 환(丸)을 이루니, 안으로 태선(胎仙)이 한없이 즐거워 춤을 추는구나. 사상(四象)오행(五行)이 모두 화합하니, 칠반구환(七返九還)의 공(功)이 두루 사방에 미치도다.

撐拄[탱주]: 떠받치다. 의지하다. 지탱하다.

誇能[과능]: 재능을 자랑하다.

環堵[환도]: 흙 담으로 둘러싸인 좁은 집. 가난한 집. 담처럼 에워싸다(둘러싸다).

甘受[감수]: 묵묵히 참고 좇다. 감수하다.

心高[심고]: (마음에 품은) 포부가 크다. 기상이 높다.

潛心[잠심]: 마음을 집중시키다. 몰두하다.

窈冥[요명]: 깊숙하고 컴컴하다.

棲: 깃들일 서/ (새가) 깃들이다. 서식하다. 살다. 머물다. 묵다.

睹: 볼 도/ 보다.

皎蟾形兆出庵來，爍爍光明充大宇。治人事天莫若嗇，夫嗇謂之重積德。

性天大察長根塵，理路多通增業識。聰明智慧不如愚，雄辯高談爭似嘿。

絶慮忘機無是非，隱耀含華遠聲色。寡欲薄味善根瑧，省事簡緣德本植。

一念融通萬慮澄，二心剗透諸緣息。諦觀三敎聖人書，息之一字最簡直。

若於息上做工夫, 爲佛爲仙不勞力。息緣達本禪之機, 息心明理儒之極。

息氣凝神道之玄, 三息相須無不克。說與知堂田皎蟾, 究竟自心爲軌則。

교섭이 형태와 조짐이 나와서 암자에 오니, 큰 집에 밝은 빛이 충만하구나. 사람을 다스리고 하늘을 섬기는데 아끼는 것 만한 것이 없으니, 대저 아껴서하는 것이 덕을 거듭 쌓는 것이라 이른다네.

천성을 살피니 육근과 육진 자라나, 이치의 길이 많이 통하여 업식(業識)이 더욱 증가하네. 총명하고 지혜로운 것은 어리석음과 같지 않고, 웅변하고 논쟁하는 것이 어찌 침묵과 같겠는가.

생각을 끊고 이해타산을 잊으면 시비가 없으니, 빛을 감추고 화려함을 머금어 성색(聲色)을 멀리할 것이라. 지나친 욕심을 줄이면 선근(善根)에 이르고, 일을 살펴 인연을 간결히 하면 본래의 덕을 심는 것이라.

한 생각에 융통하면 모든 걱정을 다 없애고, 모든 인연이 쉬어지면 삼심(三心)[194]이 맑고 깨끗하도다. 유·불·선 성인들의 책을 낱낱이 살펴보아도 식(息)이라는 한 글자로 제일 명백히 하였구나. 만약 식(息)을 닦는 데 노력하면 부처나 신선이 되기에 힘들지 않을 것이로다. 식연(息緣)으로 본질에 이르는 것이 선(禪)의 기틀이고, 식심(息心)으로 이치를 밝히는 것이 유가의 정점이네. 식기(息氣)로 신을 응결하는 것이 도의 현묘함이니, 세 식(息)은 서로 필요로 하여 하지 못함이 없도다. 지당 전교섭에게 풀어서 들려주지

---

194) 삼심(三心): 지성심(至誠心)과 심심(深心)과 회향 발원심(回向發願心). 이 세 가지를 다 갖추면 정토(淨土)에 왕생한다고 함.

만, 필경에는 스스로의 마음을 규칙으로 삼아야 할지라.

爍爍[삭삭]: 빛나는 모양. 반짝반짝하는 모양.

莫若[막약]: …하는 것만 못하다. …하는 것이 낫다. …만 같은
　　　　 것이 없다.

根塵[근진]: 육근(六根)과 육진(六塵). 주관적인 관능과 객관적인
　　　　 대상(對象).

性天[성천]: 천성(天性).

高談[고담]: 고상한 말. 거리낌이 없이 큰 소리로 말함. 남이 하
　　　　 는 말.

忘機[망기]: 자기 이해타산을 따지거나 남을 해치려는 마음을 품
　　　　 지 않다. 담박하고 수수하다.

剔透[척투]: 투명하다. 맑고 깨끗하다. 투철하다. 총명하다.

簡直[간직]: 그야말로. 전혀. 정말. 완전히. 실로. 차라리. 아예.
　　　　 솔직하게. 숨김없이. 명백히.

諦觀[체관]: 충분히 살펴봄, 또는 그러한 관찰. 샅샅이 살핌.

軌則[궤칙]: 본보기. 법칙(法則). = [軌物]

嗇: 인색할 색/ 인색하다. 절약하다.

성리가(性理歌)

兩儀肇判分三極. 乾以直專坤闢翕. 天地中間玄牝門. 其動愈
出靜愈入.

道統正傳指歸趣, 仲尼授參參授伋。風從虎兮雲從龍, 火就燥
兮水流濕。

致知格物有等倫, 入聖超凡無階級。君子居易以俟命, 內省不
疚何憂悒。

致用推明生殺機, 存身究竟龍蛇蟄。回光照破夢中身, 直下掀
翻舊書笈。

磨光刮垢絕根塵, 釋累清心無染習。潛心入妙感而通, 萬裏長
江一口吸。

何須乾鼎煉金精, 不假坤爐烹玉汁。透徹羲皇未畫前, 世界收
來藏黍粒。

음양이 비롯되어 세 극으로 나누니, 건(乾)은 수직으로 오로지
곤(坤)과 열고 합해지는구나.

천지 가운데 현빈의 문이 있으니, 움직임에서 나와 고요함으로
들어간다네.

도의 계통은 종지를 바르게 전하는 것을 가리키니, 공자(仲尼)가
증자를 가르치고, 증자가 자사에게 전해주었음이라.

바람은 호랑이를 따르고 구름은 용을 따르며, 불은 마른 곳으로
나아가고 물은 습지로 흐르는 것이리니.195)

사물의 본질을 철저히 궁구하면 인륜에는 등급이 있으나, 범부
에서 초월하여 성스러움에 들면 계급이 없다네. 군자는 평이한 일
을 행하면서 천명을 기다리며,196) 안으로 항상 살펴 마음이 괴롭지
않으니 어찌 근심으로 불안해하겠는가.

---

195) 『주역』 건괘(문언전).
196) 『중용』 제14장.

실제에 응용함을 미루어 밝히면 살기(殺氣)가 생겨나므로 몸을 보존하는 것은 필경 용과 뱀이 칩거함이로다. 빛을 돌이켜 비추어 꿈속의 몸을 깨뜨리니, 곧장 옛날 책 상자들을 번쩍 들어 뒤집어 엎도다.

속세의 때를 다 벗겨 육근과 육진을 끊고, 묶인 것을 풀어 마음이 청결하니 습관에 물듦이 없구나. 마음을 침잠하여 묘함에 들어 느끼어 통하면, 만 리 장강의 물을 한입에 들어 마실 만하도다. 어찌 구태여 건(乾)의 솥으로 금정(金精)을 단련할 필요가 있겠는가? 곤(坤)의 화로로 옥즙을 끓일 필요도 없다네. 복희씨가 역(易)을 만들기 이전에도 확실히 밝았으니, 각처에서 숨겨진 기장알갱이를 거두어 오도다.

歸趣[귀취]: 취지(趣旨). 종지(宗旨).

俟命[사명]: 천명을 기다리다.

憂悒[우읍]: 근심으로 불안해하다. 우울하다.

致用[치용]: 빠뜨릴 수 없는 것. 꼭 필요한 것. 쓸모 있게 하다. 실제에 응용하다.

書笈[서급]: 문서나 책을 넣어 등에 지도록 만든 상자.

掀翻[흔번]: 번쩍 들어 뒤집어엎다.

龍蛇[용사]: 비범한 사람. 성인과 범부(凡夫). 초서체에서 필세의 생동감.

義皇[희황]: 복희씨(伏羲氏).

染習[염습]: 습관[악습]에 물들다. 습관이 되어 버리다.

透徹[투철]: 투철하다. (사리가) 밝고 확실하다

格物致知[격물치지]: 사물의 본질을 철저히 궁구하다.

刮垢磨光[괄구마광]: 때를 벗기고 윤이 나게 닦다. 사람의 결점
을 고치고 장점을 발휘하게 하다.

肇: 비롯할 조/ 시작하다. 개시하다. 발생시키다. 야기(惹起)하다.
일으키다. 저지르다.

伋: 생각할 급/ 孔伋: 공자의 손자로 자(字)는 자사(子思).

疚: 오래 앓을 구/ (자기의 잘못에 대해) 괴로워하다. 꺼림칙해하
다. 오래된 병. 고질병.

화후가(火候歌)

欲造玄玄須謹獨,　謹獨工夫機在目。絶斷色塵無毀辱,　淸虛方
寸瑩如玉。

極致沖虛守靜篤,　靜中一動陽來復。初九潛龍須攝伏,　進至見
龍休太速。

才見乾乾光內燭,　或躍在淵時沐浴。九五飛龍成化育,　陽極陰
生須退縮。

防微杜漸坤初六,　退至直方金並木。六三不可榮以祿,　括囊以
後神丹熟。

若逢野戰志鈴束,　陰剝陽純火候足。一粒寶珠呑入腹,　作個全
眞仙眷屬。

一夫一婦常和睦,　三偶三奇時趁逐。素女靑郞一處宿,　黑汞赤
鉛自攢簇。

262

虛空造就無爲屋, 這個主人誠不俗。山嶽藏雲天地肅, 爍爍蟾光照虛谷。

현현(玄玄)하고자 하면 모름지기 홀로 있으나 삼가고 도리에 어긋나지 않아야 하니, 근독(謹獨)공부의 기틀은 눈에 있다네. 색진(色塵)을 단절하면 헐뜯고 욕됨이 없으니, 맑고 텅 빈 마음이 맑은 옥과 같구나. 지극히 텅 빔에 이르고 고요함을 지키기를 돈독히 하면, 고요한 가운데 하나의 움직임이 있어 양(陽)이 돌아오도다. 초구(初九)의 잠긴 용이 섭복(攝伏)하니, 나아감에 이르러 용이 나타나면 너무 서두르면 안 되느니라.

끊임없이 노력하여야 비로소 안에서 비추는 빛을 보니, 혹 깊은 곳으로부터 요동이 있으매 목욕(沐浴)의 때이라.

구오(九五)에 용이 날면 화육(化育)을 이루니, 양이 지극하여 음이 생기면 물러나 머물러야 한다네. 곤(坤)의 초육(初六)은 나쁜 일이 아직 경미할 때 더 이상 커지지 못하게 방지하며, 물러남에 이르러 곧고 반듯하니 금(金)과 목(木)이 서로 아우르는구나. 육삼(六三)은 녹봉으로 영화를 누리지 못하니, 주머니를 묶은 후에 신단(神丹)이 익어지노다.

만약 야전(野戰)을 만나 의지가 구속되면, 박괘(剝卦)의 음(陰) 중에 순수한 양(陽)이 화후(花候)에 충분하네. 한 알의 보배로운 구슬을 삼키어 배(腹)에 드니, 전진(全眞)의 신선권속이 되도다.

부부 사이가 항싱 화목하니, 삼우(三偶) 삼기(三奇)가 때를 봐서 따른다네. 소녀와 젊은 사내가 한곳에서 잠을 자니, 검은 홍(汞)과 붉은 연(鉛)이 스스로 모이도다.

허공에 무위(無爲)의 집을 육성하니, 이 집 주인의 정성이 속되지 않구나. 산악에 구름을 숨기어 천지가 숙연하니, 밝은 섬광이 텅 빈 골짜기를 비추도다.

玄玄[현현]: 현현하다. 현묘하고 심오하다.

謹獨[근독]: 홀로 있을 때에도 도리에 어그러짐이 없도록 몸가짐을 바로 하고 언행을 삼간다는 뜻.

方寸[방촌]: 사방 한 치의 넓이라는 뜻으로, 좁은 땅을 뜻하는데, 마음이 한 치 사방의 심장에 깃들인다는 뜻으로, 가슴속 곧 마음을 뜻함.

毁辱[훼욕]: 헐뜯고 욕함.

沖虛[충허]: 잡념을 버리고 마음을 비우다. 허공을 걸어가다. 하늘로 오르다.

乾乾[건건]: 자강불식(自强不息)하는 모양. 끊임없이 노력하는 모양.

退縮[퇴축]: 뒷걸음질 치다. 위축되다. 주춤하다. 움츠러들다. 기가 꺾여 무르춤해지다.

化育[화육]: 하늘과 땅의 자연스런 이치로 모든 물건을 만들어 기름.

防微杜漸[방미두점]: 나쁜 일이 아직 경미할 때 더 이상 커지지 못하게 방지하다.

直方[직방]: 사람이 근엄하고 정확하고 바르게 일을 처리함을 말하다.

鈐束[검속]: 관제하다(관리하여 통제하다). 구속하다.

造就[조취]: 육성하다. 양성하다. 찾아가 뵙다. 조예. 성취.

祿: 녹 록/ 관리의 봉급. 녹. 녹봉. 행복. 복.

燭: 초 촉/ 양초. 초. 비치다. 비추다. 간파하다. 꿰뚫어 보다. 촉
　　광. 촉.

肅: 엄숙할 숙/ 공경하다. 공손하다. 엄숙하다. 근엄하다. 엄정하
　　다. 숙연하다. 숙청(肅淸)하다. 일소하다. 척결하다. 인도하다.
　　맞아들이다. 이끌다. 말라 시들다. 위축되다. 오그라지다.

趁: 좇을 진/ (때, 기회를) 이용해서. …봐서. …빌어서. 틈타서.
　　타다. 편승하다. 소유하다. 많이 가지고 있다.

逐: 쫓을 축/ 쫓다. 쫓아가다. 따르다. 쫓아내다. 몰아내다. 구축
　　(驅逐)하다. 차례로. 하나하나.

용호가(龍虎歌) 병인(并引)

龍虎者, 陰陽之異名也。陰陽運化, 神妙莫測, 故象之以龍
虎。易系云: 一陰一陽之謂道, 陰陽莫測之謂神。丹書云: 偏陰偏
陽之謂疾。陰陽者, 太極之動靜也。一分爲二, 淸升濁淪。大而
天地, 小而物類, 皆稟陰陽二氣而有形名。故覆載之間, 纖洪巨
細, 未有外乎陰陽者也。丹經子書種種異名, 不出陰陽二字。曆
代仙師假名立象, 喩之爲龍虎, 使學徒易取則而成功也。

　용호(龍虎)란 음양의 다른 이름이나. 음양의 운화(運化)가 신묘
하여 헤아릴 수 없기에 용과 호로 비유한 것이다. 『주역・계사전』
에 이르길, "한 번 음(陰)하고 한 번 양(陽)하는 것을 일러 도(道)
라고 하니, 음과 양을 헤아릴 수 없는 것을 신(神)이라 하느니라."

하였고, 단서(丹書)에 이르길, "음에 치우치거나 양에 치우치는 것이 질병이다." 하니, 음과 양은 태극의 동과 정이다. 하나가 둘로 나누게 되니 맑은 것은 위로 올라가고 탁한 것은 아래로 내려간다. 크게는 하늘과 땅에서 작게는 사물의 부류까지 다 음과 양의 기운을 받아서 각각 형체와 이름을 가지고 있다. 그래서 천지간에 큰 것이나 작은 것을 막론하고 모두 음과 양에서 벗어난 것이 없다. 단경(丹經)이나 자서(子書)나 종류마다 이름이 다르지만 음과 양두 글자에서 벗어난 것이 없는 것이다. 역대 선사(仙師)들이 용과 호로 비유하여서 거짓 이름으로 상징한 것은 배우는 이들이 더 쉽게 이해하여 성공하게 하기 위해서인 것이다.

稟: 바탕 품/ 천성. 천품. 받다. 부여받다. 보고하다. 상신하다. 청원하다.
覆載[복재]: 천지.
纖洪[섬홍]: 빠짐없이 모조리.

龍虎之象, 千變萬化, 神妙難窮, 故喩之爲藥物, 立之爲鼎爐, 運之爲火候, 比之爲坎離, 假之爲金木, 字之爲男女, 配之爲夫婦, 以上異名皆龍虎之妙用也。以其靈感故曰藥物, 以其成物故曰鼎爐, 以其變化故曰火候, 以其交濟故曰坎離, 以其剛直故曰金木, 以其升沉故曰男女, 以其妙合故曰夫婦。若非龍虎, 何以盡之, 文言曰: 雲從龍, 風從虎, 聖人作而萬物睹。此發明乾元九五之德也。是知龍虎之妙, 非神德聖功, 何以當之哉。

용과 호의 모습이 천변만화(千變萬化)하고 신묘하여 궁구하기가 어려우니, 그렇기 때문에 비유하여 약물(藥物)이라 하고, 정로(鼎爐)를 세운다 하고, 화후(火候)를 운용한다 하고, 감리(坎離)라 하여 비유를 든 것이다. 이를테면 금목(金木)이라 하고 글로 표현하여 남녀(男女)라 하고, 짝을 지어 부부(夫婦)로 하니, 이상은 이름은 다르나 다 용과 호의 묘한 작용들인 것이다. 그 신령한 느낌으로 약물이라 하고, 그 물질의 이루어짐을 정로(鼎爐)라 하고, 그 변화를 보고 화후(火候)라 하였으며, 그 교제(交濟)를 보고 감리(坎離)라 하였다. 그 성질상의 강하고 곧은 것을 보고 금목(金木)이라 이름을 지었고, 그 오르고 가라앉는 것을 보고 남녀(男女)란 이름을 지었고, 용과 호의 묘한 결합을 보고 부부(夫婦)란 이름을 지은 것이다. 만약 용과 호가 아니라면 어찌 다 할 수가 있겠는가? 『문언전(文言傳)』에서 "구름은 용을 쫓으며, 바람은 호랑이를 쫓느니라. 성인들이 일어남에 만물이 바라보니"라 했으니, 이 말은 건원(乾元) 구오(九五)의 덕을 밝힌 것이다. 이는 용호의 묘함을 알 수 있는 것으로, 성인의 공덕이 아니라면 어떻게 감당할 수 있겠는가?

何以[하이]: 무엇으로. 어떻게. 왜. 어째서.
發明[발명]: 발명(하다). 설명하다. 분명하게 나타내다. 밝히다.
晙. 볼 도/ 보니.

反求諸己, 情性也。化而裁之, 身心也、魂魄也、精氣也。推而行之, 玄牝之門也, 闔闢之機也。太上云: 谷神不死, 是謂玄牝。玄牝之門, 是謂天地根。綿綿若存, 用之不勤。易云: 闔戶謂

之坤, 闢戶謂之乾, 一闔一闢謂之變, 往來不窮謂之通。丹書云:
呼則接天根, 吸則接地根。卽乾坤闔闢之機也。呼則龍吟雲起, 吸
則虎嘯風生, 卽一闔一闢謂之變也。風雲感合, 化生金液, 卽往
來不窮謂之通也。金液還返, 結成大丹, 故假名曰龍虎大丹也。
採而餌之, 長生久視。

돌이켜 자기에게서 원인을 찾는 것은 정(情)과 성(性)이다. 화하
여 조절하는 것은 심신(心身)이고, 혼백(魂魄)이고 정기(精氣)이다.
미루어 행하게 하는 것은 현빈(玄牝)의 문이고 합벽(闔闢)의 기틀
인 것이다. 태상(太上)이 이르길, "곡신(谷神)은 죽지 않으니 이를
일컬어 현빈(玄牝)이라고 한다. 현빈(玄牝)의 문을 일컬어 천지의
근원이라 한다. 이어지고 이어져서 있는 것 같아서 써도 힘쓰지
않는다."197)라고 하였고, 『역』에 이르길, "문을 닫는 것을 곤(坤)이
라 하고, 문을 여는 것을 건(乾)이라 이르고, 한 번 닫고 한 번 여
는 것을 변(變)이라 이르고, 가고 오는 데 궁하지 아니한 것을 통
(通)이라 한다."라 했으며, 단서에 이르길, "숨을 내쉬면 천근(天根)
에 연결하고 숨을 들이마시면 지근(地根)에 연결한다."라 한 것이
바로 건곤이 합벽(闔闢)하는 기틀이다. 숨을 내쉬면 용이 울어 구
름이 일어나고, 숨을 들이마시면 호랑이가 포효하여 바람이 생기
니, 이것이 바로 "한 번 닫고 한 번 여는 것을 변(變)이라 한다."라
는 것이다. 바람과 구름이 감응하여 합하고 금액(金液)이 변화하여
생기니, 곧 "가고 오는 데 궁하지 아니한 것을 통(通)이라 한다."란
것이다. 금액을 다시 돌이키면 대단(大丹)을 결성하니, 이름을 지

---

197) 『노자(老子)』成象 第六.

어내 '용호대단(龍虎大丹)'이라 부른다. 그것을 채취하여 먹으면
장생구시(長生久視)할 수 있도다.

此所謂呼吸者, 非口鼻也, 眞機妙應, 一出一入之門戶也。 若
向這裏透得, 龍虎丹成, 神仙可冀。 修眞至士, 誠能於龍虎上打
得徹, 透得過, 眞常之道雖曰至玄至微, 又奚患其不成哉? 至於
種善根, 植德本, 養聖胎, 未有不明龍虎而成者也。 紫陽云 收拾
身心謂之降伏龍虎。 心不動則龍吟, 身不動則虎嘯。 龍吟則氣固,
虎嘯則精凝。 元精凝則足以保形, 元氣固則足以凝神。 形神俱妙,
與道合眞, 神仙之能事畢矣。 非天下至神, 其孰能與於此哉。

이른바 여기서 호흡이란 입과 고로 히는 호흡을 말하는 것이 아
니라, 참된 기틀이 묘하게 응하여 한 번 나가고 한 번 들어오는
문호(門戶)이니라. 이것을 밝게 깨달으면 용호(龍虎)의 단(丹)을 만
들고 신선이 되는 것을 바랄 수 있도다. 수진(修眞)하는 지사(至士)
는 진실로 용호 위로 더욱 꿰뚫어야 밝은 깨달음에 통하는 것이리
니. 진상(眞常)의 도가 비록 지극히 현묘하고 지극히 미세하나, 어
찌 이루지 못함을 걱정하겠는가! 선근(善根)을 심고, 딕의 본질(德
本)을 심고, 성태(聖胎)를 기르는 것은 용호를 모르고는 다 성공한
사람이 없다. 자양(紫陽)은 이르길, "심신(心身)을 정돈하는 것이
용호를 굴복시키는 것이다."라 했다. 마음이 움직이지 않으면 용이
울고, 몸이 움직이지 않으면 호랑이가 운다. 용이 울면 기가 견고
해지고, 호랑이가 울면 정(精)이 응결된다. 원정(元精)이 응결되면
형체를 보호하기에 충분하고, 원기(元氣)가 견고해지면 신(神)을 응

결하는 데 충분하구나. 형(形)과 신(神)이 모두 묘하게 되어 도와 더불어 참됨에 합하게 되면 신선의 일을 마치게 되나니, 천하의 지극한 신(神)이 아니면 그 누가 이에 참여하리오?198)

透得[투득]: 환하게 깨달음.
冀: 바랄 기/ 바라다. 희망하다.
徹: 통할 철/ 꿰뚫다. 관통하다. 다하다. 끝내다. 치우다. 제거하다.

趙束齋者, 古杭人也。幼爲內侍, 職任中官, 因乾旋坤轉而勘破浮生, 故棄利捐名而參求道要, 雖紅塵而混跡, 實玄境以棲心, 眞脫略世事者也。意欲混合凝神, 故留心於龍虎。一日攜是圖示予, 求其贅語, 予辭不可, 於是乎著筆而塞責焉。告之曰: 古人因道而設象, 予今因象而立言。束齋者貴在明加眼力, 覷破端的, 莫敎錯認定盤星。苟能因言會意, 觀圖得旨, 便知道眞虎眞龍不在紙上, 而在自己也。至於言象兩忘, 道德備矣。咦眞龍眞虎不難尋, 只要抽陽去補陰。四德運乾誠不息, 潛飛見躍盡由心。雖然也是平地起波濤, 靑天轟霹靂, 勉旃勉旃。

조나라의 속제(束齋)란 사람은 고항(古杭) 사람이다. 어렸을 때 내시(內侍)였고 중관(中官)을 담당했는데, 나라의 혼란으로 인생을 되돌아보게 되었다. 그래서 세상의 명리를 버리고 도를 참구했으니, 비록 세속에 살고 있지만 마음은 실로 현묘한 경계에 마음을 두어, 진실로 세상일에서 벗어난 사람이다. 뜻을 혼합하여 응신 하

---

198) 『주역·계사전』(상) 孔穎達章句 第九章.

고자, 마음이 용호에 머물렀으니, 어느 날 가지고 다니던 그림을 나에게 보여 주며, 그림에 대한 불필요한 말을 요구하였다. 나는 사절할 수 없어서 그림에 대강 글을 붙였는데, 말하자면, "옛사람들은 도(道)로 인해 형상을 세웠는데, 나는 오늘 형상으로 인해 글을 세웠네. 속제(束齋)의 귀한 것은 보는 안목을 키워야 한다는 것이니, 잘못된 가르침 때문에 저울 눈금을 잘못 읽는다면 분명히 망가지는 것을 볼 것이리라. 만일 말로 인해 능히 그 뜻을 이해하고, 그림을 보고 그중의 뜻을 얻으면, 곧 참된 용과 호의 도가 종이 위에 있지 않고 자기에게 있다는 것을 알 것이니라. 말과 형상을 다 잊는 것에 이르면 도와 덕이 갖추어지느니라."고 했다.

아! 양을 뽑아서 음을 보충하기만 한다면 참된 용호를 찾기가 어렵지 않구나. 건(乾)의 사덕(四德)이 운행함이 정성을 다하여 쉬지 않으니, 잠긴 것이 날아오르고 나타나 뛰는 것이 다 마음에 달려 있구나. 비록 평지에서 파도가 일고, 마른하늘에 벼락이 친다 하더라도 힘쓰고 힘쓸지어다.

乾旋坤轉[건선곤전]: 천지를 뒤집는다는 뜻으로, 천하의 난을 평정함, 또는 나라의 폐풍(弊風)을 대번에 크게 고침.

混跡[혼적]: 진면목을 숨기고 끼어들어 섞이다.

贅語[췌어]: 불필요한 말고말(을 하다). 군소리(하다).

塞責[새책]: 색책하다. 대강대강 해 넘기다.

定盤星[정반성]: 대저울에 첫 번째 저울 눈금. 일정한 주장[주견].

攜: 끌 휴/ 휴대하다. 지니다. 가지고 다니다. 손을 잡아끌다. 분리하다. 떨어지다

覷: 엿볼 처/ 실눈을 하다. 눈을 가늘게 떠서 자세히 보다. 보다.
살피다. 엿보다.

가왈(歌曰)

眞龍眞虎原無象, 誰爲起模傳此樣。若於無象裏承當, 又落斷
常終莽蕩。
靑靑白白太分明, 也是無風自起浪。時人要識眞龍虎, 不屬有
無並子午。
休將二物渾淪吞, 但把五行顚倒數。根芽本是太玄宮, 造化却
在朱陵府。

참된 용과 호랑이는 원래 형상이 없으니, 누가 용과 호랑이가
이런 모양이라고 전하였는가?
만약 형상이 없는 내면을 진실로 그대로 이해하면 또 항상 함이
끊어져 최종에는 막막함에 떨어진다네. 푸른 것은 푸르고 흰 것은
흰 것이라 크고 분명하니, 바람이 없는데 파도가 스스로 일어나는
구나. 요즈음 사람들에게 중요한 것은 참된 용호가 유무(有無) 그
리고 자오(子午)에 속하지 않는다는 것을 알아야 하는 것이라네.
이물(二物)이 혼돈을 삼키지 말 것이니, 오직 오행의 수(數)가 전
도(顚倒)되도다. 뿌리와 싹은 본시 태현궁(太玄宮)이니, 조화는 주
릉부(朱陵府)에 있다.

起模[기모]: 모형을 뜨다.

承當[승당]: 받아들이어 감당(勘當)함. 진실을 그대로 이해하는
　　　　것이다. 담당하다. 맡다. 알아차린다. 받아들여 자기
　　　　것으로 하다.

『학도용심집(學道用心集)』에서 영평도원(永平道元) 선사는 "무
릇 인간에게는 심신(心身)이 있다. 그 작용은 강하고 약함이 있으
며, 용맹한 것과 둔하고 용렬한 것이 있다. 때로는 움직이며, 때로
는 의용(儀容)을 나타내는 이 심신으로 직접 부처를 실증하는 것이
바로 승당(承當)이다." 라고 하였다.

莽蕩[망탕]: 넓고 황폐하다. 광막하다. 행동이 거칠다. 막막하다.

渾淪[혼륜]: 혼돈(混沌)한 모양. 분명하지 않다[모호하다]. 혼돈하
　　　　다. 자연스럽다. 질박하다.

雖然運用有主張, 畢竟虛靈無處所。一條大道要心通, 些子神
機非目睹。

忽然迸開頂顖門, 勘破木金同一母。高高絶頂天罡推, 耿耿銀
河斗柄戽。

興雲起霧仗丁公, 掣電驅雷役玄武。瞬息之間天地交, 刹那之
頃坎離補。

虎從水底起淸風, 龍在火中降甘雨。雲行雨施天下平, 運乾龍
德功尼普。

비록 운용(運用)에 주장(主張)함이 있으나, 필경에는 허령(虛靈)
하여 처한 바가 없구나. 한 가닥으로 마음이 통하는 것이 대도(大
道)의 요지이니, 약간의 신묘한 기틀도 눈으로 보이는 것이 아니로

다. 홀연히 정수리의 신문(顖門)이 터지면, 목과 금이 근원이 하나임을 알게 되리라. 높이높이 절정으로 천강(天罡)을 밀어, 두병(斗柄)을 잡고 밝은 은하에 물을 퍼내도다.

구름을 모으고 안개를 일으키는 것은 정공(丁公)[199]에 달렸고, 번개를 치고 우레를 모는 것은 현무(玄武)의 일이리니, 순식간에 천지가 교류하여, 찰나에 감(坎)이 이(離)를 보충하는구나.

호랑이가 물 밑에서 맑은 바람을 일으키고, 용이 불 가운데에 있어 단비를 내리네. 구름이 움직여 비가 내리니 천하가 태평하고, 건룡(乾龍)이 운행하여 공덕이 널리 두루 하도다.

迸開[병개]: 쪼개지다. 터지다.

耿耿[경경]: 밝다. 충성스런 모양. 충직한 모양. 근심스러운 모양.

掣電[체전]: 번쩍하는 번개. 전광. 찰나. 전광석화(電光石火).

戽: 두레박 호/ 용두레. 호두(戽斗). (용두레·무자위 따위로) 논밭
   에 물을 대다.

人言六龍以禦天, 孰知一龍是眞主。人言五虎透玄關, 孰知一
虎生眞土。

會得龍虎常合和, 便知龜蛇互吞吐。聖人設象指蹄筌, 象外明
言便造言。

言外更須窮祖意, 元來太極本無〇。得意忘象未爲特, 和意都
忘爲極則。

---

199) 정공(丁公): 십간 중의 병정(丙丁)으로 화(火)에 속한다. 병(丙)은 양이고, 정(丁)은 음으
로, 문화(文火)와 무화(武火)를 비유한 것이다.

稽首束齋趙隱居, 徹底掀翻參學畢。

　사람들의 말로는 여섯 용이 하늘을 다스린다 하나, 용 한 마리가 진정한 주인인 줄 누가 알겠는가? 사람들의 말로는 다섯 호랑이가 현관을 뚫는다 하는데, 호랑이 한 마리가 진토(眞土)를 낳는 것을 누가 알겠는가?

　용과 호랑이가 항상 화합하는 것을 이해하면, 거북과 뱀이 서로 삼키고 뱉는 것을 알 수 있구나. 성인이 형상을 그려서 올무와 통발을 가리키니, 형상을 떠난 분명한 말들은 모두 날조된 거짓이리라.

　언어를 떠나서 조사들의 뜻을 잘 궁구해야 하니, 원래 태극의 본질은 ○이 없다네. 뜻을 알았으면 형상을 잊음은 특별한 것이 아니구나. 뜻을 알고 모두 잊어버리는 것이 지극한 규칙이네. 속재(束齋)가 머리 숙여 조나라에 은거하니, 철저히 뒤집어 배움을 참구함도 여기서 마치도다.

　吞吐[탄토]: 삼키고 내뱉다. (대량으로) 드나들다. 출입하다. 분명
　　　　　　 하지 않다. 애매모호하나.
　蹄筌[제전]: 토끼를 잡는 올무와 고기를 잡는 통발. 사물을 파악
　　　　　　 하는 실마리[단서].
　造言[조언]: 근거 없는 사실을 꾸며서 하는 말.
　明言[명인]: 숨기지 아니하고 분명(分明)히 말함.
　象外[상외]: 평범하고 속된 것에서 초연한 상태.

무일가(無一歌)

　　道本虛無生太極，太極變而先有一，一分爲二二生三，四象五行從此出。

　　無一斯爲天地根，玄敎一爲衆妙門，易自一中分造化，人心一上運經綸。

　　天得一淸地得寧，谷得以盈神得靈，物得以成人得生，侯王得之天下貞。

　　禪向一中傳正法，儒從一字分開闢，老君以一闡眞常，曾參一唯妙難量。

　　道有三乘禪五派，畢竟千燈共一光，抱元守一通玄竅，惟精惟一明聖敎。

　　太玄眞一復命關，是知一乃眞常道，休言得一萬事畢，得一持一保勿失。

　도는 본래 허무하여 태극을 생하며, 태극이 변하여 먼저 하나가 생기는구나. 하나가 나누어 둘이 생기고 둘에서 셋이 생기니, 사상(四象)과 오행(五行)이 여기서 나오도다.

　하나도 없는 것이 곧 천지의 뿌리이며, 현교(玄敎)의 하나는 묘함의 온갖 이치를 드러내는 문이구나. 역이 스스로 하나 가운데에서 조화되어 나누니, 사람의 마음이 하나 위에서 경륜(經綸)을 운용하느니라.

　하늘은 하나를 얻어 맑고, 이로서 땅은 평안하며, 골짜기는 가득 채워져, 이로서 신(神)은 영험하여 지도다. 만물이 하나를 얻어 이루어지고 사람도 하나를 얻어 생겨나며, 왕과 제후는 하나를 얻어 세상의 어른이 되었네.

선가(禪家)는 하나 가운데에서 정법을 전하며, 유가(儒家)도 하나의 글자에서 열고 닫기를 나눈다네.

노군(老君)이 하나로서 진상(眞常)을 밝히어, 그야말로 하나만을 참구하니 그 묘함을 헤아리기가 어렵도다.

도가(道家)에는 삼승(三乘)이 있고 선가(禪家)에서는 다섯 파(派)가 있으나, 필경에는 천개의 등이 함께하여 하나로 빛날 것이로다. 근원을 품고 하나를 지키니 현규(玄竅)에 통하고, 정미롭고 하나같이 하여 성인의 가르침을 밝히도다.

크게 현묘하고 참된 하나는 명(命)을 회복하는 관문이니, 하나가 곧 참된 도임을 알게 되는구나. 하나를 얻고 모든 일이 다 끝났다고 말하지 마라. 하나를 얻으면 잘 지키고 잃어버리지 않게 보호해야 할 것이니라.

一徹萬融天理明, 萬法歸一未奇特, 始者一無生萬有, 無有相資可長久。

誠能萬有歸一無, 方會面南觀北斗, 至此得一復忘一, 可與化元同出沒。

設若執一不能忘, 人似凝貓守空窟, 二五混一返虛, 返虛之後虛亦無。

無無既無湛然寂, 西天胡子沒髭須, 今人以無喚作無, 茫蕩頑空涉畏途。

今人以一喚作一, 偏枯苦執費工夫, 不無之無還會得, 便於守一知無一。

一無兩字盡掀翻, 無一先生大事畢。

하나를 꿰뚫으면 모든 것이 융통하여 하늘의 이치가 밝아지니, 모든 법이 하나로 돌아오는 것이 기이하지 않도다. 처음이란 일무(一無)이니 만물이 생겨나고, 무와 유가 서로 의지하면 오래갈 수 있도다.

진실로 만물이 일무(一無)로 돌아가면, 비로소 남쪽에서 만나 북두칠성을 보리라. 여기에 이르러 하나를 얻고 또 하나를 잊으면, 가히 조화의 근원과 더불어 나타나고 사라짐을 같이하리라.

만일 하나에 집착하여 잊지 못하면, 마치 어리석은 고양이가 빈 굴을 지키는 것과 같으리니. 삼오(三五)가 하나로 합치면 하나는 허(虛)로 돌아가리니, 허(虛)로 돌아간 후에는 허(虛) 역시 없어지는구나.

없다는 것조차 없어 이미 무(無)이니 고요함이 깊고 넉넉하여, 서천(西天)의 수염은 새치가 없이 깨끗하도다.

오늘날 사람들이 무(無)로써 무(無)를 지어 부르니, 완공(頑空)에 빠져 위태로운 길을 걷는구나.

오늘날 사람들이 하나로서 하나를 지어 부르니, 편고(偏枯)한 고집으로 헛수고만 하는구나.

무(無)를 무(無) 아니라 한 생각 돌이키면, 하나를 지키면서도 하나가 없다는 것을 알게 될 것이니라.

일무(一無) 두 글자를 뒤집어엎으면, 무(無)가 일(一)보다 먼저 생기니 큰일을 마치도다.

設若[설약]: (접속사)만일. 만약. = [設或] [設如]

畏途[외도]: 위험한 길. 무서운 일. 두려운 일. 위험한 방도.

會得[회득]: (조동사) …할 수 있다. (동사) 회득하다. 이해하다.
　　　　　 알다.

會面[회면]: 만나다.

無無[무무]: 무조차 없는, 공허함조차 없는 상태.

茫蕩[망탕]: 걸리는 데 없이 아득함.

頑空[완공]: 잘못된 견해를 고수함. 마음속에 아무런 기억도 없
　　　　　 는 것.

포일가(抱一歌)

無極極而爲太極, 太極布妙始於一。一分爲二生陰陽, 萬類三
才從此出。

本來眞一至虛靈, 亘古亘今無變易。只因成質神發知, 善惡機
緣有差忒。

隨情逐幻長荊榛, 香味色聲都眩惑。誠能一上究根源, 返本還
元不費力。

一夫一婦定中交, 三女三男無裏得。三元八卦會於壬, 四象五
行歸至寂。

忽然迸破頂顖門, 爍爍金光滿神室。虛無之谷自透通, 玄牝之
門自闔闢。

一陽來復妙奚窮, 四德運乾恒不息。浩氣凝神於窈冥, 出有入

無於恍惚。

中間主宰是甚麼, 便是達卿元有的。

무극이 지극하여 태극이 되니, 태극이 신묘함을 펼침에 하나에서 비롯하네. 하나는 둘로 나누고 음과 양이 생기니, 만물과 삼재(三才)가 여기서 나오는구나.

본래 참된 하나는 지극히 허령(虛靈)하여, 옛날이나 지금이나 쉽게 변한 적이 없으니, 다만 질(質)이 이루어져서 신(神)이 앎이 생기고, 선악(善惡) 기연(機緣)또한 차별이 시작되었도다.

감정이나 환상을 따른다면 무성한 가시밭길 가듯, 향기로운 냄새나 맛이나 소리나 색깔에 다 유혹받을 수 있네. 하나의 근원을 정성껏 탐구하면 본래로 돌아가는 데 노력을 헛되이 하지 않을 것이니라. 부부가 안정된 가운데 교합하여, 삼남 삼녀를 무(無)에서 얻었으니, 삼원과 팔괘가 임(壬)에서 모이고 사상(四象)과 오행(五行)이 고요함으로 돌아가도다.

홀연히 정수리의 신문(顖門)이 터지니, 번쩍번쩍하는 금광이 온 신실(神室)에 가득 찼구나. 허무의 골짜기를 스스로 통하니, 현빈(玄牝)의 문이 스스로 열고 닫히도다.

하나의 양(陽)이 다시 오니 묘함이 어찌 다하겠는가. 건(乾)의 사덕(四德)의 운행이 영구하여 쉬지 않으니, 호연한 기운이 신(神)에 응결하여 요명(窈冥)하고, 유(有)에서 나와 무(無)로 들어가니 황홀하도다. 가운데 주재함이 무엇인가? 바로 통달한 원래의 그대가 있구나.

機緣[기연]: 기회와 인연.

差忒[차특]: 틀림. 착오. 틀리다. 옳지 못하다.

荊榛[형진]: 가시나무 형/ 개암나무 진. 가시. (가시덩굴 등이) 우
거져 막힌 모양.

浩氣[호기]: 호연지기(浩然之氣), 호연한 기운. 하늘과 땅 사이
또는, 사람의 마음에 차 있는 너르고 굳고 맑고 올
바른 기운.

窈冥[요명]: 깊숙하고 컴컴하다.

혜검가(慧劍歌)

自從至人傳劍訣，正令全提誠決烈。有人問我覓蹤由，向道不
是尋常鐵。

此塊鐵出坤方，得入吾手便軒昂。赫赫火中加火煉，工夫百煉
煉成鋼。

學道人知此訣，陽神威猛陰魔滅。神功妙用實難量，我今剖露
爲君說。

爲君說泄天機，下手一陽來復時。先令六甲搧爐鞴，六丁然後
動鉗錘。

火功周得成劍，初出輝輝如掣電。橫揮凜凜淸風生，卓豎瑩瑩
明月現。

지인(至人)이 검결(劍訣)을 전한 이래로 이전의 금과옥소와는 완
전히 결별하였네. 어떤 사람이 나에게 흔적을 찾는 이유를 묻기에,

평범한 철을 찾는 것이 아니라 도심을 향한다 하였네. 이 쇳덩이가 곤방(坤方)에서 나와, 내 손안에 들어오자 곧 위풍당당해지리라. 혁혁한 불 가운데에 불을 더하여 단련하니, 단련에 단련을 거듭한 노력으로 강철을 이루었도다.

도를 배우는 사람이 이 비결을 알면, 양신(陽神)이 위세가 있고 맹렬하여 음마(陰魔)를 물리치리라. 신공(神功)의 묘한 작용(妙用)은 실로 헤아리기 어려우니, 내가 이제 드러내어 그대에게 말하노라.

천기(天機)를 누설하여 그대에게 말하니, 하나의 양(陽)이 돌아올 때 시작을 해야 할 것이니라.

먼저 육갑(六甲)200)으로 하여금 화로에 풀무질하고, 육정(六丁)201)이 움직인 후 집게로 잡고 망치로 두드릴 것이라.

불의 공적이 두루 하여 검을 이루니, 처음 나올 때는 마치 번개가 치듯이 번쩍번쩍하도다. 휘두르면 맑고 신선한 바람이 생하여 위엄이 있으니, 우뚝 서면 형형하기가 마치 밝은 달이 나온 듯하구나.

劍訣[검결]: 검객(劍客)이 간직하고 있는 비결.

至人[지인]: 지극한 경지의 인물로 성인과 통한다. 노장학(老莊學)에서는 도덕이 극치에 이른 사람, 또는 덕이 높은 사람, 진인(眞人)을 말한다.

全提正令[전제정령]: 온전하게 제시된 바른 가르침이다. 완전한

---

200) 육갑위(六甲為): 양신옥남(陽神玉男). 甲子神王文卿, 甲戌神展子江, 甲申神扈文長, 甲午神衛玉卿, 甲辰神孟非卿, 甲寅神明文章.

201) 육정위(六丁為): 음신옥녀(陰神玉女). 丁卯神司馬卿, 丁巳神崔巨卿, 丁未神石叔通, 丁酉神臧文公, 丁亥神張文通, 丁丑神趙子玉.

지상명령.

向道[향도]: 도심을 향함. 사람이 마땅히 행하여야 할 길로 향함.

塊鐵[괴철]: 쇳덩이.

軒昂[헌앙]: 위풍당당하다. 기개가[기상이] 드높다. 번성[번창]하
다. 왕성하다.

剖露[부로]: 쪼개어 드러내다. 까놓고 밝히다. 분석하여 폭로하다.

威猛[위맹]: 위세(威勢)가 있고 맹렬(猛烈)함.

凜凜[름름]: 매섭게 춥다. 늠름하다. 위엄이 있다.

韝: 깍지(팔찌) 구.

鞴: 풀무 비/ 풀무. (고삐 안장 등의) 마구(馬具)를 말에 달다. 말
탈 준비를 갖추다.

鉗: 칼 겸/ 집게. 펜치. 칼. 항쇄(項鎖). (집게로) 집다. 제한하다.
구속하다. 속박하다.

錘: 저울추 추/ 추. 무게의 단위. 망치. 장도리. 해머. (쇠망치로)
치다. 두드리다. 단련하다.

揮: 휘두를 휘/ 휘두르다. 흔들다. 닦다. 씻다. 훔치다. 흘리다.
뿌리다. 지휘하다. 지시하다.

明月現, 瑞光輝, 爛地照天神鬼悲。激濁揚清蕩妖穢, 誅龍斬
虎滅蛟螭。

六賊亡, 三屍絶, 緣斷慮捐情網裂。神鋒指處山嶽崩, 三界魔
王皆剷拆。

此寶劍, 本無形, 爲有神功強立名。學道修眞憑此劍, 若無此
劍道難成。

開洪濛, 剖天地, 消礙化塵無不備。有人問我借來看, 拈出問
君會不會。

밝은 달이 나타나 상서로운 빛이 나니, 천지를 밝게 비추어 신
귀(神鬼)가 슬퍼하는구나. 탁한 것을 없애고 맑음을 세워 더럽고
요사한 것을 제거하리니, 용과 호랑이를 죽이고 교룡도 없애도다.
육적(六賊)이 죽고 삼시(三屍)202)도 다하니, 인연이 끊어져 생각도
버리고 정(情)의 그물도 찢어지는구나. 신검의 칼끝이 가리키는 곳
에 산악이 무너지니, 삼계의 마왕이 모두 토벌되었네.

이 보검이 원래 형체가 없으나 신묘한 공능이 있어 억지로 이름
을 붙였도다. 도를 배우고 참됨을 닦음에 이 검에 의지하니, 만약
이 검이 없으면 도를 이루기 어려울 것이니라.

홍몽(鴻濛)203)이 열리고 천지가 나뉘어, 티끌을 변화하고 장애를
없애니 갖추지 않음이 없도다.

어떤 이가 나에게 빌려 달라고 하기에, 나는 그 사람에게 쓸 줄
아냐고 물어본다.

神鋒[신봉]: 신검의 칼끝.

激濁揚淸[격탁양청]: 탁류를 몰아내고 청파를 끌어들임. 악을 미

---

202) 삼시(三屍): 삼시란 사람의 신체에 머무는 세 마리의 벌레라고 하는데, 이 벌레는 경신(庚
申)의 날이 되면 하늘에 올라가 인간의 수명을 관장하는 신에게 사람의 죄상을 고한다. 『포
박자』내편 「잡응편」에 보면 "삼시는 어떤 것이나 하면 무형이라 해도 실은 영혼 귀신의
종류이다."라 하였다. 삼시가 신(神)·기(氣)·정(精)을 갉아먹으며 세 곳에 머무는데, 상
시(上屍)는 팽거(彭倨)로서 옥침관에 살면서 물욕을 일으키고, 중시(中屍)는 팽질(彭躓)로
서 협척관에 살면서 식욕을 일으키고, 하시(下屍)는 팽교(彭矯)로서 미려관에 살면서 색욕
을 일으킨다.

203) 홍몽(洪濛): 하늘과 땅이 아직 갈리지 아니한 모양. 천지자연의 양기(陽氣)를 말하고 또는
단전의 이명(異名)으로 홍몽규(鴻濛竅)라고도 한다.

워하고 선을 좋아함.

不會[불회]: 할 줄 모르다. 있을 수 없다. …할 리가 없다. …할
　　　　가능성이 없다.

捐: 버릴 연/ 버리다. 바치다. 포기하다. 희생하다. 헌납하다. 부
　　조하다. 기부(寄附)하다.

剿: 표절할 초, 끊을 초/ (남의 문장·설 등을) 표절하다. 베끼다.
　　토벌하다. 섬멸하다.

拆: 터질 탁/ (붙어 있는 것을) 뜯다[떼다]. 헐다. 해체하다. 분해
　　하다. 사이를 벌어지게 하다.

만사귀정가(挽邪歸正歌)

　道自虛無生一氣, 誰爲安名分五太?　一氣判而生兩儀, 淸升濁
淪成覆載。

　陰陽經緯如擲梭, 乾坤闔闢如搧輔。兩儀妙合有三才, 七竅鑿
開生萬類。

　無極之眞剔渾淪, 日用平常無不在。生生化化百千機, 不出只
今這皮袋。

　誠能自己究根宗, 四象五行本圓備。三反晝夜志不分, 絶利一
源功百倍。

　도는 허무로부터 하나의 기를 생하니, 누가 오태(五太)로 나누어
이름을 붙였는가? 하나의 기가 나뉘어 양의(兩儀)가 생하니, 맑은

것은 오르고 탁한 것은 내려 천지가 생겼구나.

음과 양의 경위(經緯)가 마치 척사(擲梭)와 같고, 건곤(乾坤)의 합벽(闔闢)도 마치 풀무질하는 것과 같도다. 양의(兩儀)가 묘하게 합하여 삼재(三才)가 있고, 일곱 구멍이 뚫리니 만물이 생겨나도다.

무극의 참됨을 혼돈에서 골라내니, 일상에서 존재하지 않음이 없구나. 생겨나고 생겨나며 변화하고 변화하기에 천백의 기틀이 있으나, 지금 이 가죽 주머니에서 벗어나지 않느니라.

진실로 자기 스스로 근본을 참구해야 하니, 사상(四象)과 오행(五行)이 본래 원만히 갖추어져 있도다. 세 번을 밤낮 반복하여 뜻을 나누지 않으니, 이익을 한 근원에 끊으면 그 공이 백배가 되는구나.

擲梭[척사]: 재빨리 움직이는 북이란 뜻으로 신속하게 움직임의
　　　　　비유.
用志不分[용지불분]: 뜻을 베푸는 데 나누지 않는다는 뜻으로,
　　　　　오로지 한 가지 일에 전념하고 여기저기 정신을 팔
　　　　　지 않음을 이르는 말.
絶利一源[절리일원]: 이익을 한 근원에 끊음.

打透精關與氣關, 潛通天籟並地籟。頭頭合轍有規繩, 竅竅光
明無窒礙。

若向這裏具眼睛, 便將兩採做一賽。抬頭撞倒須彌峰, 擧步踏
翻玄妙寨。

單提一理闡眞宗, 會合萬殊歸正派。煉陽神了出陽神, 自色界

超無色界。

정(精)의 관문과 기(氣)의 관문을 뚫으니, 하늘의 피리 소리와 땅의 피리 소리가 은밀히 통하여 아우르네. 가지가지 일치하는 데는 규칙이 있으나, 구멍구멍의 광명은 장애가 없구나.

만약 여기로 향한 안목을 갖추었다면, 바로 이 둘을 채취하면 하나에 비길 만하도다.

머리를 들어 받아치니, 수미봉이 넘어가고, 발을 내딛어 밟으니 현묘한 울타리가 뒤집어지도다.

하나의 이치를 단제(單提)로 참된 종지를 여니, 각양각색 다른 것이 회합하여 정도(正道)로 돌아오는구나. 양신(陽神)의 단련을 마쳐 양신이 나오니, 색계로부터 초월히여 무색계에 이르도다.

天籟[천뢰]: 하늘의 자연현상 소리. 빗소리 바람소리 등.
規繩[규승]: 규구준승(規矩准繩). 사물의 준칙.
合轍[합철]: 일치하다. 환경에 적응하다. 습관이 되다. 제 궤도에
　　　　　오르다. 정상으로 돌아가다.
窒碍[실애]: 상애(가 있나).
眼睛[안정]: 눈의 통칭. 안중(眼中). 안목(眼目). 보는 눈. 식별
　　　　　능력. 눈동자.
撞倒[당도]: 부딪쳐 넘어뜨리다. 부딪쳐 넘어지다.
抬頭[태두]: 머리를 들다. 왕성해지다. 좋아지다. 진보하다. 떳떳
　　　　　해하다. 태연해하다.
萬殊[만수]: 모든 것이 여러 가지로 다 다름.

正派[정파]: 엄숙 단정하다. 올바르다. 성실하다.

賽: 굿할 새/ 겨루다. 경쟁하다. 시합하다. 필적하다. 비기다. 비길 만하다. 마치다. 완료하다.

踏: 밟을 답/ (발로) 밟다. 디디다. 나가다. 나서다. 오르다. (현장을) 답사(踏査)하다.

翻: 날 번/ 뒤집다. 뒤집히다. 전복하다. (물건을 찾기 위해) 뒤지다. 헤집다. (책을) 펴다. 펼치다. 번복하다. 뒤집다.

寨: 나무우리 채/ 방책(防柵). 옛날, 군영(軍營). 병영. 산채(山寨).

我見今時修行人, 多是造妖並捏怪。氣高强大傲同儕, 逞俊誇能云自會。

機鋒捷辯假聰明, 駕馭談空乾智慧。初機學者受欺瞞, 博學玄流不見愛。

只管目前逞强梁, 不顧末後受殃害。人前饒舌口喃喃, 却如擔水河頭賣。

내가 보기엔 지금에 수행하는 사람들이 대부분 요사스럽고 괴이한 것을 만들고 있구나.

기가 고강(高强)하다고 동료에게 크게 오만하고, 뛰어나다고 우쭐대며 스스로 재능을 자랑하는구나.

날카로운 기량으로 변론에 능하지만 총명이 거짓이고, 담론을 지배하나 마른 지혜이니 텅 빈 것이구나. 처음 배우는 이들은 속일 수 있으나, 학문이 넓고 현명한 부류에게는 사랑받지 못하리라. 오로지 눈앞에서 잘난 척하는 것만 생각하고, 나중에 재앙이 되는 것에는 돌아보지 않는구나.

  사람들 앞에서 재잘재잘 쓸데없는 말을 자꾸 지껄이니, 마치 강
옆에서 물을 팔듯이 소용이 없도다.

捏: 이길 날/ 손가락으로 집다[쥐다]. (손으로) 빚다. 빚어 만들다.
   조정하다. 합치다.

傲: 업신여길 오/ 거만하다. 교만하다. 오만하다. 꼿꼿하다. 굽히
   지 않다. 굴복하지 않다. 멸시[경시]하다.

逞: 왕성할 령/ (재능이나 기량을) 뽐내다. 과시하다. 우쭐대다.
   마음먹은 대로 이루다. 달성하다. 내버려 두다. 방임하다.

俊: 준수할 준/ (용모가) 뛰어나다. 수려(秀麗)하다. 아름답다. (풍
   채가) 좋다. 당당하다. 헌걸차다. 헌거롭다. 뛰어난 인물. 준
   걸(俊傑). 준골(俊骨). 준재(俊才).

同儕[동제]: 동배(同輩). 동료.

誇能[과능]: 재능을 자랑하다.

機鋒[기봉]: 수행을 통해 얻은 심기와 예리한 마음 작용.

捷辯[첩변]: 말을 더듬지 않고 곧바로 질문에 따라 즉시 대답할
       수 있는 능력.

駕馭[가어]: (車馬 따위를) 몰다. 부리다. 지배하다. 제어하다. 관
       리하다.

欺瞞[기만]: 속이다. 기만하다.

只管[지관]: 얼마든지. 마음대로. 주저하지 않고. 오로지[다만] …
       만 놀보다[고려하다].

强梁[강량]: 횡포하다.

逞強[영강]: 젠 체하다. 잘난 체하다. 위세를 부리다. 지기 싫어
하다.
殃害[앙해]: 재해(災害).
不顧[불고]: 돌아보지 아니함. 돌보지 아니함.
饒舌[요설]: 쓸데없는 말을 자꾸 지껄임. 말을 잘하는 혀.
喃喃[남남]: 혀를 재게 놀리어 무슨 말인지 알아들을 수 없게 재
잘거리는 소리를 이르는 말.

生煙發火念頭差, 逐境隨時心地隘。澇澇漉漉弄精神, 熱熱亂
亂苦打眶。

般精運氣枉辛勤, 數息按摩徒意快。昏沉掉擧難主張, 不昏卽
散如之奈。

神衰氣散怎醫治, 髓竭形羸空後悔。若求正道出迷津, 免使塡
還冤業債。

연기가 나면 불이 피듯이 생각이 잘못되면 수시로 경계를 쫓으
니 심정이 곤궁해지는구나.

땀이 줄줄 흘러 정신을 흔드니, 덥고 어지러운데 눈초리만 지독
히 때리도다.

정을 옮기고 기를 돌리며 수식하고 안마하는 데 부지런하나, 다
만 뜻이 유쾌한 듯하나 쓸데없는 고생이구나. 혼침(昏沉)과 도거
(掉擧)로 주장함이 어렵고, 혼미하지 않으면 곧 흩어지니 이 같음
을 어찌할꼬!

정신이 쇠퇴하고 기도 흩어지니 어찌 의술로 치료할 수 있겠는

가. 골수가 고갈되고 형체가 허약하니 후회해도 헛되도다. 만약 잘못 든 길에서 나와 바른 도를 구하면, 원업(冤業)의 빚을 갚을 필요가 없어지네.

漉漉[녹록]: 땀 따위가 줄줄 흐르는 모양.

苦打[고타]: 지독하게 치다[때리다].

昏沉[혼침]: 어둡다. 어둑어둑하다. 어지럽다. 흐리멍덩하다. 몽롱하다.

掉擧[도거]: 심소(心所) 중의 하나. 대번뇌지법(大煩惱地法) 중의 하나. 마음이 들뜨고 안정되지 않는 것.

迷津[미진]: 오(悟)의 피안(彼岸)에 대하여, 미(迷)의 차안(此岸)을 이르는 말.

填還[전환]: (빌린 것을)되돌려주다. 은혜를 갚다. 선사하다. 증정하다. 희사하다. 보충하다. 벌충하다. 갚다.

冤業[원업]: 과거 또는 전세(前世)에서 뿌린 악의 씨.

隘: 좁을 애/ 좁다. 협소하다. 요충지. 험한 곳. 몹시 쪼들리다. 곤궁하다.

眦: 눈초리 애/ 눈꼬리. 눈초리.

羸: 파리할 리/ 수척하다. 허약하다. 가냘프고 약하다. 지치다. 피로하다.

잘못 든 길. 틀린 방향. 세속[중생계]의 번뇌.

冤: 원통할 원/ 억울(하다). 원통(하다). 원수. 적. 원한. 속다. 손해 보다. 밑지다.

收拾從前狂亂心,　掀翻往日豪强態。事父之心推事師,　得旨先
須持禁戒。

恕己之心推恕人,　不責於人因善貸。不自明而全其明,　不自大
而成其大。

無事無欲及無知,　去甚去奢並去泰。立基下手要嚴持,　觸境遇
緣更淘汰。

只憑鉛汞做丹頭,　莫認塗泥爲寶貝。更須上下交坎離,　勿謂東
西爲震兌。

종전의 광란한 마음을 수습하고, 지난날의 호방하고 강한 태도
도 버릴지니. 아버지를 돌보는 마음으로 스승을 돌보고, 종지를 얻
으려면 먼저 금하는 계를 잘 지켜야 하리라.

자신의 마음을 용서하듯이 남을 용서하며, 맑고 깨끗함으로 베
풀어 주어 남을 책망하지 말 것이라. 스스로 밝다고 않으면 그 밝
음은 온전하게 되고, 스스로 크다고 않으면 그 큰 것을 이루리라.
일이 없고 욕심이 없고 아는 것도 없으니, 사치스럽고 과도한 것
을 다 버렸도다. 기초를 세워 공부를 시작하면 엄격하게 잘 지키
는 것이 중요하니, 촉경(觸境)의 인연을 만나면 또다시 도태될지도
모르나라.

단지 연과 홍에 기대여 단두(丹頭)204)를 만드니, 진흙을 보배로
여기면 안 될 것이라. 그리고 감리(坎離)는 상하 교류하는 것이니,
동서가 진태(震兌)라고 하지 마라.

---

204) 단두(丹頭): 내단에서는 전신의 음질(陰質)을 청양지기(淸陽之炁)로 바꿀 수 있는 물질을
　　말한다. '취허편. 금단시결'에서는 "단두(丹頭)는 단지 선천의 기운이다. 단련하여 황아를
　　만들면 옥영(玉英)이 피어난다."고 하였다.

豪: 뛰어날 호/ 뛰어난 재능을 갖춘 사람. 호방하다. 기백이 있는. 사나이다운. 세차고 많은.

去泰去甚[거태거심]: 과도한 것을 제거하다. 무리 없이 처리하다.

觸境[촉경]: 오진(五塵)의 하나. 몸에 닿는 대상.

交梨火棗非腎心, 木液金精豈肝肺。休泥緣覺及聲聞, 不屬見知並學解。

究竟無中養就兒, 禪天淨盡絶纖芥。九還七返那機關, 不在內兮不在外。

本來實相了無形, 亘古虛靈終不昧。抱元守一諸蘊空, 篤志力行休懈怠。

교리(交梨)[205])와 화조(火棗)가 신장과 심장이 아니니, 목액(木液)과 금정(金精)이 어찌 간과 폐이겠는가.

성문과 연각에 빠지지 말 것이니, 성문 연각은 보고 아는 것과 배워서 이해하는 것에 속하지 않는 것이니라.

필경 없는 가운데 아이를 기르니, 선천(禪天)이 깨끗함을 다하여 겨자씨만 한 것노 없구나.

칠반구환(七返九還)의 어떤 기관도, 안에 있지 않으며 밖에도 있지 아니하도다.

본래의 실상은 형체가 없으니, 예로부터 허령(虛靈)하여 끝내는 어둡지 않네.

근원을 안고 하나를 지키면 오온(五蘊)[206])이 모두 공(空)하리니,

---

205) 교리화조(交梨火棗): 선인(仙人)이 먹는 과일로 이를 머으면 하늘로 올라가고 능히 과거와 미래의 일을 알 수 있나고 한나.

뜻을 돈독히 하여 힘써 행하고 게으르지 말지라.

合和四象聚三元, 攢簇五行會八卦。烹庚煉甲有抽添, 陽火陰
符知進退。

虛無湛寂運機縅, 恍惚窈冥旋造化。兩般靈物入中宮, 一道金
光明四下。

西南黃氏老婆心, 鼓合南陵丁女嫁。靑衣女子才歸房, 白首金
公來入舍。

夫歡婦合交陰陽, 雨態雲情忘晝夜。氣固精凝結聖胎, 産顆玄
珠太希詫。

사상(四象)이 화합하고 삼원(三元)이 모이니, 오행과 팔괘도 한
곳에 모이도다.

경(庚)을 삶고 갑(甲)을 정련함은 추첨(抽添)에 있으니, 양화(陽
火) 음부(陰符)의 나아가고 물러남을 알아야 하네.

허무하여 고요함이 깊어지면 기함(機縅)이 운행하니, 황홀(恍惚)
하고 요명(窈冥)함이 조화되어 돌아오는구나. 두 가지 영물이 중궁
으로 들어가니, 한 줄기의 밝은 금빛이 사방으로 내리도다.

서남의 황 씨가 노파심으로, 남릉 정녀(丁女)를 시집가라고 재촉
하는구나.

푸른색 옷을 입은 여자가 방에 들어가자마자 흰 머리 금공이 집

---

206) 오온(五蘊): 생멸·변화하는 모든 것을 구성하는 다섯 요소. 곧 물질 일반 또는 신체인
색온(色蘊), 감각 또는 단순한 감정인 수온(受蘊). 마음에 어떤 모양을 떠올리는 표상 작
용인 상온(想蘊), 의지 또는 잠재적 형성력인 행온(行蘊), 의식 자체로서 구별하여 아는
인식 또는 식별 작용인 식온(識蘊). 색온은 신체, 나머지는 마음에 관한 것. 이 다섯 가지
이외에 독립된 실체로서의 자아는 없다는 생각이 여기에 깔려 있다.

에 들어오도다.

부부가 합하여 음양이 교합하니, 운우(雲雨)의 정(情)에 밤낮을 잊는구나.

기가 견고하고 정이 응결되어 성태를 이루어 현묘한 구슬 한 알을 낳으니 크게 희유하고 놀랍도다.

顆: 낱알 과/ 낱알. 둘레. 머리통이 작은 머리. 흙덩이. 작고 둥근 물건을 세는 단위.

詫: 속일 타/ 이상히 여기다. 놀라다. 자랑하다. 속이다.

四方剔透大光明, 八面玲瓏無縫罅。都來些子圓團圝, 黃金萬兩難酬價。

稽首全眞參學人, 記取淸庵說底話。誠能直下肯承當, 便是渠儂把底靶。

話靶做成又作麼, 無位眞人乘鶴駕。

대광명에 사방이 맑고 깨끗하니, 팔면이 영롱하여 빈틈이 없구나. 조그만 공깃이 둥근 모양으로 도래하니, 만 냥의 황금으로도 그 값을 따지기 어렵도다.

전진(全眞)을 공부하는 이들은 머리를 숙이고 청암이 한 자세한 얘기들을 잘 기억해야 하리라.

정성을 다하여 곧바로 받들면, 바로 그의 고삐를 잡는 것이리니.

고삐를 이루었다고 말하는 것은 또 무엇인가? 진인(眞人)의 자리가 없으나 학을 타고 부리는 것이다.

剔透[척투]: 투명하다. 맑고 깨끗하다. 투철하다. 총명하다.

罅縫[하봉]: 갈라진 틈. 틈새.

渠儂[거농]: 그 사람. 그이. 그.

靶: 고삐 파/ (사격의) 표적. 과녁. 고삐. 손잡이. 자루.

圞: 둥글 란/ 둥글다. 옹근. 통째의. 미가공의.

中和集 卷之五

시(詩)

술공부(述工夫) 십칠수(十七首)

발몽(發蒙)

九轉還丹下手功, 要知山下出泉蒙。安爐妙用憑坤土, 運火工夫籍巽風。

兌虎震龍才混合, 坎男離女便和同。自從四象歸中後, 造化機緘在我儂。

구전환단(九轉還丹) 공부의 시작은, 산 아래 샘이 솟아 나오는

몽(蒙)을[207] 알아야 하리니. 화로를 설치하는 묘한 작용은 곤토(坤土)에 의거하고, 운화(運火)의 공부는 손풍(巽風)을 빌리는 것이리라. 그래야 태호(兌虎)와 진룡(震龍)이 비로소 혼합하며, 감남(坎男)과 이녀(離女)도 함께 화합하는구나. 사상(四象)이 중(中)으로 돌아온 후부터, 조화의 기함(機緘)은 다 나에게 있도다.

發蒙[발몽]: 우매한 사람을 가르침. 몽(蒙)을 계발함.
我儂[아농]: 나.
自從[자종]: …에서. …이래. …부터.

채약(採藥)

煉汞烹鉛本沒時, 學人當向定中推。客塵欲染心無著, 天癸才生神自知。

情寂金來歸性本, 精凝坎去補南離。兩般靈物交幷後, 陰盡陽純道可期。

홍연(汞鉛)을 팽련(烹煉)하는 데는 본래 때가 없으니, 배우는 이가 좋은 때를 정하여 추진해야 하리라. 세속에 물든 욕망에서 마음이 집착함이 없으면 천계(天癸)가 생기니 신(神)이 스스로 아는구나. 정(情)이 고요하여 금(金)이 와서 본래의 성(性)으로 돌아가니, 정(精)이 응결되어 감(坎)이 가서 남리(南離)를 보충하도다. 두 가지 영물이 서로 아우른 후에, 음(陰)이 다하여 양(陽)이 순수해지니 도(道)를 기대할 수 있구나.

---

207) 『주역』 산수몽(山水蒙).

298

當向[당향]: (생계 유지의) 방법. 방도. 바로 그때. 좋은 기회. 좋은 때.

交幷[교병]: 서로 아우른다. 함께(동시에) 나타나다.

진화(進火)

旣通天癸始生時, 自有眞陽應候回。三昧火從離位發, 一聲雷自震宮來。

氣神和合生靈質, 心息相依結聖胎。透得裏頭消息子, 三關九竅一齊開。

이미 통하여 천계(天癸)가 처음 생기는 때, 참된 양(陽)이 응하여 돌아감이 있으리라. 삼매화(三昧火)가 이(離)의 자리에서 발생하니, 한 차례 우레 소리가 진궁(震宮)에서 오는구나. 기와 신이 화합하면 신령한 기질이 생기고, 마음과 숨결이 어울리면 성태(聖胎)를 맺도다. 안의 소식을 환하게 깨달으면, 삼관구규(三關九竅)가 일제히 열리리라.

일용(日用)

眞鉛眞汞大丹頭, 採取當於罔象求。有作有爲終有累, 無求無執便無憂。

常淸常靜心珠現, 忘物忘機命寶周。動靜兩途無窒礙, 不離當處是瀛州。

진연과 진홍이 큰 단두(丹頭)이니, 채취한다는 것은 마땅히 형상 없는 그림자를 구하는 것이로다. 짓는 것이 있고 행함이 있는 것은 끝내 속박됨이 있으니, 구하거나 집착이 없으면 근심도 없도다. 마음이 항상 청정하고 항상 고요하면 구슬이 나타나리니, 사물이나 기틀을 잊으면 생명의 보물이 두루 하는구나. 동과 정 두 길에 장애가 없으면, 지금 여기 이곳을 떠나지 않는 것이 바로 신선의 땅 영주(瀛州)208)니라.

고형(固形)

全眞妙理不難行, 惟恐隨緣逐色聲。萬幻不侵情自絶, 一心無染念安生。

屛除人我全天理, 把握陰陽合泰亨。說與修丹高士道, 色聲無漏性圓明。

전진(全眞)의 묘한 이치는 행하기가 어렵지 않으나, 오직 인연을 따르고 성색(聲色)을 좇는 것이 두렵구나. 온갖 환상에 침범당하지 아니하여 정(情)이 스스로 끊어져, 한마음도 없으니 잡념이 어찌 생기겠는가? 나와 남을 제거하면 하늘의 이치가 온전하여지니, 음양이 합하는 것을 장악하면 크게 형통할 것이로다. 도를 닦는 고사(高士)209)들이 수단(修丹)에 대해 말하길, 성색(聲色)에 새어 나감이 없어야 성(性)이 원명(圓明)하다 하는구나.

---

208) 영주(瀛州): 봉래(蓬萊)·방장(方丈)과 함께 신선이 산다는 도교의 삼신산 중의 하나. 또 명예로운 지위를 비유하여 말한다.
209) 고사(高士): 산림 속에 숨어 살면서 세속에 물들지 않는 인격이 고결한 사람을 가리킨다.

安生[안생]: 편안하게 생활하다. 안거하다. 편안하다. 무사하다.

屛除[병제]: 배제(排除)하다. 제거하다. (꽉 움켜) 쥐다. 잡다. 들다. 포착하다. 장악하다. (추상적인 것을) 파악하다. 자신. 가망. 성공의 가능성.

교합(交合)

造道元來本不難, 工夫只在定中間。陰陽上下常升降, 金水周流自返還。

紫府靑龍交白虎, 玄宮地軸合天關。雲收雨散神胎就, 男子生兒不等閑。

알고 보니 도를 닦는다는 것이 본래 어렵지 않으니, 공부는 단지 정(定) 가운데에 있구나. 음양은 항상 상하로 오르고 내리니, 금수(金水)가 두루 흘러 스스로 되돌아오도다. 자부(紫府)궁에서 청룡과 백호가 교합하고, 현궁(玄宮)에서 지축(地軸)과 천관(天關)[210]이 합친다. 구름 걷히고 비 개면 신묘한 태(胎)를 이룰 것이니, 남자가 애를 낳는 것이 실없는 일이 아니구나.

투관(透關)

眞常之道果何難, 只在如今日用間。一合乾坤知闔闢, 兩輪日月自循還。

---

210) 천관지축(天關地軸): 건(乾)은 서북지계(西北之界) 술해(戌亥)요 곤(坤)은 남북지계(南北之界) 미신(未申)을 말하고 있는데, 그 건(乾) 술해를 천문 즉 천관(天關)이라고 하고, 곤(坤) 미신(未申)을 지호(地戶) 즉 지축이라고 하고 있다. 어기시는 건곤을 말한다.

歸根自有歸根竅, 復命寧無復命關。踏遍兩重消息子, 超凡越聖譬如閑。

항상 참된 도(道)가 어찌 어려운 결과이겠는가. 단지 현재의 일상 생활 중에 있도다. 건과 곤이 하나로 합치니 해와 달의 두 바퀴가 스스로 순환하여 합벽(闔闢)을 아는구나. 근본으로 돌아간다는 것은 달리 귀근규(歸根竅)가 있다는 것이며, 명(命)을 회복하는 것에 어찌 복명관(復命關)이 없겠는가. 양면의 소식을 두루 밟으면, 범부와 성인의 경지를 초월하는 것이 비유하자면 한가한 일인 것 같도다.

透關[투관]: 관문을 뚫어 통하였다. 수행에 방해가 되는 것을 모두 물리치어 제거함. 선종(禪宗)에서 투관파절(透關破節: 관문을 통과하거나 이음새를 타파하는 것)의 형식으로 씀.

출입(出入)

谷神不死爲玄牝, 個是乾坤闔闢機。往往來來終不息, 推推蕩蕩了無違。

白頭老子乘龍去, 碧眼胡兒跨虎歸。試問收功何所證, 周天匝地月光明。

곡신은 죽지 않아 현빈이라 하니, 현빈은 건곤 합벽(闔闢)의 기틀이구나. 오고 감에 끝내 쉬지 아니하니, 밀고 밀어 거세어도 어긋남이 없도다. 백두(白頭) 노자가 용을 타고 가니, 벽안(碧眼)의 호아(胡兒)가 호랑이 등에 앉아 돌아오는구나. 공(功)을 거두었음을 무엇으로 증명할 수 있느냐고 시험 삼아 물었더니 하늘과 땅에 두루 달빛이 밝도다.

推推[추추]: 좀 밀어주다.

蕩蕩[탕탕]: 썩 큰 모양. 넓고 아득한 모양. 평탄한 모양. 마음이
　　　　　유연한 모양. 사사로운 마음이 없는 모양. 사악(邪惡)
　　　　　이 없는 모양. 관대한 모양. 수세(水勢)가 거세찬 모
　　　　　양. 넓고 큰 모양. 법도가 쇠폐한 모양. 치우친 모양.

匝: 돌 잡/ 돌다. 두르다. 둘레. 주위. 바퀴.

경중(警衆)

口頭三昧謾矜誇, 闊論高談事轉差。比似着形求實相, 卻如捏
目起空花。

隨將物去終歸幻, 裂轉頭來便到家。莫怪淸庵多臭口, 打開心
孔要無遮。

입으로만 삼매를 자랑하고 교만하여 속이니, 공리공론을 끊임없이 늘어놓으나 더욱 멀어질 일이구나. 형체에 집착하여 실상을 구하는 것이, 마치 눈을 비비면 일어나는 빈 꽃과 같도다. 사물에 끌려 가면 끝내는 환상에 돌아가리니, 결렬하여 생각을 돌리면 바로 완숙한 경지에 이를 수 있으리. 청암이 냄새 나는 입으로 말을 높이 하는 것을 탓하지 말지니, 지혜를 열려면 숨김이 없이 다 얘기해야 하는 것이라.

警衆[경중]: 뭇사람들에게 깨우침. 뭇사람들을 경계(警戒)함.

矜誇[긍과]: 자기 능력을 자랑하며 교만하게 굴다.

高談闊論[고담활론]: 고상하고 오묘한 의론을 끊임없이 주고받다. 공리공론(탁상공론)을 끊임없이 늘어놓다. 장광설을 늘어놓다.

莫怪[막괴]: 탓하지 마라. 나쁘게 생각하지 마라. …하는 것도 무리가 아니다. 당연하다.

轉頭[전두]: 머리를 돌리다. 돌려세우다. 반대 방향으로 향하다. (생각을) 돌리다.

打開[타개]: 열다. 펼치다. 풀다. 타개하다. 두들겨 쪼개다[깨다].

心孔[심공]: 지혜. 슬기. 총기.

謾: 업신여길 만, 속일 만/ 예절이 없다. 업신여기다. 조소하다. 함부로. 마구. 속이다. 감추다.

矜: 불쌍히 여길 긍, 홀아비 관/ 불쌍히 여기다. 가엾게 여기다. 연민하다. 자랑하다. 스스로 잘난 체하며 교만하다. 뽐내다. 자부하다. 자만하다. 신중히 하다. 조심하다. 정중하다.

遮: 막을 차/ 가리다. 보이지 않게 막다. (왕래를) 막다. 차단하다. 숨기다. 감추다. 속이다.

만사(挽邪)

三千六百法旁門, 執着之人向裏昏。每日只徒心有見, 何時得悟命歸根。

聰明特達何須道, 智慧精通不足論。一切形名聲色相, 到頭都是弄精魂。

삼천육백 방문(旁門)의 법에, 사람들이 집착하고 빠져서 혼미해
지는구나. 날마다 헛된 마음으로 유견(有見)[211]에 빠져 있으니, 언
제 근원으로 돌아가 명(命)을 깨달을 수 있겠는가. 제 아무리 총명
하다해도 예기꺼리가 못되고, 제 아무리 지혜롭다 해도 논할 가치
가 없다네. 모든 형체나 명예나 음률과 여색의 모습은 결국 정과
혼을 희롱하게 하는 것들이다.

特達[특달]: 특별히 재주가 뛰어남. 특별히 통지함 또는, 그 통지
(通知).
聲色[성색]: 음률과 여색(女色). 목소리와 얼굴빛.
到頭[도두]: 정점(頂點)에 이르다. 맨 끝에 이르다. 결국. 마침내.

적마(敵魔)

夜中昏睡怎禁它, 鬼面神頭見也麽。昏散相因由氣濁, 念緣未
斷爲陰多。

潮來水面滄堤岸, 風定江心絶浪波。性寂情空心不動, 坐無昏
散睡無魔。

밤에 정신없이 잠든 중에 기괴한 몰골이 나타나니 어떻게 그것
을 견디겠는가. 혼미하고 산란한 것은 기가 탁한 것이 원인이니,
생각과 인연을 끊지 못하여 음이 많아졌기 때문이리라. 조수가 밀

---

211) 유견(有見): 존재하는 모든 것에는 실체가 있으며, 그 실체는 상주(常住) 불변(不變)이라
고 집착하는 생각.

려오면 수면이 강둑 제방까지 이르게 되고, 바람이 안정되면 강 중심의 파도도 가라앉게 되듯이, 성정(性情)이 고요하고 텅 비어 마음이 움직이지 않으면, 앉아도 정신이 혼미하거나 산란하지 않고 잠을 자도 귀신이 없으리라.

昏睡[혼수]: 혼혼하여 잠이 듦. 의식이 없어지고 인사불성이 됨.
神頭鬼面[신두귀면]: 기괴한 몰골[모습]. 꼴불견. 불쾌한 안색. 귀신의 머리와 도깨비의 얼굴.
昏散[혼산]: 혼미하고 산란한 것을 뜻함.
堤岸[제안]: 강둑 제방.
空寂[공적]: 텅 비고 고요함.
潯: 물가 심/ 물가. 중국 강서성(江西省) 구강(九江)의 다른 이름.

현정(顯正)

火符容易藥非遙, 天癸生如大海潮。兩種汞鉛知採取, 一齊物欲盡捐消。

掀翻萬有三元合, 煉盡諸陰五氣朝。十月脫胎丹道畢, 嬰兒形兆謁神霄。

화부(火符)가 용이(容易)하면 약이 멀리 있지 않으니, 천계(天癸)가 생기는 것이 큰 바다의 조수와 같구나. 홍과 연 두 종류의 채취를 알면, 물욕을 일제히 다 떨칠 수 있으리라. 만물을 뒤집고 삼원(三元)을 합치니, 정련하여 모든 음이 다하면 오기(五氣)가 조원(朝元)212)하는구나. 열 달 만에 탈태(脫胎)하여 단도(丹道)를 마치니, 형체와 조짐이 영아(嬰兒)로 신소(神霄)²¹³)를 알현하도다.

萬有[만유]: 우주에 있는 온갖 물건.
謁: 뵐 알/ 알현하다. 설명하다. 청하다.

조섭(調燮)

三元大藥意心身，着意心身便系塵。調息要調眞息息，煉神須
煉不神神。
頓忘物我三花聚，猛棄機緣五氣臻。八達四通無窒礙，隨時隨
處闡全眞。

삼원 대약은 신(身)·심(心)·의(意)를 가리키는 것이니, 신·심·
의에 집착하면 속세에 매이게 되느니라. 식(息)을 조절하는 요점은
숨과 숨 사이의 진기를 고르게 해야 하며, 신(神)을 단련하는 것은
모름지기 신(神) 아닌 신(神)을 단련해야 하리라. 문득 나와 사물을
잊어 삼화(三花)가 모이니, 맹렬히 인연의 기틀(機緣)을 물리치면
오기(五氣)가 이르는구나. 장애가 없어 모든 것에 다 통하니, 언제
어느 곳에서나 온전히 참됨을 드러내도다.

---

212) 오기조원(五氣朝元). 오행(五行)이 위치를 징하는 것. 『성명규지(性命圭旨)』에서는 "눈으
로 보지 못해도 혼(魂)은 간에 있고, 귀로 듣지 못해도 정(精)은 신장에 있고, 허로 소리
내지 못해도 신(神)은 심장에 있고, 코로 향기 맡지 못해도 백(魄)은 폐에 있고, 사지로 움
직이지 못해도 뜻은 비장에 있다. 오행이 받아 이룬 기가 생극(生剋)을 다스리고 변화시켜
서 중앙 토의 원황정(元黃庭)으로 돌아가 조회하는 것을 오기조원이라 한다."라 했다.
213) 신소(神霄): 하늘의 구소(九霄) 중 가운데이 해 l를 신소(神霄)라 하며 진왕(眞王)이 다스
린다.

機緣[기연]: 어떠한 기회와 인연. 부처의 교화를 받을 만한 인연
　　　　 의 기틀.

臻: 이를 진/ 이르다. 미치다. 도달하다.

闡: 밝힐 천/ 상세히 설명하다. 도리를 밝혀 말하다. 분명하게 하
　　 다. 열다. 넓히다.

참고 왕리핑(王力平)[214] 선생은 그의 강의록 『행대도(行大道)』
제14장 '인선십이법(引仙十二法)' 중 제10법 응신적조(凝神寂照)에
서, "식을 조절하려면 조진식식(調眞息息)할 것이며, 신을 단련하
려면 불신신(不神神)을 단련해야 한다."라는 『현기직지(玄機直指)』
의 내용을 인용하고 해석하기를, "신을 단련하는 것으로 신(神) 아
닌 신(神)을 수련한다."라는 말을 어떻게 이해할 것인가? 신을 의
식함에 있어 눈으로 보거나 생각으로 보거나 하는 것은 인위적이
다. 신(神) 아닌 신(神)이 지배하는 잠재의식하에서 출현하는 경상
이라야 진짜이다. 예를 들어 오행을 운화하여 간에 이르렀을 때
눈앞에 돌연히 한 조각 푸른빛이 출현하는데 이는 무의식 상태하
에서 출현하는 것으로 이것이 불신신(不神神)이며 간이 이미 천간
(天干)과 관계하여 경과한 것으로 설명하며 이것이 곧 인체 우주
내의 천지인과 관계하여 나타난 것이다. 이때 절대로 몸소 간을
여는 일을 버리지 말지니 계속 개간하는 작업을 할 것이다. 그래
서 부단히 간을 운화(運化)해야 한다. 안색(그 나타난 색깔)이 변화
할 때 곧 빨리 심장을 운화한다. 이는 불신신(不神神)을 수련하는

---

214) 왕리핑 선생은 전진도 용문파 18대 전인이며 현재 중국 대련(大蓮)시에 거주하신다. 역자
　　 는 2004년경에 만나 공법을 사사한 적 있다.

하나의 방법이다."라고 하였다.

명본(明本)

身自空來强立名，有名心事便牽縈。陰陽消長磨今古，日月升
沉運死生。

會向時中存一定，便知日午打三更。雖然處世憑師授，出世工
夫要自明。

몸은 공(空)에서 오는데 억지로 이름을 붙이니, 이름이 있어 심
사(心事)에 걱정이 생기는구나. 음과 양이 자라고 소멸하면서 어제
와 오늘을 바꾸고, 해와 달이 오르고 내리면서 생사를 운행하네.
막대를 하나 세워 해 그림자를 재어보면, 곧 하루의 정오와 삼경
을 알 수 있으리라. 비록 세상에 처하여 스승의 가르침에 의지하
나, 세상을 벗어나는 공부의 요지는 스스로 밝혀야 하느니라.

牽縈[견영]: 끈덕지게 걸다. 진대 붙이다. 걱정하다. 부드럽고 감
　　　　　동적이다.
雖然[수연]: 그렇지만, 그렇다지만, 비록 …라 하더라도. 비록 …
　　　　　라고는 하지만.

주검(鑄劍)

明師授我鑄神鋒，全籍陰陽造化功。鍛煉乾剛坤作冶，吹嘘離
火巽爲風。

做成龍象心官巧, 掃蕩妖氛志帥雄。學道高人知此趣, 等閑劈
碎太虛空。

명사(明師)로부터 신검의 칼끝을 주조하는 법을 받으니, 모두 음
양 조화가 노력에 달려 있구나. 건(乾)을 강하게 단련하려면 곤(坤)
으로 제련하고, 취허(吹噓)215)할 때 손풍(巽風)을 써서 이화(離火)
를 다스리리. 용의 형상이 이루어지고 마음의 기능이 교묘하니, 의
지가 출중한 장수가 요사스런 기운을 다 쓸어 없애도다. 도를 배
운 고수들은 이 취지를 아니, 태허공(太虛空)을 부수는 것도 예사
롭구나.

鑄劍[주검]: 애욕과 번뇌에 대한 칼 같은 결단력, 또는 외신(外
　　　　　腎)을 의지로 단련시키는 것을 이른다.
神鋒[신봉]: 신검의 칼끝.
心官[심관]: 마음의 기능. 마음의 기관.
掃蕩[소탕]: 휩쓸어 모조리 없애 버림.
妖氛[요분]: 불길한 기분. 곧 전란(戰亂). 상서롭지 못한 기운. 요
　　　　　사스러운 기운.
鑄: 부어 만들 주/ 주조(鑄造)하다. 지어붓다. 인재를 양성하다. 각
　　인되다.
冶: 대장간 야/ 야금(冶金)하다. 제련하다. 주조하다. 대장장이. 요
　　염하다. 곱게 단장하다.

---

215) 취허(吹噓): 의식하지 못할 정도로 정제된 호흡을 이른다.

섬굴(蟾窟)

蟾窟淸幽境最佳, 主人顚倒作生涯。玉爐煅煉黃金液, 金鼎烹
煎白雪芽。

斡運周天旋鬥柄, 推遷符火運雷車。自從打透都關鎖, 恣意銀
河穩泛槎。

월궁이 맑고 고요하여 최적의 경지이니, 주인이 전도되어 생애
를 짓는구나. 옥로로 황금액(黃金液)을 단련하고 금정(金鼎)216)으로
백설아(白雪芽)217)를 끓이도다. 두병(斗柄)이 회전하여 주천(周天)
이 돌아가니, 진화(進火), 퇴부(退符)의 변화에 따라 뇌거(雷車)218)
를 운행하노니. 모든 문의 자물쇠를 뚫은 후부터는 마음대로 은하
에 뗏목을 띄워도 안온하구나.

關鎖[관쇄]: 문에 자물쇠를 채우다.

淸幽[청유]: (풍경이) 수려하고 그윽하다. 맑고 고요하다.

最佳[최가]: 최적이다. 가장 적당하다.

斡運[알운]: 돌아감(旋轉運行).

槎: 떼 사/ 뗏목. 칼·도끼 따위로 베다. 자르다.

---

216) 금정(金鼎): 정수리이니 이환궁을 가리킨다.

217) 백설(白雪): 정정(定靜)한 가운데 두 눈앞에 출현하는 백광(白光)을 말하는데, 허실(虛室)
에서 흰 빛이 생겨나는 것을 백설이라 한다. 단가에서는 황아는 연(鉛)이라 하고 백설은
홍(汞)이라 한다. 홍으로써 연을 구하는데 황아를 토에서 찾고 백설은 임(壬)에서 찾는데
처음은 토기(土氣)를 감응하고 단련하여 황아를 이루고 오래 단련하여 금기(金氣)를 감응
하여 백설을 이룬다. 이기(二氣)가 서로 감응하여 설산(雪山)에서 싹을 토해내 금단이 맺
어진다.

218) 뇌거(雷車): 기제(歸濟)하여 위로부터 아래로 내려와 음과 양이 바르게 합하여 수(水)와
화(火)가 한곳에 머무르면 고요한 가운데 우렛소리를 듣게 되는데 이를 뇌거라 한다.

泛: 뜰 범/ (물 위에) 뜨다. 띄우다. 나타나다. (얼굴에) 띠다. 떠돌다. 내용(실속)이 없다.

穩: 안온할 온/ 확고하다. 안정되다. 움직이지 않다. 튼튼하다. 침착하다. 온건하다. 뜸직하다. 진중하다. 점잖다. 신중하다. 확실하다. 틀림없다. 믿음직하다. 안전하다.

청암(淸庵)

吾庵非是等閑庵, 未許常人取次觀。一婦一夫能做活, 三男三女打成團。

裏頭世界元來大, 外面虛空未是寬。試問主人爲底事, 報言北斗面南看。

나의 암(庵)이 예사로운 암(庵)이 아니니, 보통 사람들이 경솔하게 보는 것을 허용치 않느니라. 한 남편과 한 아내가 생활할 수 있으니, 삼남(三男) 삼녀(三女)를 둥근 덩어리로 이루었도다. 안의 세계가 원래 크니, 밖의 허공이 넓지 않구나. 시험 삼아 주인에게 무슨 일을 하냐고 물어봤더니 응답하길 북두성을 남쪽에서 만나본다 하는구나.

等閑[등한]: 대수롭지 않게 여겨 내버려 둠, 마음에 두지 않고 예사로 여김. 헛되이. 실없이. 까닭 없이. 공연히.

寬: 너그러울 관/ 넓다. 폭. 너비. 느슨하다. 느긋하다. 너그럽다. 관대하다.

영진락(詠眞樂) 십이수(十二首)

一

佛仙總是世人爲, 爭奈迷途自不知。若匪貪名爭計較, 定須逐利苦奔馳。

波波瀝瀝擔家業, 劫劫忙忙瞻婦兒。假使財榮妻貌美, 無常到後豈相隨。

부처와 신선은 항상 세상 사람을 도우나, 어찌하랴 세상 사람들이 그릇된 길을 걷는 것을 알지 못하네. 도적같이 명예를 탐하고 서로 견주어 다투니, 오로지 이익을 좇아 괴롭게 치달리도다. 가업을 책임지고자 여기저기 다니면서 부인과 자식을 돌보느라 바쁘게 사는구나. 그러나 재물과 영화와 사랑하는 아내라도 항상 하지 않으니 죽어서도 어찌 서로 따르겠는가?

總是[총시]: 반드시. 꼭. 절대로. 전연. 결국. 아무튼. 어쨌든. 아무래도. 늘. 줄곧. 언제나.

迷途[미도]: 길을 잘못 들다. 방향을 잃다. 잘못 든 길[방향]. 그릇된 길.

計較[계교]: 서로 견주어 달림.

奔馳[분지]: 빨리 달림.

匪: 비적 비 / 강도. 비적(匪賊). 도적. 경솔하다. 경망하다. …이 아니다.

二

爭似全眞妙更奇, 個中眞樂自心知。丹從不煉煉中煉, 道向無
爲爲處爲。

息念息緣調祖氣, 忘聞忘見養嬰兒。自從立定丹基後, 五彩光
華透幌帷。

어찌 전진(全眞)의 묘하고 더욱이 기이함과 같으리오. 개중에 참
된 즐거움은 스스로의 마음으로만 알 수 있느니라. 단(丹)은 이제
껏 단련하고 단련하는 가운데 단련하지 아니함이고, 도(道)는 하고
또 하는 곳에 함이 없다 하네. 생각과 인연을 쉬어 조기(祖氣)를
고르게 하고, 듣는 것과 보는 것을 잊어 영아를 키우나니. 단의 기
초를 확실하게 세운 후부터 오색의 화려한 빛이 황유(幌帷)[219]를
통하는구나.

五彩[오채]: 청(靑)·황(黃)·적(赤)·백(白)·흑(黑)의 오색(五色). 다채
　　　　 로운 빛깔.
光華[광화]: 빛. 아름다운 빛. 빛나는 기운(氣運).
幌: 휘장 황/ 장막(帳幕). 휘장.
帷: 휘장 유/ (주위를 두르는) 막. 휘장. 장막.

三

爐用坤兮鼎用乾, 窮微盡理便通仙。無非攝伏情歸性, 便是烹

---

219) 황유(幌帷): 사람 몸의 두 눈을 비유한 것이다.

煎汞合鉛。

絕盡機緣丹赫赤，全存正定寶凝堅。即斯便是抽添法，不必忉
忉更問玄。

화로는 곤(坤)을 쓰고 솥은 건(乾)을 쓰니, 미세한 것까지 궁구하
고 이치를 다하면 신선과 통하리. 정(情)을 굴복시켜 다스리면 성
(性)으로 돌아가지 않음이 없으니, 바로 홍(汞)을 삶고 끓여 연(鉛)
과 합하도다. 기연(機緣)을 다 없애면 단이 적색(赤色)을 드러내니,
바르게 안정하여 보존함이 온전하면 보배가 견고하게 응결되도다.
이것이 바로 추첨(抽添)의 법이니, 현묘함을 다시 물어도 근심할
필요가 없구나.

四

火符容易藥非遙，造化全同大海潮。藥物只於無裏採，火丹全
在定中燒。

九三輻輳諸緣息，二八相交五氣朝。陰盡陽純功就也，眞人出
現謁神霄。

화부(火符)가 용이하면 약이 멀리 있지 않으니, 온전히 조화함이
큰 바다의 조수와 같구나. 약물은 다만 없는 가운데에서 채취함이
니, 화단(火丹)이 온전히 존재하여 정(定)한 가운데에서 익히는구
나. 구(九)와 삼(三)이 한곳으로 집결하니 모든 인연이 쉬어지고,
이(二)와 팔(八)이 서로 교합하니 오기(五氣)가 조원(朝元)하도다.
음이 다하고 양이 순수해지면 공(功)을 이루니, 진인이 나타나서

신소(神霄)를 알현하는구나.

五

煉丹先把氣神調，法水頻澆慧火燒。三物混融三性合，一陽來
復一陰消。

金爐端正千神會，寶鼎功成萬象朝。藥就丹圓神脫蛻，全身露
出赤條條。

연단(煉丹)하려면 먼저 기(氣)와 신(神)을 조절해야 하리니, 법수
(法水)로 자주 끼얹고 지혜의 불로 태워야 하도다. 세 물질이 혼용
하여 삼성(三性)이 합하니, 하나의 음이 소멸하고 하나의 양이 돌
아오는구나. 금의 화로가 단정하여 모든 신이 모이고, 보배로운 솥
이 공을 이루어 만상(萬象)이 조회하도다. 약을 이루어 단(丹)이 원
만하면 신(神)이 껍질을 벗으니, 온몸이 드러나 꾸밈없이 속을 다
드러내는구나.

澆: 물줄 요/ 뿌리다. 끼얹다. 물을 대다[주다]. 관개하다. 붓다.
　　쏟다. 풀다. 없애다. 끄다.
赤條條[적조조]: 곧 깨끗하여 아무 물건도 붙어 있지 않는 것.

六

先天至理妙難窮，鉛產西方汞產東。水火二途分上下，玄關一
竅在當中。

有知不有眞爲有，空會無空實是空。無有有無端的意，滔滔海底太陽紅。

선천의 지극한 도리는 묘하여 궁구하기가 어려우나, 연(鉛)이 서쪽에서 나고 홍(汞)이 동쪽에서 나도다. 수(水)와 화(火)의 두 길이 상하로 나눠 있으니, 현관일규(玄關一竅)가 이 가운데에 있구나. 있다는 것은 있지 아니하는 가운데 참된 것을 아는 것이 있음이고, 비었다는 것은 빔이 없는 가운데 실한 것을 아는 이것이 빈 것이라네. 있으면서 없고 없으면서 있는 것이 분명한 뜻이리니, 도도한 바다 밑에 태양이 붉도다.

七

寂然不動契眞常，消盡群陰自復陽。坤裏黃婆生赤子，離中姹女嫁呆郎。

山頭水降黃芽長，地下雷轟白雪颺。萬里銀河無點翳，金蟾獨露發神光。

고요히여 움직이지 이니히니 참됨이 항상 함에 계합히고, 모든 음이 다하면 양이 스스로 돌아오는구나. 곤(坤) 안의 황파(黃婆)가 적자(赤子)를 낳으니, 이(離) 안에서 차녀(姹女)가 무뚝뚝한 사내에게 시집을 가네. 산봉우리에서 물이 내려 황아(黃芽)220)가 자라니, 땅 밑에서 천둥소리 울리며 흰 눈이 휘날리도다. 만 리 은하에 한 점 그늘도 없으니, 금섬(金蟾)이 홀로 나타나서 신광(神光)을 발하

---

220) 황아(黃芽): 황(黃)은 중황의 기를 말하며, 아(芽)는 기가 싹트는 것을 말한다. 처음 대약이 결성된 것을 이르는 말.

는구나.

呆: 어리석을 태/ 우둔하다. 미련하다. 무표정하다. 어리둥절하다.
머무르다. 빈둥거리다.
轟: 울릴 굉/ 우르르 쿵쾅. 천둥치다. 폭격하다. 폭파하다. 폭발
하다. 내쫓다. 몰아내다.
颺: 날 양/ 휘날리다. 나부끼다. 키로 까부르다. 키질하다. 도주
하다. 줄행랑치다.
翳: 깃 일산 예/ 깃으로 꾸민 일산(日傘). 그늘. 덮다. 가리다.

八

妖嬈少女嫁金公, 全籍黃婆打合功。一對夫妻才會合, 兩情雲
雨便和同。
閑時共飮朱陵府, 醉後回眠紫極宮。暮樂朝歡恩義重, 一年生
個小孩童。

매혹적인 소녀가 금공에게 시집을 가니, 황파가 공(功)을 타합하
는구나. 한 쌍의 부부가 비로소 회합하니, 쌍방에 운우(雲雨)의 정
(情)이 더욱 화동(和同)하도다. 한가할 때는 함께 주릉부(朱陵府)에
서 술을 마시고, 취하면 자극궁(紫極宮)에 돌아와 잠을 자네. 저녁
에 즐겁고 아침에도 쾌락하여 서로의 은의(恩義)가 두터우니, 일
년이 되어 아이를 낳았도다.

妖嬈[요요]: 요염하다. 매혹적이다. 매우 아리땁다.

318

全籍[전적]: 모두.

打合[타합]: 미리 상의함. 이리저리 할 것을 미리 합의함.

一對[일대]: 한 쌍. 부부(夫婦).

九

人人身內有夫妻, 爭奈愚癡太執迷。不向裏頭求造化, 卻於外
面立丹基。

妄將禦女三峰術, 僞作軒轅九鼎奇。個樣畜生難懺悔, 閻公不
久牒來追。

사람마다 몸 안에 다 부처(夫妻)[221]가 있으니, 어찌하랴 사람들
이 어리석고 우매하여 미혹된 것만 크게 고집하는구나. 안으로 조
화를 구하지 않고, 밖에서 단의 기초를 세우네. 망령되이 어녀삼봉
술(禦女三峰術)로써, 황제 헌원(軒轅)의 구정(九鼎)을 위조하여 기
이하다 하는구나. 짐승같이 참회할 줄 모르면, 오래지 않아 염라대
왕의 첩지가 뒤따라오리라.

愚癡[우치]: 어리석고 못남. 어리석고 미욱함.

牒: 서찰 첩/ 첩지. 공문서. 증명서. 서적.

十

身內夫妻說與公, 靑衣女子白頭翁。金情木性相交合, 黑汞紅

---

221) 부처(夫妻): 참된 년(鉛)과 짐뙨 홍(汞).

鉛自感通。

對月臨風神逸樂，行雲布雨興無窮。這些至理誠難會，凝結眞
胎反掌中。

몸 안에 있는 부처(夫妻)를 숨김없이 드러내어 말하면, 청색 옷
을 입은 여자와 흰머리 늙은이구나. 금정(金情)과 목성(木性)이 서
로 교합하여, 검은 홍(汞)과 붉은 연(鉛)이 스스로 느끼어 통하도
다. 달을 대하여 바람을 맞으니 신(神)이 안락하게 지내고, 떠도는
구름이 비를 흩뿌리니 기뻐함이 끝이 없네. 이런 지극한 도리는
참으로 깨닫기 어려우니, 참된 태를 응결하면 마치 손을 뒤집듯이
쉽구나.

十一

九還七返大丹頭，學者須當定裏求。些子神機誠會得，兩般靈
物便相投。

三年造化須臾備，九轉工夫頃刻周。便把鼎爐掀倒了，丹光燭
破四神州。

칠반구환(七返九還)의 큰 단두(丹頭)는 배우는 이가 마땅히 정
(定) 안에서 구해야 하네. 조금이라도 신묘한 기틀을 진실로 이해
한다면, 두 가지 영물(性情)이 서로 다가갈 것이니라. 삼 년의 조
화는 잠깐에 갖추어지고, 구전(九轉)의 공부도 순식간에 두루 하구
나. 정로(鼎爐)가 뒤집어졌으니, 단의 빛이 비추어 넷 신주(神州)를
깨뜨리도다.

相投[상투]: 서로 향하여 던짐. 성은 정을 향하고, 정은 성을 향
    하여 서로 다가감을 비유함.
神州[신주]: 신선(神仙)이 사는 곳.
神機[신기]: 절호의 기회. 신묘한 기략(機略).

十二

不立文書敎外傳, 人人分上本來圓。玄風細細淸三境, 慧月娟
娟印百川。
    兜率三關皆假喩, 天龍一指匪眞詮。威音那畔通消息, 不是濂
溪太極圈。

문자를 세우지 아니하고 가르침 밖에서 별도로 전하니, 사람마
다 나누어진 것이 본래는 원만하구나. 현풍(玄風)이 아주 자세하고
세 경계가 청정하니, 지혜의 달이 아름답고 환하여 모든 강을 비
추네. 도솔이나 삼관이 모두 비유하여 지어진 것이고, 천룡(天龍)
으로 하나를 가리키는 것은 참뜻이 아니구나. 한량없는 오랜 과거
위엄나반(威音那畔)의 통한 소식은, 염계(濂溪)의 태극(太極)의 범
위가 아니도다.

細細[세세]: 아주 자세히. 티끌 같이서 보잘것없음. 매우 가늚
娟娟[연연]: 아름답고 환하다.
眞詮[진전]: 진정한 깨달음. 진정한 의미. 참뜻. 의문점을 분석하
    여 진정한 뜻을 얻다.
向上一路[향상일로]: 절대의 진리에 이르는 외길을 뜻하는 말.

영사연경세(詠四緣警世)

身心世事四虛名, 多少迷人被牽縈。禍患只因權利得, 輪回都
爲愛緣生。

安心絶跡從身動, 處世忘機任事更。觸境遇緣常委順, 命基永
固性圓明。

몸, 마음, 세상, 일 넷은 허망한 이름일 뿐이니, 다소의 미혹한
사람들이 그것으로 걱정하는구나. 재앙은 권력과 이익을 얻고자 하
는 데서 원인이 있는 것이고, 윤회도 삶을 애착하기 때문이라네.
세속과 인연을 끊어 마음을 편안히 하고, 몸의 움직임에 순응하여
세상에 있으면서도 모든 걸 잊어 더욱 일에 맡기는구나. 우연히
경계에 부딪히더라도 항상 맡기고 따르니, 명(命)의 기반이 오래도
록 견고하여 성(性)이 뚜렷하여 밝도다.

絶跡[절적]: 자취를 감추다. 사라지다. 세속과 인연을 끊다. 인적
　　　　　이 없는 곳.
牽縈[견영]: 끈덕지게 걸다. 진대 붙이다. 걱정하다. 부드럽고 감
　　　　　동적이다.
愛緣[애연]: 은애에 의하여 맺은 인연.
委順[위순]: 인연에 맡겨 따름. 맡기고 순종한다.
忘機[망기]: 자기 이해타산을 따지거나 남을 해치려는 마음을 품
　　　　　지 않다. 담박하고 수수하다.

영호로(詠葫蘆)

靈明種子産先天, 蒂固根深理自然。逐日壅培坤位土, 依時澆
灌坎中泉。

花開白玉光而瑩, 子結黃金圓且堅。成就頂門開一竅, 個中別
是一乾坤。

신령한 밝은 종자가 선천(先天)에서 나니, 뿌리가 깊어 이치가
스스로 그러하구나. 날마다 곤위(坤位)의 토(土)를 북돋우고, 때를
따라 감(坎) 중의 샘물로 관개(灌漑)하네. 백옥 빛이 눈부신 꽃을
피우더니, 둥글고 견고한 황금종자를 맺었도다. 정문(頂門)을 열어
일규(一竅)를 성취하니, 개중에 따로 하나가 건곤이로다.

蒂固根深[체고근심]: 뿌리가 깊다. 고질이 되다. 깊이 뿌리박혀
                있다. 튼튼한 기초.

逐日[축일]: 나날이. 매일매일. 날마다.

壅培[옹배]: (곡식에) 북을 돋우거나 비료를 주다.

澆灌[요관]: (농작물에) 물을 주다[대다]. 관개(灌漑)하다. 붓다[주
         입하다].

신경(心鏡)

採將乾礦入坤爐, 六合虛空作一模。法相就時圓爍爍, 水銀磨
處瑩如如。

放光周遍三千界, 收斂歸藏一黍珠。擧起分明全體現, 更須打

破合元樞。

　건(乾)의 광물을 채취하여 곤로(坤爐)[222]에 넣으니, 육합(六合)[223]은 허공과 한결같은 모양이구나. 법상(法相)이 바로 둥글게 빛이 나고, 수은을 연마하는 곳에 맑음이 한결같도다. 방광(放光)하면 삼천세계를 두루 비추나, 돌아와 거두어들이면 하나의 좁쌀 안에 숨기는구나. 모든 것이 구체적으로 드러나 분명해지면, 더욱 타파하여 원래의 근원에 합하도다.

　礦: 쇠돌 광/ 광상(礦床). 광물. 광석. 광산.
　就時[취시]: 기회를 보다. 때를 타다. 시기를 포착하다. 그때에
　　　　　　바로. 즉시.
　體現[체현]: 구현하다. 체현하다. 구체적으로 드러내다.

위부암지현빈(爲孚庵指玄牝)

玄門牝戶不難知,　收拾身心向內推。會得兩儀推蕩理,　便知一氣往來時。

乾坤闔闢無休息,　離坎升沉有合離。我爲孚庵明指出,　念頭復處立丹基。

　현문(玄門)의 빈호(牝戶)는 알기가 어렵지 않으니. 몸과 마음을 수습하여 안으로 추론하면 될 것이라. 양의(兩儀)가 서로 밀어 움

---

222) 곤로(坤爐): 곤은 땅을 말하고 땅속에는 불이 있는데 그 불이 모이는 곳을 곤궁(坤宮), 또는 곤로라 한다. 신(神)을 곤로에 비추면 진화(眞火)가 저절로 생긴다고 말한다. 그 위치는 하단전 기혈이다.
223) 육합(六合): 하늘, 땅, 동, 서, 남, 북을 말한다. 곧 온 우주를 말한다.

직이는 이치를 깨달으면, 일기(一氣)가 왕래하는 때도 잘 알 것이다. 건곤의 합벽(闔闢)이 쉼이 없으니, 감리(坎離)는 오르고 내리며 합하고 떨어짐이 있구나. 내가 부암(孚庵)에게 밝게 가르쳐 주니, 생각이 돌아오는 곳에 단의 기초를 세워야 하느니라.

화옹학록운(和翁學録韻)

密意參同白玉蟾, 元來窮理便通仙。未明太極生三五, 徒涉蓬萊路八千。

釋氏家風憑祖印, 羲皇道統必心傳。靑天獨露瑤臺月, 普印千潭一樣圓。

백옥섬과 비밀한 뜻을 서로 맞추어 보아 같으니, 원래의 이치를 궁구하여 바로 신선과 통하였구나. 태극에서 삼오(三五)가 생긴다는 것을 모르고 봉래(蓬萊)길 팔천 리를 걸었네. 불가(佛家)의 가풍이 조사의 인가에 의지하고, 복희씨(伏羲氏) 도의 계통은 반드시 마음으로 전하는 것이라. 푸른 하늘에 요대(瑤臺)의 달만 홀로 드러나, 뭇 연못에 비치니 하나같이 둥글도다.

瑤臺[요대]: 옥으로 장식한 아름다운 누대(樓臺). 신선이 사는 곳.
一樣[일양]: 한결같은 모양(模樣).
參同[참동]: 서로 맞추어 보아 같음.

증등일섬(贈鄧一蟾)

禪宗理學與全眞, 敎立三門接後人。釋氏蘊空須見性, 儒流格
物必存誠。

丹臺留得星星火, 靈府銷鎔種種塵。會得萬殊歸一致, 熙臺內
外總登春。

선종(禪宗)과 이학(理學)은 전진(全眞)과 더불어, 삼문(三門)의
가르침을 세워 후인(後人)에 전하는구나. 불가의 오온(五蘊)이 모두
공함에 모름지기 참된 성품을 보고, 유가의 격물(格物)은 반드시
정성스러움을 보존하도다. 단대(丹臺)에 작은 불이 남아, 영부(靈
府)의 각종 티끌을 녹이리니. 각양각색의 다른 것이 돌아와 하나로
일치함을 깨달으면 희대(熙臺)의 안과 밖에 항상 봄이로다.

銷: 녹을 소/ (금속을) 녹이다. 녹다. 용해하다. 제거하다. 취소하
    다. 지우다. 철회하다. 해제하다. 팔다. 판매하다. 소비하다.

鎔: 거푸집 용/ (열을 가하여 금속 따위를) 녹이다. 금형. 금속제
    의 거푸집. 병기. 모(矛) 종류.

種種[종종]: 물건의 가지가지. 가끔.

萬殊[만수]: 모든 것이 천만 가지로 다 다르다. 각양각색으로 다
    르다.

자득(自得) 칠수(七首)

一

打破鴻濛竅, 都無佛與仙。旣非心外妙, 不是口頭禪。
盡日優遊過, 通宵自在眠。委身潛絶境, 萬事付之天。

홍몽(鴻濛)의 구멍을 타파하니, 부처와 신선이 모두 없구나. 이미 마음 밖의 묘함도 아니고 구두선(口頭禪)도 아니도다. 하루 종일 유유자적하며 지내고, 밤새 잠에서 자재하네. 인적 없는 곳에 몸을 숨기고, 모든 일을 하늘에 맡기도다.

優遊[우유]: 유유자적하다. 우물쭈물하다. 망설이다.
通宵[통소]: 온밤을 지새우다. 철야(하다).
絶境[절경]: 궁지. 절망적인 상태. 인적 없는 땅. 세속을 떠난 경지.

二

一切有爲法, 般般盡是塵。窮通諸物埋, 放下此心身。
隨處安禪定, 趣時樂至眞。每將周易髓, 警拔世間人。

일체의 유위법은 가지가지가 다 없어지는 티끌이도다. 모두 사물의 이치를 궁구히 통히여 이 몸과 마음을 내려놓아라. 처한 곳에서 선정에 들면, 지극히 참된 즐거움이 때를 재촉한다. 항상 주역의 징화는 세상 사람들을 기발히게 히는구나.

般般[반반]: 여러 가지의. 이러저러한. 가지가지의.

趨時[추시]: 유행을 따르다. 시대의 흐름을 따르다. 시세(時勢)에 순응하다.

警拔[경발]: 뛰어나게 기발(奇拔)함. 착상(着想) 따위가 아주 독특하게 빼어남.

三

得造無爲妙，終朝不出門。機緣全絶斷，天理自然存。
日用天行健，平常地勢坤。警提門弟子，復命與歸根。

무위의 묘한 조화를 얻으니, 종일 문을 나서지 않네. 기연(機緣)이 모두 끊어져, 하늘의 이치가 자연히 존재하도다. 매일 쓰는 하늘의 운행이 건(乾)[224]이고, 평상시의 땅의 형세는 곤(坤)이라네. 제자들은 경계하고 살펴 알아야 할 것이니, 근본으로 돌아감과 더불어 명(命)을 회복해야 할 것이니라.

終朝[종조]: 종일. 하루 종일. 해가 뜰 때부터 아침밥을 먹을 때까지의 시간. 아침 내내. 하루아침이 마칠 동안.

四

打透都關鎖，天然會大同。龜毛元自綠，鶴頂本來紅。
可道非常道，行功是外功。些兒眞造化，恍惚窈冥中。

---

224) 도장본 원문에는 건(健)으로 되어 있으나 문맥상으로 건(乾)이 맞는 것 같다.

문의 자물쇠를 모두 뚫으니 자연히 함께 모이네. 거북이의 털이 원래부터 푸르고, 학의 정수리가 본래 붉도다. 말할 수 있는 도는 항상 그러한 도가 아니니, 공(功)을 행하는 것도 외공(外功)이로다. 약간의 조화가 참되니, 요명(窈冥)[225] 중의 황홀함이라.

五

自得身心定, 凝神固氣精。身閑超有漏, 心寂證無生。
烏兔從來去, 乾坤任變更。廓然無所礙, 獨露大光明。

스스로 심신의 안정을 얻으니, 신(神)을 응결하고 기(氣)와 정(精)을 견고히 하도다. 몸이 새어 나감을 초월하면 한가해지고, 마음이 고요하여 생함이 없음을 증명할 수 있구나. 오토(烏兔)가 종래로 가고, 건곤도 변경에 맡긴다. 확 트이어 장애되는 바가 없으니, 대광명이 홀로 나타나도다.

從來[종래]: 지금까지 내려온 그대로.
變更[변경]: 바꾸어 고침.
廓然[확연]: 확 트이다. 텅 비다.

六

日用別無事, 維持一己誠。靜中調氣息, 動則順人情。
晦德同其俗, 含華不顯明。眞閑眞樂處, 常靜與常淸。

---

225) 요명(窈冥): 깊숙하고 깜깜하다. 그윽함.

일상에 특별한 일이 없으나, 자기 한 몸을 성실하게 유지해야
하리니. 고요한 가운데서는 기식(氣息)을 조절하나, 움직이면 곧
사람의 정(情)에 따르도다. 분명하지 않는 덕(德)은 속된 것과 같으
니, 빛을 머금어도 뚜렷하게 나타나지 않느니라. 참으로 한가하고
참으로 즐거운 곳은, 항상 고요하고 항상 청정하도다.

一己[일기]: 자기 한 몸.
晦: 그믐 회/ (음력) 그믐. 어둡다. 캄캄하다. 분명하지 않다. 명
　　확하지 않다.

七

靜抱無名樸, 塵情了不侵。汞鉛鎔作粉, 瓦礫變成金。
覷見羲黃面, 參同釋老心。頓空超實際, 無古亦無今。

고요함을 안음은 순박하여 이름이 없으니, 속세의 정(情)이 침범
치 않았구나.
연홍(鉛汞)이 녹아 가루가 되고, 기와와 자갈이 변하여 금이 되
었도다.
복희씨의 얼굴을 보니, 석가와 노자의 마음을 같이 참구했구나.
홀연히 공(空)하여 실제를 초월하니, 옛날도 없고 또한 지금도
없도다.

瓦礫[와력]: 깨진 기와 조각. 기왓장과 자갈. 가치 없는 물건. 하
　　　　　　찮은 사람.

覿: 볼 적/ 보다. 만나다. 뵈다. 상견(相見)하다. 알현하다.

樸: 순박할 박/ 소박하다. 순박하다. 가공하지 않은 목재.

자제상(自題相)

黃面肌瘦子, 看來有甚奇。分明喬眼孔, 剛道絶聞知。
勘破三千法, 參同十七師。低頭叉手處, 泄盡那些兒。

얼굴이 누렇고 몸이 몹시 여위었으나, 보아하니, 심히 기이한 데가 있구나. 견식이 분명하고 높으니, 바로 도를 듣고 아는 것을 다했도다. 삼천의 법을 다 감파해서 열일곱 스승과 서로 맞추어 보아 같으니, 머리 숙여 차수(叉手)하는 곳에 새는 것을 다하였도다.

肌: 살가죽 기/ 근육. 살. 살갗. 피부.

喬: 높을 교/ 높다. 속이다. 변장(위장)하다.

瘦子[수자]: 몹시 여윈 사람.

眼孔[안공]: 눈구멍. 시야(視野). 견식(見識). 견해.

聞知[문지]: 들어서 앎.

勘破[감파]: 심중을 꿰뚫어 봄. 검토해서 간파하는 것.

경중등(鏡中燈) 이수(二首)

寶鏡本無相, 傳燈發慧光。眞如元瑩淨, 法體本瑩煌。
金鼎燒眞火, 華池浴太陽。個中端的意, 元不離中黃。

보배 거울이 본래 생김새가 없으니, 법을 전함에 지혜의 빛을 드러내는구나. 진여(眞如)는 원래 맑고 깨끗함이요, 법체도 본래 밝게 빛나는구나. 금정(金鼎)을 진화(眞火)로 끓이고, 화지(華池)에서 태양이 목욕하도다. 개중에 분명한 뜻이 있으니, 바로 근원이 중황(中黃)을 떠나지 아니하는구나.

傳燈[전등]: 스승이 제자에게 불법(佛法)을 전수하다.

端的[단적]: 과연. 정말로. 분명히. 확실히. 도대체.

煌: 빛날 황/ 반짝이다. 빛나다.

二

靜室開心鏡, 虛堂剔慧燈。外頭明皎皎, 裏面晃騰騰。
黍米光中現, 銀蟾水底澄。懸胎金鼎內, 一粒大丹凝。

고요한 방은 마음을 활짝 열어 주는 거울이요, 빈 집은 슬기로움을 밝혀 주는 등이로다.

머리 밖은 달빛이 밝기도 하고, 안으로도 환하게 비어 있어 빛이 나도다.

서미(黍米)가 빛 가운데 나타나고, 은섬(銀蟾)이 물밑에 잠겨 맑기만 하네.

금 솥 안에 태(胎)가 걸리어, 한 알의 대단(大丹)으로 응결되는구나.

鏡: 거울 경/ 거울. 거울로[귀감으로] 삼다. 성찰하다. 비추어 보다.

剔慧燈[척혜등]: 슬기로움을 밝혀 주는 등.

皎皎[교교]: (달이) 휘영청 밝음. 흰 빛깔이 깨끗함.

騰騰[등등]: 훤하게 비어 있는 모양. 겨눌 바 없을 만큼 서슬이
　　　　　푸른 모양.
銀蟾(은섬) : 달(月).
懸胎[현태]: 태는 도가에서 인신에 깃들이는 체기근원(體氣根源)
　　　　　을 말함. 현태는 그 태가 걸려 있다는 뜻.

영우(詠藕) 이수(二首)

一

一種靈苗異，其他迥不同。法身元潔白，眞性本玲瓏。
外象頭頭曲，中間竅竅通。淤泥淹不得，發露滿池紅。

한 종류의 영묘한 싹이 기이하여, 다른 것들과는 아주 다르구나.
법신(法身)은 원래 결백(潔白)하고, 진성(眞性)이 본래부터 영롱
하도다.
밖의 형상이 이리저리 굽어졌으나, 가운데는 구멍마다 통한다네.
진흙 속에 할 수 없이 잠기었으나, 드러나면 홍광(紅光)이 연못
에 가득하도다.

迥: 멀 형/ 멀다. 판이하다. 아주 다르다. 아주 대단히.
淹: 담글 엄/ (물에) 잠기다. 빠지다. 침수하다. 깊다. 넓다. 오랫
　　동안 머무르다.
潔白[결백]: 깨끗하고 흼. 욕심이 적고 마음이 맑음. 지조를 더럽
　　　　　힌 없이 깨끗함. 죄가 없음.

二

我本淸虛種， 玲瓏貫古今。 爲厭名利冗， 且隱淤泥深。
每有濟人意， 常懷克己心。 幾多撈漉者， 那個是知音。

나는 본래 맑고 텅 빈 기질이라 영롱함이 고금(古今)을 꿰뚫었
도다.
번잡한 명리(名利)를 싫어하여 오히려 더러운 진흙 속에 깊이
숨는다오.
매양 사람 구하려는 뜻 가졌으며 항상 나 자신을 이길 수 있는
마음을 품고 있다오.
나를 캐려는 이 많으련마는 진정 나를 아는 이 몇이나 되랴.

濟人[제인]: 어려운 형편에 있는 사람이나 고통을 받는 사람을
　　　　　구제함.
淸虛[청허]: 마음이 맑고 잡된 생각을 갖지 않고 매우 깨끗함.
種: 씨 종/ 씨. 종족. 종류. 식물. 뿌리다. 심다. 펴다. 기질.
撈: 씻을 록/ 건져 내어 씻음.

탁암(卓庵) 이수(二首)

一

擇盡虛無地， 因緣在玉京。 築基須穩穩， 立鼎要平平。
直豎須彌柱， 橫安太極楹。 靑天爲蓋覆， 庵主樂無生。

허무지(虛無地)를 다 선택하였으나, 인연은 옥경(玉京)에 있구나.

축기(築基)[226]는 반드시 확실하게 하여야 하고, 솥을 세움에 공평하여 치우치지 말아야 할 것이라. 수미산 기둥을 곧게 세우니, 태극 기둥을 가로로 걸었구나.

푸른 하늘에 덮개를 덮어서, 암주(庵主)가 무생(無生)[227]을 즐거워하도다.

卓庵[탁암]: 우뚝한 암자.

玉京[옥경]: 하늘 위에 옥황상제(玉皇上帝)가 산다는 서울.

隱隱[은은]: 성한 모양. 많은 모양. 가려져 있는 모양. 근심 걱정하는 모양. 큰 소리의 모양. 우레 소리. 희미하여 분명하지 않은 모양.

平平[평평]: 펀펀함. 평범함. 같음. 고름. 공평하고 치우치지 않음.

直豎[직수]: 직립(直立)하다. 곤두서다. 바로 세우다.

蓋覆[개복]: 덮개를 덮음. 덮개로 덮음.

楹: 기둥 영/ 옛날 저택 앞에 세운 두 개의 큰 둥근 기둥. 집 한 칸.

卓: 높을 탁/ 높이 솟아 있다. 우뚝 서 있다. 뛰어나다. 우수하다. 탁월하다. 세우다. 서다.

二

大地劃敎平, 庵基卽日成。來山從丙入, 去水放西行。

---

226) 축기(築基): 축대를 쌓듯이 선도 수련의 기초를 다지는 단계로서 정(精)을 쌓고 기(氣)를 누적시켜 나가는 과정이다.

227) 무생(無生). 열반.

門戶全通達，窓櫺透底明。庵中誰是伴，月白與風淸。

　대지를 깎아 평평하게 하는 것을 가르치니, 암자의 기초를 하루에 이루었구나. 오는 산이 병(丙)을 따라 드니 가는 물을 서쪽으로 가도록 놓아두었다네. 문호(門戶)를 모두 통달하니, 창살도 밝아서 모든 진상을 투명하게 알려 주도다.

　암(庵) 중에 누가 나의 도반인가? 월백(月白)과 청풍(淸風)이로구나.

　剗: 깎을 잔/ (삽·괭이 따위로) 깎다. 치다. 오직. 오로지. 줄곧.
　　　몽땅. 전부. 줄곧. 언제나.
　窓櫺[창령]: 창의 격자(格子). 창살.
　透底[투저]: 진상을 알려 주다. 모든 진상을 투명하게 알린다.

中和集 卷之六

사(詞)

심원춘(沁園春) 육수(六首)

一

得遇眞傳，便知下手，成功不難。待癸生之際，抽鉛添汞。火休太燀，水莫令寒。鼓動巽風，扇開爐鞴，武煉文烹不等閑。金爐內、個兩般靈物，煅煉成丸。先須打破疑團，方透歸根復命關。使赤子乘龍，離宮取水，金公跨虎，運火燒山。金公無言，姹女斂袂，個時辰煉就丹。渾吞了證金剛不壞，超出人間。

참된 가르침을 만나 곧 시작을 알면 성공하기가 어렵지 않구나. 계(癸)가 생길 때를 기다려 연(鉛)을 뽑아서 홍(汞)에 더할 것이니, 불(火)이 너무 건조해도 안 되고 물(水)도 너무 차지 말아야 하리라. 손풍(巽風)을 두드려, 풀무질하여 화로에 불을 피우니, 무련(武煉) 문팽(文烹)을 등한히 아니할지라. 금로(金爐) 안에 두 가지 영물(靈物)을 단련하여 단약을 이루었구나.

먼저 의단(疑團)을 타파하여야 비로소 귀근복명(歸根復命)의 관(關)을 뚫을 수 있도다. 갓난아이가 용을 타고 올라 이궁(離宮)의 물을 취하고, 금공(金公)이 호랑이를 타고 불을 운행하여 산을 태우는구나. 금공(金公)이 말이 없고 차녀(姹女)가 옷깃을 여미니, 한 시진에 단련하여 단을 만드네. 전부 삼키어 금강불괴를 증명하니 인간세계에서 벗어났도다.

鼓動[고동]: 선동하다. 부추기다.
開爐[개로]: 선종(禪宗)에서 해마다 음력 10월 1일부터 승당이나 각 요사의 화로에 불을 피워 놓는 일.
疑團[의단]: 속에 늘 풀리지 않는 의심.
赤子[적자]: 갓난아이. 임금이 백성을 갓난아이로 여기어 사랑한다는 뜻으로, 백성을 일컫는 말.
鞴: 허풍선 비/ 풀무.
搧: 때릴 선, 부채질할 선/ 손바닥으로 때리다.
袂: 소매 매/ 옷소매.

二

身處玄門，不遇眞師，徒爾勞辛 若絕學無爲，爭知闔闢？多聞
博學，寧脫根塵？固守自然，終成斷滅，着有着無都不眞。般般
假、那星兒妙處，參訪高人。一言說破元因，直指出丹頭精氣
神。問一竅玄關，本無定位，兩般靈物，只在心身。動靜相因，
有無交入，五氣朝元萬善臻。幽奇處、把一元簇在，一個時辰。

　몸이 현문(玄門)에 있으면서 진정한 스승을 못 만나니 헛되이
수고만 할 뿐이구나. 만약 무위(無爲)의 배움이 끊어진다면 어떻게
합벽(闔闢)을 알겠는가? 많이 듣고 널리 배웠으나 어찌 근진(根
塵)228)을 벗어나겠는가? 자연(自然)을 고수(固守)하여 마침내 단멸
(斷滅)을 이루나, 유(有)나 무(無)에 집착하면 다 참됨이 아닐 것이
라. 가지가지의 묘한 부분들을 거짓되게 꾸며 놓았으니, 고인(高人)
을 찾아 참구해야 하리라.

　한마디로 원인을 다 설파(說破)하고, 바로 정기신(精氣神)의 단
두(丹頭)를 가리키는구나. 현관일규(玄關一竅)에 대해 물으면, 본래
정한 위치가 없고, 두 가지 영물(靈物)이 다 심신(心身) 안에 있다
네. 동(動)과 정(靜)이 서로 원인이 되고 유와 무가 사귀어 드니 오
기조원(五氣朝元)하여 온갖 선(善)에 이르도다. 그윽하고 기이한
곳인 하나의 근원으로 모이는 것이 한 시진 안에 있구나

　般般[반반]: 여러 가지의. 이러저러한[하다]. 가지가지의. 얼룩얼
　　룩하다. 빈짐이 많은 모양.

228) 근진(根塵): 육근(六根)과 육진(六塵).

徒爾[도이]: 헛된 것.

說破[설파]: 진리가 될 만한 것을 밝혀, 듣는 사람의 납득하도록
　　　　 꿰뚫어 말함. 상대방의 이론을 완전히 깨뜨려 뒤엎음.

萬善[만선]: 온갖 착한 일.

一元[일원]: 같은 본원, 사물의 근원이 오직 하나임.

幽奇[유기]: 그윽하고 기이하다.

出: 날 출/ 동사의 뒤에 쓰여 동작이 안에서 밖으로 나오다. 나
　 타나다. 완성되다의 뜻을 나타냄.

臻: 이를 진/ 이르다. 미치다. 도달하다.

簇: 모일 족/ 무리를 이루다. 모이다. 무리. 떼. 무더기. 떨기. 매
　 우. 대단히.

三

道曰五行，釋曰五眼，儒曰五常。矧仁義禮智，信爲根本，金
木水火，土在中央。白虎靑龍，玄龜朱雀，皆自勾陳五主張。天
數五、人精神魂魄，意屬中黃。乾坤二五全彰，會三五歸元妙莫
量。火二南方，東三成五，北玄眞一，西四同鄕。五土中宮，合
爲三五，三五混融陰返陽。通玄士、把鉛銀砂汞，煉作金剛。

도가에서는 오행(五行)229)이라 하고 불가에서 오안(五眼)230)이라
하며 유가에서 오상(五常)231)이라 하는구나. 더군다나 인(仁)·의

---

229) 오행(五行): 우주(宇宙) 간(間)에 쉬지 않고 운행(運行)하는 다섯 가지 원소(元素). 金·
　　 木·水·火·土.
230) 오안(五眼): 부처의 도를 이루는 다섯 눈. 육안(肉眼), 천안(天眼), 혜안(慧眼), 법안(法眼),
　　 불안(佛眼).

(義)·예(禮)·지(智)는 신(信)이 근본이 되고, 금(金)·목(木)·수(水)·화(火)는 중앙의 토(土)에 있음이랴. 백호(白虎)·청룡(靑龍)·현구(玄龜)·주작(朱雀)이 모두 구진(勾陳)[232] 오(五)에서 주장되도다. 오(五)는 천수(天數)로서, 사람의 정(精)·신(神)·혼(魂)·백(魄)도 중황(中黃)의, 의(意)에 속하는 것이니라.

건곤의 이오(二五)가 온전히 드러나고, 삼오(三五)가 만나 원래로 돌아가니 묘함이 헤아릴 수가 없구나. 화이(火二)는 남쪽이니 동쪽 삼(三)과 오(五)를 이루고, 북쪽의 현진(玄眞) 일(一)은 서쪽 사(四)와 같은 고향이구나. 오토(五土)가 중궁이니 합하여 삼오(三五)가 되고, 삼오가 혼융하여 음(陰)을 돌이켜 양(陽)이 되도다. 사물의 현묘한 이치를 깨달은 선비는 연(鉛)·은(銀)·사(砂)·홍(汞)을 단련하여 금강(金剛)으로 만드는구나.

歸元[귀원]: 본원으로 돌아감.

通玄[통현]: 사물의 현묘한 이치를 깨달음.

四

道本虛無, 虛無生一, 一二成三。更三生萬物, 物皆虛化, 形形相授, 物物交參。體體元虛, 頭頭本一, 未許常人取次談。虛無妙、具形名相貌, 虛裏包含。

---

231) 오상(五常): 유가[儒家]에서는 인[仁]·의[義]·예[禮]·지[智]·신[信]을 인륜[人倫] 가운데 영원히 변치 않는 도라고 생각하여 오상이라 불렀음.

232) 구진(勾陳): 구진은 12신장 중의 하나로 중앙 토(土)의 신으로 직책은 전토(田土: 논과 밭)이다. 12신장은 귀인(貴人), 청룡(靑龍), 육합(六合), 구진(勾陳), 등사(螣蛇), 주작(朱雀), 대상(太常), 백호(白虎), 태음(太陰), 천공(天空), 현무(玄武), 천후(天后)이다.

虛中密意深探，致虛極工夫問老聃。那虛寂湛然，無中究竟，虛無兼達，勘破瞿曇。象帝之先，威音那畔，清靜虛無孰有儋。諸玄眷、以虛無會道，稽首和南。

도는 본래 허무(虛無)하여, 허무에서 일(一)이 생기고, 일(一)에서 이(二), 이(二)에서 삼(三)이 생기는구나. 또한 삼에서 만물이 생기니, 세상 만물이 다 허(虛)에서 변화된 것이네. 형형(形形)이 서로 주고받고, 물물(物物)이 서로 섞이니, 각각의 형체가 원래 허(虛)이고, 가지가지가 본래 하나이나, 일반사람들이 모르고 허무의 묘함을 경솔하게 말하는구나. 갖추어진 형체와 이름 그리고 얼굴 생김새 등은 모두 이 허(虛) 가운데에 포함되도다.

허(虛) 가운데의 비밀한 뜻을 깊이 탐구하여, 허의 지극함에 이르는 공부를 노자에게 물었네. 그것은 텅 비어 고요하고 맑고 담담하니, 없는 가운데 구경(究竟)이요, 허무(虛無)에 두루 통달하니, 구담(瞿曇)[233]을 감파하도다. 위음나반(威音那畔)이 상제보다 먼저이니, 청정(淸靜), 허무(虛無)를 무엇 때문에 메고 있는가. 모든 현문의 권속들이, 허무(虛無)의 도를 깨달으니, 머리 숙여 합장하도다.

取次[취차]: 순차적으로. 순서대로. 차례로. 창졸간. 별안간. 경솔하게. 신중하지 못하게.

未許[미허]: 허락하지 않다. 몰라보다.

相貌[상모]: 얼굴의 생김새.

虛寂[허적]: 텅 비어 고요함.

---

233) 구담(瞿曇): 사라드바트라고 하는 옛 선인의 이름으로, 석가족의 조상. 또는 도를 닦아 이루기 전의 석가모니 부처님을 이르는 말.

湛然[담연]: 맑고 고요함. 편안하고 담담하다.

究竟[구경]: 궁극(窮極). 사리(事理)의 마지막. 필경.

兼達[겸달]: 어느 것에나 숙달(熟達)함. 여러 가지 것에 두루 통
달함.

和南[화남]: 합장함을 가리키는 말.

儋: 멜 담/ 메다. 항아리. 두 섬(한 섬의 배).

孰: 누구 숙/ 누구. 어느. 어느 것. 무엇.

眷: 돌아볼 권/ 가족. 친족. 돌보다. 총애하다. 그리워하다. 사모
하다.

五

叉手者誰? 合掌者誰? 擎拳者誰? 只這些伎倆, 人猶錯會, 無爲
妙理, 孰解操持? 我爲諸公, 分明擧似, 老子瞿曇卽仲尼。思今
古、有千賢萬聖, 總是人爲。可憐後學無知, 辯是是非非沒了
期。況天地與人, 一源分判, 道儒釋子, 一理何疑 見性明心, 窮
微至命, 爲佛爲仙只在伊。功成後、但殊途異派, 到底同歸。

차수(叉手)를 하는 이 누구인가? 합장을 하는 이 누구인가? 주먹
을 드는 이는 누구인가? 그러나 이러한 수법들을 사람들이 오히려
잘못 이해하니, 무위(無爲)의 묘한 도기를 누기 이해하고 굳게 잡
아 시키겠는가? 내가 여러분들을 위하여 분명하게 알려 주니. 노지
(老子)와 구담(瞿曇), 중니(仲尼)이다. 옛날이나 지금을 생각하여도
수많은 현인과 성인이 있음은 언제나 사람의 힘으로 이루어지는
일이구나.

가련하도다. 후학들이 무지하여, 옳다 그르다 하여 논쟁하기를 마칠 기약이 없구나. 하물며 천지와 인간은 하나의 근원에서 나뉘어 갈리니, 도가나 유가나 불가가 하나의 이치임을 어찌 의심하겠는가? 성품을 보아 마음을 밝히고 은미한 것을 궁구하여 명(命)에 이르니, 부처가 되고 신선이 되는 것이 오직 자신에게 달렸구나. 공(功)을 이룬 후 문파가 달라 다른 길을 가도, 길은 다르지만 이르는 곳은 같도다.

擎: 들 경/ 들어 올리다. 떠받들다. 받아들이다. 꾹 참다. 참고 그냥 놔두다. 이어받다.

伎倆[기량]: 기량. 수단. 수법. 재주.

操持[조지]: 마음·사상 등을 굳게 지킴. 또는 그 뜻이나 주의. 꽉 붙잡아 지니다.

總是[총시]: 반드시. 꼭. 절대로. 전연. 결국. 아무튼. 어쨌든. 아무래도. 늘. 줄곧. 언제나.

諸公[제공]: 여러분. 점잖은.

擧似[거사]: 보여 준다. 제시해 준다. 설명하다. 알려 준다.

是是非非[시시비비]: 옳은 것을 옳다 하고 그른 것을 그르다 하다.

分判[분판]: 나뉘어 갈림. 또는 나누어 가름. 분별하여 판단함.

殊途[수도]: 유달리 촉망받는(특별한). 앞날 장래. 전도.

到底同歸[도저동귀]: 길은 다르지만 이르는 곳은 같다. 방법은 달라도 결과는 같다.

六

說與學人, 火無斤兩, 候無卦爻。也沒抽添, 也無作用, 既無
形象, 不必烹炮。件件非眞, 般般是假, 着意做工空謾勞。君知
否、但一切聲色, 都是訛肴。見聞知覺俱抛, 直打倂靈臺無一
毫。更休言爐竈, 休尋藥物, 虛靈不昧, 志力堅牢。神室虛閑,
靈源澄靜, 就裏自然天地交。全眞輩、苟不全眞性, 劫運寧逃。

학인들에게 풀어 밝히니, 화(火)는 무게가 없고 후(候)도 괘효(卦
爻)가 없도다. 또한 추첨(抽添)도 없고 작용도 없고 형상도 없으니,
팽포(烹炮)가 필요 없음이랴. 일마다 참된 것이 아니고 갖가지가
거짓이니, 뜻을 두어 힘써 행하나 헛되어 그저 수고로울 뿐이구나.
그대는 아는가? 일체의 성색(聲色)이 모두 속이고 어지럽힌다네.

견문이나 지각을 모두 내던지고, 실로 마음에 한 올의 털끝도
없게 한다면, 노조(爐竈)를 말하지 않고 약물을 찾지 않아도, 허령
하게 밝아 어둡지 않고 의지의 힘이 견고하여 쉽게 부서지지 않도
다. 신실(神室)이 텅 비어 한가하고, 신령한 근원이 맑고 잔잔하니,
천지자연이 이 가운데서 교합하는구나. 전진(全眞)의 무리들이 만
일 진성(眞性)이 온전치 아니하면 겁운(劫運)을 어찌 피할꼬?

抛: 던질 포/ 던지다 버려두다 방치히다 내던지다 따돌리다
　　헐값에 팔다.
烹: 삶을 팽/ 삶다. 끓이다. 볶다. 위협하다. 놀라게 하다.
炮: 통째로 구울 포/ (센 불에 재빨리 휘지이시) 볶다. 쬐어 말리다.
訛: 잘못될 와/ 잘못. 속이나. 서짓말하나. 사취하나. 속어서 이

득을 취하다.

肴: 안주 효/ 생선·육류 등의 요리. 익힌 고기. 육효(六肴). 섞이
　　다(＝淆).

斤兩[근량]: 무게 단위의 근과 양, 또는 무게.

做工[주공]: 일하다. 노동하다. 공부나 일을 힘써 함.

件件[건건]: 이 일 저 일.

着意[착의]: 무슨 일에 뜻을 둠. 궁리를 함.

都是[도시]: 도대체. 도무지. 전혀. 모두. 전부. 다. 함께. 같이.

靈臺[령대]: 영혼이 있는 곳, 곧 마음. 정신. 옛날 천자가 천문
　　기상을 관찰하던 대(臺).

打併[타병]: 병(併)은 병(屏)과 같으며, 제거하는 뜻. 타(打)는 뜻
　　을 강하게 하는 어조사. 치워 버린다, 없애 버린다
　　는 뜻.

堅牢[견뢰]: 단단하여 쉽게 부서지지 않음.

虛閑[허한]: 넓게 비어 고요함.

澄靜[징정]: 맑고 잔잔하다.

就裏[취리]: 내부 상황. 내막. 속내. 실정. 가운데. 속. 내부. 이
　　면. 심복으로 있다. 가운데에 있다.

우(又) 증정암구결(贈靜庵口訣) 정암에게 구결을 주다

　曆劫元神, 亘初祖氣, 太始元精. 這三般至寶, 同根並蒂, 欲
求端的, 勿泥身形. 息定神淸, 緣空氣固, 淸靜無爲精自凝. 丹

頭結、運陰陽符火，慢慢調停。尤當固濟持盈，把鉛汞銀砂一處烹。四象和合，命基永固，三元輻輳，覺性虛靈。性命兩全，形神俱妙，與道合眞無變更。逍遙處、任遨遊八極，自在縱橫。

원신(元神), 조기(祖氣), 원정(元精)은 천지가 비롯되면서부터 끊임없이 이어져 오니, 이 세 가지 지극한 보배는 근본이 같은 뿌리이구나. 단초(실마리)를 구하고자 하면 형신(形神)에 빠져서는 안 되네. 숨이 안정되므로 신이 청정하고, 모든 인연 비우면 기가 견고해지니, 청정하고 무위하여 정(精)이 스스로 응결되도다. 이에 단두(丹頭)를 맺으니, 음양의 진화(進火), 퇴부(退符)를 운행하여 천천히 조정해야 할 것이니라.

더욱 마땅히 가득 치면 유지히어 단단히 봉하고 연홍은사(鉛汞銀砂)를 한곳에서 끓이도다. 사상(四象)이 화합하여 명(命)의 기초가 영고(永固)하면, 삼원(三元)이 한곳으로 모이어, 본래의 성품을 깨달아 허령(虛靈)하게 되는구나. 성명(性命)이 다 온전하여 형신(形神)이 묘하게 갖추어지면, 도(道)와 더불어 참됨에 합하여 변함이 없을 것이리니, 소요(逍遙)하는 곳으로, 온 세상을 마음대로 노닐며 종횡으로 자재하는구나.

口訣[구결]: 구전(口傳)하는 비결. 현토·석의(釋義).

幷蒂花[병체화]: 한 꽃받침에 두 개 이상 달린 꽃. 비슷하게 생긴 지매.

慢慢[만만]: 천천히. 느릿느릿. 차츰.

固濟[고제]: 단단히 뚜껑을 닫아 둠.

逍遙[소요]: 자유롭게 이리저리 슬슬 거닐며 돌아다님.

八極[팔극]: 팔방(八方)의 멀고 너른 범위라는 뜻으로, 온 세상(世上)을 이르는 말.

遨遊[오유]: 재미있고 즐겁게 놂. 노닐다. 유력하다.

蒂: 꼭지 체/ 과일의 꼭지. 근본. 가시. 맺힌 감정. 꽁한 감정. 응어리. 원한.

우(又) 증춘곡청선사(贈春谷清禪師) 춘곡청 선사에게 주다

智斷堅剛, 奮心決烈, 便透玄關。把殺人手段, 輕輕拈出, 活人刀子, 慢慢敎看。一劍當空, 萬緣俱掃, 方信道瞿曇卽老聃。玄風播、看春生寒谷, 覿面慈顔。從他雪覆千山, 那突兀孤峰青似藍。況擊竹拈花, 都成骨董, 揚眉瞬目, 也是瞞頇。劫外風光, 目前薦取, 擘破面皮方罷參。如何是, 那祖師的意 合掌和南。

지단(智斷)234)이 견고하고 분심(奮心)이 결렬(決烈)하면, 현관(玄關)을 뚫을 수 있다네. 사람을 죽이는 수단을 아주 경솔하게 끄집어내고, 사람을 살리는 칼은 천천히 가르쳐 보이는구나. 하나의 검(劍)이 하늘에 걸려 있어 모든 인연을 다 일소하니, 그제야 구담(瞿曇)과 노담(老聃)의 도를 믿도다. 현풍(玄風)이 씨를 뿌려 추운 골짜기에 봄이 오는 것을 보니 자애로운 용모를 직접 보는구나.

눈이 모든 산을 덮었으나 다른 것은 어찌하여 우뚝한 외로운 봉우리만이 남색같이 푸르구나. 하물며 격죽(擊竹)과 염화(拈花)235)는

---

234) 지단(智斷): 진리를 비추어 보는 지덕(智德)과 번뇌(煩惱)를 끊는 단덕(斷德).

모두 골동품을 이루었고, 눈썹을 추켜세우고 눈을 깜빡이니, 또한 대머리를 속이는구나. 겁외(劫外)의 풍광을 눈앞에서 취하여 낯가 죽을 부수니, 비로소 파참재(罷參齋)236)를 하는구나. 어떤 것이 조사의 뜻인가? 합장하도다.

堅剛[견강]: 성질(性質)이 야무지고 단단함.

輕輕[경경]: 아주 경솔(輕率)함.

拈出[염출]: 끄집어내다. 집어 들다.

刀子[도자]: 작은 칼.

當空[당공]: 하늘. 공중. 하늘에 걸려 있다.

慈顔[자안]: 자비로운[자애로운] 얼굴. 어머니의 용모. 웃어른[주로 어버이]의 얼굴

覿面[적면]: 맞대면하다. 직접 만나다. 얼굴을 맞대다.

從他[종타]: 그를 따라. 남을 좇아, 다른 것.

突兀[돌올]: 돌올하다. 우뚝하다. 갑작스럽다. 뜻밖이다.

骨董[골동]: 여러 가지 물건이 한데 섞인 것. 골동품.

薦: 천거할 천/ 추천하다. 천거하다. 소개하다. 알선하다. 바치다. 올리다. 진상하다.

掃: 쓸 소/ 쓸다. 소제하다. 없애다. 제거하다. 일소하다. 좌우로 움지이다. 한곳에 모으다. 흉괄하다. 단번에 사(詞)를 완성하다.

播: 뿌릴 파/ 퍼뜨리다. 진파하다. 실포하다. 씨를 뿌리다. 옮기

---

235) 염화미소(拈花微笑). 세존이 영산회상에서 꽃을 들어 대중에게 보이자, 모두들 그 뜻을 몰라 묵묵히 있었다. 이때, 오직 가섭 존자만이 소용히 미소를 지었다.

236) 수행하다가 깨쳤다든지 득력(得力)하면 스승의 지도를 면제받는 의식으로 떡을 해 먹는 것을 파참재(罷參齋)라 하였다.

다. 떠돌아다니다. 흔들리다.

覆: 덮을 부, 넘어질 복/ 덮다. 씌우다. 덮어 가리다. 뒤집(히)다.
엎어지다. 다시. 또. 재차.

瞞: 속일 만, 부끄러워할 문/ 감추다. 속이다. 흐리다. 평평한 눈.
부끄러워하다.

頇: 얼굴 클 한, 대머리 안/ 얼굴이 크다. 대머리. 관을 뒤로 젖
혀 쓰다. 굵다.

참고 선종(禪宗)에는 향엄격죽(香嚴擊竹)이라는 유명한 공안(公
案)이 있다. 향엄은 육조 혜능의 4대 제자로 당대 중기에 출가했
다. 향엄은 줄곧 불법의 정의를 찾았지만, 그의 사부 백장(百丈)
선사는 그에게 명백하게 알려 줄 방법이 없었다. 후에 향엄이 곳
곳을 다니며 불법의 정의를 찾았다. 구름처럼 떠돌던 향엄은 어느
버려진 절에서 하루를 묵었다. 저녁을 먹기 위해 불을 지펴야 했
고, 부뚜막을 쌓을 돌이 필요해 뒤편에 있는 언덕으로 올랐다. 거
기에는 돌과 기왓장이 흩어져 있었다. 그는 돌더미 옆에 서서 다
시 '불법의 정의는 무엇일까' 고민했다. 이때 기왓장 하나가 떨어
져 내리면서 대나무에 부딪혔고 '탁' 하는 소리가 났다. 향엄은 이
짧은 순간에 깨달음을 얻은 것이다.

우(又) 증괄창장희미호기암(贈括蒼張希微號幾庵) 호가 기암
인 괄창의 장희미에게 주다

一

不識不知，無聲無臭，名曰希微。只這個便是，全眞妙本，人能透得，卽刻知幾。聞法聞經，說禪說道，執象泥文都屬非。君還悟、這平常日用，總是玄機。仍憑決烈行持，把四象五行收拾歸。會兩儀妙合，三元輻輳，一靈不昧，萬化皈依。精氣凝神，情緣返性，迸出蟾光遍界輝。形神妙、向太虛之外，獨露巍巍。

느끼지도 못하고 알지도 못하면서, 소리도 없고 냄새도 없으니, 이름 하여 희미(希微)[237]라고 한다. 바로 이것이 전진(全眞)의 묘한 본질이니, 사람이 능히 이것을 꿰뚫으면, 즉각 일의 기미를 알아채리라. 법과 경문을 듣고 선(禪)과 도(道)를 말함에 형상에 집착하고 문자에 빠지니 모두 권할 바가 아니니라. 그대가 깨달아야 하니, 매일의 생활이 다 현묘한 기틀이다.

도를 닦아 가짐에는 결렬함에 의거하고, 사상과 오행을 수습하여 돌아간다네. 음양이 만나 묘하게 합하고, 삼원(三元)이 한곳으로 모이며, 하나의 신령함이 어둡지 않아, 모든 변화가 돌아가 의지하는구나. 정기(精氣)가 신(神)으로 응결되고 정(情)의 인연이 성(性)으로 돌아가니, 달빛이 솟아 나와 온 세계를 비추도다. 형체와 신(神)이 묘하여, 태허(太虛) 밖을 향하여 홀로 드러나 높고도 크구나.

仍: 인할 잉/ 따르다. 인히다. 인습히다. 빈번히다. 이직도. 여전히. 누차. 거듭.

---

237) 희미(希微): 텅 비어 고요함 또는 소리도 없고 형체도 없는 도를 말한다. 『노자』 제14장 「찬현(贊玄)」에서 "들어도 들리지 않는 것을 희라고 한다. 잡으려 해도 잡히지 않는 것을 미라고 한다."라고 설명을 하고 있다.

憑: 기댈 빙/ (몸을 …에) 기대다. 의지하다. 의거하다. 증거. 근
　　 거로 하다. …에 근거하다. …에 따르다. 설령[설사] …이라
　　 할지라도(하더라도). 아무리 …하여도. …을 위해서도. …을
　　 걸고서라도. 적어도 …이라는 사람이.

行持[행지]: 수행을 유지하는 것을 말함. 불도(佛道)를 닦아 가짐.

蟾光[섬광]: 달빛.

遍界[편계]: 온 세계. 삼천세계.

迸出[병출]: 분출(噴出). 용출(湧出).

巍巍[외외]: 높고 큰 모양.

太虛[태허]: 하늘. 우주의 대원기(大元氣).

曲徑旁蹊, 三千六百, 門門不同。若泥在一身, 終須着物,
離於形體, 又屬頑空。無有兼行, 如何下手 兩下俱捐理不通。修眞
士、若不知玄竅, 徒爾勞工。些兒妙處難窮, 親見了方能達本
宗。況聽之不聞, 博之不得, 觀之似有, 覓又無蹤。個個見成,
人人不識, 我把天機泄與公。玄關竅、與虛無造化, 總在當中。

　 방혜곡경(旁蹊曲徑)이 삼천육백이라 문파마다 다르구나. 만약 한
몸에 빠지면 끝내 사물에 집착하게 되고, 형체에서 떨어져도 또
완공(頑空)에 속하는지라. 무유(無有)를 같이 행하면 시작은 어찌할
까? 둘 다 버린다면 또 이치에 통하지 않는구나. 수진(修眞)하는 선
비가 만약 현규(玄竅)를 알지 못한다면 헛되이 수고만 할 뿐이로다.
　 묘한 곳을 궁구하기가 어려우나, 친히 보면 비로소 근본종지에
능히 통달할 수 있으리라. 게다가 들어도 들리지 않고 잡아도 얻

는 것이 없으며, 보면 있는 것 같은데 찾으면 흔적이 없구나. 각자
가 이미 이루어져 있다는 사실을 사람들이 모르는 것이라. 내가
그대에게 천기(天機)를 누설하니, 현관(玄關)의 규(竅)는 허무(虛
無), 조화(造化)와 더불어 모두가 그 가운데 있도다.

曲徑[곡경]: 꼬불꼬불한 작은 길.
旁蹊[방혜]: 샛길.
終須[종수]: 마지막에 꼭 …하다(이 되다). 모름지기. 끝내.
徒爾[도이]: 헛되이. 공연히. 쓸데없이.
勞工[노공]: 노동자. 노동. 노역. 옛날, 강제로 끌려가 노역을 하
　　　　　는 사람.
見成[견성]: 선종에서, 현재 이루어져 있는 사실, 또는 지금 있는
　　　　　그대로의 사실을 일컫는 말.
當中[당중]: 중간. 한복판. 그 가운데.

우(又) 증오거사단지(贈吳居士丹旨) 오 거사에게 단의 요지를 주다

向上工夫, 乾宮立鼎, 坤位安爐。 這火候幽微, 元無作用, 抽
添進退, 不費支吾。 陰往陽來, 雲行雨施, 主宰機緘總在渠。 心
安定, 那慮靈不昧, 照破昏衢。 性宗悟了玄珠, 這命本成全太極
圖。 向圈圈圈外, 圓光迸出, 存存存裏, 獨見眞如。 一氣歸根, 六
門互用, 到此全憑德行扶。 混塵世、 且藏鋒剉銳, 了事凡夫。

향상의 공부는 건궁에 솥을 세우고 곤(坤)에서 화로를 설치하는데 있다네. 이때 화후가 미약하면 원래의 작용이 없으니, 추첨(抽添)과 진퇴(進退)를 지탱하는 데 쓰지 못하는구나. 음이 가니 양이 오고, 구름이 움직여 비가 내리니, 기함(機緘)을 주재함은 모두 그에 있구나. 마음이 안정하여 허령(虛靈)하여 어둡지 않으니 어두운 길을 밝게 비추도다.

성종(性宗)으로 현주(玄珠)를 깨달았으니, 본래의 명(命)을 온전히 이룬 이것이 태극도(太極圖)이구나. 겹겹의 범위 밖으로 원광(圓光)이 분출하고, 존재함이 안에 있으니, 진여가 홀로 드러나도다. 일기(一氣)가 뿌리로 돌아가고 육문(六門)[238]이 서로 작용하니, 이에 이르면 모두 덕행의 도움에 의지하네. 혼탁한 속세에서 날카로움을 꺾고 재능을 감추어 드러내지 않으니, 범부의 일을 마쳤도다.

幽微[유미]: (소리·냄새 따위가) 미약하다. 심오하다.

支吾[지오]: 얼버무리다. 발뺌하다. 이리저리 둘러대다. 지탱하다. 저항하다. 맞서 겨우 버티어 나감. 어긋나거나 상치(相値)됨.

昏衢[혼구]: 어둑어둑한 저녁의 거리. 어두운 길, 어지러운.

照破[조파]: 불타가 지혜의 광명으로써 범부의 무명(無明)을 비치어 깨치는 일.

---

238) 육문(六門): 『육조단경』 「대법(對法)」에서, "어떤 것을 육진(六塵)이라고 하는가? 색(色), 성(聲), 향(香), 미(味), 촉(觸), 법(法)이니라. 어떤 것을 육문(六門)이라고 하는가? 눈(眼), 귀(耳), 코(鼻), 혀(舌), 몸(身), 뜻(意)이니라. 법의 성품(法性)이 육식인 안식(眼識), 이식(耳識), 비식(鼻識), 설식(舌識), 신식(身識), 의식(意識)의 육식과 육문과 육진을 일으키고 자성은 만법을 포함하나니 함장식(含藏識)이라고 이름 하느니라. 생각을 하면 곧 식이 작용하여 육식이 생겨 육문으로 나와 육진을 본다. 이것이 삼육은 십팔이니라."

圈圈[권권]: 원을 그리다. 원. 동그라미. (세력)범위. 세력권.

藏鋒[장봉]: 서법(書法)의 하나. 글씨를 쓸 때에 붓끝이 드러나지
　　　　　않게 쓰는 법. 재능을 감추고 밖에 드러내지 않다.

剉: 꺾을 좌/ 꺾다. 저밀다. 부수다. 깎다.

銳: 날카로울 예/ 날카롭다. 예리하다. 예민하다. 민감하다. 날카
　　롭다. 예리하다. 뾰족하다.

扶: 도울 부/ (손으로) 떠받치다. 부축하다. 짚다. 기대다. 의지하
　　다. 돕다. 원조하다. 부조하다.

우(又) 증안한자주고사(贈安閑子周高士) 안현자 주 고사에게 주다

眞鼎眞爐, 不無不有, 惟正惟中。向靜裏施工, 定中斡運, 寂
然不動, 應感潛通。老蚌含珠, 螟蛉呪子, 箇樣眞機妙莫窮。只
這是、若疑團打破, 頓悟眞空。探鉛不離坤宮, 運符火須當鼓巽
風。向北海波心, 生擒白虎, 南山火裏, 捉住靑龍。二物相投, 三
關一轞, 煉出神丹滿鼎紅。藏身處、且和光混俗, 是謂玄同。

　참된 솥과 화로는 있는 것도 아니고 없는 것도 아니니, 오직 바
르게 중을 지키는 데 있구나. 고요히 안으로 향하여 공부를 실시
하면, 인정한 가운데 돌아김이 있으니, 고요하여 움지이지 않으면
응당 김응하여 은밀히 통하느니라. 오래된 조개가 진주를 머금고
명령(螟蛉)이 주문을 외우니, 참된 기틀의 모양이 묘하여 다함이
없도다. 다만 이것이니,[239] 만약 의단(疑團)을 타파하면 진공(眞空)

---

230) 지저시(只這是): 동산스님이 운암스님을 하직하면서, "백 년 뒤에 누기 스님의 진영을 그

을 홀연히 깨달을 것이도다.

　연을 채취하고 곤궁(坤宮)을 떠나지 않으니, 화부(火符)를 운행함에 마땅히 손풍(巽風)을 두드려야 하네. 북해의 물결 가운데서 백호를 생포하고, 남산의 불속에서 청룡을 붙잡도다. 이물(二物)이 서로 던지고 삼관(三關)이 하나로 모이는지라, 단련하면 신단(神丹)이 나타나니 솥에 홍광이 가득하구나. 몸을 숨긴 곳에 빛을 감추고 세속에 섞이니, 이를 일러 현동(玄同)240)이라고 한다네.

　斡運[알운]: 회전 운행하다.

　潛通[잠통]: 몰래 내통(內通)함. 몰래 간통(姦通)함.

　寂然不動[적연부동]: 아주 고요하여 움직이지 아니함.

　老蚌[노방]: 대합조개. 진주조개. 노인.

　螟蛉[명령]: 빛깔이 푸른 나방. 나비의 애벌레. 양자(養子).

　高士[고사]: 고결(高潔)한 선비. 뜻이 크고 세속(世俗)에 물들지
　　　　　　　아니한 사람.

　須當[수당]: 마땅히 …하여야 한다.

　生擒[생금]: (적·도적 따위를) 생포하다.

　捉住[착주]: 붙잡다. 체포하다.

　輻輳[폭주]: 폭주병진(輻輳幷臻)의 준말. 두 눈의 주시선이 눈앞
　　　　　　　의 한 점으로 집중하는 일.

릴 수 있느냐고 물으면 어떻게 대답할까요?" 하니 운암이 "그에게 말하되 '다만 이것이
다' 하라."고 대답했다. 동산이 그때 그 뜻을 확실히 알지 못하였는데 뒤에 물을 건너다가
문득 물속에 비친 자기 그림자를 보고 대오하였다 함.

240) 현동(玄同): 피아(彼我)의 구별이 없이 하나로 되는 것을 말하는 것. 또는 재지(才智)를
숨기고 속인과 함께 어울려 지내는 것으로 도와 합일이 된 상태.

混俗和光[혼속화광]: 빛을 감추고 세속에 섞이다.

波心[파심]: 물결의 한가운데. 물결의 중심.

우(又) 증등송계(贈鄧松溪) 등송계에게 주다

若拙若愚, 若慵若懶, 若呆若癡。只這底便是, 造玄日用, 果
行得去, 密應神機。學解見知, 聲聞圓覺, 增長根塵塞肚皮。都
無用、但死心蹋地, 壽與天齊。金仙不在天西, 那碧眼胡兒不必
題。問性宗一着, 從空自悟, 命基上事, 務實爲基。虛實相通, 有
無交入, 混合形神聖立躋。禪天淨、看雲藏山嶽, 月照松溪。

서툴러 보이기도 하고, 어리석어 보이기도 하고, 피곤해 보이기
도 하고, 나태해 보이기도 하고 우둔해 보이기도 하고 미련해 보
이기도 하는구나. 단지 이것은 바로 매일의 일상이 현묘함을 이루
는 바탕이니, 행동을 과단성 있게 하여 나가면, 신(神)의 기틀이 은
밀히 응하는 것이니라. 배워서 이해하고 보고 알아서, 성문(聲聞),
원각(圓覺)241)을 이룬다는 것은, 근진(根塵)을 증장하여 뱃속을 채
우는 것이라. 다 소용이 없으니, 다만 죽음을 각오하고 끝까지 한
다면 천제(天齊)242)와 더불어 오래 살 것이니라.

금선(金仙)은 서쪽 하늘에 있지 않으니, 그 푸른 눈의 호아(胡兒)
를 밀할 필요가 없다. 성종(性宗)의 방법을 물었너니, 공(空)함을

---

241) 원각(圓覺): 원만(圓滿) 수비(俱備)하여 조금도 결감(缺減)이 없는 우주의 신령스러운 깨침.
242) 천제(天齊): 태산(泰山) 신의 봉호(封號). 천지의 배꼽. 하늘이 사람의 마음이나 행동을 바
르게 함.

따라 스스로 깨달아야 하고, 명(命)의 기반에 관한 일도 기초에 참
되게 힘써야 한다 하네. 허와 실이 서로 통하고 유와 무가 사귀어
드니, 형신이 혼합하여 성스러움에 오르는구나. 선천(禪天)이 깨끗
하여 살펴보니 구름이 산악을 감추고, 달이 송계(松溪)를 비추도다.

拙: 졸할 졸/ 서투르다. 졸렬하다. 보잘것없다. 우둔하다. 어리석
　　다. 둔하다. 옹졸하다.

慵: 게으를 용/ 피곤하다. 고단하다. 게으르다.

懶: 게으를 라/ 게으르다. 나태하다. 나른하다. 노곤하다.

呆: 어리석을 태/ (머리가) 둔하다. 우둔하다. 미련하다. 멍청하
　　다. 무표정하다. 멍하다. 어리둥절하다. 머무르다. 체재하다.

痴: 어리석을 치/ 어리석다. 분별없다. 미련하다. (어떤 사람이나
　　물건 따위에 집착하여) 정상적인 판단력을 잃다. 정신없이
　　열중하다. 매혹되다. 정신 이상이 되다. 미치다.

塞: 막을 색/ 집어넣다. 쑤셔 넣다. 채우다. 막(히)다. 틀어막(히)
　　다. 통하지 않(게 되)다. 과식하다. 많이 먹이다.

題: 표제 제/ 제목. 문제. 적다. 쓰다. 서명하다. 말하다. 언급하
　　다. 비평하다. 평론하다. 이마.

躋: 오를 제/ 오르다.

果行[과행]: 부처가 된 후에 하는 행. 과단성 있는 행동. 실천을
　　　　　　통해 얻는 결과.

肚皮[두피]: 뱃가죽. 뱃속이나 마음속을 이르는 말.

增長[증장]: 힘을 도와 전보다 더 잘하게 함.

死心塌地[사심탑지]: 끝까지. 목숨을 걸고. 죽을 때까지. 변함없

이. 한사코. 외곬으로. 체념하여 마음이 진정되다. 실
망하여 갑자기 마음이 언짢아짐.

一着[일착]: 방법. 수(완). (바둑 따위의) 한 수.

務實[무실]: 참되도록 힘씀. 실질에 힘쓰자는 뜻이다.

우(又) 증손암입정(贈損庵入靜) 손암 입정에게 주다

九轉工夫, 三元造化, 百日立基。便打撲精神, 存決定志, 掀
翻妄幻, 絶斷狐疑。剔起眉毛, 放開心地, 物物頭頭一筆揮。行
功處、便橫拖斗柄, 倒斡璿璣。爲中會取無爲, 箇不有中間有最
奇。到恍惚之間, 杳冥之際, 守之卽妄, 縱又成非。不守不忘, 不
收不縱, 勘這存存存底誰。只恁麽、待六陽數足, 抱箇蟾兒。

구전(九轉)공부와 삼원(三元)의 조화는 백일이면 기초를 세울 수
있다네. 곧 정신(精神)을 몰두하여 사무친 의지를 보존하고, 허망
하고 망령된 것을 뒤집고 의심을 단절하는 것이로다. 눈썹을 치켜
세워 마음의 본바탕을 열어 놓으니, 한 번 붓을 휘둘러 모든 존재
와 사물을 담는구나. 행공하는 곳에서 바로 두병(斗柄)을 휘어잡고,
선기(璿璣)[243]를 거꾸로 돌리는구나.

중(中)을 얻는 것은 무위(無爲)를 체득하는 것이니, 중간에 있음
이 아니고, 가장 기이함에 있음이라. 황홀(恍惚) 사이에 이르러, 묘
명(杳冥)의 때를 지키는 것은 곧 허망한 것이니, 놓아두면 또 이루

---

243) 선기(璿璣): 신과 기가 황도와 적도를 따라 순환하며 운행하는 것을 말한다. 이는 마치 해
와 달이 하늘에서 순환하는 것과 같다.

지 못하도다. 지키지도 않고 잊지도 않고 거두지도 않고 놓아두지도 않으니, 이 존재함은 도대체 무엇인가? 다만 그러한 것이니 육양수(六陽數)가 충족할 때까지 기다려야 섬아(蟾兒)를 처음으로 얻는구나.

狐疑[호의]: 의심하다. 의심이 많다.

心地[심지]: 마음의 본바탕.

物物頭頭[물물두두]: "존재 하나하나가 도이고, 사물 하나하나가 진리다(頭頭是道物物全眞)"라는 선가(禪家)의 말이다.

杳冥[묘명]: 깊숙하고 컴컴하다. 심오하다.

恁麼[임마]: 이러한. 그러한. 어떠한. 무슨. 이렇게. 그렇게.

撲: 칠 박/ 뛰어들다. 돌진하다. 달려들다. (향기·냄새 따위가 코를) 찌르다. 진동하다. (바람이 얼굴에) 덮쳐 오다. 스치다. (일·사업 따위에) 몰두하다. 열중하다.

剔: 뼈 바를 척/ (뼈에서 살을) 발라내다. 쑤시다. 후비다. 골라내다. 제거하다. 돋우다.

縱: 세로 종/ 세로의. 석방하다. 놓아주다. 풀어 주다. 놓다. 쏘다. 방임하다. 내버려 두다. 멋대로 하다. 느슨하게 하다. 몸을 훌쩍 날리다. 훌쩍 솟구치다. 설사(설령) …일지라도.

勘: 살필 감/ 교정하다. 교감하다. 답사하다. 탐사하다. 헤아리다. 생각하다.

우(又) 증왕제점(贈王提點) 왕 제점에게 주다

慧海深澄, 德山高聳, 主人不凡。況刻銳解紛, 黜聰屛智, 掀
翻物我, 不露機緘。立志虛無, 潛心混沌, 象帝之先密意參。玄
玄處、老先生元姓, 一貫乎三。曾和至士玄談, 故默默昏昏契老
聃。矧靈地虛閑, 禪天湛寂, 忘知忘識, 無北無南。收拾身心, 圓
融造化, 覆載中間總作龕。神丹就、看圓陀陀地, 照耀崧庵。

지혜의 바다가 깊고 맑으며 덕이 산처럼 높이 우뚝하니, 주인이
범상치 않구나. 하물며 나아감을 꺾고 맺힌 것을 풀어 총명함과
지혜로움을 숨기니, 나와 사물을 뒤집어 기함(機緘)을 드러내지 않
는구나. 허무(虛無)에 뜻을 세우고, 혼돈(混沌)244)에 마음을 집중하
여 상제보다 앞선 비밀한 뜻을 참구하노니. 현묘하고 현묘한 곳에
노(老) 선생의 원래 성(姓)은 일관(一貫)되게 삼(三)이구나.

일찍이 지사(至士)들의 현담(玄談)은 묵묵혼혼(默默昏昏)하여 노
자와 뜻이 서로 통하는구나. 더군다나 영지(靈地)가 텅 비어 한가
하니, 선천(禪天)이 깊고 고요하도다. 아는 것을 다 잊으니 남북이
따로 없고. 심신(心身)을 수습하고 소화에 원융하니, 천지 사이가
모두 감실(龕室)이 되었구나. 신단(神丹)을 이루어 보니 둥근 것이
아름답고 뚜렷하여, 숭암(崧庵)을 밝게 비추도다.

潛心[잠심]: 마음을 집중시키다. 골두하다.

玄談[현담]: 멀고 깊은 이치에 관한 이야기. 경론(經論)을 강의하

---

244) 흔돈(混沌): 천지개벽 초에 아직 만물이 확실히 구별되지 않은 상태. 무지몽매한 모양.

기 전에 그 유래와 대의를 설명하는 말. 또는 그러한 책.

默默[묵묵]: 묵묵하다. 아무 말 없이 잠잠하다. 뜻을 얻지 못한 모양. 불만스러운 모양.

昏昏[혼혼]: 어두운 모양. 깊이 잠든 모양. 머리가 어지러운 모양. 혼미한 모양. 정신이 가물가물한 모양. 우매한 [흐리멍덩한] 모양. 눈이 침침한 모양.

覆載[복재]: 천지.

圓陀陀[원타타]: 타타(陀陀)는 곱고 아름답다는 뜻. 둥글고도 아름답기가 구슬과 같은 것을 나타내는 말. 원타타지(地)라고도 하는데, 지(地)는 어조사임.

照耀[조요]: 밝게 비추다. 눈부시게 비치다.

澄: 맑을 징/ (물이) 맑다. 맑게 하다. 분명하게 하다.

聳: 솟을 용/ 치솟다. 우뚝 솟다.

黜: 물리칠 출/ 파면하다. 면직하다. 쫓아내다. 제거하다. 없애다.

屛: 물리칠 병, 두려워할 병/ (숨을) 죽이다. 버리다. 물리치다. 배제하다. 제거하다. 은퇴하다.

契: 맺을(서약) 계/ 칼로 새기다. 새긴 문자. 의기가 서로 투합하다. 뜻이[마음이] 통하다.

矧: 하물며 신/ 하물며. 더군다나. =(況且)

龕: 탑(감실) 감/ 감실(龕室: 신주를 모셔 두는 장(欌)) 닫집. 절의 탑. 난을 평정하다.

崧: 우뚝 솟을 숭/ 우뚝 솟다. 산이 높다. 산이 높은 모양.

우(又) 면중암집중묘용(勉中庵執中妙用) 중암에게 중을 잡는 묘용을 권함

中是儒宗, 中爲道本, 中是禪機。這三教家風, 中爲捷徑, 五常百行, 中立根基。動止得中, 執中不易, 更向中中認細微。其中趣、向詞中剖露, 愼勿狐疑。箇中造化還知, 卻不在當中及四維。這日用平常, 由中運用, 興居服食, 中裏施爲。透得此中, 便明中體, 中字元來物莫違。全中了、把中來劈破, 方是男兒。

중(中)은 유가의 종지이고 도의 근본이며 선(禪)의 기틀이도다. 이 삼교(三教)의 가풍은 중이 지름길이니, 오상(五常)의 온갖 행함에 중(中)을 근본기반으로 세우는구나. 움직임을 그치면 중을 얻으리니 중을 잡는 것이 쉬운 일은 아니나 더욱 중 가운데로 향하여 미세하게 찾아야 하리. 그 중의 취지가 말 가운데에서 쪼개어 드러나니, 절대로 의심하지 말지라.

그 가운데의 조화를 아는가, 오히려 그 가운데나 사방에 있지 않도다. 매일의 일상에서 중(中)을 말미암아 운용하고, 기거(起居)와 복식(服食)[245]이 중(中) 안에서 베풀어 이루는구나. 이 중을 꿰뚫으면 곧 중의 본체가 밝아지리니, 중 자는 원래의 물건이니 어기지 말아야 하리라. 중을 온전히 하여 이 가운데를 깨달으니, 비로소 진정한 남아로다.

---

245) 복식(服食): 도가의 양생법(養生法)으로 곧 단전에 기를 쌓기 위해 맑은 공기를 빨아들이는 일. 단약(丹藥)을 먹는 것.

認: 알 인/ 분간하다. 식별(분별)하다. 남과 새로운 관계를 맺다.
　　인정하다. 간주하다. 승인하다. 동의하다.

趣: 뜻 취, 제촉할 촉/ 취미. 흥미. 재미. 취향. 의향. 지향. 취지.
　　웃음거리. 흥밋거리. 재미있다. 아름답다. 농담하다.

詞: 말 사/ 말. 말의 구절. 문구. 가사. 단어. 주장. 변명. 핑계.

愼: 삼갈 신/ 조심하다. 신중히 하다. 삼가다. (무서워서) 소름이
　　오싹 끼치다. 두려워하다. 참으로. 절대로. 반드시.

卻: 물러날 각/ 후퇴하다. 물러나다. 뒷걸음치다. 물러나게 하다.
　　퇴각시키다. 물리치다. 사절하다. 거절하다. …해 버리다. 없
　　어지다. …하고 말다. 도리어. 오히려. 반대로. 그러나. …이
　　기도 하지만. 뜻밖에. 의외로. …한 후에. …하고 나서. 역시.
　　바로. 어찌. …보다 …하다. 결국. 도대체.

剖露[부로]: 쪼개어 드러내다. 까놓고 밝히다. 분석하여 폭로하다.

興居[흥거]: 기거(起居).

施爲[시위]: 어떤 일을 베풀어 이룸.

莫違[막위]: 어기지 않다.

劈破[벽파]: 찢어발김. 쪼개서 깨뜨림.

우(又) 증원암장대사(贈圓庵蔣大師) 원암 장 대사에게 주다

人心惟危, 道心惟微, 中藏化機。那些兒妙處, 都無做造, 靈
明不昧, 慧月光輝。曰氣曰神, 惟精惟一, 玉瑩無暇天地歸。通
玄處、把坎中一畫, 移入南離。

사람 마음이 위태롭고 도의 마음이 적으니, 중(中)에 변화의 기틀을 숨겼구나. 묘한 곳들이 다 만들어짐이 없어, 신령하고 밝아 어둡지 않으니 지혜의 달빛이 빛나도다. 가로되 기(氣)라 하고 신(神)이라 하니, 오직 정미롭고 하나같이 하여, 옥처럼 맑고 틈이 없어 천지로 돌아감이라. 현묘한 이치를 깨닫는 곳에 감(坎) 중의 한 괘를 남쪽의 이(離)로 옮겨 들게 하도다.

那些[나사]: 저것들. 그것들.
通玄[통현]: 사물의 현묘(玄妙)한 이치를 깨달음.
暇: 겨를(틈) 가/ 여가. 여유. 겨를. 짬. 틈.

赤龍纏定烏龜, 六月裏嚴霜果大奇。那白頭老子, 來婚素女, 胎仙舞罷, 共入黃幃。布雨行雲, 陽和陰暢, 一載工夫養個兒。常溫養、待玉宸頒詔, 足躡雲歸。

적룡을 속박하여 까마귀와 거북이 안정해지고, 유월에 된 서리가 내리니 과연 크게 기이하구나. 흰머리 노자가 소녀와 혼인하러 오니, 대선(胎仙)이 춤추기를 마치고 누린 휘징 속으로 같이 들어간다. 지나는 구름이 비를 뿌리고, 양이 온화하고 음이 막힘이 없으니, 일 년 공부에 한 아이를 기르는구나. 항상 온양하고, 옥신(玉宸)246)의 반조(頒詔)247)를 기다려, 발로 구름을 밟고 돌아가도다.

纏: 얽을 전/ 얽다. 얽히다. 구르다. 감다. 감기다. 돌다. 속박하

---

246) 옥신(玉宸): 임금의 거처.
247) 반조(頒詔): 조칙을 반포하는 일.

여 자유롭지 못하다.

罷: 파할 파/ 그만두다. 중지하다. 파면하다. 면직하다. 끝내다.
마치다.

幃: 휘장 위

暢: 통할 창/ 막힘[거침]이 없다. 순조롭다. 통쾌하다. 후련하다.
통쾌하게. 시원하게. 마음껏.

躡: 밟을 섭/ 밟다. 이르다. 연속하다. 오르다. 뒤쫓다. 따르다.
신을 신다. 빠르다.

嚴霜[엄상]: 늦가을에 아주 되게 내리는 서리.

和暢[화창]: 날씨가 바람이 온화(溫和)하고 맑음.

우(又) 면제문인(勉諸門人) 제자들에게 권함

道在常人, 日用之間, 人自不知。奈叢識紛紛, 紅塵滾滾, 靈
源不定, 心月無輝。人我山高, 是非海闊, 一切掀翻便造微。諸
賢眷、聽淸庵設喩, 切勿狐疑。先將淸靜爲基, 用靜定爲庵自住
持。以中爲門戶, 正爲床榻, 誠爲徑路, 敬作藩籬。卑順和人,
謙恭接物, 服食興居弗可違。常行此、若工夫不間, 直入無爲。

도는 평범한 사람들에게 있고 매일의 일상에 있으나 사람들이
스스로 알지 못하네. 어찌하랴, 식견이 분분한 속세의 세찬 흐름에,
신령한 근원은 안정하지 못하고, 마음의 달은 광채가 없구나. 사람
의 아상이 산처럼 높고, 시비는 바다처럼 넓으니, 일체를 뒤집어엎
어 곧 미묘함을 만들도다. 여러 현명한 권속들은 청암이 비유로

말한 것들을 잘 듣고 절대로 의심하지 말지니라.

먼저 청정을 기초로 하여 고요히 선정함으로써, 자기의 암자에 안주하여 법을 보존하여야 할 것이니라. 중(中)으로 문을 삼고 정(正)으로 침상을 쓸 것이니, 성실함이 지름길이 되고 공경함으로 울타리를 만들도다. 자기를 낮추어 사람을 대할 때 순탄하고 평화롭게 하며, 사물을 접할 때 공손하고 겸허하게 하여, 복식(服食)[248]과 기거(起居)를 어기지 말아야 할 것이라. 항상 이렇게 행하여 공부에 틈이 없으면 곧바로 무위(無爲)로 들어가리라.

紅塵[홍진]: 거마(車馬)가 날리는 먼지. 번잡한 세상. 속세. 인간 세상.

滾滾[곤곤]: (물 따위가) 세차게 굽이쳐 흐르는 모양. 끊임없는 모양. 수레바퀴가 구르는 모양. 밀려오는 모양. 펑펑 솟아 나오는 물이 세참.

紛紛[분분]: 떠들썩하고 뒤숭숭함. 흩날리는 모양이 뒤섞이어 어수선함. 의견 등이 갈피를 잡을 수 없이 많고 어수선함.

切勿[절물]: 결코[절대로] …하지 마라.

諸賢[제현]: 점잖은 여러분, 제군자(諸君子)

掀翻[흔번]: 번쩍 들어 뒤집어있다.

狐疑[호의]: 여우가 의심이 많다는 뜻으로, 매사에 지나치게 의심함을 이르는 말.

---

248) 복식(服食): 도가의 양생법(養生法)으로 곧 단전에 기를 쌓기 위해 맑은 공기를 빨아들이는 일. 단약(丹藥)을 먹는 것.

床榻[상탑]: 침대의 총칭(큰 것을 상(床), 좁고 긴 것을 탑(榻)이
라고 말함).

順和[순화]: 순탄하고 평화로움.

藩籬[번리]: 울타리. 담. 문호. 가려서 막는 물건. 범위.

闊: 넓을 활/ (공간적으로) 넓다. 광활하다. (시간적으로) 멀다. 아
득하다. 폭. 너비.

聽: 들을 청/ 듣다. 받아들이다. 따르다. 복종하다. 다스리다. 판
결하다. 심판하다. 판단하다.

喩: 깨우칠 유. 설명하다. 알리다. 고지하다. 이해하다. 깨닫다.
비유하다.

만강홍(滿江紅)

증허암(贈虛庵) 허암에게 주다

日用工夫, 只一味、存虛抱素。會殊途同歸, 一致百慮。紫極
宮中元氣息、懸胎鼎內三花聚。問安爐立鼎、事如何? 乾金鑄。縛
金烏, 搏玉免, 捉將來, 封土釜。這火候抽添, 更須防護。至寶
圓成明出入, 法身形兆無來去。便潛身、直謁太淸宮, 神常住。

일상의 공부가 단지 그 본지(本旨)는 하나이니, 본래를 품고 텅
비움에 있도다. 길은 다르나 이르는 곳은 같음을 이해하면, 백 가

지 생각이 하나로 일치한다네. 자극궁(紫極宮)에 원기가 숨 쉬고, 태가 걸려 있는 솥 안에 삼화가 모이는구나. 묻기를, 화로를 설치하고 솥을 세운다는 것이 어떠한 일인가? 건금(乾金)[249]을 주조하는 것이구나.

금오(金烏)를 묶고 옥토끼를 잡아, 잡은 것을 장차 토부(土釜)[250]에 봉(封)하도다. 이때 화후(火候), 추첨(抽添)에는 더욱 방호(防護)를 해야 할 것이니라. 지극히 보배로운 원이 밝음을 이루어 출입을 하나, 법신(法身)은 형태나 조짐이 오고 감이 없구나. 그래서 몸을 숨겨 곧바로 태청궁을 알현하니 신(神)이 항상 머물도다.

素: 흴 소, 본디 소/ 흰색. 본색(本色). 점잖다. 소박하다. 단순하다. 본래의. 평소. 원래. 이전. 진정(眞情). 진실. 정성. 요소. 사물의 기본 성분. 성질. 헛되이. 공으로. 무일푼이다.

鑄: 부어 만들 주/ 주조(鑄造)하다. 지어붓다. 인재를 양성하다. 각인되다.

縛: 묶을 박, 칠 박/ 때리다. 싸우다. 잡다. 체포하다. 덮치다. 박동하다. 고동치다. 뛰다.

捉: 잡을 착/ (손에) 들다. 잡다. 쥐다. 사로잡다. 포획하다. 체포하다. 손에 넣다.

殊途同歸[수도동귀]: 길은 다르지만 이르는 곳은 같다. 방법은

---

249) 금은 맑고도 단단한 기운을 말한다. 그러므로 건금(乾金)이라 한다.

250) 토부(土釜): 『性命圭旨全書·普照圖』에서는 기해(氣海)를 가리킨다. 또 감(坎)을 가리킨다. 감이 들인 육무(六戊)가 양토(陽土)가 되고, 감속의 오목한 것이 부(釜)와 같아서 이름을 얻은 것이다. 『道鄕集』에서는 "이러한 바른 생각을 가지고 감(坎)인 토부로 돌아간다" 하여 下丹田을 가리키고, 『寶顔堂秘笈·廣集』에는 "내단이 아직 응결되기 전이면, 단이 맺힌 위치는, 기로되 토부이다." 하였다.

달라도 결과는 같다.

將來[장래]: 앞으로 닥쳐올 때. 앞날의 전도(前途).

潛身[잠신]: 몸을 감추어 나타내지 않음.

우(又) 찬수암은관할(贊誰庵殷管轄) 수암 은관할을 칭찬하다

誰是庵兒, 阿誰在、庵中撐拄, 看飢來吃飯, 誰知甘苦, 角徵宮商誰解聽, 青黃皂白誰能睹, 向平常日用、應酬人, 誰區處。是誰行, 是誰擧, 是誰嘿, 是誰語, 這些兒透得, 便知賓主。外面形軀誰做造, 裏頭門戶誰來去, 造無爲、畢竟住誰庵朱陵府。

이 암자 아이는 누구인가? 누가 암자를 지탱하고 있는가? 보아하니, 배고프면 밥을 먹으니, 누가 달고 쓴 것을 아는가? 각치궁상(角徵宮商)251)을 듣고 누가 이해하는가? 청황조백(靑黃皂白)을 누가 능히 보는가? 일상의 하루생활에서 사람을 응하여 화답하는 것은, 누가 결정하는가?

누가 행하는가? 누가 거동하는가? 누가 잠잠하는가? 누가 말하는가? 이런 것들을 훤히 깨달으면 곧 손님과 주인을 알 것이니라. 외면(外面)의 신체를 누가 만들었는가? 문 안으로 누가 오고 가는가? 무위(無爲)를 지어 필경에는 누가 주릉부 암자에 머무르는가?

飢: 주릴 기/ 배가 고프다. 굶주리다. 흉작. 기근.

---

251) 각치궁상우(角徵宮商羽): 오행의 목(木), 화(火), 토(土), 금(金), 수(水)에 차례로 상응하는 다섯 음(音)으로 동양의 소리 음계이다.

吃: 어눌할 흘/ 먹다. 마시다. 피우다. 식사하다. 외식하다. 말 더
　　듬다. 머뭇거리다. 어눌하다.

飯: 밥 반/ 밥. 식사. 생활.

皂: 검을 조/ 검은색. 차역(差役). 하인. 노복. 비누. (말이나 소
　　의) 구유.

嘿: 잠잠할 묵/ 고요하다. 말을 아니 하다. 입을 다물다. 잠잠하
　　다. 어이. 이봐. 하. 허. 야.

擧: 들 거/ 들어 올리다. 쳐들다. 거동. 행위. 일으키다. 흥기하다.

甘苦[감고]: 단 것과 쓴 것. 즐거움과 괴로움. 고생(苦生)을 달게
　　　　　여김.

撐拄[탱주]: 떠받치다. 의지하다. 지탱하다.

應酬[응수]: 응하여 화답하는. 응대. 교제. 사교. 접대(하다). (사
　　　　　적인) 연회(宴會).

區處[구처]: 처리하다. 결정하다. 방법. 수단. 거처. 변통하여 처
　　　　　리함. 사물을 따로따로 구분하여 처리함.

形軀[형구]: 몸. 신체.

裏頭[이두]: 안. 내부. 속. 가운데. 안쪽. 군중. 내리(內裏). 대궐.

우(又) 수각암(授覺庵) 각암에게 전수하다

道本自然, 但有爲、頭頭是錯. 若一味談空, 如何摸索. 無有雙
忘終不了, 兩邊兼用遭纏縛. 都不如、嘿嘿守其中, 神逸樂. 過
去事, 須忘卻, 未來事, 休詳度. 這見在工夫, 更休泥着. 六欲

不生三毒滅, 一陽來復群陰剝。悟眞空、抱本返元虛, 爲眞覺。

　도는 본래 자연이니, 다만 유위(有爲)라 한다면 하나하나가 모두 잘못된 것이네. 만약 불법(佛法)을 공(空)이라고만 말한다면 어떻게 찾을 수 있겠는가? 유와 무 둘 다 잊으면 끝내 마칠 수 없고, 양변(兩邊)을 겸용하면 얽매임을 당하리라. 모두 묵묵히 그 중(中)을 지키는 것만 못하니, 중을 지킨다면 신이 안락하리라.

　과거의 일은 마땅히 잊어야 하고, 미래의 일은 자세히 알려고 하지 마라. 이는 공부가 현재에 있는 것이니, 더욱 집착에 빠지지 말아야 하느니라. 삼독이 멸하여 육욕(六欲)252)이 생기지 않으니, 뭇 음(陰)들이 떨어져 나가고 하나의 양이 돌아오도다. 참된 공(空)을 깨달아 본질을 품고 원래의 허(虛)로 돌아가니, 참된 깨달음이 되는구나.

　一味[일미]: 불법(佛法)을 달리 이르는 말. 절대의 입장에서는 모든 것은 동일하고 평등하며 차별이 없다는 뜻이다. 첫째 가는 좋은 맛.

　摸索[모색]: 좋은 방법이나 돌파구를 이리저리 생각하여 찾는 것. 꾸물거리다.

　纏縛[전박]: 동여맴. 얽매임. 자식과 아내를 비롯한 집안 식구로 인한 근심. 번뇌는 중생의 몸과 마음을 얽어 묶어 자유롭지 못하게 한다는 뜻으로 번뇌를 달리 이르는 말.

　逸樂[일락]: 놀며 즐기다. 놀기를 즐김. 안락하게 지내다. 즐겁게

---

252) 육욕(六欲): 육근(六根)의 욕정. 곧, 색욕(色慾), 형모욕(形貌慾), 위의자태욕(威儀姿態慾), 언어음성욕(言語音聲慾), 세활욕(細滑慾), 인상욕(人相慾)의 여섯.

지내다. 놀며 지냄.

遭: 만날 조/ (불행이나 불리한 일을) 만나다. 당하다. 입다. 부닥
　치다. 번. 차. 회.

但: 다만 단/ 다만. 오직. 그러나. 그렇지만. 다만 …만 한다면.

詳: 자세할 상/ 상세하다. 자세하다. 세밀하다. 설명하다. 상술(詳
　述)하다. 분명하다. 똑똑하다. 확실하다.

度: 법도 도, 잴 탁/ (도량형의) 도. 길이. (온도·밀도·경도(硬度)
　따위의) 도. 추측하다. 짐작하다. 헤아리다.

剝: 벗길 박/ 벗기다. 벗겨지다. 깎다. 다치다. 두드리다. 떨어뜨
　리다. 찢다. 64괘의 하나.

우(又) 증정현윤삼교일리(贈丁縣尹三敎一理) 정현윤에게 삼교
가 하나의 이치임을 주다

　三敎正傳, 這蹊徑、元來驀直。問老子機緘, 至虛靜極。釋氏
性從空裏悟, 仲尼理自誠中入。算始初立敎、派分三, 其源一。道
玄關, 常應物易幽微, 須嘿識。那禪宗奧旨, 眞空至寂。刻刻兼
持無間斷, 生生受用無休息。便歸根復命、體元虛, 藏至密。

　삼교가 바른 전통이며, 이것이 원래부터 곧장 내려오는 지름길
이구나. 노자의 기함(機緘)을 물으니, 지극히 고요하고 텅 빔에 이
르는 데 있고, 부처는 공(空) 안에서 성품을 깨달았고, 중니(仲尼)
는 진실로 중에 들어 자연의 도리를 얻음이라 하네. 그러므로 처

음 가르침을 세울 때는 세 파로 나눴지만 그 근원은 하나이니라.

도의 현관이 항상 미약하여 쉽게 사물에 응하니, 모름지기 고요히 마음속으로 알게 된다. 선종(禪宗)의 심오한 뜻은, 지극히 고요한 진공(眞空)이다. 매시간 겸지(兼持)하여 끊임없이 하고, 생생히 수용(受用)하는 것이 휴식이 없구나. 바로 근본으로 돌아가 명(命)을 회복하니, 몸체는 원래 비어 지극한 비밀을 감추었도다.

驀直[맥직]: 곧장, 일직선으로, 한눈팔지 않고 열심히.

正傳[정전]: 바르게 전하여 오는 전기(傳記). 바른 전통.

靜極[정극]: 지극히 고요한 경지나 상태.

虛靜[허정]: 거침없이 텅 비어 고요함.

幽微[유미]: (소리 냄새 따위가) 미약하다. 심오하다.

嘿識[묵식]: 고요히 마음속으로 알게 됨.

奧旨[오지]: 오의(奧義). 깊은 뜻.

間斷[간단]: 잠깐 끊임. 쉴 사이.

刻刻[각각]: 매 시각. 또는 낱낱의 시각.

生生[생생]: 생기가 왕성함. 생동감이 있어서 실물이나 실제같이 보임. 빛이 맑고 산뜻함. 눈앞에 보이듯이 명백하고 또렷함.

우(又) 증수착리도판(贈睡着李道判) 잠에 집착하는 이 도판에게 주다

好睡家風，別有個、睡眠三昧。但睡裏心誠，睡中澄意。睡法旣能知止趣，便於睡裏調神氣。這睡功消息、睡安禪，少人會。身雖眠，性不昧，目雖垂，內不閉。向熟睡中間，穩帖帖地。一枕淸風涼徹骨，夢於物外閑遊戲。覺來時、身在廣寒宮，抱蟾睡。

　잠을 좋아하는 가풍이 달리 하나 있으니, 수면삼매(睡眠三昧)이네. 다만 잠을 자면서도 마음이 정성스러워 수면 중에도 뜻을 맑게 하는구나. 잠을 자는 방법으로 뜻을 그침을 능히 알 수 있으니, 자는 동안에 신기(神氣)를 조절하기에 편리하도다. 이 수공(睡功)의 소식(消息)은 자면서 선(禪)을 하는 것인데 아는 사람이 별로 없구나.
　몸은 비록 자고 있지만 성(性)은 어둡지 않으니, 눈은 감고 있지만 안으로 닫혀 있지 않도다. 중간에 깊이 잠들어도 안온하여 적합하네. 한 잠의 맑은 바람이 뼛속까지 서늘하니, 꿈에서 세상 밖의 유희에 한가롭도다. 깰 때는 몸이 광한궁(廣寒宮)253)에 있어, 자는 두꺼비를 안고 있구나.

熟· 익을 숙/ 익다. 여물다. 무르익다. 익히다. 무르게 되다. 숙련하다 익숙하다 정통하다 면밀하게. 상세히. 깊이. 곰곰이. 익히. 정련(精鍊)한. 정제(精製)한.
穩: 안온할 온/ 화고하다 안정되다 움직이지 않다. 튼튼하다.

---

253) 광한궁(廣寒宮): 달 속에 있다는, 앙애(姮娥)가 사는 가상의 궁전.

침착하다. 온건하다. 뜸직하다. 진중하다. 점잖다. 신중하다.
확실하다. 틀림없다. 믿음직하다. 안전하다.

便於(于)[편어]: (어떤 일을 하기에) 편리하다.

帖帖[첩첩]: 심복(心服)하다. 침착한 모양. 느긋한. 적합하다. 알
맞다. 타당하다. 붙어서 떨어지지 않는 모양. 드리워
진 모양.

熟睡[숙수]: 숙면하다. 푹 자다. 달게 자다.

徹骨[철골]: 뼈[골수]에 사무치다.

物外[물외]: 물외. 속세(俗世)의 밖.

우(又) 찬원암부거사(贊圓庵傅居士) 원암 부거사를 칭찬하다

這個○兒，自歷劫、以來無象。況端端正正，亭亭當當。細入微
塵無影跡，大周天界難安放。更通天徹地、任縱橫，無遮障。沒根
宗，沒形狀，爍爍明，團團亮。只這個便是，本來模樣。放出直超
無色界，收來隱在光明藏。待頂門裂破、現圓通，金色相。

이 ○은 역겁 이래로부터 모습이 없다네. 게다가 반듯하고 올바
르며, 우뚝하고 당당하구나. 미세하기로는 작은 먼지 속에 들어가
도 흔적이 없고, 크기로는 천계에 두루 하여 놓아두기가 어렵도다.
더욱 하늘과 땅에 두루 통하니 종횡하여도 막아서 못하게 함이 없
음이라.

근본도 없고 형상도 없으나, 밝게 빛이 나는 것이 빈틈없이 비
추는구나. 이것이 바로 본래의 모양이네. 내어놓으면 곧바로 무색

계를 초월하니, 은밀하게 거두어서 광명을 감추어 두도다. 정문(頂門)이 터지길 기다리니, 원통(圓通)한 금빛 모양이 나타나는구나.

端端[단단]: 정연(整然)하다. 반듯하다.

正正[정정]: 올바른 모양. 꼭. 바로. 마침.

亭亭[정정]: 우뚝하게 높이 솟은 모양.

遮障[차장]: 가리어 방해하다. 막아서 못하게 함.

安放[안방]: 두다. 놓다. 안전하게 놓다.

縱橫[종횡]: 세로와 가로를 아울러 이르는 말. 거침없이 마구 오가거나 이리저리 다님.

爍爍[삭삭]: 빛나는 모양. 반짝반짝하는 모양.

團團[단단]: 아주 동그란 모양. 겹겹이. 빈틈없이. 빙빙. 뱅뱅. 빙글빙글. 뱅글뱅글.

圓通[원통]: 모든 일에 빠짐없이 통달(通達)하고 있음. 지혜로써 진여(眞如)의 이치를 깨달음. 또는 그 이치. 그 본질이 원만하여 널리 모든 존재에 두루 통하고 그 작용은 자재(自在)하여 거리낌이 없이 모든 존재에 작용한다.

裂破[열파]: 찢어 결딴을 내는 것.

우(又) 증지암장재공(贈止庵張宰公) 지암 장 재공에게 주다

惟正惟中, 只這是、修仙秘訣。若稍有偏頗, 動生差別。試向
動中持得定, 自然靜裏機通徹。會三元五氣、入黃庭, 金花結。
運火功, 有時節, 海潮生, 天上月。那一升一降, 複圓複缺。十
月工夫無間斷, 一靈妙有超生滅。更問予、向上事如何 無言說。

오직 바르게 중(中)을 지키는 것, 바로 이것이 선도를 수련하는
비결이라네. 만약 조금이라도 치우쳐 공평하지 못함이 있으면 차별
이 생길 것이니, 움직임 중에서 안정함을 얻으면 자연히 고요한
가운데 기(機)가 막힘없이 통하게 되는 것이라네. 삼원(三元) 오기
(五氣)가 모이어 황정에 드니, 금화(金花)를 맺는구나.

운화(運火)를 수련하는 데는 시절이 있으니, 조수(潮水)가 생길
때와 하늘의 달이 나올 때이니라. 한 번 오르고 한 번 내리면 달
이 둥글고 이지러지는 것이나, 열 달의 공부가 끊임없으면, 하나의
신령하고 묘함이 있어 생멸(生滅)을 초월하는구나. 다시 내가, 향
상사(向上事)[254]는 어떠하냐고 물으니, 말씀이 없도다.

偏頗[편파]: 치우쳐 공평(公平)하지 못함.

試向[시향]: 나아가다. 시험 삼아 나아가다.

通徹[통철]: 막힘없이 통함.

海潮[해조]: 바닷물. 조수. 밀물.

稍: 점점 초/ 약간. 좀. 조금. 잠시. 잠깐.

---

254) 향상사(向上事): 언어와 생각이 미치지 못하는 최상(最上)의 진리. 깨닫는 일. 더욱 나아
가는 일.

缺: 이지러질 결/ 모자라다. 부서지다. 파손되다. 결석하다.

우(又) 증밀암술삼교(贈密庵述三教) 밀암에게 삼교를 밝혀 주다

教有三門, 致極處、元來只一。這一字法門, 深不可測。老子谷
神恒不死, 仲尼心易初無畵, 問瞿曇、教外涅槃心, 密密密。學
神仙, 須定息, 學聖人, 忘智識。論做佛機緘, 只憑慧力。道釋
儒流都勘破, 圓明覺照工夫畢。看頂門迸破、見眞如, 光赫赫。

가르침에는 세 문파가 있으나, 지극한 곳에 이르면 원래 하나이
니라. 이 일자(一字)의 법문이 깊이를 측량할 수가 없으니, 노자가
곡신(谷神)은 영원히 죽지 않는다 하고, 중니(仲尼)는 심역(心
易)255)은 괘효가 없는 처음이라 하는구나. 구담(瞿曇)에게 물으니,
가르침 밖이 열반심(涅槃心)이라 은밀하고 비밀하다 하는구나.

신선을 배우려면 모름지기 숨을 안정시켜야 하고, 성인을 배우
려면 지식(智識)을 잊는 것이니라. 부처의 기함(機緘)을 보면 지혜
의 힘에 달렸으니, 도가나 불가나 유가의 학파를 모두 간파하면
원만히 밝아져 또렷이 비추어 보니 공부를 마치게 되는구나. 정문
(頂門)이 터짐을 볼지니, 진여가 나타나 빛이 혁혁하도다.

慧力[혜력]: 지혜의 힘. 오력의 하나. 지혜를 닦아 진리를 깨닫는
　　　　　힘(욕계, 색계, 무색계의 견혹(見惑), 사혹(思惑)을 파

---

255) 심역(心易): 주역으로 점을 치는 방법의 하나. 중국 송나라의 소강절(1011~1077)이 창
　　안한 것으로, 전대를 사용하지 않고 문자의 획수, 생년월일의 합계 따위에 의하여 괘효를
　　징하여 점을 친다.

하고 번뇌 없는 순진한 무루(無漏) 지혜를 말하는 힘).

覺照[각조]: 또렷이 비추어 봄.

赫赫[혁혁]: (업적·공로 따위가) 빛나는 모양.

恒: 항구히 항/ 영구하다. 영원하다. 오래다. 꾸준하다. 항심(恒心). 평상(의). 보통(의).

迸: 솟아 나올 병/ 내뿜다. 분출하다. 솟아오르다. 튀다. 불쑥 내뱉다. 짜개다. 터지다. 갈라지다. 흩어져 달아나다.

우(又) 증유암종도인(贈唯庵宗道人) 유암종 도인에게 주다

觀復工夫, 要默默、存存固守。靜極中一動, 便通玄牝。惚恍中間情合性, 虛無谷裏奇投偶。我今將、向上祖師機, 爲君剖。說話底, 非干口, 把物底, 非干手。那沒脚童兒, 會翻筋斗。解得個些奇特處, 自然勘破無中有。問西來、的的意云何 擘鼻扭。

공부 중에 돌아옴이 관찰되면 묵묵히 보존하여 견고히 지켜야 하느니라. 고요함이 지극한 가운데 하나의 움직임이 있으면 바로 현빈에 통하는 것이라. 황홀 중에 정(情)과 성(性)이 합하면, 허무의 골짜기에서 음양이 투합하도다. 내가 오늘 조사(祖師)들의 향상(向上)의 기틀을 그대를 위해 분별하리라.

말을 하는 것이 꼭 입이 하는 것은 아니고, 물건을 잡는 것이 반드시 손이 하는 것은 아니니라. 다리를 못 쓰는 아기도 뒤집고 곤두박질할 줄 아는 것이니, 이런 기이하고 특이한 곳을 다 이해하면 자연히 없는 가운데 있음을 감파할 것이로다. 조사가 서쪽에

서 온 분명한 뜻이 무엇인가를 물으니, 엄지손가락으로 코를 만지
도다.

奇偶[기우]: 홀수와 짝수(팔괘를 사용하여 낙서(洛書)의 수에 별
　　　　　러 기우(奇偶)로써 음양을 나눈 괘기(卦氣)).
筋斗[근두]: 곤두의 원어. 곤두박질(하다).
的的[적적]: 밝게 빛나다. 명백(明白)한 모양. 뚜렷한.
剖: 가를 부/ 쪼개다. 절개하다. 가르다. 분석하다. 분별하다.
擘: 엄지손가락 벽/ 엄지손가락. 거두(巨頭). 거장(巨匠). 쪼개다.
　　찢다.
扭: 비빌 뉴, 묶을 유/ (얼굴 따위를) 돌리다. 돌아보다. 비틀다.
　　비틀어 돌리다. 잡다. 붙잡다. 부둥켜 잡다.

우(又) 증밀암(贈密庵) 밀암에게 주다

一粒金丹, 誰出處、孰知年劫。若不識根源, 怎生調燮。況是
自家元有底, 何須着相胡施設。我分明擧似、學仙人, 天機泄。
軟如綿, 硬似鐵, 利如金, 圓似月。又不方不圓, 無觚無缺。放
則充開人地殼, 收來隱在虛無穴。問不收不放作麼生? 應難說。

　한 일 금단의 출처를, 연겁(年劫)이 지나도 어찌 알 수 있으랴?
만약 근원을 모르면 어떻게 생겨남을 조섭(調燮)할 것인가? 하물며
자기에게 원래의 토대가 있는데 구태여 모양에 집착하여 마구 시

설할 필요가 있는가? 내가 분명히 제시하니, 선도를 배우는 사람들에게 천기(天機)를 누설하리라.

부드럽기가 솜 같고 딱딱하기는 철 같으니, 금같이 이롭고 둥글기가 달과 같다. 또 네모도 아니고 둥근 것도 아니니, 줄거나 모자란 데가 없다. 놓아두면 천지의 구멍이 열려 솟아 나오고, 은밀히 거두어들이면 허무의 구멍 안에 있도다. 묻기를, 거두지도 않고 놓아두지도 않으면 어떻게 생하는가? 말로하기가 어렵구나!

孰知[숙지]: 어찌 알랴. 어찌 알 수 있으랴. 어찌 알았으랴. 어찌 생각이나 했으랴. 숙지하다. 익히 알다.

調燮[조섭]: 조리(調理) 조화(調和)와 같은 말로 조절해서 알맞게 한다는 뜻.

須着[수착]: 반드시 …하지 않으면 안 된다. 당연히 …해야 한다.

何須[하수]: 구태여 …할 필요가 있는가. …할 필요가 없다(＝何必).

自家[자가]: 자기 자체. 자기(自己). 자택(自宅).

擧似[거사]: 공안(公案)이나 게송(偈頌) 등을 제시함.

粒: 낱알 립/ 알. 알갱이. 입자. 톨. 발.

胡: 오랑캐 호/ 호(옛날, 중국 북방과 서방 민족의 총칭). 옛날, 외국(북방이나 서방)에서 들어온 물건을 가리키는 말. 마음대로. 엉터리로. 제멋대로. 마구. 되는대로. 왜. 어째서. 무엇 때문에. 수염.

虧: 이지러질 휴. 부족하다. 모자라다. 줄다. 기울다. 이울다. 손해(보다).

缺: 이지러질 결. 모자라다. 부서지다. 파손되다. 결석하다.

우(又) 증일암(贈一庵) 일암에게 주다

三五眞機, 應用處、頭頭總是。況日用平常, 令巍巍地。向有
無中忘二見, 便於罔象通三昧。卻如何、成少不成多?　因滯泥。
水鄉鉛, 只一昧, 個便是, 先天氣。會蟾烏合璧, 身心合意。西
四歸來投北了, 東三便去交南二。把五般攢簇入爐中, 丹完備。

　응하여 쓰는 곳은 하나하나가 모두 삼오(三五)의 참된 기틀이니,
하물며 매일의 일상에서 높은 쓰임이랴. 유무(有無) 가운데의 두
견해를 잊으면 바로 없는 듯하면서 없지 않아 삼매에 통하도다.
그런데 어찌하여 많은 사람들이 이루지 못하고 소수만 이루는가?
집착하기 때문이나.

　수(水)는 연(鉛)이 고향이라 근본이 하나이니, 이것이 바로 선천
의 기(氣)이니라. 일월이 모이어 합벽(合璧)하니, 몸과 마음도 뜻에
합하네. 서쪽의 사(四)가 돌아와 북(北)에 투합하니, 동쪽의 삼(三)
과 남쪽의 이(二)가 교합하는구나. 다섯 가지가 한곳에 모이어 화
로 가운데로 들어가니 단(丹)이 완비되도다.

巍巍[외외]: 높고 큰 모양.

罔象[망상]: 없는 듯하면서도 없지 않음의 뜻. 식음은 망각의 그
　　　　　림자이다. 원래로 자체가 없는 것이요 선노로 말미
　　　　　암아 일어난 것이기 때문에 망상 허무한 진도밍싱이
　　　　　라 말한 것이다.

滯泥[체니]: 얽매이다. 집착하다. 고집불통이다. (언행이) 굼뜨다.

꾸물거리다.

合璧[합벽]: 서로 다른 것을 잘 배합하다. 두 가지가 절충되다.
두 가지를 (한데 배열하여) 대조하다.

攢簇[찬족]: 한곳에 모이다. 모여서 무리를 이루다.

令: 하여금 령/ 명령하다. 명령. …하게 하다. …을 시키다. 시절.
계절. 철. 때. 좋다. 아름답다. 만약.

우(又) 증손거사(贈孫居士) 손 거사에게 주다

這點虛靈, 自古來、無虧無缺。更爍爍圓圓, 澄澄徹徹。照破
洪濛前底事, 分閑蟾窟中間穴。向庵中、養個白蝦蟆, 皎如雪。
那些兒, 無可說, 利如金, 團似月。運化化生生, 了無休歇。山
水蒙時天癸降, 地雷復處玄霜結。駕靑鸞直謁廣寒宮, 超生滅。

이 한 점 허령함이 고래(古來)로부터 줄거나 모자람이 없구나.
더욱이 둥글고 원만하여 밝게 빛나고 매우 맑고 투명하네. 하늘과
땅이 나눠지기 이전의 일을 비추어 깨치니, 섬굴(蟾窟)256) 중간의
구멍이 한가하구나. 암자에서 흰 두꺼비 한 마리를 키우니 눈처럼
희도다.

그것들을 말할 수가 없으니 이롭기가 금(金) 같고, 둥글기가 달
같구나. 운화(運火)함에 끊임없이 생겨나서 변화해 나가니, 산수(山
水) 몽괘(蒙卦) 때 천계(天癸)가 내리고 지뢰(地雷) 복괘(復卦)하는
곳에 현묘한 서리가 맺는구나. 푸른 난새를 타고 곧바로 광한궁(廣

---

256) 섬굴(蟾窟)은 월궁을 말한 것이다.

寒宮)을 알현하니 생사를 초월하도다.

　　底事[저사]: 무슨 일. 어떤 일. 무슨 이유로.

　　澄澄[징징]: 맑을 징. 매우 맑다.

　　徹徹[철철]: 투명하다.

　　洪濛[홍몽]: 하늘과 땅이 아직 갈리지 아니한 모양.

　　照破[조파]: 불타(佛陀)가 지혜의 광명으로써 범부의 무명(無明)

　　　　　　　을 비치어 깨치는 일.

　　蝦蟆[하마]: 두꺼비.

우(又) 증묵암(贈嘿庵) 묵암에게 주다

　默卽說兮, 這說處、元來有默. 只默說便是, 金丹秘訣. 默識
潛通爲大要, 聲聞緣覺皆虛設. 向說中、認得默之根, 無生滅.
會說底, 非干舌, 與默底, 無差別. 這默底寧如, 說底親切. 若
向不言中得趣, 便於不默俱通徹. 將默默說說盡掀翻, 天機泄.

　말 없으나 곧 말함이니. 이 말한 곳에 원래 말 없음이 있네. 이
런 말 없으나 말하는 것이 바로 금단의 비결이도다. 말없이 속으
로 깊이 이해하여 통하는 것이 큰 요지이니, 성문 연각이 모두 허
(虛)를 세운 것이니라. 말하는 가운데 말 없음의 근본을 깨달으면,
나고 죽음이 없도다.

　말하는 것이 꼭 혀가 하는 것이 아님을 깨달으면, 말 없는 것과

더불어 차별이 없구나. 이렇게 말이 없으나 친절히 말하는 것과
같아 편안하니, 만약 말 없는 가운데에서 취지를 얻을 수 있으면,
곧 묵묵하지 않아도 모두 막힘없이 통할 수 있다네. 아무 말 없는
것과 말하는 것이 다 뒤집어지면 천기가 누설되도다.

默識[묵식]: 말없이 속으로 깊이 이해함.

潛通[잠통]: 은밀히 통함. 몰래 내통함. 몰래 간통함.

認得[인득]: (주로 사람·길·글자 따위를) 알다. 깨닫다.

得趣[득취]: 그윽한 정취, 풍취.

通徹[통철]: 막힘없이 통함.

默默[묵묵]: 아무 말 없이 잠잠함.

우(又) 증경암갈도인(贈敬庵葛道人) 경암 갈 도인에게 주다

道本無言, 要學者、潛通默識。若萬慮俱捐, 虛靈湛寂。動處
調停水中火, 定中究竟波羅密。問玄關、一竅在何宮? 中間覓。不
是心, 不是物, 不是仙, 不是佛。只這些端的, 鮮人知得。迷者
到頭空苦志, 悟來不費些兒力。看無中生有産靈胎, 陽神出。

도는 본래 말이 없으니, 배움의 요점은 묵묵히 이해하여 깊이
통하는 것이네. 온갖 생각을 다 버리면 허령(虛靈)하고 담적(湛寂)
해지니, 움직임이 있는 곳에 수중화(水中火)를 조정(調停)하고 정
(定)한 가운데 구경(究竟)[257]의 바라밀(波羅密)[258]을 이루도다. 현

관(玄關)의 일규(一竅)가 어디 있는지 물으면, 가운데에서 찾으라고
하리.

  마음도 아니고 물건도 아니고 신선도 아니고 부처도 아니니, 그
런데 이런 단초를 깨달아 얻은 사람이 별로 없구나. 미혹한 자는
뜻만 고달프고 머리만 어지러운 데 이르나, 깨달으니 힘 드는 것
이 아니로다. 없는 가운데서 있음이 생겨 신령한 태(胎)를 낳으니,
양신(陽神)이 나오는구나.

  虛靈[허령]: 잡된 생각이 없이 마음이 신령(神靈)함. 포착(捕捉)
          할 수는 없으나 그 영험이 불가사의(不可思議)함.
  調停[조정]: 분쟁의 중간에 서서 화해시킴. 중재(仲裁).
  知得[지득]: 깨달아 얻음. 알게 됨.
  鮮: 고울 선/ 곱다. 빛나다. 선명하다. 깨끗하다. 새롭다. 싱싱하
      다. 좋다. 적다. 드물다. 생선 날것(익히지 않은 것). 물고기
      이름.
  湛: 괼 담, 잠길 침, 맑을 잠, 담글 점, 장마 임.
  寂: 고요할 적/ 고요하다. 쓸쓸하다. 죽다.

---

257) 구경(究竟): 지극히 높은 경지. 모든 법의 실상(實相)을 가리킴. 지고(至高)의 목적이나 진
    리 등을 수식하는 말로 쓰임. 울다라(鬱多羅), 무상(無上), 구극(究極), 필경(畢竟).
258) 바라밀(波羅密, paramita): 한자로는 도피안(到彼岸). 즉 피안(열반)에 이른 상태로 원만
    성취에 이르러 원진 해탈을 이룬다는 뜻.

우(又) 수기문인(授記門人) 제자들에게 수기하다

吾道玄關, 決不許、外邊人入。有學者來參, 防他做賊。猛把
殺人刀子擧, 活人手段輕拈出。更單提獨弄、逞神通, 誰能敵。
若是個, 善知識, 便承當, 心不惑。仗奮心剛膽, 逢佛殺佛。擧
步便能欺十聖, 口開便要呑三極。把乾坤大地盡掀翻, 眞奇特。

나의 현관의 도는 결코 밖의 사람이 들어오는 것을 허락하지 않
는다네. 배움이 있는 자가 참구하려고 오면 그가 도둑질하는 것을
방지해야 하느니라. 사람을 죽이는 칼을 사납게 휘두르고, 사람을
살리는 수단을 끄집어내는 것을 가볍게 여기나니. 더욱이 혼자서
제창하고 홀로 희롱하여 신통을 뽐내니 누가 대적할 수 있겠는가?

만약 선지식을 진실로 그대로 이해하면 마음이 미혹되지 않을
것이나, 분심(奮心)259)으로 담력을 강하게 하여, 부처를 만나면 부
처를 죽이는구나. 한 걸음 내딛으면 열 성인을 속이고, 입만 열면
삼극(三極)260)을 삼키는구나. 건곤대지(乾坤大地)를 다 뒤집어엎으
니 참으로 기이하고 특이하도다.

授記[수기]: 문답식 또는 분류적(分類的) 설명으로 되어 있는 부
　　　　　처의 설법. 부처가 그 제자에게 미래의 증과(證果)에
　　　　　대하여 일일이 미리 지시(指示)한 예언적인 교설(敎說).
做賊[주적]: 도둑질한다는 말이다. 혹은 뇌물을 주어 폐단을 야

---

259) 분심(奮心): 분연히 떨쳐 일어난다는 것.
260) 삼극(三極): 삼재(三才)의 天, 地, 人. 또는 무극(無極), 태극(太極), 황극(皇極)을 말한다.

기하는 것도 주적이라 한다.

拈出[념출]: 집어냄. 끄집어냄. 자구(字句)를 생각해 냄.

單提獨弄[단제독롱]: 방편을 쓰지 않고 단도직입적으로. 혼자서
　　　　제창하고 홀로 희롱하여도.

剛膽[강담]: 담력이 강함.

奇特[기특]: 언행(言行)이 기이하고 귀염성이 있음. 말이나 행동
　　　　이 기이하고 특별함. 신불(神佛)의 초인간적인 영묘
　　　　한 힘.

擧步[거보]: 발을 내딛다.

逞: 왕성할 령/ 뽐내다. 과시하다. 우쭐대다. (나쁜 목적을) 마음
　　먹은 대로 이루다. 달성하다. 내버려 두다. 방임하다. 억지로
　　하다.

우(又) 령문인화(令門人和) 제자들로 하여금 화목하게 함

採藥歸來, 這鼎器、乾金鑄瀉。那些兒道理, 全憑主者。先把
根塵都掃盡, 從前熟處休沾惹。問行工進火、事如何？　憑般若。
五雷車, 靑龍擣, 燒山符, 心匠寫。更滌慮洗心, 靈泉澆灑。九
轉功成丹道畢, 一靈眞性還虛也。邪亦條條地法土身, 無叮把。

　약을 채취하여 돌아오니, 이 정기(鼎器)가 건금(乾金)을 부어 만
들었네. 아이가 태어남의 도리는 주인에게 의존하는구나. 먼저 근
진(根塵)을 다 쓸어버리고 종전의 익은 곳에 물들지 말아야 하느

니, 진화(進火)를 행하는 공부가 어떠한 일이냐고 물으면, 반야(般若)에 의지하라 하도다.

　　다섯 말이 끄는 우레 소리를 내는 수레를 청룡이 끌어당기니, 마음속으로 궁리하여 쓴 부적을 태우도다. 또한 신령한 샘물을 뿌려 마음을 씻고 걱정을 털어 버리니, 구전(九轉)의 공부를 이루어 단도(丹道)를 마쳤구나. 하나의 신령한 참된 성품이 허(虛)로 돌아가니, 꾸밈없는 법왕의 몸이기에 잡을 수가 없도다.

　　沾惹[첨야]: 상대하다. 접근하다. 건드리다. 물들다.

　　心匠[심장]: 마음속의 궁리. 속셈.

　　澆灑[요쇄]: (물을) 끼얹다. 뿌리다.

　　赤條條[적조조]: 실오라기 하나 걸치지 않다. 적나라하다. 꾸밈
　　　　　　　　이 없다.

　　瀉: 쏟을 사/ 쏟다. 쏟아지다. 설사하다. 게우다. 짠 땅.

　　撦: 찢을 차/ 당기다. 끌다. 끌어당기다. 잡아(끌어)당겨 펴다. 찢
　　　다. 뜯다.

만정방(滿庭芳)

증초제거(贈焦提舉) 초 제거에게 주다

寂寞山居, 喧轟市隱, 頭頭總是玄關。賢明高士, 須向定中

參。我把活人手段，殺人刀、慢慢教看。君還悟，只今薦取，超
脫不爲難。一言明說破，起初下手，先煉三三。自玄宮起火，運
入崐山。把定則雲橫谷口，放行也、月落寒潭。工周竟，大蟾成
象，名姓列仙班。

적막한 산에 거하나 시끄러운 저자거리에 은거하나 하나하나가
모두 현관이구나. 어질고 사리에 밝은 고사(高士)는 반드시 정(
定)261) 가운데서 참구하느니. 나는 사람을 살리는 수단과 사람을
죽이는 칼을 천천히 가르쳐 보이니라. 그대가 지금 알아차리고 깨
달았으면, 초탈(超脫)하는 것이 어렵지 않도다.

한마디로 밝게 꿰뚫어 말하면, 처음 시작할 때 삼삼(三三)을 먼
저 수련하는 것이라. 현궁(玄宮)에서 화(火)가 일어나면 운행하여
곤륜산에 들어가는구나. 잡아 정하면 곧 구름이 골짜기에 걸쳐 있
고, 놓으면 달이 찬 못에 떨어지네. 공교함이 두루 미치어 두꺼비
형상을 이루니, 이름이 신선의 반열에 오르도다.

寂寞[적막]: 적적함. 고요함.

超脫[조달]: 세속적인 것이나 일반적인 한계를 벗어남.

說破[설파]: 진리가 될 만한 것을 밝혀, 듣는 사람의 납득하도록
　　　　　　꿰뚫어 말함. 상대방의 이론을 완전히 깨뜨려 뒤엎음.

喧: 떠들썩할 훤/ 시끄럽다. 떠들썩하다. 시끌시끌하다.

---

261) 정(定): 마음을 한곳에 모아 움직이지 아니하는 안정된 상태. 생득정과 수득정의 두 가지
　　가 있다. 생득정(生得定)은 전세의 업에 의하여 생래(生來)로 기득(其得)한 정(定)이니 즉
　　사선(四禪), 사무색(四無色)에 생(生)을 받는 이와 같다. 수득정(修得定)은 수양력에 의하
　　여 얻은 정(定)이니 속계인(俗界인)으로서 색계(色界), 무색계정(無色界定)을 닦아 얻은
　　것을 말한다.

轟: 울릴 굉, 수레 소리 굉/ 울리다. 떠들썩하다. 수레 소리. 쫓다.

薦: 천거할 천, 꽂을 진/ 천거하다. 드리다. 올리다. 깔다. 우거지다. 자리. 풀. 거듭. 꽂다.

取: 가질 취/ 가지다. 손에 들다. 취하다. 의지하다. 돕다. 채용하다. 골라 뽑다. 받다. 받아들이다. 이기다. 다스리다. 멸망시키다. 장가들다.

우(又) 수기정암(授記定庵) 정암에게 수기하다

學佛學仙, 參禪窮理, 不離玄牝中間。可憐迷謬, 往往相瞞。一味尋枝摘葉, 徒坐破、幾個蒲團。堪傷處, 外邊尋覓, 咲殺老瞿曇。些兒眞造化, 誠能親見, 膽冷心寒。定庵高士, 好向定中參。看破娘生面目, 把從前、學解掀翻。眞空透, 髑髏迸破, 眞主自離庵。

부처를 배우거나 신선을 배우거나 참선의 이치를 궁구하는 그 가운데 현빈(玄牝)이 빠지지 않느니라. 가련하다, 미혹하고 그릇되어 이따금 서로 속이는구나. 가지를 찾고 잎을 따는 것이 하나이니 괜히 몇 개 부들방석을 떨어뜨렸구나. 상처를 견디는 곳을, 밖에서 찾으니, 늙은 구담이 대단히 웃는다.

참된 조화는 진실로 친히 볼 수 있으니, 쓸개가 차고 심장이 오싹하도다. 정암(定庵) 고사(高士)가 정(定)한 가운데에서 참구함이 좋구나. 낭생면목(娘生面目)262)을 간파해야 종전에 배우고 이해한

---

262) 낭생면목(娘生面目): 출생하여 후생에 들어가기 이전인 모태에서 선천의 진일지기를 그대

것들을 뒤집는다. 참된 공(空)이 통하면 해골을 깨고 솟아나오니,
참된 주인이 스스로 암자를 떠난다.

相瞞[상만]: 속이다. 기만하다.

迷謬[미유]: 미혹하여 그르침. 미혹과 오류.

往往[왕왕]: 이따금. 때때로.

幾個[기개]: 몇 개.

蒲團[포단]: 부들로 둥글게 틀어 만들어서 깔고 앉는 방석. 좌선
(坐禪)할 때 깔고 앉는 방석.

堪傷[감상]: 상처를 견디어 내다.

外邊[외변]: 바깥의 둘레. 바깥 쪽.

尋覓[심멱]: 찾음.

笑殺[소살]: 대단히 웃음.

骷髏[고루]: 해골.

瞞: 속일 만, 부끄러워할 문/ 속이다. 눈이 게슴츠레하다. 눈감다.
눈 어둡다. 흐리다. 평평한 눈. 부끄러워하다.

徒· 걸어 다닐 도/ 걷다. 아무것도 없는. 빈. 다만. 겨우. 공연히.
헛되이. 쓸데없이. 도제(徒弟). 학생. 신도(信徒). 무리. 패거리.

로 간식하고 있던 때를 늦안나. 니는 곧 본래 면목이다.

수조가두(水調歌頭)

증화암왕찰판(贈和庵王察判) 화암 왕 찰판에게 주다

土釜要端正，定裏問黃公。流戊就己，須待山下出泉蒙[263]。採藥堤防不及，行火休敎太過，貴在得其中。執中常不易，天理感而通。那些兒，玄妙處，實難窮。自從會得，庵中無日不春風。便把西方少女，嫁與南陵赤子，相見永和同。十月聖胎備，脫蛻爍虛空。

    토부(土釜)가 단정(端正)한 것이 중요하다 하니, 황공이 선정을 묻는구나. 무(戊)가 흘러 기(己)를 이루니,[264] 산 아래 솟아나는 샘인 몽(蒙)을 기다려야 하느니라. 약을 채취할 때는 모자람을 제방(堤防)하고 행화(行火)가 너무 지나치게 말 것이니, 중요한 것은 중(中)을 얻는 데 있다. 항상 중(中)을 잡는 것이 쉽지 않으니 하늘의 이치를 느끼어 통해야 할 것이라.

    현묘한 곳을 실로 궁구하기가 어렵지만, 스스로 깨달으니 암자에 봄바람이 불지 않는 날이 없구나. 서쪽의 소녀가 남릉(南陵)의 적자(赤子)[265]에게 시집을 가니 서로 만나 오랫동안 뜻이 맞네. 열 달에 성태를 갖추어 허물을 벗으니 허공(虛空)에 빛나도다.

---

263) 『주역』 산수몽(山水蒙). 몽괘는 ☶山 아래에 ☵水. 물을 샘으로 바꿔 말한 것은 샘은 산 밑에서 처음으로 물이 솟아 흐르는 것으로서, 동몽(童蒙)과 비슷하기 때문이다.

264) 「月相納甲」 "坎象流戊, 日中則離, 離象就己, 戊己土位, 象見於中"

265) 적자(赤子): 갓난아이. 순결하고 선량한 효자. 임금이 백성을 갓난아이로 여기어 사랑한다는 뜻으로, 백성을 일컫는 말.

自從[자종]: 스스로 복종함. 스스로 따름.

相見[상견]: 서로 만나 봄.

和同[화동]: 두 사람 사이가 벌어졌다가 다시 뜻이 서로 맞게 됨.

우(又) 증추섬주선생(贈秋蟾周先生) 추섬 주 선생에게 주다

鉛汞了無質, 爐鼎假安名。始因動靜, 迷人不覺墮聲聞。這個先天妙理, 日用着衣吃飯, 相對甚分明。接物應機處, 不動感而靈。不是心, 不是佛, 匪爲金。明加眼力, 莫敎錯認定盤星。片片迷雲渙散, 湛湛禪天獨露, 個是本來眞。風定浪頭息, 月滿水光淸。

연홍(鉛汞)은 본질이 없고, 노정(爐鼎)도 지어진 이름이네. 처음은 동정(動靜)에 있으니 미혹한 사람들이 깨닫지 못하고 성문(聲聞)에 떨어지는구나. 이 선천(先天)의 묘한 도리는, 매일의 생활에서 옷을 입거나 밥을 먹는 것처럼 상대가 심히 분명하느니. 사물을 접하여 기틀이 응하는 곳에서 움직이지 않다가 느끼니 신령하도다.

마음도 아니고 부처도 아니고 금(金)도 아니니, 안목을 더 밝혀 저울눈금을 잘못 읽지 마라. 조각조각 미혹한 구름이 뿔뿔이 흩어져, 맑고 맑은 신천(禪天)이 홀로 드러나니, 이것이 본래의 참됨이구나. 바람이 안정되어 파도가 고요하니 달이 차서 물빛이 깨끗하도다.

定盤星[정반성]: 대저울에 첫 번째 저울 눈금. 일정한 주장(주견).

錯認[착인]: 잘못 알다. 오인하다.

渙散[환산]: (조직, 단결 따위가) 풀어지다. (정신 집중이) 풀리다. 뿔뿔이 흩어지다.

浪頭[랑두]: 파랑. 파도. 파도의 꼭대기. 조류(潮流). 경향. 유행.

우(又) 증보섬자(贈寶蟾子) 보섬자에게 주다

學佛學仙要, 玄妙在中誠。眞鉛眞汞, 無非只是性和情。但得情來歸性, 便見鉛來投汞, 二物自交並。日用了無間, 大藥自然成。識抽添, 明進退, 要持盈。坤爐乾鼎, 陰符陽火慢調停。一竅玄關透了, 八片頂門裂破, 迸出寶蟾明。工行兩圓備, 談笑謁三清。

부처와 신선을 배우는 요점은 현묘함이 진실로 중(中)에 있는 것이네. 참된 연홍(鉛汞)은 오직 성(性)과 정(情) 아님이 없구나. 다만 정이 성으로 돌아오면 연이 와서 홍에 투합하는 것을 볼 것이니, 두 물질이 스스로 서로 아우른다. 일상의 공부에서 틈이 없다면 대약은 자연히 이루어지도다.

추첨(抽添)을 알고 진퇴(進退)에 밝으면 유지하는 것이 요점이니, 곤로(坤爐)와 건정(乾鼎)으로, 음부(陰符) 양화(陽火)를 천천히 조절해야 하느니라. 일규(一竅)의 현관을 꿰뚫었으면 정문(頂門)이 여덟 조각으로 쪼개져 보배로운 달이 밝게 솟아나오는구나. 공부를 행함이 양쪽을 원만이 갖추어지면 삼청을 알현하고 웃으면서 이야기하도다.

只是[지시]: 다만. 오직. 오로지. 그러나. 그런데.

但得[단득]: 다만. 오직.

裂破[열파]: 찢어 결딴을 내는 것.

談笑[담소]: 웃으면서 이야기함.

謁: 뵐 알/ 알현하다. 설명하다. 청하다.

우(又) 증류거사(贈劉居士) 유 거사에게 주다

在俗心不俗, 塵裏不沾塵。處身中正, 何妨闇市與山林。踐履
不偏不易, 日用無爭無執, 只此是全眞。方寸莫敎昧, 便是上乘人。
採元精, 煉元氣, 復元神。三元合一, 自然鼎內大丹凝。更把玄
風鼓動, 天外迷雲消散, 慧月朗然明。叩我第一義, 江上數峰靑。

속세에 있으나 마음은 속되지 않으니, 속세에 있어도 속세에 젖
지 않는구나. 치우침이 없이 곧고 올바르게 처신하면 어찌 산림과
더불어 시끄러운 저자거리가 방해가 되겠는가. 치우치지 않고 바뀌
지 않게 실행하며, 일상에서 다툼이 없고 집착이 없는 이것이 온
전한 참됨이리니. 마음이 어둡지 않으면, 바로 상승의 사람이도다.

원정(元精)을 채취하고 원기(元氣)를 단련하고 원신(元神)을 회복
하여, 신원이 하나로 합하면 자연히 솥 안의 대단(大丹)도 응결될
것이라. 더욱 현풍(玄風)을 부추기니 하늘 밖의 미혹한 구름이 흩
어져 사라지고, 지혜로운 달이 낭랑히 밝도다. 내가 제일의(第一
義)266)를 두드리니, 상 위의 빛 산봉우리만 푸르구나.

---

266) 제일의(第 義): 근본이 되는 첫째 의의(意義). 또는 궁극(窮極)의 진리(眞理).

踐履[천리]: 밟다. 짓밟다. 디디다. 실천하다. 몸소 이행하다. 행위. 행동.

消散[소산]: 소산하다. 흩어져 사라지다(없어지다).

朗然[낭연]: 낭랑하다. (소리가) 맑고 우렁차다.

中正[중정]: 지나치거나 모자람이 없고 치우침이 없이 곧고 올바름.

沾: 더할 첨, 엿볼 점, 경망할 접.

妨: 방해할 방/ 방해하다. 거리끼다.

鬧: 시끄러울 료(요)/ 시끄럽다. 흐트러지다. 성하다. 난만하다.

叩: 두드릴 고/ 두드리다. 치다. 머리를 땅에 대고 절하다. 묻다. 심문하다. 탐문하다.

우(又) 증장몽암(贈張蒙庵) 장몽암에게 주다.

雷在地中復, 山下出泉蒙。明斯二理, 自然造化合玄同。密密致虛守靜, 便見無中妙有, 九竅一齊通。直下承當去, 個是主人公。莫着無, 莫着有, 莫着空。疑團打徹, 只今突出妙高峰。撥置紛紛外境, 收拾靈靈底個, 生化了無窮。畢竟作麼道, 日向嶺東紅。

우레가 땅 가운데에 있으니 복(復)이요, 산 아래에서 솟아나오는 샘이 몽(蒙)이니라. 이 두 가지 이치를 밝히면 자연히 조화하여 현동(玄同)267)에 합할 것이니라. 은밀하게 고요함을 지키고 허(虛)에

---

267) 현동(玄同): 피아(彼我)의 구별이 없이 하나로 됨. 또는 차별이 없음. 재지(才智)를 숨기고 속인과 함께 어울려 지냄.

이르면, 없는 가운데 묘한 있음을 볼 것이요. 아홉 구멍이 일제히 통하는구나. 당장 그대로 알아차려 가는 이것이 주인공이도다.

　무(無)에 집착하지 말고, 유(有)에 집착하지 말고, 공(空)에 집착하지 마라. 의단(疑團)을 꿰뚫으니, 지금 묘한 고봉(高峰)들이 쑥 나오는구나. 분분한 밖의 경계를 물리치고, 신령스런 이것을 수습하니, 나고 변화함에 끝이 없네. 필경 어떻게 해야 하는가. 해가 동쪽 고개(嶺東)에서 붉게 떠오르리라.

密密[밀밀]: 썩 빽빽함. 극히 은밀함. 내밀함. 매우 친밀한 모양.

突出[돌출]: 갑자기 쑥 나옴. 툭 튀어 나옴. 쑥 내밀어 있음. 언
　　　　　행이나 착상(着想)이 남의 의표(意表)를 찌름.

紛紛[분분]: (많은 사람이나 물건이) 잇달아. 몇 번이고. 쉴 사이
　　　　　없이. 계속하여. (의론이나 떨어지는 물건 등이) 분
　　　　　분하다. 어수선하게 많다.

撥置[발치]: 뿌리치다. 물리치다. 쫓다.

嶺: 고개 령, 고개 영/ 재. 산맥 이름. 산봉우리. 연속한 산.

우(又) 증보암(贈寶庵) 보암에게 주다

　道乃法之體, 法乃道之餘。雙全道法, 橫拈倒用總山渠。只這元神元氣, 便是天兵將吏, 除此外都無。說與洞蟾子, 定裏做工夫。守爲胎, 用爲竅, 假爲符。旣明此理, 何須苦泥墨和朱。若使精凝氣固, 便可驅雷役電, 妖怪悉皆誅。行滿功成日, 談笑謁仙都。

도가 법의 체이고, 법은 도의 다른 것이네. 두 가지가 모두 온전함이 도법이니, 옆으로 쥐고 거꾸로 쓰나 모두가 자기에게 달렸구나. 다만 이 원신과 원기가 바로 하늘의 병사와 장수와 관리들이니, 이것 외에는 아무것도 없다네. 동섬자에게 풀어 말하니 선정으로 공부를 지어 가야 하느니라.

지키는 것은 태(胎)이고, 쓰는 것은 규(竅)이며, 차용하는 것은 부(符)이니라. 이 이치에 이미 밝았다면 어찌 검은 것과 붉은 것에 빠져 고생하겠는가? 만약 정(精)이 응결되고 기(氣)가 견고히 되면 곧 우레를 몰고 번개를 부릴 수 있으니, 요괴들을 모두 징벌하는구나. 행함이 가득하여 공부가 이루어지는 날 모든 신선을 알현하여 웃으면서 이야기하도다.

雙全[쌍전]: 두 쪽이나 또는 두 가지 일이 모두 온전(穩全)함.

墨和朱[묵화주]: 연(鉛)과 홍(汞).

悉皆[실개]: 모두. 다.

誅: 벨 주/ (죄인을) 죽이다. 꾸짖다. 책망하다. 징벌하다.

우(又) 시중무분피차(示衆無分彼此) 서로 나눌 수 없는 것을 대중에서 보임

道釋儒三教, 名殊理不殊。參禪窮理, 只要抱本還元初。解得一中造化, 便使三元輻輳, 宿疾普消除。屋舍既堅固, 始可立丹爐。煉還丹, 全太極, 採玄珠。的端消息, 採將坎有補離無。若

也不貪不愛, 直下離聲離色, 神氣總歸虛。了達一切相, 赤子出
神廬。

　도교・불교・유교의 삼교는 이름은 다르지만 이치는 다르지 않
구나. 선(禪)을 참구하고 이치를 궁구하기만 하면, 본질을 품고 원
초에 되돌아가는 것이니라. 하나 가운데의 조화를 깨달아 알면 곧
삼원이 한곳에 모이니, 고질병을 두루 제거하도다. 집이 이미 견고
하니 비로소 단로(丹爐)를 설치할 수 있네.

　환단(還丹)을 단련하여 태극이 온전하면, 현주(玄珠)를 채취하는
구나. 음양의 자라고 소멸하는 단초는, 감(坎)의 있는 것을 채취하
여 이(離)의 없는 것을 보충하는 것이리니. 만약 탐내지도 않고 아
끼지도 않으면 곧바로 성색(聲色)을 벗어나고, 신기(神氣)가 모두
허(虛)로 돌아가리라. 모든 상(相)을 요달하면 적자(赤子)가 신려(神
廬)268)에서 나오도다.

　示衆[시중]: 여러 사람에게 훈시(訓示)함.

　彼此[피차]: 저것과 이것. 서로.

　只要[지요]: …하기만 하면. 만약 …라면.

　解得[해득]: 깨달아 아는 것.

　宿疾[숙질]: 지병(持病). 고질병.

　消除[소제]: (걱정이나 징애 등을) 제거하다. 일소하다. 없애 비

---

268) 『황정경(黃庭經)』에 이르길 "신려로 숨을 쉬어 잘 통하게 해야 코로 드나드는 기운이 단
전으로 들어간다. 신려라는 것은 코인데 이곳이 바로 신기가 드나드는 문이다(黃庭經曰:
神廬之中當修治, 呼吸廬間入丹田. 神廬者, 鼻也, 乃神氣出入之門也)."라고 하였다.
동의보간에서도 "신려라는 것은 코인데 신기가 출입하는 문이다(神廬者鼻也, 乃神氣出入
之門也)"라고 하였다.

리다. 퇴치하다. 청산하다. 풀다. 해소하다.

消息[소식]: 음양의 소장(消長). 양이자라는 것을 식(息), 음이 자
라는 것을 소(消)라 한다.

殊: 벨 수/ 다르다. 틀리다. 특별하다. 특수하다. 전혀. 특히. 매
우. 극히.

廬: 오두막집 려(여)/ 오막살이. 오두막집.

우(又) 증백란곡(贈白鸞谷) 백란곡에게 주다

三元秘秋水, 微密實難量。未分淸濁。天地人物一包藏。一乃
太玄眞水, 二氣由茲運化, 三極理全彰。上下降升妙, 根本在中
黃。兔懷胎, 牛喘月, 蚌含光。人明此理, 倒提斗柄戽銀潢。絶
斷曹溪一派, 掀倒蓬萊三島, 無處不仙鄕。誰爲白鸞谷, 安寢感
義皇。

삼원을 추수에 숨기니, 작고 은밀하여 실로 헤아리기 어렵다네.
청탁(淸濁)이 아직 나누어지지 아니하였으니, 천(天)·지(地)·인
(人)·사물을 하나로 포장했구나. 하나는 태현(太玄)[269]의 진수(眞
水)라, 이기(二氣)로 이것을 운화하니, 삼극(三極)의 이치가 온전히
드러났도다. 상하로 오르내리는 묘함은 근본이 중황(中黃)에 있구나.

---

269) 북송 때 소강절(邵康節, 1011~1077)이 역리(易理)를 응용하여 수리로써 천지 만물의
생성 변화를 풀이하여 지은 황극경세서(皇極經世書) 卷六. 관물외편(觀物外篇)(下)에 보
면, "태극(太極)은 도의 극(極)이고, 태현(太玄)은 도의 현(玄)이며, 태소(太素)는 빛깔의
바탕이며, 태일(太一)은 수(數)의 시작이며, 태초(太初)는 일의 맨 처음인데 그 이루는 바
는 똑같다."라고 하였다.

토끼가 새끼를 잉태하고, 소가 달을 보고 숨을 헐떡이며, 대합조
개가 빛을 머금었도다. 사람이 이 이치를 밝히면, 북두성을 뒤집어
들고 은하에 물을 댈 것이라. 조계의 일파를 절단하고 봉래의 세
섬을 뒤집으니 신선의 고향이 아닌 곳이 없구나. 누가 백란곡을
만들었는가, 편안히 주무시는 복희씨가 감동하도다.

秋水[추수]: 가을철의 강이나 호수의 맑은 물. 번쩍거리는 칼 빛
의 비유. 사람의 신색(神色)이 맑고 깨끗함의 비유.
거울 그림자의 비유. 명랑하고 쾌할 한 눈매의 비유.

牛喘月[우천월]: 더운 오나라의 소가 밤에 달이 뜬 것을 보고
또 해가 떴나 해서 숨을 헐떡거림. 담이 작아 미리
겁먹음.

銀潢[은황]: 하늘의 은하수.

安寢[안침]: 편안히 잠자다. 주무시다.

戽: 두레박 호/ 용두레. 호두(戽斗). (용두레·무자위 따위로) 논밭
에 물을 대다.

참고 　벽암록(碧巖錄) 제90칙 「지문(智門)화상과 반야지혜의 본
체」에서 지문화상에게 반야지혜의 본체와 작용에 대한 질문을 하
니, 다음과 같이 선문답을 나누고 있다.
(僧問智門, 如何是般若體. 門云, 蚌含明月. 僧云, 如何是般
若用. 門云, 兎子懷胎)
어떤 스님이 지문화상에게 질문했다. "어떤 것이 반야지혜의 본
체입니까?"

지문화상이 대답했다. "대합조개가 밝은 달을 삼킨다."

스님은 질문했다. "무엇이 반야지혜의 작용입니까?"

지문화상이 대답했다. "토끼가 새끼를 잉태했다."

본칙의 공안은 『고존숙어록』 제39권에 수록된 『지문광조(智門光祚)선사어록』에 전하고 있는 선문답인데, 벽암록에도 인용하고 있다. 지문광조(智門光祚)화상은 운문 문언선사의 제자로서 사천성 향림원 징원(澄遠)선사를 참문해 법을 잇고 뒤에 호북성 수주 지문사에서 선법을 펼쳤다. 그의 문하에 설두중현 등 30여 명의 훌륭한 선지식이 배출됐다.

본칙의 선문답은 반야지혜의 본체(體)와 작용(用)을 주제로 하고 있는데, 반야란 일체의 사량 분별이 없는 불심의 지혜이다.

어떤 스님이 지문화상에게 "어떤 것이 반야지혜의 본체입니까?"라고 질문하자, 지문화상은 "대합조개가 밝은 달(明月)을 삼킨다."라고 대답했다. 원오는 "이 말은 한강에서 생산되는 조개 속에 맑은 진주가 있는데, 중추절이 되면 수면으로 떠올라 입을 벌리고 달빛을 빨아들여 교감(交感)되어 진주가 생긴다고 한다. 합포주(合浦珠)가 바로 그것이다. 그러므로 중추절에 달이 뜨면 진주가 많이 나오고 달이 뜨지 않으면 진주가 적게 나온다고 한다."고 했다.

강주 합포(合浦)라는 곳의 대합조개(蚌蛤)는 진주를 안고 있는데, 8월 15일 밤에 조개가 명월(明月)의 정기를 받아서 진주가 된 것이라는 전설이 『조정사원』 8권과 『본초강목(本草綱目)』 등에도 전하고 있는데, 이러한 전설을 토대로 지문화상은 진주가 명월을 삼키고 있다고 대답했다. 반야의 본체에 대한 질문에 명월(明月)과 조개는 별다른 의미가 없지만, 명월이 창공에서 무심하게 비추고,

조개도 무심하게 명월을 머금고 있는 모습을 말한다.

스님은 다시 "무엇이 반야지혜의 작용입니까?"라고 질문하자 지문화상은 "토끼가 새끼를 잉태했다."라고 대답했다. 원오는 "토끼는 음(陰)에 속한 동물이다. 중추절에 달이 뜨면 입을 벌려 달빛을 삼키고 바로 새끼를 잉태하여 입으로 낳는다 하니 이 또한 달이 뜨면 새끼가 많고, 없으면 적게 낳는다는 것이다."라고 했다.

토끼 역시 8월 15일 밤에 달을 향해 입을 열고 달의 정기를 받아 새끼를 잉태한다는 전설을 토대로 대답한 것이다. 질문자는 반야를 본체와 작용으로 나누고 있지만, 지문화상은 체용(體用) 일체의 입장에서 대답한 것이다. 8월 15일 강물 속의 조개가 밝은 달이 무심하게 비추는 달빛을 삼키어 진주를 만들고, 토끼는 새끼를 잉태하였다는 속설로 대답했는데, 밝은 달의 광명이 무심하게 만물을 비추는 모습을 말한다.

즉 반야 무분별지가 일체의 사량 분별을 초월하여 역력하고도 분명하게 나타나 작용하고 있는 모습을 비교해서 대답했다. 마치 밝은 거울이 무심하게 일체의 만물을 차별심과 분별심도 없이 무심하게 비추는 것과 같이 청정한 불심이 반야의 본체이고, 무심하게 지혜를 비추는 것을 반야의 작용이기 때문에 체와 용이 둘로 나눌 수가 없고 하나가 된 경지이다.

우(又) 언도(言道) 도를 말하다

三元秘秋水, 未悟謾猜量。誠能參透, 洗心滌慮密歸藏。意與

身心不動，精與氣神交合，天理自然彰。三善備於我，翻笑鍊玄
黃。性圓融，心豁達，德輝光。牛郎織女，一時會合到天潢。堪
破乘槎伎倆，密契浴沂消息，遊泳有無鄉。日用別無事，讀易對
三皇。

　삼원을 추수에 숨김을, 깨닫지 않았다면 함부로 헤아리지 마라.
진실로 깊이 깨달으면, 마음을 씻고 걱정을 털어 버리고 은밀히 돌
아가 감추는 것이라. 뜻과 심신이 움직이지 않아, 정(精)과 기신(氣
神)이 교합하니, 하늘의 이치가 자연히 뚜렷해지는구나. 세 가지
선(善)270)이 나에게 갖추어지니, 웃으면서 현황(玄黃)을 단련하도다.
　성질이 원융하고 마음이 활달하며 덕이 빛나니, 견우와 직녀가
한때에 은하수에 이르러 만나는구나. 뗏목을 타는 재주를 간파하고
기수에 목욕하는 소식에 은밀히 투합하니, 유무(有無)의 고향에서
여유롭게 노니네. 하루 생활에 별다른 일이 없어 역(易)을 읽고 삼
황(三皇)을 대하도다.

　參透[참투]: 깊이 깨닫다.
　玄黃[현황]: 하늘과 땅. 검은 하늘빛과 누른 땅 빛. 중앙의 제왕.
　豁達[활달]: 확 트이다. (성격이) 활달하다(명랑하다). 도량(통)이
　　　　　　　크다. 너그럽다.
　輝光[휘광]: 빛남. 또는 찬란한 빛.
　伎倆[기량]: 수단. 수법. 재주.

---

270) 삼선(三善): 세 가지 착한 일. 즉 부모(父母)에 대한 효도(孝道), 임금에 대한 충의(忠義),
　　장유(長幼)의 예절(禮節). 또는 불법(佛法)이 언제나 훌륭함을 일컫는 말로 처음과 중간과
　　나중이 다 선하다는 뜻. 곧 초선, 중선, 후선 그리고 세 가지의 선근(善根). 무량(無量)의
　　선법(善法)을 일으키는 행동. 곧 무탐(無貪), 무진(無瞋), 무치(無癡).

浴沂[욕기]: 명리를 잊고 유유자적함을 이르는 말. 증석(曾晳)이
　　　　공자의 물음에 기수(沂水)에서 목욕하고 무우(舞雩)
　　　　에 올라가 시가를 읊조리고 돌아오겠다고 대답한
　　　　데서 유래한다.

密契[밀계]: 남모르게 맺는 계약.

遊泳[유영]: 물속에서 헤엄치며 놂. 처세, 어떤 경지에서 즐김.

謾: 속일 만, 업신여길 만/ 속이다. 감추다. 예절이 없다. 업신여
　　기다. 조소하다. 함부로. 마구.

猜: 의심할 시/ 추측해서 풀다. 추측하다. 알아맞히다. 의심하다.
　　의심.

彰: 밝을 창/ 뚜렷하다. 현저하다. 두드러지다. 표창(表彰)하다.
　　현양하다.

槎: 떼 사, 나무 벨 사/ 뗏목. 칼·도끼 따위로 베다. 자르다.

우(又) 언성(言性) 본성을 말하다

三元秘秋水，都不屬思量。收來毫末，放開大地不能藏。過去
未來見在，只是星兒消息，體物顯然彰。本自無形象，隨處見靑
黃。性源淸，心地靜，發天光。木人半夜，倒騎鐵馬過銀潢。正是
露寒煙冷，那更風淸月白，乘興水雲鄕。識破夢中夢，稽首禮虛皇。

　삼원을 추수에 숨기는 것을, 모두 생각하여 헤아릴 수 있는 범
수가 아니니라. 거두어늘이면 털끝만 하나 열어 놓으면 대지와 같
아 숨길 수가 없도다. 과거, 미래, 현재가 다만 이러한 소시(消息)

이니, 사물을 체득하면 뚜렷하고 밝게 드러나는구나. 본래 자연은 형상이 없어, 처한 곳을 따라 청황(靑黃)271)이 나타나도다.

성의 근원은 깨끗하고 마음의 본바탕도 고요하여 천광(天光)이 드러나네. 목인(木人)이 늦은 밤에 철마를 거꾸로 타고 은하수를 건너는구나. 바로 이슬이 차가워져 연기가 싸늘한 것이니, 더욱 바람은 맑고 달은 밝아, 물과 구름이 고향에 이르러 흥이 났도다. 덧없는 세상살이의 알음알이를 깨뜨리고 상청자하(上淸紫霞)272)의 허황(虛皇)273)에게 머리 숙여 예를 올리도다.

思量[사량]: 생각하여 헤아림.

毫末[호말]: 털끝. 털끝만 한 작은 일, 또는 적은 양.

顯然[현연]: 드러남이 환함.

心地[심지]: 마음의 본바탕.

正是[정시]: 바로 …이다. 바로 그러하다.

半夜[반야]: 한밤중.

乘興[승흥]: 신이 나다. 흥이 나다.

夢中夢[몽중몽]: 꿈속의 꿈이란 뜻으로, 덧없는 세상살이의 비유.

---

271) 벼가 잘 익지 않아 푸른 것과 잘 익어 누른 것이란 말로 사람의 현(賢), 간악(奸惡)의 비유로 쓰임.

272) 도가에서 말하는 삼청(三淸)의 하나로 하늘을 가리킨다.

273) 허황(虛皇): 옥황상제.

백자령(百字令)

증진섬자엽대사(贈眞蟾子葉大師) 진섬자 엽 대사에게 주다

玄關欲透做工夫，妙在一陽來復。天癸纔生忙下手，採處切須虔篤。絶慮忘機，清心釋累，認取虛無谷。鉛銀砂汞，一時辰內攢簇。霎時天地相交，甲庚無間，龍虎齊降伏。取坎塡離乾體就，陽火陰符行足。至寶凝堅，眞蟾形兆，宜把靈泉沃。德圓功備，大師名注仙籙。

현관을 뚫는 공부를 하고자 하면, 묘하게 하나의 양(陽)이 돌아오는 데에 있다네. 천계가 생기자마자 서둘러 시작해야 하니, 채취할 때는 간절히 삼가고 돈독하게 해야 하느니라. 생각을 끊고 속세의 일과 욕심들을 잊으니, 묶인 것이 풀리 듯 마음이 홀가분하여 허무의 골짜기를 알아보는구나. 연(鉛)·은(銀)·사(砂)·홍(汞)이 한 시진(두 시간) 안에 한곳에 모이나니, 삽시에 천지가 서로 교합하여 갑경(甲庚)이 틈이 없고, 용호(龍虎)가 함께 항복히네. 취감전리(取坎塡離)하여 건체를 이루니, 양화(陽火) 음부(陰符)를 행함에 족하도다. 지극한 보배가 견고히 엉기어 참된 두꺼비의 형태와 조짐이 드러나니, 마땅히 신령한 샘물로 물을 대야 하네. 덕이 원만하고 공이 갖추어지니, 대사의 이름이 신선록에 등재되는구나.

忙: 바쁠 망/ 바쁘다. 서두르다. 서둘러 …하다. …를 준비하다.

虔: 삼갈 건/ 경건하다. 공경스럽다. 강탈하다.

累: 묶을 루, 누 끼칠 루/ 복잡하다. 번잡하다. 번거롭다. 밧줄. 오랏줄. 쌓이다. 점점 증가하다. 여러 번. 연속으로. 누차. 지치다. 피로하다. 피곤하다. 피로하게 하다. 과도하게 쓰다. 지나치게 사용하다. 열심히 일하다. 애쓰다. 수고하다.

才(纔): 재주 재, 겨우 재/ 재능. 재주. …에야. …에야 비로소. 방금. 이제 막. 이제야. …이 되어서야. 겨우. 근근이. 그럭저럭. 비로소. …이야말로.

霎: 가랑비 삽/ 소나기. 잠깐. 삽시간. 순식간. 눈을 깜박이다.

齊: 가지런할 제. 옷자락 자. 조화할 제. 재계할 재.

沃: 물댈 옥/ (물을) 붓다. 대다. 뿌리다. 관개(灌漑)하다. 기름지다. 비옥하다. 걸다.

注: 흐를 주/ 쏟다. 주입하다. 붓다. 한곳에 모으다. 집중하다. 주석(註釋). 주해(註解). 기재(기록)하다. 등록(등재)하다. (돈의) 꾸러미. 뭉치.

忘機[망기]: 속세의 일이나 욕심을 잊음. 기회를 보고 움직이는 마음(교사한 마음)을 잊는 것.

攢簇[찬족]: 한곳에 모이다. 모여서 무리를 이루다.

우(又) 지중암성명차서(指中庵性命次序) 중암에게 성명의 순서를 가리키다

玄關一竅理幽深, 至妙了無言說。陰極陽生初動處, 便是採鉛時節。地下雷轟，山頭水降，滿地紅塵雪。行功之際，馬猿休縱顛劣。雲時虎嘯龍吟，夫歡婦合，鼎內丹頭結。身外有身猶未了，圓頓始能通徹。鬱鬱黃花，靑靑翠竹，此理應難泄。爲君擧似，水中撈取明月。

현관일규의 이치가 그윽이 깊고, 지극히 묘하여 말로 할 수가 없구나. 음이 지극하여 양이 생기니 처음 움직임이 있을 때가 바로 연을 채취하는 시기니라. 지하에서 천둥번개가 울리고 산꼭대기에서 물이 내리며 속세에 눈이 내려 온 땅을 가득히 덮었도다. 행공을 할 때 마원(馬猿)[274]이 죄인을 풀어 주고 떠나듯이 서투르게 하지 마라.

삽시간에 호랑이가 포효하고 용이 울부짖으니 부부기 기쁘게 교합하여 솥 안에 단두(丹頭)가 맺어지도다. 몸 밖에 또 몸이 있으나 아직 다 끝내지 못하였으니, 원돈(圓頓)하여지면 비로소 막힘없이 통하도다. 누런 꽃이 화려하고, 취죽(翠竹)이 청청하니, 이 도리를 마땅히 누설하기가 어렵도다. 그대에게 알려 주니, 물속에서 밝은 달을 건지는구나.

滿地[만지]: 가득 찬 온 땅.

紅塵[홍진]: 번잡한 세상. 속세. 인간 세상. 거마(車馬)가 날리는

---

274) 동한(東漢)의 마원(馬猿)은 아주 어렸을 때 변방 지역에서 목축(牧畜)을 하겠다는 결심을 했다. 장성하여 한 현(縣)의 낮은 관리(官吏)가 되었다. 관리가 된 그는 어느 날 죄인을 다른 지역으로 호송하게 되었는데, 죄인들로부터 신상이야기를 듣고 너무나 가련하다고 여겨 도중에 죄인들을 풀어 주었다. 반면에 그 자신은 북방지역으로 달아나 항상 꿈꾸어 왔던 목축업을 시작했다. 그는 종종 말했다. "위대한 사람은 궁하며 궁할수록 그만큼 더 결심은 굳어지기 마련이다. 사람은 나이가 들면 들수록 그만큼 더 의욕을 가지게 된다." 훗날, 마원(馬猿)은 동한(東漢)의 지명한 장수가 되어 많은 전투에서 혁혁한 공(功)을 세웠다.

먼지.

未了[미료]: 아직 다 끝내지 못함.

圓頓[원돈]: 원만하며 신속하게 성불하는 법이라는 뜻으로, 법화 (法華)의 묘법을 이르는 말.

通徹[통철]: 막힘없이 통함.

鬱鬱[울울]: 아름답다. 화려하다. 향기가 짙다.

靑靑[청청]: 푸릇푸릇하다. 나이가 젊다. 머리카락이 검다.

擧似[거사]: 설명하다. 들려주다. 전해 주다. 제시하다.

撈取[노취]: 건지다. 잡아 올리다. (부정한 수단으로) 얻다. 우려 내다.

轟: 울릴 굉, 수레 소리 굉/ 울리다. 떠들썩하다. 수레 소리. 쫓 다. 몰다. 내쫓다. 쫓아내다. 몰아내다. 천둥치다. 폭격하다. 폭파하다. (화약이) 폭발하다. 포격하다.

顚: 머리 전/ 정수리. 정상(頂上). 꼭대기. (일의) 근본. 시초. 위 아래로 흔들리다. 넘어지다. 뒤집다. 뒤집히다. 껑충껑충 뛰 (어 다니)다. 달아나다. 떠나다.

劣: 못할 렬/ 나쁘다. 좋지 않다. (일정한) 표준보다 작다. 미숙하 다. 졸렬하다. 서투르다.

우(又) 증진제간(贈陳制幹) 진제간에게 주다

修眞慕道樂淸虛, 任意陶陶兀兀. 富貴榮華都不戀, 甘分淸貧 徹骨. 名利俱捐, 是非不辨, 且把身埋沒. 眞閑眞靜, 誰知如是

消息。爲言向上機緘，玄珠罔象，火候無時刻。一竅玄關通得
透，頓悟非心非佛。情念雙忘，有無交入，胎備元神出。眼睛開
放，光明周遍無極。

　도를 사모하여 참됨을 닦으니 청허(淸虛)하여 즐겁고, 뜻을 맡겨
전념하니 즐거움이 그지없구나. 부귀영화가 다 미련 없어, 뼈에 사
무치게 청빈함을 기꺼이 나누네. 명예나 이익을 다 버리고 시비에
도 논쟁하지 않고 몸을 숨기도다. 진정한 여유로움과 진정한 고요
함이니, 누가 이 같은 소식을 알겠는가?

　향상(向上)하는 기함(機緘)을 말하건대, 현주(玄珠)는 형체 없는
그림자이고, 화후는 시각이 없느니라. 현관일규를 철저히 통달하니,
마음도 이니고 부치도 이님을 홀언히 깨달았도다. 정(情)과 염(念)
을 다 잊고 유와 무가 사귀어 드니 태(胎)가 갖추어져 원신(元神)
이 나오도다. 눈을 뜨니 광명이 두루 하여 끝이 없구나.

陶陶[도도]: 도도하다. 매우 즐겁다. 즐거움이 그지없다.

兀兀[올올]: 마음을 한곳에 쏟아 전념하는 모양. 열심히 애쓰는
　　　　　모양. 높이 솟은 모양.

徹骨[철골]: 뼈(골수)에 사무치다.

眼睛[안정]: 눈동자.

透: 사무칠 투/ 스며들다. 침투하다. 통과하다. 통하다. 몰래 알
　　리다. (비밀을) 누설하다. 철지하다. 원전하다. 명백하다. 투
　　철하다.

우(又) 증호수재(贈胡秀才) 호 수재에게 주다

亘初一點瑩如如, 無相無形無質。不蕩不搖常正定, 直是斷蹤
絶跡。變化無方, 顯微無間, 妙理應難測。爲伊言破, 屛除緣慮
塵識。放敎方寸虛澄, 裏頭寧貼, 方見眞端的。三五混融心月
皎, 照破本元來曆。爍爍圓明, 如如不動, 運化無休息。靜中拈
出, 蟾光爍破無極。

한 점이 처음부터 한결같이 맑으니, 상(相)도 없고 형(形)도 없고
질(質)도 없구나. 흔들리지도 움직이지 아니하고 항상 바르게 안정
하니, 이것이 바로 종적이 끊어짐이니라. 변화함에 정해진 방향이
없고,275) 미소(微小)한 사물을 드러내어 밝힘에 틈이 없으니,276) 묘
한 이치를 추측하기가 어렵도다. 이것을 밝히자면, 반연하는 생각
들과 진식(塵識)들을 제거해야 하느니. 마음을 놓아 맑고 텅 비워,
머릿속을 평온하게 하면, 비로소 참됨이 명백하게 드러남을 보리
라. 삼오(三五)가 혼융하니 마음에 달이 밝아져, 본원(本元)의 내력
을 비추어 깨치도다. 번쩍번쩍하여 뚜렷이 밝아지고 한결같아 움직
임이 없으니 운화에 쉼이 없네. 고요한 가운데서 끄집어내니 섬광
(蟾光)이 무극을 녹여 부수도다.

---

275) 『예기·단궁』에 "좌우에서 나아가 봉양함에 정해진 도가 없으며(左右就養無方)"라고 하
였고 '내칙(內則)'에는 "널리 배움에 일정한 방향이 없었다(博學無方)."라고 하였는데, 정
현(鄭玄)의 주에는 모두 "방은 항상됨이다(方, 常也)."라고 하였다. 초순(焦循)의 『맹자정
의(孟子正義)』에는 "오로지 현명하면 그를 등용하되 항상 된 법이 없으므로 이에 위의 집
중으로 융통성이 있음을 말하였다(唯賢則立, 而無常法, 乃申上執中之有權)."고 하였다.
『장자·외편』 추수(秋水)에서는 "무방(無方). 정해진 방향이 없다. 이는 사(私)가 없다 함
이다. 공평하면 무방하지 않은가."라고 하였다.

276) 『노자』 43장 "형체가 따로 없는 것이 틈이 없는 사이에도 들어가니(無有入於無間)"라
하였다.

如如[여여]: 변함이 없음. 있는 그대로 한결같다. 우주 삼라만상 모든 사물이 있는 그대로 드러나 있는 그대로 변함없이 같다.

蕩搖[탕요]: 흔들리어 움직임.

無方[무방]: 모습이 없는 것. 정해진 방향이 없다. 정해진 법이 없다.

顯微[현미]: 미소(微小)한 사물을 드러내어 밝힘.

屛除[병제]: 배제(排除)하다. 제거하다.

放敎[방교]: 방교하다. 놓아두다.

寧貼[녕첩]: (마음이) 편안하다. 평온하다.

端的[단적]: 어떤 사실이 명백하게 드러나는 상태에 있는(것).

照破[조파]: 불타(佛陀)가 지혜의 광명으로써 범부의 무명을 비치어 깨치는 일.

拈出[염출]: 집어냄. 끄집어냄. 자구(字句)를 생각해 냄.

圓明[원명]: 뚜렷이 밝아짐. 훌륭하고 완전한 것. 혹은 완전한 명랑.

亘: 뻗칠 궁, 베풀 선/ 뻗치다. 연접하다. 다하다. 극진하다. 가로지르다. 건너다. 이끌다.

蕩: 움직일 탕/ 흔들(리)다. 움직이다. 하는 일 없이 왔다 갔다 하다. 어슬렁거리다. 씻다. 행구다. (완전히) 제거하다. 일소(一掃)하다. 없애 버리다. 쓸어버리다. 광활하다. 평탄하다. 방방히니. 방중히디. (행위기) 빈싱마지 낫마다.

搖: 흔들 요/ 흔늘다. 흔늘리다. 움직이다. 오르다. 올라가다. 멀다. 요원하다. 어지럽히다.

澄: 밝을 징/ 맑다.

爍: 빛날 삭/ 빛나다. 태우다. 녹이다.

우(又) 지로섬장대부하수(指老蟾張大夫下手) 노섬 장 대부에게 시작하는 것을 가리키다

金丹大要不難知, 妙在陽時下手。日用平常須謹獨, 莫縱虎龍奔走。心要安閑, 身須正定, 意在常存守。始終不怠, 自然通透玄牝。其間些子肴訛, 爲公直指, 地下聽雷吼。立鼎安爐非小可, 運用斡旋憑斗。性本圓明, 命基牢固, 堪破無中有。老蟾成象, 直同天地齊壽。

금단의 대요는 알기가 어렵지 않으니, 묘한 것은 양(陽)이 일어날 때 시작하는 것이니라. 일용평상에 마땅히 근독(謹獨)[277]해야 하니 용호가 분주하게 내버려 두지 마라. 마음이 편안하고 고요하면 몸도 바르게 안정하니, 뜻을 항상 간직하여 지키고 있어야 하느니라. 시종 게으르지 아니하면 자연히 현빈에 통달하게 될 것이라.

그 사이에 조금의 잘못됨도 없다면 그대에게 곧바로 가리키니, 땅 밑에서 천둥소리를 들을 것이니라. 솥을 세우고 화로를 설치하는 것이 작은 일이 아니니, 빙빙 도는 운용이 북두칠성에 의존하는구나. 본성이 뚜렷이 밝아 명(命)의 기초가 견고해지면, 없는 가운데에서 있음을 간파하네. 노섬(老蟾)이 형상을 이루니, 줄곧 수명이 천지와 같아지도다.

謹獨[근독]: 홀로 있을 때에도 도리에 어그러짐이 없도록 몸가짐을 바로 하고 언행을 삼간다.

---

277) 홀로 있을 때에도 도리에 어그러짐이 없도록 몸가짐을 바로 하고 언행을 삼간다.

奔走[분주]: 이리저리 바쁨을 비유하는 말. 몹시 바쁘게 뛰어다님.

常存[상존]: 언제나 존재함. 항상 간직함.

些子[사자]: 조금. 약간＝(些兒).

斡旋[알선]: (남의 일을) 알선하다. 주선하다. 조정하다. 중재하
다. 빙빙 돌다. 공전(公轉)하다.

小可[소가]: 작은 일. 사소한 일. 자신을 겸손하게 일컫는 말.

肴: 안주 효/ 안주. 고기 안주. 익힌 고기. 육효(六爻). 섞이다(＝淆).

訛: 잘못될 와/ 그릇되다. 잘못되다. 거짓되다. 속이다. 이상야릇
하다. 감화하다. (일어나) 움직이다. 변하다. 깨다. 거짓. 잘
못. 유언비어. 요사스런 말. 사투리. 뱀.

우(又) 증통암(贈通庵) 통암에게 주다

太初一點本靈明, 元自至純無雜。執着些兒千里遠, 悟得只消
時霎。方寸中虛, 纖塵不立, 何用調庚甲。承當得去, 目前方信
無法。個中顯訣難傳, 無名可喚, 貴在心通達。信手拈來君薦
取, 無罅豈容針劄。人我山頭, 是非海裏, 更要知生殺。養其無
象, 忘形靈地開發。

태초의 한 점이 본래로 신령스럽고 맑으니, 원래부터 지극히 순
수하여 삽됨이 없구나. 조금이라도 집착하면 천 리로 멀어지나, 만
약 깨달아 얻으면 순식간이네. 마음속이 텅 비고, 미세한 티끌도
서지 못하니, 어찌 경갑(庚甲)[278]의 조정이 필요하겠는가. 진실을

---

278) 경갑(庚甲). 경(庚)은 서방의 금으로서 호(虎)를 뜻하고, 또한 경은 서방에 배치되어 음력

그대로 실증하여 가니 눈앞에 법이 없는 것을 비로소 믿게 되도다.
　개중의 비결을 드러내어 전하기가 어려운 것이 부를 만한 이름이 없으니 중요한 것은 마음으로 통달해야 함에 있느니라. 손길 닿는 대로 가져와 그대가 그 가운데 취하려 해도, 틈이 없으니 낫 같은 바늘이 어떻게 들어갈 수 있겠는가. 아상(我相)이 산처럼 높은 시비의 바닷속이라, 더욱 살리고 죽이는 것을 아는 것이 중요하구나. 기르는 것은 그 형상이 없으니, 자기 모습을 잊고 신령한 곳을 개발하도다.

忘形[망형]: 자기 모습을 잊음이다.
只消[지소]: …하기만 하면. 만약 …라면(= 只要, = 只用).
悟得[오득]: 깨달아 앎. 진리를 터득함. 스스로 깨달아 얻음.
纖塵[섬진]: 몹시 자디잔 티끌[먼지].
信手[신수]: 손에 맡기다. 손길 닿는 대로 하다.
人我[인아]: 남과 나. 사람 안에 변하지 아니하는 본체가 있다는
　　　　　미혹한 생각. 곧 아(我)가 있다는 생각이다.
要知[요지]: 중요한 지식.
霎: 가랑비 삽, 잠깐 삽/ 잠깐. 순식간. 삽시간. 깜짝할 사이.
罅: 틈 하/ (갈라진) 틈. 틈새. 금. 빠짐. 탈락. 누락. 실수.
劑: 낫 답/ 낫 모양의 갈고리.
拈: 집을 념/ (손가락으로) 집다.

초삼일에 달이 뜨는 방위이다. 갑(甲)은 동방의 목으로 용을 뜻하고, 음력 15일에 달이 둥글어지는 위치를 말한다.

우(又) 시중파혹(示衆破惑) 대중의 의혹을 깨우치다

成仙捷徑在玄關, 一竅四通八達。說與學人先立志, 悟後只消
時霎。可笑迷徒, 不求師指, 執着傍門法。搬精搬氣, 到頭都是
兜搭。爭知大道堂堂, 坦平驀直, 也要師開發。會得善行無轍
跡, 玄牝自然開闔。一念無生, 谷神不死, 九轉工周匝。脫胎歸
去, 大羅天上行踏。

신선을 이루는 지름길이 현관에 있으니, 일규(一竅)를 통하면 사
통팔달(四通八達)이구나. 풀어 밝히자면 배우는 사람들은 먼저 뜻
을 세워야 하니, 깨닫고 나면 순시간이네. 가소롭다, 미혹한 무리
들이 스승의 가르침을 구하지 않고 방문(傍門)의 법에만 집착하는
구나. 정과 기를 운반한다 하나 결국에는 다 농락하는 것이라네.
어찌 대도의 당당함을 알겠는가. 마음이 곧고 편하여도 스승의
열어 줌이 중요한 것이니라. 선행이 흔적이 없는 것을 알면 현빈
이 자연히 열리고 닫히리니, 한 생각도 생김이 없어 곡신(谷神)이
죽지 않아, 구전(九轉)[279]공부가 빙 둘러싸는구나. 탈태하여 돌아가
니 대라천(大羅天)[280]을 밟으며 오르도다.

到頭[도두]: 정점(頂點)에 이르다. 맨 끝에 이르다. 결국. 마침내.
都是[도시]: 도대체, 도무지. 모두. 전부. 다. 함께. 같이.

---

279) 구전(九轉): 구전환단의 줄임말. ① 소환단. ② 음양환단. ③ 삼원환단. ④ 옥액환단. ⑤
금액환단. ⑥ 대단환. ⑦ 칠반환단. ⑧ 상중하환단. ⑨ 구전환단.
280) 5익 5천5백5십5. 하늘의 제일 위에 있는 곳으로 무극천(無極天)이 된다. 모든 하늘을 통
제하는 분은 원시천존이시며 또 모든 하늘에는 각각 한 분의 천지사가 계신다.

兜搭[두탑]: 농락(籠絡)하다. 성가시다. 귀찮다. 번거롭다. 괴벽스
럽다. 괴팍하다. (사람에게) 접근하다. 상관하다. 격
의(허물) 없이 사귀다. 남녀가 상관(相關)하다. 교합
하다. 상대해 주다. 응대하다. (부정한 수단으로) 꾀
다. 결탁하다. 우여곡절. 골칫거리.

爭知[쟁지]: 어찌 알겠는가?

坦平[탄평]: 근심거리가 없이 마음이 편함.

驀直[맥직]: 곧장. 똑바로. 쏜살같이. 느닷없이.

轍跡[철적]: 수레바퀴 자국. 어떤 사물의 흔적.

周匝[주잡]: 이리저리 다님. 널리 퍼짐. 빙 둘러싸다. 둘레. 주위.
사방.

서강월(西江月)

증반도인(贈潘道人) 반 도인에게 주다

眞土眞鉛眞汞，元神元氣元精。三元合一藥方成，個是全眞上品。
動靜虛靈不昧，成全實相圓明。形神俱妙樂無生，直謁虛皇絶境。

참된 토(土)와 연(鉛)과 홍(汞)은, 원신(元神), 원기(元氣), 원정(元
精)이네. 삼원이 하나로 합하여야 비로소 약을 이루니, 이것이 전
진(全眞)의 상품(上品)이구나. 동정(動靜)이 허령(虛靈)하여 어둡지

않으니 진실된 상(相)이 뚜렷이 밝아져 온전히 이루도다. 형신(形神)이 다 묘하고281) 생함이 다하여 즐거우니, 곧바로 허황(虛皇)의 절경을 알현하도다.

우(又) 증선우(贈善友) 선우에게 주다

至道本無言說, 全憑立志剛堅。心常不昧究根源, 一月千潭普現。
會取繫風捕影, 便知火裏栽蓮。任他海水變桑田, 只這本來無變。

지극한 도는 본래 말이 없으니, 뜻을 강건하게 세움에 의존한다네. 마음이 항상 어둡지 않아 근원을 궁구하니, 하나의 달이 천강에 두루 나타나도다.

바람을 잡아매고 그림자를 잡는 것을 이해하면, 곧 화(火) 안에서 연(蓮)을 심는 것을 알 것이다. 바닷물이 뽕밭으로 변하더라도 내버려 두어라, 다만 이 본래는 변하지 않는 것이라.

剛堅[강견]: 성품이 단단하고 빳빳함.
繫風捕影[계풍포영]: 바람을 잡아매고 그림자를 잡는다는 말로, 헛수고함을 비유. 원뜻은 눈에 보이지 않는 추상적인 것까지 십힐 듯이 생생히 묘사하는 것. 황당무계하여 믿을 수 없음을 비유하여 이르는 말.

---

281) 형신구묘(形神俱妙): 처음에는 바람으로 불을 일으키고 외형을 달구는 것을 정(靜)이라 하고 이어서 불로 기(氣)에 합하게 하여 그 내형을 달구는 것을 허(虛)라 하는데 이 내외가 허성해지면 오로지 신(神)만 남는데 이늘 형신구묘라 한다.

任他[임타]: 타인의 행동에 대하여 간섭하지 아니하고 내버려 둠.

우(又) 증주수정(贈周守正) 주 수정에게 주다

識破無人無我, 何須求佛求仙。隨時隨處總安禪, 一切幻塵不染。
選甚山居野處, 何妨鬧市門前。執中守正固三田, 久久神珠出現。

남이라는 객관도 없고 나라는 주관도 없는 것을 깨달았다면 어찌 부처나 신선을 구할 것인가.

어느 때나 어디서나 항상 좌선을 하니, 일체의 실체가 없는 번뇌에 물들지 아니하도다.

산에 거주하고 들에 거처하는 것만 지나치게 선택하는구나, 어찌 문 앞의 시끄러운 저자거리가 방해가 될 것인가? 중(中)을 잡아 바르게 지키고 삼단전을 견고히 하면, 머지않아 신묘한 구슬이 나타나리라.

安禪[안선]: 좌선하면 마음과 몸이 아울러 편함. 좌선.
幻塵[환진]: 실체가 없는 번뇌.
總: 다 총, 합할 총/ 총괄하다. 종합하다. 모으다. 모아서 묶다. 합치다. 전부의. 전면적인. 전체의. 전반적인. 총괄적인. 주요한. 우두머리의. 지도적인. 늘. 줄곧. 언제나. 내내. 필경. 아무튼. 아무래도. 결국. 좌우간. 어쨌든. 반드시. 예외 없이. 절대로. 전연. 대체로. 대개. 전체적으로 보아.
甚: 심할 심/ 몹시. 매우. 대단히. 극히. 심하다. 지나치다. 무엇.

鬧: 시끄러울 뇨/ 떠들썩하다. 시끄럽다. 안정되지 않다. 떠들다.
아우성치다. 소란을 피우다. (의견이) 틀리다. (사이가) 벌어
지다.

연단사(煉丹砂)

영현빈시중(詠玄牝示衆) 현빈을 노래하여 대중에게 보이다

　玄牝少人通, 說與諸公。休言南北與西東, 个在四維并上下,
不在當中。
　闔闢妙無窮, 天地根宗。生生化化運神功, 動靜機緘應不息,
廣納包容。

　현빈을 통달한 사람이 별로 없어 여러분에게 설명하노라. 남북
과 동서를 말하지 마라. 사유(四維)나 상하에 있지도 않고, 가운데
에 있지도 않구나.
　합벽(闔闢)의 묘함이 끝이 없으니, 천지의 근본 종지이도다. 신
공(神功)을 운행하니 끊임없이 낳고 변화하여, 동정(動靜)의 기함
(機緘)이 쉬지 않으니, 넓게 거두고 관용으로 포용하도다.

우(又) 시중(示衆) 대중에게 보이다

至道本無傳, 只要心堅。始終立志莫教偏, 九載三年常一定,
便是神仙。

眞息自綿綿, 靈地平平。飢來吃飯困來眠, 夏月單衣冬蓋被,
玄外無玄。

지극한 도는 본래 전함이 없으니, 만약 마음이 견고하다면 시종
뜻을 세워 한쪽으로 치우치지 말아야 할 것이다. 구년면벽 삼년유
포가 항상 일정하면 바로 신선이다.

진식(眞息)이 스스로 끊임없이 이어지니, 영지(靈地)가 예사롭구
나. 배고프면 밥 먹고 졸리면 잠을 자고, 여름에는 홑옷을 입고 겨
울에는 이불을 덮으니, 현(玄)282) 밖에 현(玄)이 없도다.

平平[평평]: 높낮이가 없이 널찍하고 판판함. 특별함이 없이 예
　　　　　사롭고 평범함. 평이(平易)하다.

綿綿[면면]: 끊임없음.

---

282) 검을 현(玄) 자의 상형문자를 보면 실 사(糸) 자를 거꾸로 뒤집어 놓은 모습이다. 무엇을
상형하는지는 정확히 알려져 있지 않지만, 작을 요(幺) 자 위에 작은 점을 하나 찍어 아득
히 멀리 있는 모습으로, 검은 점처럼 작게 보인다고 해서 '검다'라는 의미가 생겼다고 한
다. 일설에는 검은 실의 모습을 본떠 만들었다고 한다. 『노자 도덕경』 제1장에 "이름이
없는 것은 천지의 시작이요, 이름이 있는 것은 만물의 어미이다. 이 둘은 함께 나왔지만
이름을 달리한다. 그 같음을 일컬어 현(玄)이라 한다. 현(玄) 가운데 또 현(玄)이 있으니,
뭇 묘함의 문이다(無名天地之始, 有名萬物之母……此兩者, 同出而異名, 同謂之玄.
玄之又玄, 衆妙之門)."라 했다. 『王弼注』는 현(玄)을 "어둡고 고요하여 없다는 뜻이다
(玄者, 冥也默然無有也)"라고 해석하는데 『河上公注』는 "현(玄)은 하늘이다. 하고자 함
이 있는 사람과 하고자 함이 없는 사람이 하늘에서 기(氣)를 받음을 일컫는 것이다(玄, 天
地. 謂有欲之人與無欲之人, 同受氣於天地)"라 하였다. 『도덕경』에서 등장하는 현(玄)은
보통 도(道)의 속성을 묘사하는 형용사로 이해되는 것이지만 『河上公注』는 일관되게 천
(天)으로 해석하고 있다.

은어(隱語) 특정한 뜻을 숨겨서 붙인 말

교외명언(教外名言)

佛書云: 若人欲了知, 三世一切佛, 應觀法界性, 一切由心造。
是謂有造則有化, 造化皆由心。人皆謂造化萬物者, 造化之工
也。予獨不然。造化本無工, 萬物自造化也。何以故? 一切萬物
均有是心, 旣有是心便有造化, 豈非自造化耶且如世間一切有
形, 形本無, 無而生有, 是謂造有生便有滅, 有滅則復歸於無,
是謂化。造造化化, 物之常也。一眞之性本有, 有而無象, 故無
造無化道之常也。

불경에 이르길, "만약 사람들이 삼세의 모든 부처를 알고자 한
다면 마땅히 법계의 성품을 관하여, 일체가 오직 마음에서 만들어
짐을 알아야 한다."라고 했다. 이를 일러 만들어짐이 있으면 곧 변
화하는 것이 있으니, 조화(造化)가 모두 마음에 달려 있는 것이다.
사람들은 모두 "만물이 조화되는 것은 조화의 공교함 때문이다."라
고 말한다. 나는 유독 그렇게 생각하지 않는다. 조화는 본래 공교
함이 없다. 만물은 다 스스로 조화하는 것이다. 왜냐하면 일체 만
물이 모두 마음이 있고 마음만 있으면 조화할 수 있으니 어찌 스
스로 조화한 것이 아닌가? 또한 세간의 모든 것이 형체가 있는 것
같으나 본래는 형체가 없는 것이니, 없는 데서 생겨남이 있는 것
이 바로 만들어짐이다. 생겨남이 있으면 당연히 멸함도 있고 멸함

이 있으면 곧 다시 무(無)로 돌아갈 수 있으니 이를 일러 변화라고
한다. 조화(造化)는 사물의 항상 함이다. 하나의 참된 성품이 본디
부터 있어, 있다 하나 형상이 없으므로 그래서 만들어짐이 없고
변화함도 없으니 도의 항상 함이니라.

何以故[하이고]: 왜, 어째서, 무엇 때문에라는 의미를 지니고 있다.
本有[본유]: 본디부터 있음. 중생이 본래 갖추고 있는 깨달음의
　　　　　성품. 사유(四有: 生有, 本有, 死有, 中有)의 하나.
　　　　　현재 생존하는 몸과 마음을 이른다.

人只知無造無化爲不造化, 殊不知有大造化存焉, 非明了者,
其孰能知之明了之士, 智慧圓通, 則能萬事見空, 一心歸寂, 超
然獨存, 故無造化也。若不明了, 外着於身心世事, 內住於受想
行識, 所以隨世變遷, 隨形生滅也。目所見者謂之色。領納在心
謂之受。旣受之在心謂之想。想而不已, 至於作爲, 謂之行。隨
行善惡各有報, 謂之業識。業識紛紛, 輪回之根本也。故不能出
造化。苟有不被幻緣纏縛、不被法塵染汙、不被迷情障礙、不被
愛欲苦惱, 則能照見五蘊皆空。五蘊旣空, 造化何有此卽是涅槃
妙心也。予謂造化由心, 復何疑哉。

사람들은 다만 만들어짐도 없고 변화도 없으면 조화가 아니 되
는 줄 아는데, 오히려 큰 조화가 들어 있다는 것을 모른다. 밝은
사람이 아니라면 누가 감히 알 수 있겠는가? 밝은 선비들은 지혜
가 원통(圓通)283)하여 곧 만사가 공(空)함을 보고, 한 마음이 고요

함으로 돌아가 초연(超然)하여 홀로이 존재하니 고로 조화가 없음이다. 만약 밝지 못하다면 밖으로 심신이 세상일에 집착하고, 안으로는 수(受), 상(想), 행(行), 식(識)에 머무르니, 이른바 세상에 따르면 변천해 가고 형체를 따르면 생멸하는 것이다. 눈으로 보는 바가 모두 색(色)이고 마음으로 받아들이는 것이 수(受)이다. 이미 수(受)가 마음에 있으면 상(想)이라 하고, 상(想)이 그치지 않고 행위에 이르는 것을 행(行)이라고 한다. 행위를 따르면 선과 악의 업보가 있게 되니, 이것을 업식(業識)이라고 한다. 분분(紛紛)한 업식은 윤회의 근본이 되니, 그러므로 조화가 나올 수 없는 것이다. 만일 환상과 같은 인연에 속박당하지 않아, 법진(法塵)[284]에 물들어 더럽히지 않고, 미정(迷情)[285]에 장애를 받지 않아, 애욕에 고뇌하지 않음이 있으면 곧 능히 오온(五蘊)[286]이 모두 공(空)한 것을 비추어 볼 것이다. 오온이 이미 공(空)하니 조화가 어찌 있겠는가? 이것이 바로 열반(涅槃)[287]의 묘한 마음인 것이다. 내가 생각건대

283) 원통(圓通): 모든 일에 빠짐없이 통달하고 있음. 부처나 보살의 깨달음은 원편(圓遍) 융통(融通)하여 그 작용이 자유자재임.

284) 법진(法塵): 심성(心性)을 더럽히는 육식(六識)의 대상계(對象界)의 하나로, 곧 육식에서 생기는 빛·소리·냄새·맛·감촉·법의 여섯 가지 욕정 중에 법을 말한다. 이것에 더럽혀지지 않는 일을 육근 청정이라 한다. 법진은 식정(識精)이라고 하는데, 식정은 감각한 것을 인식하고 시키고 망각시키는 능력을 말한다.

285) 미정(迷情): 어리석은 범부의 마음, 미혹하고 바르지 못한 마음을 지칭한다.

286) 오온(五蘊): 불교의 근본 사상의 하나로, 세계를 창조·구성하고 있는 요소를 다섯 가지로 분류한 것. 색(色)·수(受)·상(想)·행(行)·식(識)이 요소가 결합으로, 색은 육체(肉體), 수는 감색(感覺), 상은 상상(想像), 행은 마음의 작용(作用), 식은 의식(意識)임.

287) 열반(涅槃): 불교에서 수행을 통해 도달하는 궁극적 경지. 반열반(般涅槃)·대반열반(大般涅槃)이라고도 한다. 열반은 산스크리트 니르바나(nirvāṇa)를 음역한 것이고 취멸(吹滅), 적멸(寂滅), 멸도(滅度), 적(寂) 등으로도 번역된다. 열반의 본래 뜻은 '소멸' 또는 '불어 끔'인데, 여기서 타오르는 번뇌의 불길을 멸진(滅盡)하여 깨달음의 지혜인 보리(菩提)를 완성한 경지를 의미하게 되었다. 열반은 생사(生死)의 윤회와 미혹의 세계에서 해탈한 깨달음의 세계로서 불교의 궁극적인 실천목적이다. 인도에서는 불교가 아닌 다른 종교 사상에서도 열반이라는 용어를 사용하나 불교의 열반 개념과는 다르다. 너욱이 불교 내에

조화가 마음에 달렸으니, 어찌 다시 의심하리오.

孰能[숙능]: 누가 감히 할 수 있겠는가?

超然[초연]: 범위 밖으로 뛰어난 모양. 남과 관계 않는 모양.

獨存[독존]: 홀로 존재함.

紛紛[분분]: 떠들썩하고 뒤숭숭함. 흩날리는 모양이 뒤섞이어 어
　　　　　수선함. 의견 등이 갈피를 잡을 수 없이 많고 어수
　　　　　선함.

幻緣[환연]: 환상과 인연.

纏縛[전박]: 동여맴. 자식과 아내를 비롯한 집안 식구로 인한 근
　　　　　심. 번뇌(煩惱)를 달리 이르는 말. 중생의 몸과 마음
　　　　　을 얽어매어 자유롭지 못하게 한다는 데서 온 말이다.

苟: 구차할 구/ 되는 대로 소홀히 하다. 실없이 (하다). 일시적으
　　로. 임시로. 터무니없이. 함부로. 가령. 만일. 만약. 아첨하다.
　　굽실거리다.

被: 이불 피/ 이불. 덮다. 입다. 받다. 당하다. (옷 등을) 입다. 걸
　　치다. 당하다.

道書云: 有無相生。是謂無生有, 造也有生無, 化也。又云致虛
極, 守靜篤, 萬物並作, 吾以觀其復。是謂觀復知化也, 知化則
不化, 不化則安得有造 非洞觀無礙者, 孰能及此. 洞達之士, 清
靜光明, 故能堪破身心世事, 因虛幻中有。有則爲物, 物極則
返, 返則復歸於虛幻也。作是觀者, 則知無象之象, 乃是實象。

서도 소승과 대승의 여러 학파에 따라 해석에 차이가 있다.

養其無象, 象故常存, 守其無體, 體故全眞。至於純純全全, 合
乎大方; 溟溟涬涬, 合乎無倫。超出虛無之外, 是謂無造化也。
執着之者, 身心不定, 念慮交攻, 所以喪其無象, 散其無體, 故
流浪生死, 常沉苦海也。苟有收拾身心, 屛除念慮, 內境勿令
出, 外境勿令入, 內外淸靜, 名爲照了。至於內忘其心, 外忘其
形, 一眞洞然如太虛, 廓然無礙, 造化又何有焉。

도경에 이르길, "있음과 없음은 서로 낳는다."라 했으니, 이를
일러, 없는 것에서 있음이 생기는 것이 만들어짐(造)이고, 있는 것
에서 없는 것이 생겨나는 것이 변화(化)라 한다. 또 이르길 "지극
히 텅 빔에 이르고 고요함을 지키기를 돈독히 하면 만물이 함께
생겨나니, 나는 이로써 그 돌아감을 본다."라고 했다. 이를 일러,
돌아감을 보고 변화를 아는 것이라, 변화를 안다는 것은 변화하는
것이 아니니 변화하지 않으면 어찌 만들어짐이 있겠는가?

걸림 없이 꿰뚫어 보지 않으면 누가 감히 이에 미치겠는가? 통
달(洞達)한 선비는 청정하고 밝아, 심신(心身) 세사(世事)를 감파할
수 있으니, 허환(虛幻)한 가운데에 있음 때문이다. 있음은 곧 물질
이고 물질이 지극하면 되놀아간다. 뇌돌아삼은 곧 허환(虛幻)으로
다시 돌아가는 것이다.

이것을 안다면 곧 형상이 없는 것에서 형상을 아는 것이니, 이
것이 바로 실상(實象)이다. 형상이 없는 것을 기르므로 형상이 늘
존재하고, 형체가 없는 것을 지키므로 형체(體)가 온전히 참될 수
있는 것이다. 더할 바 없이 순수하고 더할 바 없이 온전하니, 대방
(大方)288)에 부합되고, 아무런 형태도 없이 두루뭉술하니 탁월함에

부합된다. 허무(虛無)의 밖으로 뛰어넘으면 이를 일러 조화가 없는 것이라 한다. 집착하는 자는 심신이 안정하지 못하고, 생각과 걱정이 갈마드니 이른바 형상이 없음이 상실되고 형체가 없음이 흩어져, 항상 고통 속에 빠져 생사를 떠돌게 되는 것이다. 만일 심신을 수습하여, 생각과 걱정을 없애고, 내경(內境)이 빠져나가지 못하게 하고 외경(外境)이 들어오지 못하게 할 수 있다면, 내외(內外)가 청정하게 되어 이름 하여 조려(照了)289)라고 하느니라. 안으로 그 마음을 잊고 밖으로 그 형태를 잊는 데 이르면, 하나의 참됨이 명료하여 태허와 같도다. 모든 분별이 끊어져 텅 비어 걸림이 없으니 조화가 또 어찌 있겠는가?

無倫[무륜]: 비교가 안 된다. 견줄(비길) 데 없다. 뛰어나다. 탁월하다.

洞然[통연]: 명료하다. 명확하다. 매우 밝다. 환하다. 텅 비어 있는 모양. 물소리를 형용.

洞觀[통관]: 꿰뚫어 보는 것. 추리나 사고(思考) 등에 의하지 않고 직각적으로 진리를 깨닫는 일.

無礙[무애]: 하는 일에 막힘이 없이 순탄(順坦)함. 거침새가 없음.

合乎[합호]: …에 합치하다. …에 맞다. …에 부합되다.

溟溟涬涬[명명행행]: 아무런 형태도 없이 두루뭉술하여.

超出[초출]: 매우 뛰어남. 초과하다. 넘다.

---

288) 대방(大方): 학문과 견식이 높은 사람. 박학한 사람. 식자(識者), 고상하다. 우아하다. 점잖다. 대범하다.

289) 조료(照了): 속까지 환하게 비침.

收拾[수습]: 어수선한 사태를 가두어 바로잡음. 산란한 정신을
가라앉히어 바로잡음. 어수선하게 흩어진 물건을 다
시 정돈함.
廓然[확연]: 모든 분별이 끊어져 텅 비어 있는 상태. 모든 분별이
소멸되어 확 트인 상태. 분별과 망상이 일어나지 않
는 휑한 상태.

儒書云: 不忮不求, 無咎無譽。是謂不忮不求則不受造也, 無咎
無譽則不受化也。易繫云: 遠取諸物, 近取諸身。予謂遠取諸物,
則知萬緣虛假; 近取諸身, 則知五蘊皆空。外屛萬緣, 內消五蘊,
故能順天地施運, 歡樂於天, 知物之始終, 知幽明之故, 知死生
之說, 窮理盡性以至於命也。樂天故不憂, 盡性故不疑。非致知
者, 孰能及此。致知者, 誠明靜定, 故知生滅不停者, 幻形也;
差別不平者, 妄心也; 遷變不定者, 時世也; 敗壞不久者, 事務
也。觀煉純熟, 是名聖功, 一以貫之, 故無造化。若不致知, 則
不能格物, 不能格物, 則隨物變遷, 性命安在。苟有變動不居,
周流六虛, 故天地合乎我, 萬物備於我。至於復見天心, 萬有歸
一無, 則造化息矣。譬如乾坤不變動, 日月不運行, 六子何有。
六子不交重, 陰陽不升降, 萬物何有。乾坤之體純一不雜, 倒正
不變, 故無造化。造無造之造, 大造也。化無化之化, 人化也。
作是見者, 故知世間萬物皆是假合, 陰陽運用無非幻妄, 非大卜
之至變, 其孰能與於此。

유경에서 "(남을) 해치지 않고, 탐내지 않도다."290) "허물이 없으

며 명예로움도 없으리라."291)라고 했다. 이것은 해치지 않고, 탐내지 않으면 만들어짐을 받지 아니하고, 또 허물이 없으며 명예로움도 없으니 변화를 받지 아니하는 것이다. 『주역 계사전』에서 "멀리는 모든 사물에서 취하고 가까이는 몸에서 취한다."고 했는데, 내가 생각건대, 멀리는 모든 사물에서 취한다는 것은 곧 모든 인연(萬緣)이 텅 비어 거짓임을 아는 것이고, 가까이는 몸에서 취한다 하면 곧 오온(五蘊)이 모두 공(空)함을 아는 것이다. 밖으로 모든 인연을 물리치고, 안으로 오온(五蘊)을 소멸하여, 천지의 베풀고 운행함을 따르니 하늘이 즐거워하는구나. 사물의 시작과 끝을 알고 어둠과 밝음의 원인도 알며, 생사의 말씀도 알 수 있으니, 이치(理)를 궁구하고 성(性)을 다하면 명(命)에 이르도다. 하늘이 즐거워하면 근심이 없고, 성(性)을 다하면 의심이 없을 것이다. 앎에 이른 이가 아니면 누가 감히 이에 미치겠는가? 앎에 이르렀다는 것은 진실로 고요히 안정되어 밝은 것이고, 또한 생(生)과 멸(滅)이 멈추지 않음을 아는 것은, 형체가 허깨비인 것을 아는 것이다. 차별하여 평등하지 않음은 마음이 허망한 것이며, 변천하고 안정되지 못함은 그때의 세상인 것이고, 손상되고 오래가지 못함은 사무(事務)인 것이다. 순수하게 익기를 단련하여 지혜로써 경계를 비추어 보면, 이를 이름 하여 성인의 공덕이라고 한다. 한 가지 이치로 모든 것을 꿰뚫으면 조화(造化)가 없는 것이다. 만약 앎에 이르지 못하면 곧 사물의 이치를 따져 밝힐 수 없고, 사물의 이치를 밝힐

290) 『논어 · 자한(論語 子罕)』(제9) "(남을) 해치지 않고, 탐내지 않으면 어찌 선하지 않으리오 (不忮不求, 何用不藏)"

291) 『주역 · 곤위지(周易 坤爲地)』"주머니를 매면, 허물이 없으며 명예로움도 없으리라(括囊, 無咎無譽)"

수 없으면 곧 사물을 따라 변천하게 되니 성명(性命)이 어찌 있겠는가? 만약 변동이 있어 기거하지 못하면, 육허(六虛)[292]에 두루 흐르니, 그래서 천지가 나와 합하니, 만물이 나에게 갖추어진다는 것이다. 복(復)에서 하늘의 마음을 볼지니 만물이 하나도 없는 데로 돌아감에 이르면 조화(造化)를 멈추게 된다. 비유하자면 건곤이 변동하지 않고 일월이 운행하지 않음과 같으니 육자(六子)[293]가 어찌 있겠는가? 육자가 거듭 교합하지 않고 음양이 승강하지 않으면 만물이 어찌 있겠는가? 건곤의 체가 순일하여 잡되지 않으면 거꾸로 되나 바로 되나 변하지 않는 것이니, 고로 조화가 없다는 것이다. 만든다는 것은 만드는 것이 없는 만들어짐이 큰 만들어짐이고, 변화란 변화가 없는 변화가 큰 변화이다. 이를 알면, 세상 만물이 다 거짓으로 합하여지고, 음양의 운용도 허깨비 같고 허망함이 아닌 것이 없음을 아는 것이니, 천하의 지극한 변화가 아니면 그 누가 능히 이에 참여할 수 있으리오?

純熟[순숙]: 능수능란하다. 매우 익숙하다. 매우 숙련되다. 정통하다. 능숙하다.

一以貫之[일이관지]: 한 가지 이치로 모든 일을 꿰뚫다.

幽明[유명]: 어둠과 밝음. 내세(來世)와 현세. 저승과 이승.

致知[치지]: (사물의 도리를) 일아서 깨닫는 지경에 이름. 앎에 이른다. 주자학(朱子學)에서 사물의 도리를 연구하

---

292) 육허(六虛): 천지(天地)와 사방(四方).

293) 육자(六子): 팔괘인, 건, 태, 이, 손, 진, 감, 간, 곤 가운데, 건은 부(父), 곤은 모(母), 다른 여섯은 건곤의 육자(六子)로 되어 있다. 즉 진이 장남(長男), 손이 장녀(長女), 감이 중남(中男), 이가 중녀(中女), 간이 소남(少男), 태가 소녀(少女)이다.

여 지식을 밝히는 일. 양명학(陽明學)에서 본연의
양지(良知)를 밝혀서 결함을 없이 하는 일.

時世[시세]: 그때의 세상.

事務[사무]: 맡고 있는 직에 관련된 모든 것을 다루고 처리하는
여러 활동.

純熟[순숙]: 완전히 익음.

聖功[성공]: 성스러운 공적(功績). 성인의 공덕.

觀: 볼 관/ 지혜로써 경계를 비추어 봄. 보다. 보이게 하다. 보게
하다. 나타내다. 점치다. 모양 용모(容貌). 생각. 누각. 황새.

故: 예 고/ 사고. 사건. 원인. 연고(緣故). 고의로. 일부러. 본래.
원래. 그러므로. 원래의. 종래의. 오래된. 친구. 우정. 옛정.
(사람이) 죽다.

觀之三敎惟心也, 造化由心也, 出造化亦由心也. 學佛之要,
在乎見性. 若欲見性, 必先以決定之志, 奪習俗之氣, 以嚴持之
力, 保洞然之明, 然後照破種種空妄, 心不着物, 念不隨情. 念
是煩惱根, 心是法塵種. 念起則一切煩惱起, 念息則一切煩惱
息, 心生則種種法生, 心滅則種種法滅. 念起卽止, 皆由自心.
至於生滅滅已, 寂滅爲樂, 是見性也. 今之學者不能見性者, 爲
事理二障所礙也. 非大觀則不能解理障, 非大止則不能除事障.
大觀謂智斷也, 大止謂力制也. 智斷純熟, 則理理皆空; 力制純
熟, 則事事皆空. 了三空之大空, 知一眞之至眞, 此大觀之至
也. 卽時身心世事念慮情識, 一齊都止, 此大止之至也. 非上上
智, 其孰能與於此.

434

유·불·선 삼교를 살펴보면 오직 마음이니, 조화가 마음에 달렸고, 조화에서 벗어나는 것도 역시 마음에 달렸다.

불교를 배움에 중요한 것은 견성(見性)에 있다. 만약 견성하고자 하면 반드시 먼저 사무친 의지로써[294] 속세의 오랜 습관의 기운을 빼고, 엄히 견지하는 힘으로 명료한 밝음을 보호해야 한다. 그런 후 가지가지 공망(空妄)을 진리의 광명으로 비추어 깨뜨려야 한다. 마음이 사물에 집착하지 않고 생각도 정(情)에 따르지 않아야 하느니, 생각은 번뇌의 근원이고 마음은 법진(法塵)의 종자인 것이다. 생각이 일어나면 일체의 번뇌도 일어나고 생각이 쉬면 일체의 번뇌도 쉬어지느니, 마음이 생하면 가지가지 법도 생하고 마음이 멸하면 가지가지 법도 멸하는 것이다. 생각이 일어나고 그침은 모두가 스스로의 마음에 달렸다. 생하고 멸함이 끊어진 뒤에야 적멸의 즐거움을 얻을 것이니, 이것이 견성(見性)[295]이다. 지금의 배우는 이들이 견성하지 못하는 것은 이장(理障)과 사장(事障)의 두 가지 장애(障碍)가 걸림이 된다. 큰 관(觀)이 아니면 이(理)의 장애를 풀지 못하고, 큰 지(止)가 아니면 사(事)의 장애를 없애지 못하는 것

---

294) 『서장(書狀)』에서 이르길, "무릇 공부란, 사무친 믿음(決定信)과 사무친 의지(決定志)를 갖추고서 순간순간 머리에 불이 붙은 상황을 구제하듯 하여야 한다."라고 하였다.

295) 견성(見性): 나라는 것을 아는 것, 즉 자성(自性)을 보는 것이다. 이 견성이란 말은 인도에서 온 달마대사의 말이라고 한다. 즉 달마대사가 썼다는 혈맥론(血脈論)에 특히 견성이란 문자를 처음 썼고, 견성에 대해 친절하게 설해 있다. 이의 중요한 것을 소개하면 다음과 같다. "만약 부처님을 구하려거든 모름지기 견성(見性)이다. 성(性)이 곧 부처이다. 만약 견성 못 하면 염불하거나, 경을 읽거나, 계를 지키거나 하여도 모두가 무익하다. 염불은 인과를 얻고, 경을 읽는 것은 총명을 얻고, 계를 지킴은 하늘에 태어남을 얻고, 보시는 복을 얻을 뿐 부처를 구함에는 아직 따르지 못한다. 만약 자기를 알지 못하면, 모름지기 계(戒), 정(定), 혜(慧)를 겸비한 선지식을 찾아가 생사의 근본을 알라. 견성 못 하면 가령 모두 경전을 통달할지라도 생사유회를 면치 못하며 세상에 고(苦)를 받아서 벗어날 기약이 없다."고 말했다. 이렇게 생각하고 보면, 우선 부처가 되려면 견성해야 한다. 견성하지 못한 사람은 다른 착한 행위가 있어도 착한의 과보를 얻을 수는 있지만 진정한 불교의 도(道)에 이른 것은 아니다.

이다. 그러므로 대관(大觀)을 지단(智斷)²⁹⁶⁾이라 하고 대지(大止)를 역제(力制)라고 한다. 지단이 순수하고 성숙되면 모든 이(理)가 다 공(空)하고, 역제가 순수하고 성숙되면 모든 사(事)가 다 공(空)하게 된다. 세 가지 공(空) 가운데 큰 공을 요달하고, 하나의 참됨 중의 지극히 참됨을 알면 대관(大觀)에 이른 것이다. 즉시, 심신(心身)과 세사(世事), 생각이나 근심, 감정과 지식을 일제히 모두 그칠 수 있으면 이것이 대지(大止)에 이른 것이다. 최상의 지혜가 아니면 그 누가 능히 이에 참여할 수 있으리오?

奪: 빼앗을 탈/ 강제로 빼앗다. 쟁취하다. 잃게 하다. 잃어버리다. 밀고 나아가다(들어가다). 솟아나다. 결정을 내리다. 결정하다. (글자가) 빠지다. 누락되다.

照破[조파]: 불타가 지혜의 광명으로써 범부의 무명(無明)을 비치어 깨치는 일.

二障[이장]: 오각(悟覺)을 방해하는 이장(理障)과 사장(事障)의 두 가지 장애(障礙). 번뇌(煩惱)가 마음을 어지럽히는 번뇌장(煩惱障)과 여러 유혹이 보리의 묘지(妙智)를 어지럽히는 지장(智障).

情識[정식]: 망식(妄識). 팔식(八識). 감정과 지식.

學道在乎存性。若欲存性, 必先以慧劍斬群魔, 火符消六欲, 次以定力。忘情絶慮, 釋累清心。至於心清累釋, 慮絶情忘, 是謂存性。眞性旣存, 則無造化。今之學者, 爲情識之所奪也。欲

---

296) 지단(智斷): 진리를 비추어 보는 지덕(智德)과 번뇌(煩惱)를 끊는 단덕(斷德).

去情識, 先除生滅心。心無生滅, 身無生滅, 定矣。去生滅心,
必自無念之積習純熟, 足可致無夢無念之靜定純熟, 足可致無
生。無夢乃見在之大事也, 無念乃末後之大事也。無生則不造, 無
夢則不化, 不造不化, 即不生滅也。非高上之士, 其孰能與於此。

　도교를 배움에 중요한 것은 존성(存性)이다. 만약 존성하고자 하
면 반드시 먼저 지혜의 검으로 마군의 무리들을 없애 버려야 하니,
화부(火符)로 육욕(六欲)을 없애는 것이다. 다음으로는 선정(禪定)
의 힘으로 정(情)을 잊고 생각을 끊어, 묶인 것을 풀어 마음을 맑
게 해야 한다. 묶인 것을 풀어 마음을 맑게 함에 이르면 생각이
끊어지고 정도 잊어지니 이것을 존성이라 한다. 참된 성품이 이미
존재히면 곧 조회기 없으리니, 오늘에 배우는 사람들은 망령된 감
정과 지식을 뽑아내야 한다. 감정과 지식을 없애고자 하면 먼저
생멸(生滅)하는 마음을 없애야 한다. 마음이 생멸이 없고 몸에도
생멸이 없으면 정(定)하리라. 생멸심(生滅心)이 없어져 반드시 스스
로 무념(無念)의 습관이 쌓여 완전히 익으면, 충분히 헛된 생각이
없는 지경에 이를 수 있고, 무념의 정정(靜定)이 순수해져 익으면,
충분히 무생(無生)의 시경에 이를 수 있는 것이나. 무몽(無夢)은 현
재의 큰일이고, 무념(無念)은 죽은 후의 큰일이다. 생함이 없으면
만들어지지 아니하고 무몽(無夢)하면 변화하지 아니하니, 만들어지
지 않고 변화하지 않으면 곧 생하고 멸함도 없는 것이나. 고상(高
上)의 선비가 아니면 누가 능히 이에 참여할 수 있으리오?

　儒學之要, 在乎盡性。若欲盡性, 在明明德, 在止於至善。知

止而後有定，有定則能忘物我。艮卦辭云艮其背，不獲其身，行
其庭，不見其人，無咎。艮其背，忘其心也。不獲其身，忘我
也。行其庭，不見其人，忘物也。三者既忘，何咎之有？ 此知止
之至也。知止故能忘物我而全天理，是謂盡性也。今人不能盡性
者，爲身心之累也，既有累，便有窒礙，必以剛斷，果決剛斷，
故能忘物。果決故能忘我。物我兩忘，盡性至命，定矣。非神德
聖功，其孰能與於此。

　유학(儒學)의 중요함은 성(性)을 다함(盡性)에 있다. 만약 진성(盡
性)하고자 하면 명덕(明德)297)을 밝히고, 지극히 선한 경지에 이르
러 머무름에 있다. 머무름을 알아야 후에 정(定)이 있고 정(定)이
있어야 능히 나와 사물을 잊을 수 있다. 간(艮)의 괘사(卦辭)에 이
르길, "그 등(背)에 그치면 그 몸을 얻지 못하며, 그 뜰에 가도 그
사람을 보지 못하여 허물이 없으리라."라고 하였는데, 그 등에 그
친다는 것은 그 마음을 잊는 것이고, 그 몸을 얻지 못한다는 것은,
나를 잊는 것이며, 그 뜰에 가도 그 사람을 보지 못한다는 것은,
사물을 잊는 것이다. 셋을 이미 잊으니 어찌 허물이 있겠는가?

　이것이 머무름에 이른 것을 안다는 것이다. 머무름을 알면 능히
사물과 자신을 잊어 하늘의 이치가 온전하여지니, 이를 일러 진성
(盡性)이라 한다. 오늘날 사람들이 진성(盡性)할 수 없는 것은, 심
신(心身)에 매여 있기 때문이다. 이미 매여 있다면 곧 장애가 있게
되니, 반드시 강한 결단력으로 과감하고 강단(剛斷) 있게 결정하면,
능히 사물을 잊고 나를 잊을 수 있다.

---

297) 명덕(明德): 공명(公明) 정대(正大)한 덕행(德行), 또는 더럽히지 아니한 천부의 본성(本性).

사물과 자신을 다 잊으면 성(性)을 다하여 명(命)에 이르니 정 (定)하리라. 신의 덕과 성인의 공덕이 아니라면 누가 능히 이에 참 여할 수 있으리오?

止於至善[지어지선]: 지극히 선한 경지에 이르러 움직이지 않는 다(머무른다)는 뜻으로, 사람은 최고의 선에 도달하 여 그 상태를 유지함을 이상(理想)으로 해야 함을 이르는 말.
窒碍[질애]: 장애가 있다.
剛斷[강단]: 과단성 있게 결단(決斷)하는 힘. 괴로움을 견디어 내 는 힘.
果決[과결]: 딱 잘라서 결정함. 과감하게 결단을 내림.

予見世人, 多以此身爲有我, 其不思之甚也. 且如此身, 因造而 有, 未造之前, 有象乎? 有名乎? 有我乎? 旣化之後, 有象乎? 有 名乎? 有我乎? 前後兩旣俱無, 安得中間偏執者有我耶? 殊不知身 心世事本來虛妄, 三世推求了不可得, 過去杳然何在. 只今念念 變遷, 未來決定如是. 歷劫以來大夢幻中, 堅執妄緣, 結成輪回 種子, 是以出生入死無有了期. 若復有人於此夢幻境中證明了 知, 而善消遣, 豈非至人了.

내가 세상 사람들을 보니 대부분 이 몸에 내가 있다고 생각한다. 지나친 생각은 아니다. 예컨대 이 몸은 만들어짐으로 인하여 있게 되니, 아직 만들어지기 전에, 형상이나 이름이나 나라고 하는 것이 있는가? 이미 변화한 후에 형상이나 이름이나 내가 있는가? 전후에 다 없으면 어떻게 편견을 고집하여 그 중간에 내가 있다고 하는가? 오히려 심신(心身)과 세사(世事)가 본래 허망함을 알지 못하니, 삼세(三世)를 추구해도 얻을 수 없구나. 과거는 묘연(杳然)한데 어디에 있는가? 다만 지금의 생각 생각이 변천하여 미래에 이와 같이 결정될 뿐이다. 역겁 이래로 크나큰 허황된 생각은, 허망한 인연에 굳게 집착하여 윤회종자를 결성하는 것이니라. 그러므로 생사에 나고 듦이 마칠 때가 없는 것이다. 만약 어떤 사람이 이런 몽환(夢幻)의 경지를 명료히 알아서 증명하고 어질게 소일한다면, 어찌 지인(至人) 아니겠는가?

偏執[편집]: 편견(偏見)을 고집(固執)하고 남의 말을 듣지 않음.
杳然[묘연]: 고요한 모양. 그윽하고 멀어서 눈에 아물아물함. 오래되어 기억이 흐릿함. 소식이 없어 행방을 알 수 없음.
堅執[견집]: 굳게 잡음. 굳게 집착.
夢幻[몽환]: 꿈과 환상이라는 뜻으로 허황(虛荒)한 생각을 뜻하는 말. 이 세상의 일체의 사물이 덧없음을 비유한 말.
消遣[소견]: 심심풀이하다. 한가한 시간을 보내다. 소일하다. 희롱하다.

予一日擧此公案令門人參. 二三子稍合符節, 故作此書以贈之. 以心傳心, 若能直下承當, 潛通默會, 卽時知止, 不謀其前, 不慮其後, 不戀只今, 三者混成, 得大自在, 徜徉乎大寂滅之海，逍遙乎無何有之鄉，遊泳乎自得之場，至此方知造化，於此何預焉。雖然，更有向上事在，且道喚甚麼做向上事。咦掀翻無字脚，粉碎虛空，方爲了事漢。秘之秘之。

내가 하루는 이 공안을 들고 제자들에게 참구케 하였는데, 여러 제자들 중 약간만 부합하므로 이 책을 지어 주노라. 마음과 마음으로 전하여, 만약 능히 곧바로 진실을 실증할 수 있으면 은밀히 통하여 마음속으로 깨달을 것이다. 즉시 그침을 알면 이전을 도모하지 않고 이후를 생각하지 않고 지금에 연연하지 않을 것이니, 이 셋을 혼성(混成)하면 크게 자재(自在)함을 얻어, 큰 적멸의 바다에서 한가로이 거닐 것이다. 그리고 아무것도 없는 곳에서 소요할 것이며,[298] 스스로 깨달아 만족하는 장에서 노닐 것이디. 이에 이르러 비로소 조화를 알게 되는 것이니 어찌 미리 알 수 있겠는가. 물론, 더 향상(向上)한 일이 있으니, 무엇을 향상한 일이라고 하는가? 아! 무자(無字)화두의 다리를 번쩍 들어 뒤집으니, 허공이 분쇄되어 비로소 자신의 참모습을 깨달은 사람이로다. 신비하고 신비하구나!

合符[합부]: 부합하다. 일치하다.

符節[부절]: 돌이나 대나무, 옥 따위로 만든 부신. 옛날에는 사신
        (使臣)이 가지고 다니던 물건으로 둘로 갈라 하나는
        조정(朝廷)에 두고 히나는 본인이 기지고 신표로 쓰

---

298) 무하유지향(無何有之鄕): 있는 것이라고는 아무것도 없는 곳이라는 말로, 장자가 추구한 무위자연의 이상향을 뜻한다. 장자(莊子) 응제왕(應帝王)에 보면 "이 세계 밖으로 나아가 아무것도 없는 곳에서 노닐며 끝없이 넓은 들판에서 살려 한다(以出六極之外, 而遊無何有之鄕, 以處壙垠之野)"라 하였다.

다가 후일 서로 맞추어 봄으로써 증거로 삼던 것.
여합부절(如合符節: 사물이 꼭 들어맞음).

二三子[이삼자]: 자네들. 그대들. 여러 제자들을 가리킨다(제자를
부를 때 쓰는 말).

默會[묵회]: (설명 없이도) 마음속으로 깨닫다.

徜徉[상양]: 한가로이 거닐다. 유유히 걷다.

無何[무하]: 머지않다. 오래지 않다. 아무 일도 없다. 아무렇지도
않다.

了事漢[요사한]: 자신의 참모습을 깨달은 사람.

稍: 점점 초/ 약간. 좀. 조금. 잠시. 잠깐.

절학무우편(絕學無憂篇) 병서(并敍)

所爲絶學者, 非不學也。若以不學爲絶學, 則罔無所知, 只同常
流也。此所謂絶學者, 博學而至於絶學也。蓋由世人多學爲奇特, 轉
學轉不會也！聖人云: 其出彌遠, 其知彌少。又云: 多則惑, 少則
得。正謂此也。前儒云: 有爲終日息, 無爲便不息。卽此意也。故
作是篇以證之, 使學徒不爲聲聞緣覺、學解見知所累也。

이른바 배움을 끊는다는 것은 배우지 아니하는 것이 아니다. 만
약 배우지 아니하는 것으로 배움을 끊는다고 하면 곧 아는 바가
없어 무지한 것이니, 범속한 무리들과 다름이 없겠다. 이른바 절학
(絶學)이란 배움이 해박하여 배움을 그만두는 것에 이르는 것이다.
대개의 세상 사람들은 많이 배움을 특별한 것으로 생각하여 이리

배우고 저리 배워도 제대로 알지를 못한다. 성인이 이르길, "그 나아감은 더욱 멀어지고, 그 앎은 더욱 적어진다."[299]라 했고, 또 이르길 "많으면 미혹되고 적으면 얻게 된다."[300]라 한 것이 바로 이것이다. 전대의 유생(儒生)이 이르길, "함이 있으면 하루 종일 쉬고 함이 없으면 쉬지 아니한다."라 한 것이 곧 이 뜻이다. 그래서 이 편(篇)을 지어 증명함은, 배우는 이들로 하여금 성문(聲聞) 연각(緣覺)이나, 배워서 아는 것이나, 보고 아는 것에 묶이는 바가 되지 않도록 하기 위함이니라.

罔: 그물 망/ 가리다. 감추다. 숨기다. 속이다. 기만하다. 멍한 모양. 무지한 모양. 실망한 모양. 없다. 아니다. …않다. …하지 않아야 한다. …해서는 안 된다.

學解[학해]: 배워서 아는 것.

見知[견지]: 보고 알다. 사귀어 알다. 알려지다. 인정받다.

日用總玄玄, 時人識未全。當推心上好, 放下口頭禪。
法法非空法, 傳傳是妄傳。不曾修福始, 焉能有禍先。

매일의 생활이 모두 현묘하고 심오하나. 요즘 사람들은 아는 것이 온전하지 못하구나. 마땅히 구두선을 내려놓고 마음 있는 데를 찾는 것이 최상이니라.

법마다 공법(空法)이 아니니 진하고 전함에 허망한 법을 전했을까. 일찍이 처음부터 복을 닦지도 않았는데 어찌 재앙이 먼저 있

---

299) 『노자 도덕경』 제47장 감원(鑒遠)
300) 『노자 도덕경』 제22상 익겸(益謙).

겠는가?

不益便無損, 不變豈能遷。不垢亦不淨, 無缺亦無圓。
莫着嗔和喜, 何愁迍與邅。不作善因果, 那得惡因緣。

이익이 없으니 손해가 없고, 변하지 않으니 어찌 옮길 수가 있
겠는가? 더럽지 않으니 깨끗하지도 않고, 이지러짐이 없으니 둥글
함도 없도다.
성을 내거나 기쁨에 집착하지 않으니 어찌 좌절당함을 근심하겠
는가. 착한 인과를 짓지 않는다면 어찌 악한 인연이 있겠는가?

不聞興廢事, 名利不相牽。精粗無愛惡, 妍醜不憎憐。
不償歡喜債, 都無恩怨纏。打開人我網, 跳出是非圈。

흥망의 일을 듣지 않으면 명예나 이익에 끄달리지 않을 것이네.
정밀하고 거친 것에 애착하거나 싫어하는 것이 없으면 고운 것과
추한 것을 가련해하고 싫어하지 않는구나.
갚아야 할 빚이 없어 환희로우면, 모든 은원(恩怨)에 얽매임이
없구나. 나와 남이라는 굴레를 열면 시비의 우리에서 벗어나도다.

淸虛不好古, 恬澹倦希賢。休思今世後, 放下未生前。
從他佛是佛, 任伊仙是仙。旣無塵俗累, 何憂業火煎。

맑고 텅 비어 옛것을 좋아하지 않고, 욕심이 없고 담백하여 어
진 사람 되기를 바라는 것을 싫어한다네. 죽은 후를 생각하지 말
고 태어나기 이전 생각도 내려놓아라.

부처가 그를 따르니 이것이 부처이고, 신선이 그에게 임하니 이
것이 신선이구나. 속세에 얽매임이 없으면 어찌 업의 불에 시달림
을 근심할까.

有無俱不立, 虛實任相連。 都緣無取舍, 自然無過愆。
來去渾忘却, 死生何預焉。 居止無餘欠, 隨處任方圓。

유와 무를 함께 세우지 않으면, 허와 실이 서로 잇대어 붙음에
내맡기네. 모든 인연을 취하고 버림이 없다면, 자연히 지난 허물도
없도다.

오고 감의 혼탁함을 망각하였는데, 생사가 무슨 상관있으리오.
머무는 곳에 남거니 부족함이 없으니, 치한 곳에 따라 방원(方
圓)301)에 맡긴다네.

饑來一碗飯, 渴則半甌泉。 興來自逍遣, 困來且打眠。
達者明此義, 休尋天外天。 見前赤灑灑, 末後亮娟娟。

배고프면 밥 먹고, 목마르면 물 마신다네. 흥이 나면 스스로 소
일하고, 피곤하면 잠을 자도다.

통달한 이는 이 뜻에 밝으니, 하늘 밖의 하늘을 찾지 마라. 이미
마음에 더러움이 없이 깨끗함을 보았다면, 구경에는 곱디곱게 비추
리라.

---

301) 방원(方圓)은 방형(方形)과 원형(圓形)이니, 중생의 여러 근기의 비유. 중생이 종류에 따라
봄을 나타내는 일.

玄玄[현현]: 지극히 깊고 멈. 현묘하고 심오함.

迍邅[둔전]: 머뭇거리다. 주저하다. 망설이며 나아가지 못하다. 뜻을 얻지 못하다. 좌절당하다.

精粗[정조]: 미세함과 큼. 정밀함과 거침. 정교함과 조잡함.

打開[타개]: 얽히고 막힌 일을 잘 처리하여 나아갈 길을 엶.

恬澹[염담]: 욕심이 없고 담백함. 이익을 탐내는 마음이 없음. 세상 물욕이 없다. 무사태평하고 명예나 이익을 탐내지 않다. 사리사욕이 없다. 평안하고 고요하다.

相連[상련]: 서로 잇닿음. 또는 잇대어 붙음.

過愆[과건]: 과실. 허물. 실수.

居止[거지]: 거주하다. 살다. 거처. 거주지. 기거. 행동거지.

方圓[방원]: 모난 것과 둥근 것. 방이란 모든 일을 법칙에 맞게 처리하는 것을 뜻하며, 원이란 융통성 있게 말함으로써 원하는 것에 들어맞게 하는 것을 말한다.

赤灑灑[적쇄쇄]: 적(赤)은 공(空), 쇄쇄(灑灑)는 물건이 청정하여 물들지 않았음을 뜻하는 것으로 곧 무애 자재함을 나타내는 것이다. 마음에 더러움이 없이 깨끗한 모양. 남김없이 버림.

娟娟[연연]: 연연(妍妍). 빛이 산뜻하게 아름답고 고움. 아름답고 어여쁨.

末後[말후]: 최후의, 구경의. 마지막. 이제야.

愁: 근심할 수/ 근심(하다). 걱정(하다). 시름(하다). 처참[참담]하다. 시름겹다. 근심스럽다. 걱정스럽다. 애처롭다. 슬프다.

償: 갚을 상/ 갚다. 배상하다. 보상하다. 물어 주다. 변상하다. 이

446

루다. 만족시키다. 실현하다.

纏: 얽을 전/ 둘둘 감다. 휘감다. 얽히다. 얽매다. 달라붙다. 치근
덕거리다. 귀찮게 굴다. (여우 따위에) 홀리다.

倦: 싫증날 권/ 피곤하다. 고단하다. 싫증나다. 진저리가 나다.

愆: 허물 건/ 과실. 잘못. (때를) 놓치다. 어기다. 잘못하다. 실패
하다.

渾: 흐릴 혼, 섞일 혼/ (물이) 흐리다. 혼탁하다. 멍청하다. 미련
하다. 어리석다. 무지하다. 순. 천연의. 자연 그대로의. 순진
한. 꾸밈없는. 순수한. 뒤섞이다. 속이다. 기만하다. 함부로.
마구.

甌: 사발 구/ 사발(沙鉢: 사기로 만든 국그릇이나 밥그릇). 증발.
악기. 땅 이름. 종족 이름.

尋: 찾을 심/ 찾다. 캐묻다. 탐구하다. 연구하다. 쓰다. 사용하다.
치다. 토벌하다. 잇다. 계승하다. 첨가하다. 거듭하다. 생각하
다. 높다. 길다. 깊다. 미치다. 이르다.

赤: 붉은 빛 적/ 적색(赤色). 붉다. 충성스러운. 진실한. 드러내다.
알몸이 되다. 드러낸. 알몸의. 아무것도 없는. 텅 빈. 서혈.
공산당. 순금.

亮: 밝을 량/ 밝다. 환하다. 반들반들하다. 빛을 내다. 밝히다. 비
추니. 날이 밝니. 날이 새니.

<中和集全文終>

옮긴 이의 말

내단(內丹)을 수련하는 과정은 성명(性命)을 쌍수(雙修)하여 하늘의 도를 체현하는 과정이다. 또한 안으로 심성과 정(精)·기(氣)·신(神)을 수련하고 밖으로는 우주 건곤의 신묘한 이치와 천기(天機)에 응하는 것이다. 하늘과 사람과 사물이 하나로써 자신의 정신과 생명을 교류하여 서로 엮어지면, 허물을 벗어버리듯 육체의 허망한 나로부터 해탈하여, 금강같이 허물어짐이 없고 천지와 같이 존재하고 우주와 같이 영원히 존재하는 참된 내가 된다는 것을 최고의 경지로 삼는다. 그러나 선도와의 인연이 어느덧 이십여 년이 훌쩍 지났으나, 참된 공부에 침잠하지 못하고 늘 부족하다는 느낌은 아마 근기가 부족한 탓이리라.

이도순은, "대개의 세상 사람들은 많이 배움을 특별한 것으로 생각하여 이리 배우고 저리 배워도 제대로 알지를 못한다." 하였으니, 폐부에 와 닿는다.

지난여름 인도를 순례하고 돌아와 느낀 바 있어, 4~5년 전에 한 번 보고 접었던 『중화집』을 다시 펼쳤다. 순간 환희와 감동이 저 깊은 곳으로 밀려왔다. 그리고 크게 한 번 쉬어짐을 얻었다.

청암은 도가, 불가, 유가를 거침없이 넘나들며, 도의 참면목을 드러내었는데, 내단을 공부하는 이들이 반드시 참구해야 하는 과목이 『주역참동계』, 『도덕경』, 『오진편』일 것이니, 『중화집』 한 권에 이들 모두의 핵심을 들추어내어 밝혔다. 또한 방문외도를 낱낱이 밝혀서 초심자들이 삿된 길에 현혹되지 않게 경계하고, 연단의 감추어진 뜻을 낱낱이 풀어내어 참된 공부에 들 수 있도록 하고 있다.

이도순은 도를 구함에 많은 것을 할 필요가 없다고 했다. 이 한 권으로 족하다고 느껴진다.

거듭 더하고 싶다면 조피진의 『성명법결명지』를 권하고 싶다. 비교적 현대어에 가까운 언어로 표현하였기에 접근하기에 수월할 것이다.

오직 열정만으로 이 책을 옮기니, 과연 제대로 청암의 마음을 이해한 것일까 하는 두려움도 크다. 눈 밝은 강호제현들의 아낌없는 채찍을 기다린다.

끝으로 강독을 함께하였던 원광대학교 기학 박사과정 동학들과 이 책을 흔쾌히 출판을 허락해 주신 한국학술정보(주) 출판사업부 관계자 여러분들께 깊은 감사의 말씀을 드린다.

명성황후 유허지 중화재(中和齋)에서

옮긴 이

김정제

경북 경주에서 태어나다
동국대학교에서 국어국문학, 불교학을 수학
원광대학교 동양학대학원에서 불교학(석사), 기공학(석사) 전공
원광대학교 대학원 박사과정에서 기학(氣學) 전공
불가(佛家)와 도가(道家) 전통 수행법 연구 및 전문수련
불가의 참선(參禪)·위빠싸나(Vipāssnā), 중국 도가 태일도(太一道)의 원극공(元極功), 도가 전진도(全眞道) 용문파의 고전영보통지능내공술(古典靈寶通智能內功術), 역근경, 태극권 등

삼육대학교 사회교육원 외래교수
한국양생문화연구원장
(http//www.junghwajae.com)

■ 論著 ■
『경락이론과 명상』
『차(茶) 생활과 명상』
『절 호흡 수행법』
『達摩 易筋 洗髓經에서 본 意念과 호흡법 연구』
『李道純의 頓漸丹法과 修煉體系 연구』
『全眞道 南北宗 性命論 연구』
『李道純의 玄關論과 中和思想 연구』 外

이도순

  송말 원초의 도사로서 자(字)가 원소(元素), 호(號)가 청암(淸庵), 별호는 영섬자(瑩蟾子)이며, 도량(都梁: 지금의 호남성 무강현) 사람이다. 원래는 도교 남종 백옥섬(白玉蟾)의 제자인 왕금섬(王金蟾)의 문하생이었으며, 내단 학설은 장백단을 따른다. 그는 남종의 직통계보를 잇고 있으면서, 북종의 단법도 같이 수련하여 남북 종의 단법을 하나로 융합하였는데, 공법은 삼교를 융합하고 중화(中和)를 주장한다. 평생에 그리 많지 않은 저작을 남겼는데, 남긴 저작들은 10여 권으로서, 역점(易占)을 주 내용으로 하는 『주역상점(周易尙占)』 3권이 『보안당비급(寶顔堂秘笈)』에 수록되어 있으며, 그 밖에 『태상대통경주(太上大通經注)』, 『태상승현소재호명묘경(太上昇玄消災護命妙經)』, 『무상적문동고진경주(無上赤文洞古眞經注)』, 『태상노군설청정경주(太上老君說淸靜經注)』, 『전진집현비요(全眞集玄秘要)』, 『도덕회원(道德會元)』, 『중화집(中和集)』, 『삼천역수(三天易髓)』와 그의 문인이 편찬한 『청암영섬자어록(淸庵瑩蟾子語錄)』 6권 등이 모두 『정통도장(正統道藏)』 「동진부(洞眞部)」, 「동신부(洞神部)」 그리고 「태현부(太玄部)」에 수록되어 있다.

중화집

초판인쇄 | 2009년 2월 23일
초판발행 | 2009년 2월 23일

지은이 | 이도순
옮긴이 | 김정제
펴낸이 | 채종준
펴낸곳 | 한국학술정보㈜
주 소 | 경기도 파주시 교하읍 문발리 513-5 파주출판문화정보산업단지
전 화 | 031) 908-3181(대표)
팩 스 | 031) 908-3189
홈페이지 | http://www.kstudy.com
E-mail | 출판사업부 publish@kstudy.com

등 록 | 제일산-115호(2000. 6. 19)
가 격 | 39,000원

ISBN   978-89-534-1340-5 93240 (Paper Book)
       978-89-534-1341-2 98240 (e-Book)